HISTOIRE

DE LA

PHILOSOPHIE MODERNE

—

TOME III

SAINT-CLOUD. — IMPRIMERIE DE Mme Ve BELIN.

HISTOIRE

DE LA

PHILOSOPHIE MODERNE

Par le Dr HENRI RITTER

TRADUCTION FRANÇAISE PRÉCÉDÉE D'UNE INTRODUCTION

PAR

P. CHALLEMEL-LACOUR.

TOME TROISIÈME

PARIS
LIBRAIRIE PHILOSOPHIQUE DE LADRANGE
41, RUE SAINT-ANDRÉ-DES-ARTS.

M DCCC LXI.

PRÉFACE

Ce volume termine mon histoire de la philosophie. Je ne m'étais, dans mon plan primitif, proposé de la conduire que jusqu'à l'époque de la nouvelle philosophie allemande, dont les destinées ne sont pas encore achevées. Cette philosophie pouvait sans doute comme toute autre être étudiée historiquement ; je suis bien loin de le nier ; mais ces doctrines n'ayant pas encore fourni jusqu'au bout la carrière de leur développement, pour les apprécier il fallait sortir de l'histoire, il était nécessaire que l'historien les soumît à une critique philosophique, et la méthode historique, de laquelle j'ai tâché de ne jamais me départir dans mon livre, ne comportait pas cette critique. Du reste, s'il m'est donné de prolonger encore mes travaux pendant quelques années, peut-être me résoudrai-je à publier une histoire et une critique de la nouvelle philosophie allemande. Quant à l'esprit dans lequel j'accomplirai ce travail, si je l'accomplis, il est facile de s'en faire une idée dès aujourd'hui par la revue critique, que j'ai donnée au public, il y a peu de temps, sous le titre d'Essai destiné à l'intelligence de la moderne philosophie allemande depuis Kant.

En touchant au terme d'une œuvre, qui m'a occupé

plus de vingt-cinq ans, il me sera peut-être permis de rendre publiquement grâces à Dieu qui m'y a conduit, malgré les obstacles que plus d'une fois le temps et les circonstances ont menacé d'élever sur ma route.

En second lieu je dois remercier le public, qui a fait un accueil bienveillant à mon travail, et qui m'a soutenu ainsi dans mon entreprise. J'ai considéré cet accueil comme une obligation qui m'était imposée, et dont j'avais à m'acquitter de mon mieux envers le public.

Enfin je voudrais ajouter encore ici quelques mots de remercîment, que m'inspirent, il est vrai, des relations toutes privées; ils s'adressent à ceux dont les soins ont présidé à la publication de mon livre. Je n'oserais exprimer publiquement ma gratitude, si l'homme qui en est le principal, sinon le seul objet, était encore de ce monde, et si son souvenir n'était cher à un très-grand nombre de cœurs allemands, comme il l'est au mien. Frédéric Perthes m'a soutenu, avec la fidélité d'un vieil ami, de ses conseils et de son pouvoir, pendant une longue suite d'années. Les temps ont été maintes fois critiques; mais toujours animée d'une vitalité intrépide et d'une vigueur inextinguible, pleine surtout d'une rare confiance en Dieu, son âme ardente a surmonté toutes les difficultés. Une profonde expérience, une sagesse éprouvée, une bienveillance qui lui conciliait tous les esprits, un attachement désintéressé à la cause de la philosophie, telles sont les qualités par lesquelles Perthes m'a, je ne dirai pas rendu seul possible, mais du moins facilité l'exécution de mon entreprise. Puisse ce livre contribuer pour sa part, quelle qu'elle soit, à perpétuer sa mémoire!

J'aurais encore à rendre bien des témoignages reconnaissants. Dieu ne m'a refusé ni protecteurs ni amis. Mais ils me sauront plus de gré d'un souvenir pieusement conservé au fond du cœur, que d'une mention de leurs noms en tête de ce volume.

Gœttingen, le 12 août 1853.

H. Ritter.

HISTOIRE
DE LA
PHILOSOPHIE MODERNE

LIVRE QUATRIÈME

L'IDÉALISME ET LE SCEPTICISME EN ANGLETERRE.

CHAPITRE PREMIER

L'IDÉALISME.

On peut affirmer, sans craindre d'être démenti, que la philosophie moderne avait atteint l'apogée de son développement dans les doctrines que nous venons d'étudier. Il n'a point paru de systèmes aussi vastes et empreints d'une aussi puissante originalité, que ceux que nous avons mentionnés, jusqu'à l'époque de Kant. Le dix-huitième se décernait lui-même le titre de siècle de la philosophie ; cependant il a montré peu de génie et d'invention philosophique, jusque dans ses dix dernières années ; il ne s'arrogeait ce titre, que parce qu'il se flattait d'avoir triomphé des préjugés théologiques. Les productions de cette époque ne laissent pas toutefois s'élevaient pour ériger la loi de nature en loi des mœurs et en divinité. Les faibles réclamations d'opinions éparses et de systèmes éclectiques ne peuvent nous empêcher d'apercevoir dans l'alliance du sensualisme et du matérialisme le mouvement progressif de la philosophie de cette époque.

Cependant, avant d'entrer dans l'étude de ce mouvement, nous allons observer les dernières suites des tendances décidément subjectives de la philosophie, qui étaient nées du principe cartésien, et s'étaient propagées dans le sein du sensualisme aussi bien que du rationalisme. Nous apercevons ces suites principalement chez les Anglais ; elles se manifestent à la fois dans l'idéalisme et dans le sensualisme, et le premier contribue à développer le second et à le pousser dans la voie du scepticisme le plus résolu.

Dès le commencement du dix-huitième siècle, tandis que Locke vivait encore, tandis que Leibnitz et Shaftesbury représentaient eux-mêmes leurs doctrines, il s'était formé chez les Anglais un ensemble d'idées idéalistes, qui reposaient en partie sur le sensualisme de Locke, en combattant toutefois d'une manière absolue les conséquences de la philosophie moderne. Ces idées empruntaient leurs raisons à la théologie chrétienne, et témoignent avec assez de force combien il s'en fallait encore que la philosophie fût absolument détachée du dogme chrétien. Nous les trouvons chez deux hommes, qui s'étaient formés indépendamment l'un de l'autre, et qui les exposèrent dans leurs écrits presque en même temps. L'un,

Arthur Collier, fait, il est vrai, mention de l'autre, qui est Georges Berkeley; cependant sa doctrine est celle que nous devons étudier la première, parce qu'elle est moins développée que celle de Berkeley, et parce qu'elle a exercé une influence moins étendue sur les doctrines subséquentes.

I

ARTHUR COLLIER.

Éléments de son développement philosophique. — Les phénomènes sont certains. — Doutes élevés sur l'existence des corps hors de nous. — Le monde sensible ou matériel n'est pas indépendant de nous, ni extérieur à nous, il n'existe que dans l'esprit. — La connaissance est passive en nous. Dieu produit en nous l'ordre des idées. — Contre les qualités sensibles des choses extérieures. — Contre les qualités primordiales de la matière. — Contradictions entre l'infinité et la limitation, la divisibilité infinie et la divisibilité finie de l'univers. — Contradictions dans le concept du mouvement. — La création de l'univers est en contradiction avec sa matérialité. — Prééminence de l'âme. La substance est l'universel par rapport aux accidents particuliers. — L'idée de la substance est toute relative, dans les degrés moyens du général. Dieu est la substance universelle de toutes choses. — Vues théologiques.

La vie de cet homme s'est écoulée dans une profonde obscurité. Ses écrits mêmes passèrent à peu près inaperçus, et ils seraient presque perdus dans l'oubli, si des travaux très-récents n'avaient ramené l'attention sur son nom et sur ses doctrines (1). Il était né en

(1.) Je me sers des ouvrages suivants : *Mémoires sur la vie et les écrits du rév. Arthur Collier*, par Robert Benson. 1837. *Traités métaphysiques*, par des philosophes anglais du dix-huitième siècle. Publication préparée par feu Samuel Parr. Lond. 1837. Ce recueil contient de Collier 1° le *Clavis universalis*, ou Nouvelle recherche sur la vérité du monde extérieur, contenant une démonstration de la non-existence ou de l'impossibilité de ce monde. 2° *Specimen de vraie philosophie*, dans un discours sur le premier chapitre et le premier verset de la Genèse. Le recueil contient en outre un extrait de la *Logologie*. Les mémoires donnent quelques autres morceaux tirés des papiers posthumes de Collier.

1680 à Steeple-Longford, près de Salisbury. Sa famille possédait en ce lieu le patronat de la cure, dont ses membres exerçaient depuis longues années héréditairement les fonctions. Arthur, l'aîné des enfants, avait été élevé dans cette intention, et, son père ayant été enlevé par une mort prématurée, il revêtit en effet ces fonctions, dès que l'âge le lui permit. Il les conserva pareillement jusqu'à sa mort, en 1732.

Il avait la réputation d'un honnête homme, d'un fidèle adhérent de l'épiscopat; mais il était en même temps attaché à la tolérance, attachement qui lui était nécessaire d'ailleurs, car il nourrissait lui-même à plusieurs égards des opinions dissidentes. Il ne paraît pas s'être toujours montré aussi ferme dans la pratique qu'en théorie; les convictions philosophiques, qui lui étaient chères, le détournèrent des voies de l'opinion commune pour laquelle il avait et professait un profond mépris. Le monde croupit dans le mal; quiconque cherche la vérité, doit se résoudre à se voir rejeté par le monde (1). Toutes les concessions que Collier croyait devoir faire, c'est que dans la vie commune il faut se conformer au langage des hommes, langage qui ne contient pas sans doute la vérité, mais qui est pourtant une création de Dieu, avantageuse pour le train commun de la vie pratique (2). Ses vues philosophiques s'étaient fixées de bonne heure ; dans sa *Clef universelle*, publiée en 1713, il les communiquait au public, et il y avait déjà dix ans qu'il en était en possession. Par les papiers

---

(1) Cf. l'épigraphe de la *Clavis universalis; Mémoires*, p. 134.
(2) *Clav. univ.*, p. 91, sqq.

qu'il a laissés on voit qu'il s'était fait aussi de fort bonne heure son système théologique, fort différent sur plusieurs points de la dogmatique établie (1). La philosophie régnante des cartésiens, la philosophie mécanique de la nature, la doctrine de Malebranche l'avaient scandalisé (2). On reconnaît au langage qu'il emploie, l'influence de la doctrine de Locke sur lui; toutefois le mépris, dont il faisait profession pour le sens commun, était bien éloigné de s'accorder avec cette doctrine. Il regardait sa philosophie comme une nouveauté radicale; Berkeley était le seul qu'il reconnût pour attaché à la même foi, encore n'était-ce que sur quelques points (3). Une complète révolution philosophique ne pouvait manquer de résulter de ses principes; mais la réaliser était une œuvre qu'il considérait comme supérieure à ses forces (4). Il n'a pas laissé cependant de la préparer et d'y travailler. Dans les écrits qu'il a publiés peu d'années avant sa mort, savoir l'*Essai d'une vraie philosophie* et la *Logologie*, il a tracé une esquisse de ses convictions philosophiques, et il regardait cette esquisse comme une introduction à l'œuvre de la vie, qui devait être un *Corps de la science chrétienne* (5). Cette esquisse incomplète montre que Collier disposait tout en vue de la connaissance de Dieu, dont il espérait être mis en

(1) La dissert. théologique, dans les *Mémoires*, p. 191, sq., est de l'année 1709.
(2) *Clav. univ.*, p. 14; 27; *Specim. de vr. philos.*, p. 126.
(3) *Mém.*, p. 52; 57; *Specim.*, p. 114.
(4) *Clav. univ.*, p. 90, sq.
(5) *Specimen*, avertiss.

possession par la raison et par la révélation. Il se propose d'édifier son système de théologie par des moyens bien plus simples que les scolastiques, et en se tenant bien plus près de la sainte Ecriture. Il compte pour cela sur une plus profonde interprétation de l'Ecriture, à la lumière de principes philosophiques (1). Il vise à une combinaison de la foi et de la raison ; il n'admet pas de mystères impénétrables (2) ; il repousse avec force l'opinion que la foi doit être assise sur le scepticisme ; il n'admet pas non plus de contradiction dans les vérités de foi (3).

Quant au principe de ses recherches, Collier prend pour point de départ les suppositions du sensualisme. Les phénomènes sont notre premier fondement ; où il n'y a pas de phénomène, nous n'avons pas à admettre non plus de réalité. Une chose peut être sans doute, sans apparaître ; mais nous n'en avons pas connaissance (4). De là, Collier prétend conduire ses démonstrations par voie d'induction (5), et il soutient l'évidence de toutes les perceptions, qu'elles reposent, soit sur les sens, soit sur l'imagination, soit sur l'entendement. Tout objet de la sensation existe comme tel ; de ce qui nous apparaît, nous ne pouvons nier qu'il apparaisse (6). Mais il ne suit pas de la perception sensible

---

(1) Ib., p. 106.
(2) *Logol.*, p. 158.
(3) *Clav. univ.*, p. 55.
(4) Ib., p. 41, sq. C'est une maxime dans la science que « eadem est ratio non entis quam apparentis. »
(5) Ib., p. 10.
(6) *Mém.*, p. 59 ; *Clav. univ.*, p. 4. C'est, à mes yeux, un principe premier que tout ce qui est vu, est.

du phénomène, que ce qui nous apparaît intérieurement existe aussi hors de nous, ni que son existence absolue soit hors de doute. Nous sommes obligés de convenir que cela nous paraît être quelque chose de réel ; mais il faut dans le phénomène distinguer l'apparence de la vérité, et les démonstrations de Collier tendent, dès ce moment, à renverser la croyance commune d'un monde extérieur, que nos sensations nous feraient connaître (1).

Ses démonstrations ne sont pas précisément des plus savantes ; elles trahissent une certaine maladresse dans l'expression, de l'inhabileté à traiter des questions scientifiques générales ; et ce qui rend cette inhabileté particulièrement frappante, c'est que, tout en considérant du reste toutes les propriétés sensibles des choses, ces démonstrations se rapportent cependant d'une manière presque exclusive à ce que les choses ont de visible. Il suffira de passer rapidement en vue les questions qu'il agite, pour caractériser son scepticisme relativement à l'existence du monde extérieur.

Opposé au dualisme de son temps, Collier combat la doctrine qui admet l'existence de deux sortes de choses, l'esprit et le corps (2). Il ne prétend pas nier l'existence des corps en général, ni même contester que les corps puissent être appelés des choses dans le sens le plus étendu ; loin de là, Collier accorde sans peine la réalité du monde corporel ou du monde visi-

(1) Ib., p. 42, sqq.; *Clav. univ.*, p. 9.
(2) *Clav. univ.*, p. 42.

ble ; ce qu'il nie, c'est que cette réalité soit extérieure à l'esprit ; le monde n'est qu'un accident de l'esprit. Par là Collier n'entend pas du reste que le monde sensible n'existe que dans l'esprit de l'individu pensant ; on peut dire qu'il est hors de moi, en ce sens que les autres hommes ou esprits le voient et le sentent de la même manière que moi (1) ; mais ce qui est faux, c'est d'attribuer au corps ou à la matière, comme à une substance existant pour soi, une réalité hors du monde des esprits. En d'autres termes, Collier nie la substantialité de la matière (2). De là cette proposition par laquelle il formule aussitôt sa doctrine, savoir, que par le monde extérieur, dont il nie l'existence, il entend le monde corporel en tant qu'être complet en soi, absolu et indépendant (3). Le premier caractère de sa doctrine est d'être purement négative, et dirigée contre les idées matérialistes, qu'il voyait gagner rapidement autour de lui, et selon lesquelles la matière serait une essence complète en soi ; il oppose à ces idées son propre idéalisme, c'est-à-dire qu'il soutient que le monde sensible ou matériel n'a pas d'existence indépendante de l'esprit ou extérieure à lui, mais existe uniquement dans l'esprit (4).

(1) Ib., p. 6.
(2) *Mém.*, p. 31 ; 36 ; 48 ; *Clav. univ.*, p. 2.
(3) *Clav. univ.*, p. 1, sq. Par monde j'entends ce qu'on entend ordinairement par les mots de corps, étendue, espace, matière, quantité, etc... Et maintenant il ne me reste plus que l'explication du mot extérieur. Par ce mot, en général, j'entends ce qui est entendu d'ordinaire par les mots d'absolu, existant par soi-même, indépendant, etc.
(4) *Mém.*, p. 36 ; *Clav. univ.*, p. 5 ; 7. Toute la matière qui existe existe dans l'esprit, ou dépendamment de l'esprit.

La démonstration, qu'il donne de ce principe, relève de la doctrine de Locke, particulièrement en ce que Collier prend pour point de départ une recherche de l'origine de nos représentations, et en ce qu'il considère la faculté de connaître comme marquée d'un caractère absolument passif, et opposée par conséquent au caractère de la volonté. Ce contraste est accentué avec une très-grande force, et le principe actif, qui détermine notre entendement, est cherché dans la volonté de Dieu. Dieu produit les idées dans l'esprit humain; leur ordre est indépendant de cet esprit (1). Ainsi les représentations, que nous trouvons en nous, sont regardées comme quelque chose, dont l'existence en nous n'est pas douteuse, mais ne peut aucunement être rapportée à notre esprit comme à sa cause. Or, elles semblent bien nous attester la réalité d'un monde extérieur; mais c'est une apparence trompeuse. Pour établir ce point, Collier ne dédaigne pas d'invoquer les exemples d'illusions sensibles, donnés par les sceptiques. Il s'en sert pour combattre les doctrines de Locke sur l'évidence sensible (2). Nous

---

(1) *Clav. univ.*, p. 5, sqq. Je dis cela afin de me mettre en garde contre l'imputation de regarder l'esprit comme cause de ses propres idées ou des objets de ses perceptions; ou de peur qu'on ne s'imaginât par une méprise que, d'après moi, la matière dépend quant à son existence de la volonté humaine ou de celle d'une créature quelconque. Par esprit j'entends cette partie, ou cet acte, ou cette faculté de l'âme, distinguée par le nom de faculté intellectuelle ou perceptive, à l'exclusion de cette autre partie qu'on distingue sous le nom de volonté... Dieu donne aux créatures pensantes des sensations, ordonnées comme si elles existaient.

(2) Ib., p. 16; *Mém.*, p. 21, sq.

n'avons pas besoin de reproduire ces exemples. Il nous suffira de signaler l'insistance particulière avec laquelle Collier appuie sur ce qu'on ne saurait indiquer d'autre différence entre l'imagination et la perception sensible, que la vivacité supérieure de la dernière. Si donc la sensation n'est qu'une imagination plus vive, si d'autre part l'imagination n'est qu'en nous, nous sommes fondés à admettre que toutes les sensations ne sont aussi qu'en nous (1). Et dans le fait, rien ne peut être présent à l'esprit sans être en lui, et par conséquent s'il est hors de lui. La visibilité des choses vues constitue tout leur être; mais elles ne sont visibles que pour nous et en nous (2). Ici réside l'argument capital qu'en raison de sa théorie de la connaissance Collier peut invoquer contre l'existence du monde extérieur; seulement cet argument est, selon lui, trop simple pour frapper tous les esprits par son évidence; c'est pourquoi Collier s'efforce de l'étayer par d'autres considérations. Toutes nos sensations attestent uniquement leur propre existence, et, comme elles n'existent que dans notre âme, elles n'attestent qu'une réalité interne, et nullement une réalité externe.

(1) *Clav. univ.*, p. 11, sq.; *Mém.*, p. 27.
(2) *Clav. univ.*, p. 25. Un objet qu'on affirme être extérieur à l'esprit ou à la faculté visuelle, peut-il leur être présent?... Les objets dont nous parlons sont supposés être visibles; et tout ce que nous savons d'eux, ou bien leur existence, c'est qu'ils sont visibles ou vus. S'il en est ainsi, ils existent en tant que visibles, ou, en d'autres termes, leur visibilité constitue leur existence. Cela détruit par conséquent toute distinction quelconque entre leur être et leur visibilité, l'un et l'autre étant identifiés; et évidemment cela détruit en même temps l'extériorité de ces objets.

Ces résultats, auxquels Collier aboutit, s'accordent jusqu'à un certain point avec la doctrine de Descartes, qui niait l'existence des qualités sensibles dans les objets corporels et hors de l'âme ; mais Collier fait ressortir ce qu'il y a d'étrange à soutenir, comme le fait la doctrine cartésienne, que les accidents des corps, les qualités sensibles n'existent que dans l'âme, et à admettre en même temps que les substances mêmes, que les corps existent hors de l'âme (1). Il semble pourtant que le support se trouve nécessairement là même où les accidents sont supportés. Parvenu à ce point, Collier attaque l'idée de la matière. Le doute, énoncé par Locke sur les modes dérivés de l'être, est poussé plus loin et dirigé contre les modes primordiaux, dont on s'était efforcé de maintenir l'existence hors de l'âme. Collier combat ici les doctrines des péripatéticiens et celles des cartésiens. Quant aux premiers, il les attaque par l'ironie plutôt qu'il ne leur oppose des arguments détaillés ; il déclare leurs définitions de la matière la meilleure preuve de sa non-existence, une démonstration parfaite qu'elle n'est ni visible ni capable d'aucun prédicat ; il faut bien qu'elle soit quelque chose, mais on ne peut pas dire ce qu'elle est ; on y attache l'idée indéterminée de l'existence en général, tout en la distinguant bien pourtant de l'idée de Dieu, de l'être universel (2). On pourrait dire, en effet, que l'idée péripatéticienne de la matière était

---

(1) Ib., p. 14, sq. Dirons-nous que les sujets des accidents existent hors de l'âme et les accidents au dedans ?

(2) Ib., p. 28 ; 71, sq.

depuis longtemps déjà écartée par les théories de la physique moderne, qui, au lieu de voir dans la matière le sujet, sans forme et sans détermination, du devenir, n'y voyaient plus que le sujet indéterminé de l'existence étendue ou corporelle. Mais à son tour cette nouvelle idée de la matière soulève, aux yeux de Collier, de nouvelles objections. Il cherche à faire éclater les contradictions, où l'on s'embarrasse, en admettant un monde étendu hors de Dieu et hors de l'âme (1). D'une part les philosophes, qui soutiennent la doctrine du monde étendu, établissent que ce monde est infini, puisqu'il s'étend hors de nous, c'est-à-dire, absolument sans limites imaginables ; d'autre part ces philosophes enseignent que le monde est fini, puisqu'il est créé, et que par conséquent il n'est pas absolu (2). Collier s'abstient de déduire en détail les raisons qui militent en faveur de ces deux doctrines contraires ; il les suppose connues. Il en est de même d'une autre contradiction, qu'il aperçoit entre la conception de la divisibilité infinie de l'être étendu, et celle de sa divisibilité finie. La matière extérieure, conçue comme créature, est indubitablement finie, et n'a point par

---

(1) La comparaison de ces contradictions avec les antinomies de la raison pure de Kant se présentera d'elle-même.

(2) *Clav. univ.*, p. 46, sqq. D'un côté on a prouvé, en partant de l'idée de l'être extérieur du monde, qu'il est infini ; de l'autre, on a prouvé, en partant de sa qualité de créature, qu'il est fini. Les deux thèses le supposent également extérieur, également créé. En même temps aucune des deux parties ne prétend répondre aux arguments de la partie adverse opposés aux siens, mais prétend seulement justifier sa propre thèse directement. Et cependant l'une et l'autre soutiennent que dire qu'un monde extérieur est en même temps fini et infini revient à dire qu'il n'existe pas de monde extérieur.

conséquent de parties infinies en nombre; conçue comme extérieure et absolue, elle doit être de toute nécessité considérée comme infinie et comme embrassant un nombre infini de parties (1). Enfin Collier ajoute encore un troisième argument de même nature, et dirigé, comme les arguments précités, contre les théories mécaniques en vogue de son temps. L'hypothèse d'un monde extérieur étendu conduit à cette contradiction, que d'un côté on admet dans le monde le mouvement, et qu'on est obligé de le nier de l'autre. L'idée de la non-existence du mouvement dans le monde est rejetée comme une assertion absurde; dès là que le monde est supposé créé, on ne peut nier que Dieu ait la puissance de le mouvoir. Mais le mouvement du monde est impossible, lorsqu'on suppose que le monde existe extérieurement, c'est-à-dire d'une manière absolue. Ceci s'applique à la fois et au tout et aux différentes parties : au tout, puisque l'infini ne peut être mû; aux parties prises séparément, puisqu'elles sont infinies en nombre, et que l'infini ne peut être parcouru dans un temps fini (2). Ces arguments contre la possibilité du mouvement manifestent plus fortement que tous les autres l'idée de Collier, qu'un infini (et l'infini est toujours pris par lui dans le sens d'indéfini) ne saurait exister réellement (3).

(1) Ib., p. 50, sq. Une matière extérieure, en tant que créature, est évidemment finie, et, en tant qu'extérieure, n'est pas moins évidemment infinie, quant au nombre de ses parties ou à la divisibilité de sa substance, et cependant il ne peut rien être imaginé de plus absurde qu'une telle divisibilité.
(2) Ib., p. 58, sqq.
(3) Ib., p. 60, sqq.

Dans le cours de la discussion qu'il soutient contre l'existence de la matière hors de nous, Collier part toujours de cette supposition, que si la matière existait, elle serait nécessairement créée. Ce principe théologique est le fondement sur lequel portent toutes ses idées. Ainsi Collier ne saurait avoir à discuter qu'avec les philosophes qui ne contestent pas la création du monde. Dieu et l'univers sont donc admis l'un et l'autre par hypothèse, et cette double hypothèse fournit à Collier ses arguments les plus forts. Si le monde était admis comme étendu, Dieu serait nécessairement étendu avec lui, puisque Dieu est nécessairement présent partout; or cette idée d'un Dieu étendu est absurde, et l'admettre serait précisément renverser l'idée d'un monde existant hors de Dieu. Car si Dieu était infiniment étendu, où trouverions-nous place pour un monde extérieur? Deux étendues infinies peuvent-elles donc coexister (1)? Un monde indépendant est une idée inconciliable avec celle de la dépendance de toutes choses à l'égard de la volonté de Dieu. Ici Collier invoque spécialement la doctrine cartésienne, selon laquelle les choses ne durent que par suite d'une création continue (2).

Engagé dans cette direction théologique, Collier ne peut évidemment soutenir une doctrine idéaliste qui

---

(1) Ib., p. 71. Car si Dieu est étendu, et par conséquent, comme il en faut bien convenir, infiniment étendu, où trouverons-nous place pour un monde extérieur? Deux étendues infinies peuvent-elles coexister?

(2) Ib., p. 65, sqq.

se contenterait de trouver uniquement dans l'âme humaine le fondement de tous les phénomènes et de toute matière. Cette conception d'un idéalisme subjectif, selon le nom attaché de nos jours à cette théorie, irait directement contre les principes de Collier. Il attribue sans doute à l'âme humaine une existence plus haute que celle de la matière; mais il ne la considère pas comme le fondement dernier de la matière. Selon lui, sa prééminence consiste d'abord en ce qu'elle contient en elle la matière, et renferme bien plus que ne peut renfermer la matière, car celle-ci est incapable de penser (1); elle consiste en second lieu en ce que l'âme est plus rapprochée du centre de toutes choses que ne l'est le monde matériel, et ce dernier titre de supériorité indique assez clairement que l'âme doit, d'après Collier, être conçue dans son rapport avec Dieu (2). Les idées, qu'il s'est faites sur ce point, reposent sur le rapport depuis longtemps étudié de la substance et de l'accident, et aboutissent à un résultat, qui semble fort analogue à la doctrine de Spinosa. Il faut bien distinguer l'une de l'autre la substance et l'accident; la substance de la chose est une tout autre idée que la chose même (3); la substance est ce que nous devons considérer comme le principe des accidents. Il faut distinguer de plus des accidents permanents, qui

(1) *Specimen*, p. 118, sq.,
(2) Ib., p. 123. On trouve ici un trait qui indique combien il s'éloigne de la philosophie antérieure; c'est le débat qu'il élève contre les doctrines du microcosme et de la simplicité de l'âme.
(3) Ib., p. 120. sq. La substance de chaque objet est une chose différente de l'objet même, et d'une tout autre espèce.

sont dans la substance, et des accidents variables qui sont rattachés à la substance (1) ; quant à celle-ci, elle est regardée comme l'universel, embrassant la pluralité des accidents. Il faut observer l'influence des idées nominalistes de Collier sur cette doctrine : en effet, pressé par la distinction qu'il fait entre les choses ou accidents et leur principe universel, il met la plus grande importance à établir que la définition ne doit déterminer que les différences des choses, et ne peut admettre en elle l'universel (2). Ensuite la distinction de la substance et de l'accident est conçue de telle sorte, que, dans l'échelle qui monte du particulier à l'universel, cette distinction n'a plus, quant aux degrés intermédiaires, qu'une signification relative. Elle forme la base de la hiérarchie des choses ; ce qui est substance pour l'une est accident pour l'autre, puisque l'accident ne subsiste que dans une chose ou par rapport à une chose, et qu'il ne trouve que dans la substance son support général. Supposez le portrait d'un homme peint sur une toile ; la figure de l'homme peint est un accident de la couleur, celle-ci est la substance de l'image, mais est un accident par rapport à la substance de la toile. Mais cette subordination des accidents à l'égard des substances a nécessairement ses limites. Il faut en définitive admettre une substance universelle de toutes choses, fondement de tous les accidents, et cette substance est Dieu, ou le fils de Dieu,

---

(1) Ib., p. 109, sq.
(2) Ib., p. 118.

le principe suprême dans lequel toutes choses sont créées, l'unique substance dans un sens absolu; toutes les créatures n'en sont que les accidents (1). Dieu est l'être universel, l'être en soi, sans aucune particularité (2); nul être particulier ne peut avoir l'existence qu'en lui. Toutes choses sont donc liées à Dieu, non pas immédiatement, mais par une série plus ou moins grande d'intermédiaires, et de là aussi leur degré plus ou moins élevé de perfection; plus une chose est éloignée de la substance première, plus elle est imparfaite; plus elle en est proche, et plus elle a de perfection (3).

Collier se proposait de fonder sur cette doctrine un système complet de théologie, et dans ce système il avait pour objet principal une théodicée. Les fragments que nous possédons de ce système, suffisent à peine pour nous donner une idée de l'ensemble; tout ce que nous voyons, c'est que Collier tend à concevoir toute existence des créatures comme une existence dans la substance de Dieu, et à séparer cependant

(1) Ib., p. 119. Qu'y a-t-il de plus familièrement connu parmi les hommes que la distinction de la substance et des accidents? Ou bien qu'y a-t-il de plus aisé à observer à chaque instant que ce fait, savoir, que ce qui est accident par rapport à une substance peut être substance par rapport à un autre accident? Et peut-on mieux parler en ce cas que de dire que, si loin qu'on puisse étendre cet enchaînement de substances, il n'y a jamais là qu'une seule substance, c'est-à-dire la première? Ib., p. 117. Quoiqu'une des créatures de Dieu puisse être relativement considérée comme la substance d'une autre, cependant cette créature et toutes les autres ensemble ne sont que des accidents au regard du Fils de Dieu.

(2) *Mém.*, p. 191. Je ne regarde pas Dieu comme un être particulier, je crois qu'il est l'être même, tout être, l'être universel.

(3) *Spécim.*, p. 108, sq.; 122; *Mém.*, p. 57.

jusqu'à un certain point l'être des créatures de l'être de Dieu. Le fils de Dieu n'est lui-même qu'en Dieu (1), comme toutes les créatures, et cette doctrine attira sur Collier l'accusation d'arianisme. Le moyen par lequel Collier songe à séparer d'une certaine manière les créatures et Dieu, consiste à distinguer l'entendement de Dieu d'avec sa volonté; celle-ci est, aux yeux de Collier, la matière de laquelle tout se compose, tandis que les idées subsistantes dans l'entendement divin fournissent les formes distinctives des choses créées (2). Il fallait que Dieu produisît les choses particulières, les esprits particuliers, par une volonté particulière, qu'il a suscitée en lui-même (3). Or la volonté est transmise aussi aux créatures, qui par conséquent pouvaient pécher, et par leur péché déchoir de la vie bienheureuse. Mais elles peuvent ensuite atteindre par leur obéissance passive à une plus haute vertu que celle qui pouvait résulter de l'état d'innocence. Telle est la conduite, par laquelle Dieu sait tirer les plus grands biens des plus grands maux (4). Toutes ces idées sont contenues dans une simple esquisse, où manquent malheureusement les anneaux qui en feraient comprendre l'enchaînement. Il est fort présumable que Collier avait cherché ces

---

(1) *Spécim.*, p. 116. Toute existence créée est une existence en une autre, et non simplement une existence. *Logol.*, p. 150. Une distinction est à faire entre Dieu existant, et Dieu existant dans le premier.
(2) *Mém.*, p. 192.
(3) Ib., p. 195.
(4) Ib., p. 195; 197.

anneaux; mais, dans les écrits qu'il a composés, son but se réduit à écarter l'idée de la matière, qui ne saurait sous aucun rapport être conçue comme un être complet en lui-même et indépendant de Dieu. Il s'ensuit pareillement que les êtres spirituels sont, malgré la volonté propre dont elles sont douées, considérées simplement comme des choses dans l'être universel de Dieu; comme des accidents dans la substance universelle, soutenues par des cercles plus petits et régulièrement superposés les uns aux autres, comme par des lois générales. Combattre et renverser le matérialisme, telle était, selon Collier, la première base d'une théologie exacte; il avait reconnu dans la doctrine d'une matière indépendante et agissante par ses propres énergies le plus grand ennemi du christianisme.

Les moyens, par lesquels il la combattit, étaient toutefois très-insuffisants. Admettre, comme il le faisait, que les idées de substance et d'accident désignent un rapport, qu'on peut suivre à travers les différents degrés ou cercles de l'être, était un aperçu capable de recevoir de plus amples développements; ajoutons qu'il les réclamait impérieusement, pour conduire à une conception intelligible des choses de l'univers. Les idées nominalistes, auxquelles Collier était attaché, étaient-elles propres à lui fournir ces développements, c'est ce qu'on peut mettre en question; mais il n'a point tenté de donner à ses idées l'extension requise, c'est du moins ce qu'on voit par la direction théologique, où son esprit s'était engagé. Lorsqu'il invoque à l'appui de ses idées sur le rapport de la substance et de l'accident des phénomènes naturels, le portrait peint sur toile, l'image reflétée dans le miroir, ou d'autres encore, lorsqu'il représente une image rapportée à une autre et celle-ci à une troisième, tout cela suppose une longue série d'accidents apparaissant dans des substances, qui sont à leur tour accidents d'autres substances, et pour établir cette conception il faudrait qu'on nous produisît une série de phénomènes naturels, dans laquelle l'un eût l'autre pour support. Mais Collier est resté étranger à ces recherches, qui constituent la science moderne. Au lieu de s'y livrer, il s'est jeté sans délai dans les spéculations théologiques ; et, après nous avoir exposé que nos représentations du monde matériel n'existent que dans notre âme, comme une image dans un miroir, il énonce aussitôt l'idée, que ces images c'est Dieu qui les a créées dans l'âme humaine et dans l'âme des anges. Il laisse là très-vite son échelle des existences, et n'y songe plus. Le monde est immédiatement dans l'âme, médiatement dans le Verbe ou le Fils de Dieu, parce que l'âme est immédiatement en lui. Le monde visible est dans l'esprit, l'esprit en Christ, Christ en Dieu (1). Evidemment il fallait une participation plus attentive aux efforts de la philosophie moderne pour que des idées, aussi éloignées de ses tendances, devinssent, au moins jusqu'à un certain point, intelligibles.

---

(1) *Spécim.*, p. 115, sq.; *Mém.*, p. 55.

II

GEORGES BERKELEY.

Ses convictions. — Attaques contre les libres penseurs. — Contre les prétentions outrées de la physique et des mathématiques. — Il se rattache aux platoniciens et aux théosophes. — Mais il embrasse aussi la doctrine de Locke sur la connaissance. — Le général n'est qu'une question de langage. — Lutte contre le concept de la substance sensible hors de notre âme. — Les choses sensibles ne sont que des phénomènes dans notre âme. — Les qualités primordiales conviennent aussi peu aux choses que les qualités dérivées. — Contre la substance de la matière corporelle. — Le concept du corps ne peut pas servir à l'explication des phénomènes. — Le concept de la matière. Valeur de la mécanique. — Les sens ne connaissent pas de cause. Contre le matérialisme. — Substance, esprit et connaissance de l'entendement d'une part, accident, corps et connaissance sensible de l'autre sont des choses qui se correspondent l'une à l'autre. — L'être et le devenir. — Nous ne pouvons découvrir de principe actif que dans l'esprit. — L'âme ou l'esprit ne peut être connu que par la raison. Contre le sensualisme. — Nous ne connaissons l'esprit que par réflexion ou par raisonnement analogique. — Difficulté et obscurité de la conception du spirituel. — Ce qu'il faut nier, ce n'est pas le monde extérieur, c'est seulement la matérialité de la substance. — L'existence de Dieu établie comme fait. — Les phénomènes sont des signes qui composent une langue. — Danger que court Berkeley de tout résoudre dans l'universel. — L'essence de Dieu, parfaite et spirituelle. — Connaissance imparfaite de l'esprit. Prééminence de la volonté sur l'entendement. — Incertitudes relatives à la liberté de la volonté et au rapport du monde à Dieu. — Une médiation nous est nécessaire entre Dieu et nous. — Doctrine théosophique de Berkeley. — Revue.

Déjà s'était élevé contre l'invasion du matérialisme un combattant plus vigoureux. Georges Berkeley, fils d'un Anglais partisan des Stuarts, qui avait émigré en Irlande, et y avait occupé une place de collecteur, était né à Kilcrin, dans le comté de Kilkenny, en 1684. Il avait étudié la théologie à Dublin, et y était devenu membre du collége de la Trinité. Il s'était arrêté de bonne heure à des idées fort éloignées de l'opinion vulgaire. Après avoir donné une *Arithmétique selon une nou-*

velle méthode, qui est un travail de jeunesse, il fit paraître, à partir de 1709 et à de courts intervalles, trois écrits qui devaient établir les bases de son immatérialisme, savoir : sa *Théorie de la vision*, ses *Principes de la connaissance humaine*, et ses *Dialogues d'Hylas et de Philonous*. Quelque éloignées que ses doctrines philosophiques fussent de l'opinion commune, il n'en suivait pas moins avec une attention passionnée le développement de la littérature nouvelle. Doué d'une imagination vive, amateur de romans, il avait lui-même publié, mais sans y mettre son nom, un roman philosophique, une sorte d'utopie, sous le titre de *Gaudentio de Lucques* ; ce livre avait été accueilli avec applaudissement. Il s'efforçait de revêtir d'une forme agréable jusqu'aux recherches arides de la philosophie. Aussi, lorsqu'il vint à Londres en 1713, il obtint sans peine l'amitié des écrivains les plus distingués d'alors, d'Addison, de Steele, de Swift, de Pope. Leur patronage et celui de ses amis d'Irlande lui ouvrit l'entrée du grand monde. Pope a fait de ses vertus un éloge enthousiaste ; Swift le recommanda au comte de Peterborough, qui se l'attacha à titre de chapelain dans une ambassade en Italie ; plus tard, Swift lui conserva encore son amitié, lorsque son amie, célèbre sous le nom de Vanessa, eut pendant une maladie légué à Berkeley une partie d'un héritage que Swift attendait. La liaison de Berkeley et du comte de Peterborough, homme d'humeur capricieuse, dura peu, et ne contribua en rien à l'avancement du philosophe. Mais peu de temps après il commença en Europe un long voyage qui ne dura pas moins de quatre ans ; il y accompagnait un jeune homme confié à ses soins, le fils d'un évêque d'Irlande. Il mit ce voyage à profit pour s'instruire dans la connaissance des arts et de la nature. Il employa un long séjour en Sicile à former des collections relatives à l'histoire naturelle de cette île ; un hasard fâcheux détruisit le fruit de ce travail. A son retour, il composa en latin un écrit *sur le mouvement*, destiné à l'Académie de Paris, écrit fort important pour l'appréciation de sa philosophie. C'est alors qu'il eut avec Malebranche ce vif entretien, qui aurait occasionné la mort de celui-ci. Revenu en Angleterre, il obtint, grâce au zèle de ses amis, une fonction lucrative dans l'Église d'Irlande. Mais ni cet avancement, ni les douceurs d'un heureux mariage qu'il venait de contracter n'attiédirent son ardeur à poursuivre la réalisation des plans philosophiques embrassés par lui avec toute la chaleur de son esprit, et toute la vivacité de son imagination ; il n'avait pas assez songé aux conditions nécessaires que ces plans supposaient. Il était affligé du délaissement religieux où restaient plongées les colonies anglaises en Amérique, et les natifs du pays. Pour y porter remède, il avait conçu le plan d'un collége à fonder dans les îles de Bermuda, collége qui était destiné à instruire des ecclésiastiques et à former des missionnaires. Il parvint à communiquer à d'autres son enthousiasme pour cette entreprise ; il ne réussit pas seulement à s'associer quelques jeunes ecclésiastiques qui devaient partager ses fatigues, mais il obtint encore du parlement la promesse d'un secours considérable, sans parler des contributions privées dont il était assuré. Il se rendit, afin de mettre ce plan à exécution, à Newport en Rhode-Island, et il y passa deux années en préparatifs et en occupations spirituelles. Mais les promesses de secours publics ne furent pas tenues ; l'espoir de les voir s'accomplir finit par disparaître tout à fait, et Berkeley revint en Angleterre. Il ne tarda pas à y publier ses dialogues intitulés : *Alciphron* ou le *Petit Philosophe*, dirigés contre les diverses nuances du parti des libres penseurs. La faveur personnelle de la reine Caroline, protectrice des théologiens éminents et des philosophes, l'éleva en 1734 au petit évêché de Cloyne en Irlande. Depuis cette époque, il vécut presque constamment à la campagne, dans son siége épiscopal, tout entier à ses devoirs spirituels. Il n'avait jusqu'alors jamais retenu ce qu'il croyait un bon conseil dans une question d'intérêt public ; et l'on trouve vers cette époque, comme témoignage de sa franchise et de son zèle persévérants, une série de petits écrits, dans lesquels il discute, selon les circonstances, l'intérêt de l'Irlande, et en particulier du troupeau dont il est chargé ; plus attaché du reste au point de vue moral qu'au point de vue politique, tolérant envers les catholiques, et travaillant, avec une sage modération, à leur inspirer l'amour des intérêts de l'Irlande dans son ensemble. Cette ardeur pour le bien public lui inspira un écrit intitulé *Siris*, et augmenté dans la suite de quelques additions, pour vanter l'utilité hygiénique et recommander l'usage du thé, dont il avait eu d'abord en Amérique, puis en Irlande, l'occasion d'éprouver personnellement et chez d'autres les excellents effets. Cet écrit dépose, par une suite de démonstrations, il est vrai, fort inattendues, plus que tous ses autres écrits, en faveur des convictions positives qui le guidaient dans ses recherches philosophiques. Il n'avait pas abandonné la lutte contre les libres penseurs ; cette lutte le jeta dans une polémique suivie avec des mathématiciens, entre autres avec Halley ; la confiance prédominante en la démonstration mathématique, jusque dans les questions dont le domaine dépasse celui des mathématiques, lui semblait le fondement de l'incrédulité. On lui offrit des évêchés plus riches que celui qu'il occupait ; il refusa ces offres séduisantes ; il se proposait même de renoncer à son petit évêché, parce que, voulant diriger lui-même l'éducation de son fils à Oxford, il s'était décidé à quitter sa résidence de Cloyne. Étonné d'un tel désintéressement, le roi voulut qu'il conservât son évêché, même pendant son absence. Il ne resta que peu de temps à Oxford ; car il mourut subitement en 1753.

Tous ses écrits portent l'empreinte de son noble esprit. Ils expriment, sous une forme pleine de dignité, des idées que la science moderne dans ses diverses branches a su s'assimiler, malgré des conséquences si éloignées de l'opinion dominante. Il est d'accord avec tous les penseurs modernes pour combattre la scolastique, telle qu'elle régnait encore dans les écoles, et

---

(1) Je me sers de l'édition suivante de ses œuvres complètes : Œuvres de G. Berkeley. En deux vol. Lond. 1784. In-4°.

parfois il porte si loin la rigueur à son égard, qu'il semble attaquer la logique et la métaphysique ; cependant il songeait uniquement à simplifier la logique et à remplacer par une métaphysique sévère une métaphysique surannée ; bien plus, la métaphysique était la science, dont il attendait, plus que de toute autre, une connaissance exacte et profonde de la vérité (1). Il suivit toujours d'un regard attentif les recherches de la physique et des mathématiques modernes ; il aime aussi à invoquer les investigations de la chimie (2). Il fait l'éloge de Descartes et particulièrement de Newton ; il leur donne cette gloire de nous avoir initiés aux secrets de la nature ; il reconnaît les mathématiques et la physique comme les meilleurs exercices pour l'entendement (3). Il place encore plus haut Locke, dont il recommande la philosophie avec les témoignages d'estime les plus forts (4). On peut dire qu'il a pris pour point de départ dans ses doctrines la théorie de la connaissance de Locke, bien qu'il en tire de tout autres conséquences, qu'il lui prête une autre valeur, et qu'il ait même dans ses derniers ouvrages élevé une polémique contre Locke. Il partage également la tendance pratique de celui-ci, son respect et sa déférence pour le sens commun ; seulement il veut voir le sens commun soutenu par la réflexion et l'art, par lesquels on acquiert en toute occupation particulière une marche

---

(1) Traité. Introd., 6; *Alciphr.*, v, 24, p. 509 ; vii, 12 ; *Siris*, 293.
(2) *Siris*, 189 et ailleurs.
(3) Arithm., p. 107 ; *Siris*, 243 ; 245.
(4) Arithm., p. 107.

plus sûre et plus de dextérité (1). Selon Berkeley les vrais principes de la philosophie paraissent sans doute conduire d'abord au scepticisme ; mais pour peu qu'on les approfondisse assez, ils ramènent au sens commun (2). Il s'en faut beaucoup que dans sa direction pratique il ne dépasse ceux de ses compatriotes qui l'ont précédé dans cette voie; ils mêlent encore, à son gré, trop de théorie à leurs doctrines, ils ne font que se jeter dans les difficultés en passant par-dessus le but pratique de la science et en faisant du moyen un but (3). Il y a plus, le coloris *utilitaire*, qu'avaient pris les doctrines pratiques de la philosophie moderne, ne lui inspire aucune répugnance, bien que la noblesse des sentiments qui l'animent ait apporté sous ce rapport de fortes restrictions aux doctrines en question (4). Mais quoiqu'il s'applique aussi aux doctrines théologiques, il se conforme assez toutefois à l'esprit moderne pour se prononcer en faveur de l'importance pratique de la religion; il défend la religion naturelle, sous cette supposition, il est vrai, qu'il s'y joigne d'autre part des prescriptions positives, car la religion naturelle n'est pas appropriée à devenir religion nationale (5). Il ouvre ainsi la porte aux doctrines du christianisme dans un

---

(1) *Alciphr.*, vi, 12, p. 551, sq.
(2) Trois dialogues entre Hylas et Philon. I, p. 110; II, p. 153; III, p. 187; 217. Les mêmes principes qui, à première vue, conduisent l'homme au scepticisme, poussés à un certain point, ramènent l'homme au sens commun.
(3) *Alciphr.*, vii, 18, p. 624.
(4) Ib., iii, 16 ; *Obéissance passive*, 5, sqq.; 53.
(5) *Alciphr.*, 9, v, p. 486 ; vii, 12; 13. La foi, dis-je, est une persuasion active de l'esprit. Serm., p. 449.

sens plus large que Locke ne l'avait fait (1); mais il ne renonce pas pour cela à la tolérance, telle que l'entendaient en général ses contemporains. Il prétend la pratiquer à l'égard des *dissidents*, bien que d'ailleurs l'athéisme lui paraisse punissable. La religion chrétienne est faite pour la masse des hommes, la spéculation raffinée ne peut que porter dommage aux effets de la grâce (2).

Les idées de Berkeley suivaient donc jusqu'à un certain point les tendances de son temps; mais on verra dans un instant qu'il était en lutte ouverte, qu'il formait une opposition tranchée avec la torpeur morale, qui avait gagné de toutes parts, et qu'il s'efforçait de tourner contre le siècle lui-même les armes que le siècle avait forgées. Il a composé un *Essai pour prévenir la ruine de la Grande-Bretagne*, écrit de circonstance et qui marque peu d'espérance du succès. Il y accuse l'époque d'être dégénérée. Il a l'antique folie de se plaindre du cours des temps, de faire peser les vices généraux de la nature humaine sur une époque particulière; cela est vrai, il en convient. Mais aussi l'âge présent n'a-t-il pas mis au jour des vices inouïs? Nous sommes au bord d'un abîme, à la veille d'une grande catastrophe. Le vice et l'infamie sont en honneur; la trahison et la vénalité passent pour connaissance du monde; l'esprit public

---

(1) *Alciphr.*, v, 29, p. 515; vi, 9, p. 545; vii, 33, p. 645; Traité, 63.

(2) Sermon, p. 464; *Essai pour prévenir la ruine de la Grande-Bretagne*, p. 271.

est un mot, qui excite la risée ; au lieu de rougir des crimes, on ne rougit que de l'honnêteté et de la vertu ; des incrédules sont réputés habiles hommes d'Etat. En un mot, d'autres peuples ont été sans Dieu, mais nous sommes les premiers, qui le soyons par principes (1). Nous avons entendu Leibnitz élever les mêmes plaintes. C'est encore une fois la pensée idéaliste qui se dresse contre le matérialisme envahissant, contre le culte de la nature à l'exclusion de l'esprit et de la raison. Berkeley enveloppe ses adversaires sous le nom commun de libres penseurs ; dans son Alciphron il les peint avec leurs tendances diverses, et démontre l'inconsistance de leurs principes. Son tableau n'est pas ce qu'on peut appeler trop chargé ; il est à regretter seulement qu'il ait voilé sous des noms antiques les personnages dont il trace la figure. Les doctrines que la philosophie sensualiste devait professer plus ouvertement encore, nous en voyons déjà son esprit préoccupé. La corruption morale, l'anéantissement de l'esprit public, tels que les avait montrés la *Fable des Abeilles*, tels qu'ils s'étaient manifestés dans une société d'impies formée à Dublin (2), sont révélés par lui à tous les yeux. Il provoque, il attaque, sans grand choix et sans distinction subtile, la foule de ses adversaires. Il les juge moins d'après leurs idées ou la tendance de leur doctrine, que sur les effets qu'elles ont produits. Spinosa n'est à ses yeux que le grand coryphée des

---

(1) Essais, p. 287.
(2) *Discours adressé aux magistrats*, p. 309, sq.; 312.

incrédules modernes (1), Shaftesbury, le chef des railleurs qui tournent l'immortalité et la rémunération divine en dérision (2) ; et pourtant Berkeley lui-même présente sur des points, qui ne sont pas sans gravité, de singulières ressemblances avec ces deux philosophes. Mais c'est surtout le matérialisme qu'il regarde comme la source du scepticisme et de l'athéisme (3) ; le matérialisme oublie l'esprit, et pourtant il suffit d'un seul regard sur l'esprit pour renverser de fond en comble l'édifice de l'athéisme (4). Berkeley combat donc l'explication de la pensée par les mouvements nerveux, et les doctrines des chimistes relativement à l'âme (5) ; il n'est pas même éloigné d'attaquer toutes les théories modernes sur la nature. Assurément les découvertes, qui leur sont dues, ont droit à l'estime ; mais il ne faut pas méconnaître les limites de ces théories trop enclines à s'abuser sur leur portée et leur valeur (6). La physique n'est pas fondée à se mêler de théologie ; elle étudie les phénomènes, elle les rassemble sous des lois générales ; mais elle ne sait rien de la cause motrice, rien des causes finales (7) ; elle ne connaît que les effets, elle n'en connaît pas les causes ; ses principes mécaniques suffisent bien à montrer

---

(1) *Alciphr.*, vii, 29, p. 640.
(2) *Disc.*, p. 309. Dans l'*Alciphron*, il est combattu sous le nom de Cratyle.
(3) *Princ. de la connaiss. hum.*, 92.
(4) *Hyl.*, ii, p. 159.
(5) Ib., p. 154 ; *Alciphr.*, vi, 14, p. 554, sqq.
(6) *Essai d'une nouvelle théorie de la vision*, 160 ; *Traité des princip. de la conn. hum.*, 50.
(7) *De motu*, 34, sq. ; p. 134, sq.

l'enchaînement des phénomènes, ils n'en découvrent pas les raisons (1). Ainsi Berkeley se porte l'adversaire des cartésiens, de Toricelli, de Leibnitz, dont la théorie du mouvement attire à plusieurs reprises son attention ; il combat toute théorie, qui attribue à la matière une force quelconque, soit de commencer ou de communiquer le mouvement, soit d'attraction ou de gravitation. L'opinion d'une force, qui reste toujours également grande, est tout aussi gratuite que celle de l'existence de la même quantité de mouvement ; l'idée d'une force morte ne repose sur aucun phénomène (2) ; les mots de force, d'attraction, de gravitation sont bons pour le calcul, ils ne peuvent servir d'explications ; Newton n'emploie l'attraction de la matière que comme une hypothèse mathématique (3). Or les mathématiques doivent se borner aux mesures ; elles n'ont qu'une valeur pratique, elles n'emploient que dans un but pratique leurs abstractions, incapables d'ailleurs de représenter l'être véritable des choses. Les idées de Berkeley tendent sur cette voie à tracer entre les différentes sciences une ligne de démarcation profonde. En physique nous n'avons affaire qu'avec les sens et l'expérience, qui nous informent des effets manifestés. Dans les mathématiques nous faisons abstraction des particularités du phénomène sensible, mais nous n'en restons pas moins en général dans le domaine du sensible, nous n'y travaillons qu'à

---

(1) *Hyl.*, III, p. 210, sqq.; *Princ. de la conn. hum.*, 66 ; 105.
(2) *De motu*, 8 ; 10 ; 19.
(3) Ib., 17 ; 28.

un ouvrage d'imagination, lequel conduit à l'erreur, si l'on s'avise de croire que ces abstractions peuvent représenter la réalité des choses. Toute recherche des causes est vaine, si l'on ne revient à l'esprit, qui opère et qui meut tout, dont la volonté fait et gouverne tout. Seule, la métaphysique nous le fait connaître ; car elle est une science plus générale que les sciences particulières, que la physique et les mathématiques, et elle ne repose pas sur les sens et sur l'imagination, mais sur la raison et sur l'entendement pur (1).

Si Berkeley a ses adversaires, il a aussi ses amis. C'est en général aux platoniciens qu'il demande un appui. Il se montre très-versé dans la connaissance de leurs ouvrages, soit anciens, soit modernes (2). Il conçoit la doctrine platonicienne, dans le sens de l'interprétation moderne, comme la plus ancienne philosophie ; il la trouve en harmonie avec les écrits hermétiques, avec la doctrine de la trinité ; il y cherche des traces de traditions orientales ; il reconnaît la même doctrine chez les pythagoriciens, chez Empédocle, Héraclite, Anaxagore, et jusque chez Aristote, pourvu qu'on mette à part sa polémique contre la doctrine des idées. Il faut se garder de dédaigner les anciens (3). Du reste Berkeley se rattache sur plusieurs points aux doctrines des théosophes, et même des chimistes ; leurs idées de *l'archeus*, des germes, des

---

(1) *Princ. de la conn. hum.*, 103 ; 106, sq. ; *Hyl.*, i, p. 136 ; *De motu*, 54, sqq. ; 42 ; 71, sq. ; *Analyt. quæst.*, 2 ; 49.

(2) *Siris*, 284 ; il cite aussi l'Alcinoüs, auquel il paraît avoir emprunté quelque chose.

(3) Ib., 166, sqq. ; 177 ; 265 ; 270 ; 310 ; 360 ; *De motu*, 50.

qualités spécifiques, des monades, sont passées dans sa doctrine. Nous ne pouvons nous empêcher de voir en lui un des derniers rejetons de l'école théosophique (1). A coup sûr, il n'accepte pas sans critique leurs doctrines, pas plus qu'il n'hésite à rejeter les théories de la nature plastique et des idées innées. Mais, pour peu qu'on étudiât Platon, au lieu de se contenter de le lire, on ne trouverait plus chez lui rien de choquant sur les idées innées (2). Le monde sensible ne doit pas faire perdre de vue le monde intellectuel (3). Berkeley a coutume de nommer sa doctrine *immatérialisme* (4), et sa lutte contre la conception moderne de la matière en est évidemment un des points capitaux ; il pense toutefois qu'on pourrait conserver le nom de matière, et que les doctrines des anciens, de Platon et d'Aristote, relatives à la matière, ne présentent aucun danger (5). Sans doute ses efforts pour s'élever au monde immatériel ne lui permettent pas d'accepter les doctrines de Locke sur l'entendement ; les conséquences, auxquelles il arrive, dépassent de beaucoup leur horizon ; mais il ne laisse pas d'apercevoir chez ce philosophe les prémisses des conséquences qu'il a lui-même tirées.

Les sens et la réflexion forment les bases de notre faculté de penser ; tout ce dont nous ne sommes pas informés par ces voies, n'a nul droit de prétendre être

(1) *Siris*, 126 ; 136 ; 162 ; 346.
(2) Ib., 309, 338.
(3) Ib., 330.
(4) *Hyl.*, III, p. 207 ; 212.
(5) Ib., III, p. 215 ; *Siris*, 317, sq.

tenu pour vrai. La réflexion prend également le nom de raison ; mais il faut en définitive qu'elle s'appuie toujours sur les sens. Les sens nous montrent le corps, la réflexion nous fait connaître l'esprit ; le corps et l'esprit sont absolument opposés l'un à l'autre. Le corps, étendu, remplissant l'espace, est inerte, il a figure et mouvement, il est pourvu de qualités sensibles ; l'esprit pense et est actif (1). Les principes de Berkeley décèlent ici l'influence persistante du cartésianisme dans l'école de Locke. Berkeley en appelle à la véracité divine pour démontrer l'existence des choses hors de nous (2). Il s'appuie aussi, pour établir cette existence, sur le témoignage des sens. Il s'adresse à ses adversaires, et s'écrie : J'ai foi aux sens, vous n'y avez pas foi. Et en effet il ne veut pas changer les choses en idées, mais bien plutôt les idées en choses (3). Il y a une grande différence entre des idées vraies et des imaginations ; et cette différence ne repose pas sur un degré plus ou moins grand de vivacité ; elle consiste en ce que les idées vraies s'enchaînent parfaitement dans le tissu général de la vie, ce qu'on ne peut dire des imaginations ; elle consiste surtout en ce que celles-ci dépendent de notre volonté, tandis que les premières n'en dépendent pas (4). Sur

---

(1) *De motu*, 21 ; 40 ; *Princip. de la conn. hum.*, 1, sq. ; *Hyl.*, I, p. 149.

(2) *Hyl.*, III, p. 179.

(3) Ib., III, p. 195, sq. Je suis bien loin de changer les choses en idées, je changerais plutôt les idées en choses... Bref, vous n'avez pas foi à vos sens, et j'y ai foi.

(4) Ib. II, p. 159, sq. ; III, p. 184, sq.

tous ces points Berkeley est d'accord avec Locke ; nous avons dit plus haut en passant qu'il élevait, ainsi que Locke, une polémique contre les idées innées ; il admet pareillement la théorie de la table rase ; toutes les idées viennent des sens, l'âme n'exerce une énergie active que dans la formation des concepts (1). On ne saurait blâmer Berkeley de prendre les sens dans une signification toute psychologique, il est loin de vouloir qu'on les confonde soit avec les organes des sens, soit avec le cerveau, qui lui-même ne nous est représenté que dans une idée (2) ; on ne trouvera pas non plus qu'il s'éloigne essentiellement de la doctrine de Locke en nommant la source de notre connaissance de l'âme, non-seulement réflexion, mais encore intuition (3).

Nous aurons lieu de remarquer encore plus d'une analogie entre les idées de Berkeley, et celles qui se déroulent dans l'école de Locke. A l'opposition cartésienne de la substance et de ses modes d'être, il ajoute le rapport, afin d'embrasser tous les objets de nos connaissances (4). Résolument attaché au nominalisme, il ne reconnaît pas d'autres substances que des individus (5) ; il combat avec plus de force encore que Locke toutes sortes de généralités ou d'abstractions. Partir du général, sans avoir débrouillé son origine

---

(1) *Siris*, 308. L'*idée* et la *notion* sont opposées l'une à l'autre d'une manière diamétralement opposée au langage de Kant.
(2) *Hyl.*, II, p. 154.
(3) Ib. III, p. 180 ; 182.
(4) *Princ. de la conn. hum.*, 89.
(5) *Hyl.*, p. 135. Il n'existe rien que de particulier. *De motu*, 7.

et sa signification, c'est se jeter dans une mer sans rivages de difficultés ; en procédant des choses particulières et concrètes, nos idées atteignent avec sûreté un résultat solide ; des termes abstraits peuvent avoir leur utilité ; encore vaut-il mieux s'en tenir aux choses (1). Le général, l'abstrait n'est qu'une œuvre de l'homme, et non pas, comme Locke le croyait, une œuvre de son entendement, mais seulement de son langage ; l'esprit n'a en effet nul pouvoir d'abstraire, il ne peut qu'imaginer, et tout se représente dans son imagination sous forme d'image particulière (2). Locke est lui-même forcé de convenir que l'abstrait n'est produit qu'au moyen de mots, lesquels sont posés comme signes de plusieurs choses (3). Les mots abstraits ne sont que des abréviations de langage, destinées à faciliter l'enseignement, mais qui n'expriment pas la nature des choses (4). La langue n'emploie les signes que pour rappeler à l'esprit, moyennant des choses bien connues, d'autres choses qui le sont moins ; elle remplace un signe par un autre, plusieurs signes ou choses par un seul signe, et il en résulte, quand il

---

(1) *Alciphr.*, vii, 23, p. 632 ; *De motu*, 4.
(2) *Princ. de la conn. hum.* Introd., 6, sqq.; *Alciphr.*, vii, 6 ; *Défense de la liberté de penser en math.*, 45.
(3) *Princ. de la conn. hum.*, introd., ii.
(4) *De motu*, 7. « Multos autem in errorem inducit, quod voces generales et abstractas in disserendo esse utiles videant, non tamen earum vim satis capiant. Partim vero a consuetudine vulgari inventæ sunt illæ ad sermonem abbreviandum, partim a philosophis ad docendum excogitatæ ; non quod ad naturam rerum accommodatæ sint, quæ quidem singulares et concretæ existunt, sed quod idoneæ ad tradendas disciplinas, propterea quod faciunt notiones vel saltem propositiones universales. »

s'agit d'éveiller des idées, un avantage considérable. C'est par là que nous pouvons former des propositions générales et faire des démonstrations (1). Mais il ne faut pas que ces moyens auxiliaires nous fassent illusion ; ils ne nous procurent point d'idées générales ; chacune de nos idées reste toujours une idée particulière. Ainsi jamais nous ne pouvons nous représenter le triangle en général, le triangle qui n'est ni équilatéral ni scalène ; bien plus, la conception d'une idée générale de cette espèce impliquerait contradiction ; toute idée générale devrait en effet réunir les caractères contradictoires des idées particulières qu'elle embrasse. Gardons-nous donc de confondre des termes généraux avec des idées générales (2). A l'exemple de Locke, Berkeley étend cette polémique contre le général jusqu'à la théorie des différentes facultés générales de notre âme (3). La même polémique lui fait prendre l'habitude de regarder d'un œil sceptique beaucoup de choses admises pourtant comme générales, et pénètre profondément une grande partie de ses doctrines, où l'opposition des choses ou réalités avec le signe ou le langage joue un rôle essentiel.

Déjà Locke, dans l'impossibilité de ramener la notion de substance à une impression sensible, avait soumis cette notion à une discussion sceptique. Berkeley marche ici sur ses traces, aussi bien quant à la notion

---

(1) *Alciphr.*, vii, 16, sq.; *Nouv. théor. de la vis.*, 124.
(2) *Théor. de la vis.*, 125 ; *Alciphr.*, vii, 6, sq.; *Déf. de la lib. de pens.*, 47, sq.
(3) *Princ. de la conn. hum.*, 143.

de substance que quant à son origine, tant qu'on ne sort pas du domaine des choses sensibles. Nous ne voyons pas un homme, une personne ; nous ne percevons de substance par aucun de nos sens ; et ce n'est pas le défaut d'un sens, mais des sens en général, car tout sens ne nous donne que des sensations ou idées simples, mais ne nous fait pas connaître de substances (1). Le concept de substance sensible me vient uniquement de ce que je remarque différentes sensations ou idées ordinairement concomitantes ; je les désigne alors sous un seul nom, et je les prends pour une chose (2). Les objets sensibles ne sont autre chose que des combinaisons de qualités, que nous croyons avoir connues par nos sens (3).

Ce point, décisif dans la doctrine de Berkeley, est longuement éclairci par lui ; car il est en pleine contradiction avec la croyance vulgaire aux réalités sensibles. L'idée, qui le conduit, est aussi simple que facile à entendre. Tout ce que nous percevons, ne produit en nous que des perceptions particulières ou des représentations ; chaque sens a ses perceptions qui lui sont propres ; j'obtiens par la vue les représentations de la lumière, des couleurs, dans leurs dé-

---

(1) Ib., 136. Si un nouveau sens nous était donné, nous recevrions par là quelques sensations ou idées sensibles nouvelles. *Alciphr.*, iv, 4.
(2) *Princ. de la conn. hum.* Comme on remarque que plusieurs de ces idées s'accompagnent toujours l'une l'autre, on les désigne par un nom, et elles sont réputées être une chose. Ib., 148 ; *Hyl.*, iii, p. 200, sq.
(3) *Princ. de la conn. hum.*, 91 ; *Hyl.*, i, p. 64. Les objets sensibles ne sont donc rien autre chose que plusieurs qualités sensibles ou des combinaisons de qualités sensibles.

gradations et leurs changements divers; le tact me procure les perceptions de la dureté et de la mollesse, du froid et de la chaleur, du mouvement, de la résistance; tous les autres sens produisent de même en notre âme une grande variété de représentations propres à chacun d'eux (1). Or ces représentations sont liées les unes aux autres; il résulte de cette liaison que l'une rappelle l'autre au souvenir; mais aucune d'elles ne peut en produire une autre, la représentation de la lumière ne peut produire celle du son, ni la représentation du son celle de la dureté. C'est seulement parce qu'elles se montrent liées entre elles, parce que l'une rappelle l'autre, que l'une sert de signe pour l'autre, comme il arrive, entre autres cas, dans les perceptions de l'ouïe, qui, sous forme de mots, rappellent à notre mémoire les perceptions de tous les autres sens. De là ceux qui ne se tiennent pas en garde contre les confusions, prennent les mots pour des représentations (2). Une représentation en rappelant une autre, nous considérons par suite les représentations comme efficaces, quoiqu'elles soient purement passives dans notre âme, et qu'elles ne produisent aucun effet (3). Il s'ensuit aussi que les collections de représentations, à quoi nous donnons le nom de substances, n'existent également que dans notre âme, sans qu'il y ait en elle aucune liaison interne; les substances sensibles consistent en perceptions sé-

---

(1) *Princ. de la conn. hum.*, 1; *Théor. de la vis.*, 103.
(2) *Théor. de la vis.*, 25; 46; 103, sq.; 130.
(3) *Princ. de la conn. hum.*, 25, 68.

parées, qui ne sont absolument que dans notre âme ; tout leur être est d'être perçus. Il faut donc les considérer comme de purs phénomènes, et nous devons maintenir sans restriction que notre sensibilité ne nous informe que de simples phénomènes (1). Cette affirmation n'entraîne pas la négation de l'existence des perceptions sensibles et de leurs combinaisons ; elles peuvent même exister indépendamment de notre âme, par exemple dans une autre âme ; nous supposons même qu'elles se produiraient en toute autre âme aussi bien qu'en nous, si cette âme se trouvait dans l'univers à la place que nous occupons. Nous pourrions dire, en ce cas, que ces perceptions existent hors de nous, mais dans une autre âme (2). Ce qu'il faut nier, au contraire, c'est qu'un phénomène ou une combinaison quelconque de phénomènes puisse exister ailleurs que dans une âme ; Berkeley combat, ainsi que Collier, l'existence absolue des choses ou des phénomènes sensibles hors de l'esprit. Il consent

---

(1) Ib., 3, sq. Les différentes sensations ou idées, imprimées sur les sens, quelque mêlées et complexes qu'elles soient (c'est-à-dire quelques objets qu'elles composent), ne peuvent exister ailleurs que dans un esprit qui les perçoit... Leur être est d'être perçues... Que sont les objets susmentionnés, sinon les choses que nous percevons par les sens, et que percevons-nous si ce n'est nos propres idées ou sensations? Et ne serait-il pas évidemment absurde d'admettre qu'une de ces idées, ou une combinaison quelconque de ces idées, existât sans être perçue? *Siris*, 264. Les sens et l'expérience nous informent du cours et de l'analogie des phénomènes ou effets naturels.

(2) *Princ. de la conn. hum.*, 3 ; 90. On peut dire pareillement que les objets naturels existent hors de l'esprit, spécialement quand ils existent dans un autre esprit. Ainsi quand je ferme les yeux, les choses que je voyais peuvent continuer d'exister, mais il faut que ce soit dans un autre esprit.

à reconnaître la réalité, la substance même des choses dans le sens habituel du mot, mais non dans le sens des philosophes, qui prétendraient attribuer aux choses sensibles une substance absolue, indépendante de l'esprit de Dieu et de celui des hommes. Les choses sensibles sont des phénomènes de la nature, et des phénomènes ne peuvent être que dans un esprit, parce qu'il n'y a qu'un esprit à qui quelque chose puisse apparaître (1).

Berkeley s'est efforcé d'établir par un grand nombre de recherches particulières cette vue générale contre le préjugé ordinaire de l'existence des phénomènes de la nature hors de l'esprit. Dans la théorie nouvelle de la vision, il se prononce, comme Collier, en particulier contre l'opinion que nous voyons les choses hors de nous. Il montre que nous ne pouvons voir ni la distance, ni la grandeur, ni la situation des choses, que, loin de là, nous n'avons jamais dans la vision que la perception de ce qui nous est présent dans un point de vue déterminé, et ne sommes instruits que par l'expérience, c'est-à-dire, par la liaison de telle perception de la vue avec d'autres perceptions de nos sens, de la distance, de la grandeur et de la situation des choses. Nous serions entraînés trop loin, si nous voulions suivre dans tous leurs détails les raisonnements (2) de Berkeley ; ils ne fournissent qu'une

---

(1) *Hyl.*, II, p. 157; *Princ. de la conn. hum.*, 54; 37; *Siris*, 251. Tous les phénomènes sont, à dire vrai, des apparences dans l'âme ou dans l'esprit.

(2) On en trouve une courte esquisse dans l'*Alciphr.*, IV, 8, sq.

démonstration par des cas particuliers, de ce qui résulte sans peine de l'ensemble de sa doctrine en général. Ses vues trouvent un appui plus solide dans les observations qu'il fait sur la valeur exclusivement personnelle de toutes nos perceptions. Nous avouons, sans hésiter, que la douleur et le plaisir n'existent pas hors de nous dans les objets ; or, toutes nos perceptions sont accompagnées de douleurs et de plaisirs à un degré plus ou moins grand ; la douleur et le plaisir sont inséparables des perceptions (1). De même toute perception dépend de la constitution de l'être qui perçoit, et les objets se représentent diversement selon les diversités de la personne et du milieu (2). Par conséquent les perceptions sensibles ne doivent pas être considérées comme des copies des objets extérieurs ; cela conduirait au scepticisme le plus décidé ; car une perception ne peut jamais avoir que la valeur d'une perception, et l'on poserait le corporel comme l'égal d'une perception spirituelle, si l'on considérait celle-ci comme une copie du premier (3).

Des observations analogues avaient conduit depuis longtemps à distinguer dans les objets sensibles les qualités simplement apparentes ou dérivées, et les qualités vraies ou primordiales. Or, Berkeley élève contre Locke un débat, dans lequel il accorde bien

---

(1) *Hyl.*, p. i, 115, sqq.; 134.
(2) Ib., p. 121, sq. Entre autres contre l'objectivité des impressions de la vue, ib., p. 126.
(3) Ib., p. 150, sq. Peut-il rien y avoir qui ressemble à une sensation ou à une idée, sinon une sensation ou une idée ? Ib. iii, p. 197 ; *Princ. de la conn. hum.*, 8.

moins encore de réalité aux qualités primordiales des choses sensibles, qu'aux qualités dérivées. Toutes choses, conçues sans propriétés sensibles particulières, sont de pures fictions des mathématiques (1). On compte parmi les propriétés primordiales des choses le nombre; or le nombre est une création de l'esprit, qui conçoit la même chose différemment sous différents rapports (2). De plus, on regarde l'étendue, la solidité, la figure, le mouvement, comme des qualités primaires; aucune d'elles ne peut être conçue sans grandeur, et la grandeur n'est que le résultat d'un rapport. Vainement s'efforcerait-on de penser une étendue qui ne serait ni grande ni petite, un mouvement qui ne serait ni rapide ni lent, une solidité qui n'opposerait pas tel ou tel degré de résistance (3). L'étendue est la base de toutes ces prétendues qualités primordiales; elle est regardée comme la première qualité de la matière (4). Maintenant, Berkeley ne nie pas que l'étendue ne distingue le corps de l'âme (5); mais la notion de l'étendue n'est en somme qu'une abstraction, et entraîne toutes les difficultés attachées aux abstractions, dès qu'on les prend pour des réalités. On tient l'étendue, conçue de cette manière, pour infiniment divisible; il s'ensuivrait que toute étendue serait infiniment grande,

---

(1) *Princ. de la conn. hum.*, 10, sq.
(2) Ib., 12; *Théor. de la vis.*, 109.
(3) *Princ. de la conn. hum.*, 9, sqq.; *Hyl.*, p. 129, sqq.
(4) *Hyl.*, p. 133.
(5) *Siris*, 248.

ce qui exclut toute figure déterminée. Ce qu'il faut dire, au contraire, c'est que l'étendue sensible, l'unique objet de notre sensation, n'est pas infiniment divisible (1). En remontant dans la connaissance des choses à notre perception, nous sommes amenés nécessairement à nier l'étendue abstraite, à distinguer l'étendue visible de l'étendue palpable; on regarde ces deux dernières comme une même chose, parce qu'elles s'accompagnent l'une l'autre, et que par conséquent l'une devient un signe de l'autre (2). On prétend concevoir un espace absolu, qui continuerait de subsister, quand même tous les corps seraient anéantis. Cet espace serait infini, immobile, indivisible, insensible, sans rapport ni distinction. Or, tous ces attributs sont des négations; l'étendue demeure la seule propriété de l'espace. Mais une telle étendue, qui ne peut être divisée, mesurée, ne se sent pas, ne s'imagine pas, ne se conçoit pas. Il ne nous reste donc plus que des mots; l'étendue absolue de l'espace est un pur néant; elle appartient, comme le mouvement absolu et le temps absolu, au domaine des chimères, dont les mathématiques se sont tourmentées (3). Berkeley déclare qu'il ne peut concevoir un corps sans propriétés sensibles. Ce sont là des conséquences de son nominalisme, et ces conséquences reposent sur les principes du sensualisme; elles repoussent complète-

---

(1) *Princ. de la conn. hum.*, 47; *Théor. de la vis.*, 54; 80.
(2) *Théor. de la vis.*, 125; 140; *Hyl.*, i, 134, sq.; 141, sq.
(3) *Princ. de la conn. hum.*, 10, sq.; *De motu*, 53; *Quæst. analyt.*, 7, sqq., p. 196.

ment les suppositions des mathématiques, que Locke avait encore laissé subsister. Nos sens ne nous font rien connaître que de particulier ; le général est une pure fiction de langage.

Cependant Berkeley n'oppose pas ses vues seulement à l'explication mathématique des phénomènes. Sa doctrine est avant tout dirigée contre le matérialisme. Par conséquent la notion de la matière, non pas telle que l'avaient conçue Platon et Aristote, mais telle qu'elle s'était formée dans la physique moderne, est le but de ses attaques. Nous ne connaissons pas la matière par les sens, qui ne nous montrent jamais que des objets particuliers, doués de propriétés particulières. Une déduction de l'entendement pourrait seule nous autoriser à admettre la matière comme substance (1). On croyait pouvoir invoquer un raisonnement de cette espèce, parce qu'il fallait nécessairement donner aux qualités sensibles un support extérieur à nous ; ces qualités n'existant pas hors de nous, on crut devoir les négliger, et l'on inventa dès lors les qualités primaires des choses matérielles ; mais celles-ci ne tiennent pas davantage contre l'examen ; voilà donc la matière destituée de toutes qualités, elle désigne seulement l'être en général hors de l'esprit, c'est-à-dire quelque chose dont on ne peut rien dire, sinon qu'il est le support nécessaire des accidents, le support des figures ou des mouvements. Cette idée de l'être le plus général est la plus incom-

(1) *Princ. de la conn. hum.*, 18.

préhensible de toutes les idées; c'est un nom vide de sens, et rien de plus. Elle pose une substance sans accidents, un inconnu, auquel on ne peut joindre aucun prédicat. Cette idée révèle aux yeux l'abîme d'un scepticisme sans fond, lequel admet une chose, que personne ne peut connaître (1). La matière est une pure hypothèse, destinée à faire d'une substance parfaitement inintelligible le support des accidents.

Ce qui rend cette hypothèse encore plus absurde, c'est qu'elle est donnée pour explication d'une chose que nous n'avons aucun moyen d'expliquer. Elle doit rendre compte des phénomènes, et c'est à quoi la matière, corporelle et étendue, est radicalement inhabile. Pour l'approprier à cette fin, on lui attribue le mouvement; c'est par le mouvement qu'elle opérerait les phénomènes. Mais le mouvement n'est pas une action, c'est une passion (2). Le corps est inerte, il ne peut pas se donner le mouvement, et par conséquent il ne saurait servir à l'explication des phénomènes. Si nous attribuons au corps, avec Leibnitz, un effort, une inclination, ce sont là des expressions métaphoriques, dont le philosophe doit s'abstenir (3); si l'on attribue, comme Newton, à la matière, la gravitation et l'attraction, on lui prête en ce cas une de ces propriétés occultes, que l'on cherche précisément à écarter des

---

(1) Ib., 17. L'idée générale d'être me paraît la plus abstraite et la plus incompréhensible de toutes les idées. Ib., 73, sq.; 81; *Hyl.*, II, p. 169, sqq.; III, p. 175.

(2) *Hyl.*, II, p. 164; *Siris*, 155.

(3) *De motu*, 5.

recherches physiques (1). La belle découverte, de dire que la pesanteur croît en raison de la quantité de matière, après avoir mesuré la quantité de matière au moyen de la pesanteur! Cette démonstration est un véritable cercle vicieux (2). Quand on veut donner une cause du mouvement, il ne faut pas la prendre dans une qualité, mais dans une substance (3). Or, la substance du corps, que l'on admet par hypothèse, est parfaitement impropre à expliquer le mouvement, attendu que, selon l'idée du corps, l'étendue, la figure, la solidité sont tout ce qui lui appartient, et qu'il n'y a pas là de principe de mouvement. Le corps est absolument passif, et il ne peut pas être par conséquent cause du mouvement. On ne peut faire autre chose en attribuant au corps une force motrice que de lui prêter de pures qualités occultes (4). Les choses sensibles, composées des idées sensibles, sont tout aussi dépourvues d'action que ces dernières; les qualités sensibles, que nous percevons en elles, indiquent simplement une modification passive de notre âme (5). Mais on voit plus clairement encore combien est vaine la tentative d'expliquer les phénomènes par l'hypothèse de la matière, lorsqu'on songe que tous les phénomènes n'existent que dans l'âme. La matière, sans acti-

---

(1) Ib., 4, sqq.
(2) *Siris*, 319.
(3) *De motu*, 6.
(4) Ib., 22, sq.; 26; 29. «Auferantur ex corpore extensio, soliditas, figura, remanebit nihil. Sed qualitates istæ sunt ad motum indifferentes, nec in se quidquam habent, quod motus principium dici possit.»
(5) *Princ. de la conn. hum.*, 25; *Siris*, 266.

vité, sans pensée, ne peut être un principe de pensées ; le corps ne peut agir sur l'esprit (1).

Si Berkeley ne prétend combattre ni l'interprétation mécanique de la nature, ni même l'existence de la matière, il n'insiste qu'avec plus de vivacité sur la nécessité d'en bien comprendre la signification. Il ne faut entendre par matière que les différents objets sensibles, c'est-à-dire les collections de phénomènes dont l'être est d'être perçus (2). La mécanique recherche les lois des changements ou mouvements qui s'accomplissent dans ces objets. Berkeley lui-même essaie d'en formuler quelques règles ; mais elles sont pour la plupart purement négatives. Nous devons nous garder de confondre des hypothèses mathématiques avec la nature des choses ; nous devons éviter les abstractions, considérer le mouvement comme un simple objet des sens ou de l'imagination, et nous contenter de le soumettre à une mesure relative. Les lois de la mécanique sont un moyen excellent, non-seulement d'utilité pratique, mais encore d'investigation appliquée à l'enchaînement des phénomènes, enchaînement qui sert à les faire comprendre (3). Les règles de la mécanique peuvent à cet égard être comparées aux règles de la grammaire ; l'attraction et la répulsion indiquent des

---

(1) *Princ. de la conn. hum.*, 19 ; *Hyl.*, ii, p. 162 ; *Siris*, 251. Tous les phénomènes sont en réalité des apparences dans l'âme ou dans l'esprit, et l'on n'a jamais expliqué, on n'expliquera jamais comment des corps, des figures et des mouvements extérieurs pourraient produire une apparence dans l'esprit.

(2) *Hyl.*, iii, p. 215, sq.

(3) *De motu*, 66.

rapports qui forment cet enchaînement (1). Toutefois Berkeley maintient que les lois de la mécanique ne suffisent pas à expliquer toutes les particularités du phénomène ; il attache, avec les chimistes, une grande valeur aux différences spécifiques des choses, à leurs lois particulières d'attraction et de répulsion, et il pense que ces lois ne sauraient être déduites des lois générales du mouvement (2). Toujours est-il certain que les lois du mouvement ne sont pas le principe du mouvement ; la mécanique n'a rien à faire avec celui-ci, puisqu'elle ne recherche ni la cause efficiente, ni la cause finale des phénomènes (3). La physique mécanique repose sur l'observation des phénomènes et sur l'expérience. Mais ce n'est que par des raisonnements, par la méditation que les vraies causes efficientes se découvrent, et cette tâche est du ressort de la métaphysique (4).

Conséquemment aux vues précédentes, Berkeley est convaincu, comme Glanville, que l'investigation expérimentale ne peut atteindre les causes. Tout ce que

---

(1) *Siris*, 231, sqq.; 252. Il y a dans les phénomènes ou apparences de la nature une certaine analogie, une certaine constance, une certaine uniformité, sur lesquelles on établit des règles générales, et ces règles sont une grammaire qui enseigne l'intelligence de la nature, ou cette série d'effets dans le monde visible ; intelligence qui nous met à même de prévoir ce qui se passera dans le cours naturel des choses.
(2) Ib., 162 ; 252 ; 254.
(3) Ib., 252. Ces principes de mécanique ne résolvent donc rien, si par solution on entend la désignation de la cause réelle, soit efficiente, soit finale, des phénomènes ; ils ne font que réduire ceux-ci à des règles générales. *De motu*, 69.
(4) *De motu*, 72.

je connais par les sens, couleurs, sons, chaleur, odeurs, consiste en effets ou phénomènes ; les causes, au contraire, peuvent être conclues, non senties ; les sens ne font pas de raisonnement ; la raison peut seule s'élever des phénomènes à leurs causes (1). La doctrine de Berkeley admet sans doute que les représentations sensibles, indépendantes de notre volonté, doivent nécessairement être regardées comme des effets dépendants d'une cause qui nous est étrangère. Les changements qui ont lieu en nous, sans émaner de nous, ont nécessairement une raison hors de nous (2) ; mais la raison n'en saurait être cherchée dans la matière inerte, dans le corps dépourvu de force. Ici est l'anneau auquel se rattachent des conséquences, qui conduisent Berkeley bien au delà de l'horizon du sensualisme et de l'école de Locke.

Il n'aperçoit dans le matérialisme qu'une hypothèse, qui coupe court à toutes inductions ultérieures, et aboutit au scepticisme. On imagine une substance inconnue, base et principe des phénomènes sensibles, une essence réelle de choses non pensantes qui se dérobe à toute connaissance possible, car elle est absolument différente de notre faculté de penser. On distingue les originaux des choses, lesquels ont une existence véritable hors de l'esprit, et les copies de ces originaux dans l'âme pensante. Mais il n'y a pas

---

(1) *Hyl.*, i, p. 113. Par conséquent la déduction des causes ou occasions au moyen des effets ou des phénomènes, qui seuls sont perceptibles aux sens, n'est relative qu'à la raison.
(2) *Princ de la conn. hum.*, 26 ; 29.

de pont qui conduise d'un monde à l'autre, du monde véritable des choses au monde des copies spirituelles ; il est entre les deux mondes une ligne de démarcation infranchissable. On cherche au delà de cette ligne un fonds intime de la nature, fonds incompréhensible, parce qu'il n'existe pas. Car justement les choses corporelles n'ont pas de fonds ; leur substance consiste uniquement dans la liaison des phénomènes. L'existence absolue de choses non pensantes est un mot vide de sens (1). Substance et modification sont une même chose dans les objets corporels (2). Tout ce que nous pouvons attribuer au corps est pur phénomène, et nous connaissons parfaitement le phénomène, parce qu'il n'existe que dans notre esprit, que dans la perception que nous en avons (3). Si l'on entend par nature seulement la série des effets ou perceptions qui se déroulent dans notre esprit selon des lois permanentes et générales, il faut reconnaître qu'elle ne peut rien produire ; mais si l'on entend par elle une réalité quelconque, différente des lois de la nature, des choses perçues et de Dieu, le mot nature est un son vide, une chimère, simple fiction des païens (4). La nature est

---

(1) Ib., 24. Parler de l'existence absolue de choses non pensantes est prononcer des mots vides de sens, ou qui impliquent contradiction.
(2) Ib., 49.
(3) Ib., 86, sq. La couleur, la figure, le mouvement, l'étendue, et tout le reste, considérés seulement comme autant de sensations dans l'esprit, sont parfaitement connus, il n'y a rien dans toutes ces choses qui ne soit perçu. Mais les regarder comme des signes ou images, rapportés à des choses ou archétypes existant hors de l'esprit, c'est le moyen de nous envelopper tous dans le scepticisme. Ib., 101.
(4) Ib., 150.

une série de phénomènes, que nous ne produisons pas au gré de notre volonté, qui se déroulent avec une empreinte plus vive et dans un meilleur ordre que nos imaginations, et elle n'est rien de plus ; la même série existe aussi dans d'autres esprits, selon une loi naturelle dont la réalité et la vérité ne peut être révoquée en doute ; car la volonté de Dieu est le fondement de ce que nous voyons, et de la manière dont nous le voyons (1). Au contraire, tout ce que nous pouvons affirmer des choses corporelles repose uniquement sur nos idées, et nos idées n'ont d'autre sujet que notre esprit ; leur chercher ailleurs un autre sujet, attribuer aux choses corporelles une existence absolue hors de notre esprit, c'est là un procédé que rien ne légitime, et qui nous jette en mille contradictions (2).

Il est une observation qu'on ne peut maintenant s'empêcher de faire : la polémique de Berkeley contre le matérialisme repose essentiellement sur l'affirmation d'une triple opposition, déjà signalée et discutée à plusieurs reprises dans la philosophie moderne, mais qu'on n'avait jamais réduite à une opposition simple d'une manière aussi rigoureuse que le fait Berkeley. Il ne doute aucunement que dans les oppositions de substance et d'accident, d'esprit et de corps, de connaissance intellectuelle et de connaissance sensible, les termes de la première série ne se

---

(1) *Hyl.*, III, p. 179 ; 195 ; 203 ; *Princ. de la conn. hum.*, 30, sqq.
(2) *Princ. de la conn. hum.*, 90.

correspondent parfaitement, et qu'il n'en soit de même des termes de la seconde. Tout objet corporel consiste uniquement en accidents, et est un pur phénomène; l'esprit seul est une substance; tout objet corporel n'est connu que par les sens, lesquels ne peuvent découvrir que des phénomènes; l'entendement au contraire connaît les substances spirituelles. Il faut nécessairement distinguer, comme le faisaient déjà les philosophes anciens, le devenir et l'être; le premier change perpétuellement, son existence n'est qu'une naissance et une mort incessamment renouvelées; il est corporel et sensible; l'être est la substance ou l'essence des choses, toujours identique à lui-même, inaccessible aux sens, purement intelligible (1). Ces substances ne comprennent que les esprits ou les âmes; elles sont véritablement et dans le sens rigoureux du mot, tandis que les corps n'ont d'existence que dans un sens subordonné. Les corps dépendent de l'esprit (2); ils ne sont que des phénomènes, ils ne sont connus que par l'esprit; le sensible n'est pas, il devient (3). La démonstration de cette théorie repose sur les oppositions du corporel et du spirituel, et des

(1) *Siris*, 356. Ce qui est produit est dans une continuelle genèse, dans un devenir incessant; il n'existe pas, parce qu'il ne subsiste jamais identique à lui-même, qu'il est dans un changement ininterrompu, qu'il périt et est reproduit sans cesse. Les êtres sont des choses qui échappent aux sens, invisibles, intellectuelles, qui demeurent toujours invariables, identiques, et qui peuvent être par cette raison dites réellement exister.
(2) Ib., 166. L'intelligence, l'âme ou l'esprit existe réellement et en vérité;... les corps n'existent qu'en un sens secondaire et relatif.
(3) Ib., 504; 347.

moyens différents, par où nous obtenons la connaissance de l'un et de l'autre. Le dualisme du système antérieur est poussé par une déduction plus rigoureuse à son terme extrême. De la doctrine de l'inertie du corps il suivait inévitablement, qu'étant dépourvu de force, il ne pouvait être la cause des phénomènes. Nous ne sommes informés du corps que par la résistance qu'il oppose à notre force limitée; il indique seulement une limite, une négation de l'esprit (1). L'expérience nous apprend au contraire que l'esprit peut mouvoir le corps et former des idées; nous le connaissons comme actif, et lui attribuons, en tant que tel, une volonté. Nous ne pouvons apercevoir de principe actif que dans la volonté de l'esprit, nullement dans le mouvement du corps (2). C'est pourquoi nous pouvons découvrir dans l'esprit un vrai fondement des phénomènes, une substance véritable, et non pas entendue au sens de Locke, qui désigne par substance une collection d'idées ou de qualités sensibles, et rien de plus (3). Ici Berkeley remarque, que nous avons coutume d'attacher au mot chose deux acceptions complétement différentes, en qualifiant de ce nom des corps et des esprits. Les premiers sont des choses inertes, passagères, dépendantes, et ne consistent qu'en une collection de représentations sensibles; les seconds sont au contraire des substances indivisibles

---

(1) Ib., 248; 290.
(2) De motu, 25; Hyl., i, p. 139; ii, p. 164; Princ. de la conn. hum., 27.
(3) Hyl., iii, p. 201, sq.

et actives (1). Gardons-nous donc d'employer, en parlant de l'âme, des expressions qui enveloppent une représentation corporelle, et par exemple l'expression de mouvement (2). L'âme est essentiellement une force, bien qu'elle puisse se comporter aussi passivement, quand elle reçoit des représentations sensibles (3). Comme nous ne pouvons pas percevoir de causes par les sens, l'âme ne peut être connue que par la raison ou l'entendement, auquel il appartient de découvrir les causes par la réflexion. En revendiquant pour l'homme cette connaissance des causes, Berkeley s'exprime en termes très-décidés contre le sensualisme. Ceux qui prétendent ne suivre que les sens, ne dépassent pas les phénomènes, ils se pénètrent du préjugé qu'il n'y a rien que de sensible, c'est-à-dire qu'ils ne regardent comme réels que des phénomènes passagers. Mais lorsque nous entrons dans la métaphysique, tout prend un autre aspect; nous connaissons alors les substances permanentes, les esprits. L'entendement et la raison sont les seuls guides qui conduisent à la vérité (4). Ainsi la doctrine de

---

(1) *Princ. de la conn. hum.*, i, 86; 89. Le nom de chose ou d'être est le plus général de tous; il comprend deux espèces entièrement distinctes, hétérogènes et qui n'ont de commun que le nom, à savoir, des esprits et des idées. Les premiers sont des substances actives et indivisibles; les dernières sont des êtres inertes, changeants, relatifs, qui ne subsistent pas par eux-mêmes, mais ont pour rapports des intelligences ou esprits, ou existent en ceux-ci.

(2) Ib., 144.

(3) Ib., 27; *Siris*, 254; 322.

(4) *Siris*, 164. Les sens et l'expérience nous font connaître le cours et l'analogie des phénomènes ou effets naturels. La pensée, la raison, l'entendement nous font pénétrer dans la connaissance des causes des

Berkeley a pour base une opposition absolue entre les sens ou l'expérience d'une part, l'entendement ou la raison de l'autre. L'entendement ne perçoit rien; les sens ne comprennent rien; et c'est uniquement par une exacte compréhension des phénomènes, que nous pouvons arriver à la connaissance de la nature (1).

La raison et l'entendement nous introduisent dans le domaine spirituel. La cause des changements, que nous cherchons à expliquer, ne peut être qu'une substance, et, comme il n'y a point de substance corporelle, elle ne peut être qu'un esprit actif (2). L'entendement pur n'a pour objets que des choses spirituelles, la raison, la vertu, Dieu et autres concepts semblables (3). Outre nos idées ou les objets de notre intelligence, il faut admettre une autre réalité qui en est absolument différente, savoir ce qui pense, ce qui atteint des objets et opère avec eux d'une manière active (4).

Maintenant, si Berkeley s'efforce de pénétrer par la raison et l'entendement dans le monde spirituel, nous ne pouvons nous abstenir de remarquer toutefois qu'il est bien éloigné de rendre un compte suffisant des moyens destinés à l'y conduire. Il se rattache encore

---

phénomènes. L'entendement et la raison sont les seuls guides sûrs vers la vérité. Ib., 292, sqq.; *Princ. de la conn. hum.*, 7.

(1) *Siris*, 255; 305. De même que l'entendement ne perçoit pas, les sens ne connaissent pas... La science ne consiste pas dans des perceptions passives, elle consiste à raisonner sur ces perceptions.

(2) *Princ. de la conn. hum.*, 26.

(3) *De motu*, 55; *Hyl.*, I, p. 156.

(4) *Princ. de la conn. hum.*, 2.

sur cette question aux maîtres de son temps, à Descartes et à Locke. Il prend pour point de départ la connaissance de notre propre esprit. Nous acquérons cette connaissance par la réflexion, qu'il nomme aussi, comme nous l'avons déjà fait observer, intuition. Nous passons ensuite de la connaissance de notre esprit à celle d'autres esprits, au moyen d'une induction rationnelle. Les effets, que d'autres esprits exercent sur nous, en produisant en nous des idées, nous font conclure l'existence d'une force active (1). Il n'échappera sans doute à personne, que la notion de réflexion joue ici le même rôle double, que dans la doctrine de Locke; cela est d'autant plus surprenant que Berkeley énonce avec une force et une clarté très-grandes les doutes qui peuvent être élevés contre l'identité personnelle, lorsqu'on prétend n'en tirer la démonstration que de l'unité de la conscience (2). Et pourtant toute notre connaissance de la substance spirituelle doit procéder uniquement du sens intime ou de la réflexion, par conséquent de la conscience que nous avons de nos phénomènes internes. Nous ne pouvons donc concevoir l'esprit divin lui-même que par analogie avec notre propre esprit (3).

En général Berkeley ne voit dans les représentations

---

(1) Ib., 89. Nous apercevons notre propre existence par sens intime ou par réflexion, et celle des autres esprits par la raison. Ib., 140. Nous connaissons d'autres esprits au moyen de notre propre âme. Ib., 145. Nous ne pouvons pas connaître l'existence d'autres esprits autrement que par leurs opérations, ou par les idées qu'ils excitent en nous.
(2) *Alciphr.*, vii, 11, p. 615, sqq.
(3) *Hyl.*, iii, p. 180, sq.

sensibles que l'anneau le plus bas d'une chaîne qui nous élève graduellement par une suite de raisonnements au monde suprasensible, à l'esprit, et enfin à Dieu (1). Il fait observer qu'être et comprendre sont essentiellement la même chose, qu'esprit, science, notions rentrent l'un dans l'autre, et que les idées sensibles ne font qu'éveiller les notions spirituelles (2). Mais tous ses éclaircissements là-dessus restent dans le vague, et reproduisent simplement les pensées de l'école platonicienne. Nous n'avons pas, dit-il, d'idée, de représentation sensible de l'esprit; du reste, ce n'est pas là une imperfection; car ce qui n'équivaut pas à une représentation sensible, ne peut pas être exprimé non plus par une représentation sensible; une image morte ne peut représenter le principe actif; nous ne pouvons avoir de l'esprit qu'une notion, cette notion nous ne pouvons l'acquérir que par ses effets (3). Des mots qui indiquent le principe actif ne peuvent valoir pour des idées (4). Mais Berkeley convient à cette occasion, que nous avons beaucoup de peine à affranchir notre pensée de mots et d'idées, et arrive ainsi à conclure que notre esprit ne peut s'élever que difficilement à la notion du spirituel; il est des obscurités dont il ne peut

(1) *Siris*, 303.
(2) Ib., 309.
(3) *Princ. de la conn. hum.*, 27. Telle est la nature de l'esprit ou de l'être actif, qu'il ne peut pas être perçu par lui-même, mais seulement par ses effets. Ib., 135. Mais, si l'entendement ne perçoit pas l'idée de l'esprit, assurément cela ne doit pas être regardé comme une imperfection; il est manifestement impossible qu'il existe une telle idée. Ib., 140; 142; *Hyl.*, III, p. 180.
(4) *Alciphr.*, VII, 8, p. 608.

pas se dégager complétement (1). D'autre part, il se présente une difficulté qui n'échappe pas à Berkeley : les notions du spirituel par lesquelles nous arrivons à la connaissance de Dieu, les notions de vertu, de bonté, de sagesse, de loi, ne seraient-elles pas seulement des idées abstraites, ouvrage de l'esprit humain? Mais il supprime cette difficulté en déclarant d'autorité que ces notions désignent de vraies essences et de vrais principes (2). Ainsi sa propre théorie élève sur son chemin plus d'un embarras ; mais, au lieu de le troubler, ils le confirment dans la disposition mystique qui l'entraîne à s'abandonner aux doctrines de l'Église. Il ne prétend pas en sonder les mystères. Le mot grâce est sans doute un mot incompréhensible; mais celui de force ne l'est pas moins. Toutefois, une science qui ne se propose qu'un but d'utilité pratique, a besoin de mots de cette espèce ; ils disciplinent et régularisent la volonté. La prétention de dévoiler ces mystères aboutit aux subtilités de la scolastique (3). Nous sommes noyés dans les profondes ténèbres du monde sensible ; il nous est donné cependant de connaître quelque chose du monde suprasensible, pourvu que nous tirions parti de notre situation, et que nous sachions faire un sage emploi de nos forces (4). Seulement nous n'avons pas, il est vrai, de procédé infail-

(1) *Siris*, 296.
(2) Ib., 335.
(3) *Alciphr.*, vii, 9, sqq.
(4) *Siris*, 263. Mais quelque faible que soit notre lumière et mauvaise notre situation, peut-être y a-t-il moyen, en en faisant le meilleur usage possible, d'apercevoir quelque chose.

lible pour nous conduire dans l'exploration du monde spirituel. L'insuffisance des développements, donnés par Berkeley à sa théorie de la connaissance intellectuelle, l'amène à faire l'aveu modeste, que les démonstrations relatives au monde suprasensible ne peuvent la plupart du temps satisfaire pleinement (1).

Les inductions qui ont pour objet de découvrir les principes spirituels n'entraînent nullement Berkeley à nier l'existence d'un monde hors de nous ; il ne met pas même en doute le monde matériel hors de nous ; tout ce qu'il nie, c'est l'existence indépendante de la matière. Tout objet matériel n'existe qu'à titre de représentation passive dans notre esprit. Or, il s'élève dans notre esprit des représentations de cette espèce, indépendamment de sa volonté ; c'est là une preuve assurée qu'il existe un principe actif quelconque qui les produit en nous, et comme un être spirituel peut seul être un principe actif, l'apparition dans notre esprit de représentations involontaires est un signe certain, qu'il y a de l'esprit hors de notre esprit (2). Il existe en particulier hors de nous des esprits humains, dont nous sommes informés par le moyen de nos représentations sensibles ; c'est là un point hors de doute dans le système pratique de Berkeley. Mais son objet capital est au fond de démontrer que le monde matériel, que nous percevons, nous annonce l'existence d'un esprit divin. Le plus grand mérite de sa doctrine

---

(1) Ib., 125.
(2) *Princ. de la conn. hum.*, 29.

est, à ses yeux, d'obtenir ce résultat sans beaucoup d'art et par la voie la plus simple (1). Il s'exprime sur d'autres points du monde spirituel avec doute et réserve, mais sur celui-là il ne tolère aucun doute. Nous sommes plus à même de démontrer l'existence de Dieu que celle des autres hommes (2).

Il affirme, et cela est parfaitement d'accord avec le principe sensualiste de la doctrine, que l'existence de Dieu étant un fait, doit être démontrée par des faits (3). Or, les faits parmi lesquels il compte l'existence de Dieu, savoir l'existence des substances, ne sont pas donnés immédiatement par la perception. De même que nous ne voyons, que nous n'entendons pas un homme, nous ne voyons ni n'entendons pas Dieu non plus; nous ne pouvons connaître son existence que par raisonnement (4). Dans les idées que provoque en nous une volonté étrangère, c'est-à-dire dans les phénomènes de la nature, nous ne devons voir que des signes qui nous sont donnés à interpréter, à comprendre par des inductions rationnelles (5). Si nous voulons comprendre les signes que d'autres hommes nous proposent, il vaut mieux chercher ces signes dans le langage que dans les mouvements des hommes; car les créatures vivantes ne doivent pas être comparées

---

(1) *Hyl.*, II, p. 158, sq.
(2) *Princ. de la conn. hum.*, 147.
(3) *Alciphr.*, 3, p. 447. Une matière de fait ne se prouve pas par des notions, mais par des faits.
(4) *Princ. de la conn. hum.*, 148; *Alciphr.*, 4.
(5) *Siris*, 252, sq. Nous connaissons une chose quand nous la comprenons, et nous la comprenons quand nous pouvons l'interpréter ou dire ce qu'elle signifie.

avec des horloges, et Berkeley rejette formellement le principe que le monde a été créé avec une quantité de mouvement qui s'y maintient toujours la même (1). Mais l'essence du langage ne réside pas dans le son, elle réside dans l'usage volontaire des signes sensibles, qui, sans avoir de ressemblance avec les objets désignés, doivent instruire un autre homme et déterminer sa volonté (2). Or, tous ces signes du langage, Berkeley les trouve dans les phénomènes naturels. Par les couleurs et les sons nous sommes informés de la distance, de la situation, de la figure des objets sensibles, bien que des couleurs et des sons n'aient avec ces choses aucune ressemblance. On ne saurait donc nier qu'il existe, dans l'emploi des signes destinés à nous conduire d'une idée à l'autre, le fait d'une volonté. Une chose tout aussi peu douteuse, c'est que les phénomènes de la nature nous instruisent et déterminent notre volonté. D'ailleurs, il est impossible de contester que cela n'ait lieu en vertu d'un dessein, et que l'ordre des phénomènes ne soit réglé par des fins. Il en résulte que la nature nous apparaît comme le langage d'une volonté puissante adressé à l'esprit humain. Les idées sensibles, que nous recevons de la nature plus vives et mieux ordonnées que les idées que nous formons nous-mêmes dans notre imagination, réglées par des lois naturelles que l'expérience nous révèle, et soumises à une sage économie, nous annoncent un esprit tout-puis-

---

(1) *Alciphr.*, iv, 14, p. 462.
(2) Ib., iv, 7, p. 452.

sant qui en est l'auteur. Ainsi, dans la nature entière, nous entendons seulement une langue divine par laquelle Dieu veut nous instruire et guider notre volonté (1).

Il est clair que cette démonstration de l'existence de Dieu ne pourrait se soutenir sans avoir pour appui des principes généraux de la raison. Et cependant ces principes n'ont pas été exposés par Berkeley, quoiqu'ils eussent réclamé un examen d'autant plus sévère qu'ils font ressortir avec plus de force l'opposition du divin et du naturel, du sensible et du suprasensible. En appréciant la représentation sensible, Berkeley s'était prononcé de la manière la plus formelle contre la réalité du général ; il l'admet au contraire sans difficulté, lorsqu'il est question des choses spirituelles ; bien plus, il se croit autorisé, par l'existence dans des esprits individuels d'un principe particulier de mouvement, à conclure l'existence d'un principe universel et

(1) On trouve les plus longs détails sur ce point, *Alciphr.*, IV, 3, sqq.; 12, p. 459. Le grand moteur et auteur de la nature se révèle constamment aux yeux des hommes par l'intermédiaire sensible de signes arbitraires, qui n'ont point de ressemblance ou de liaison avec les choses signifiées ; il dispose et combine ces signes de manière à suggérer et à présenter une variété infinie d'objets différents par la nature, le temps, le lieu; il dirige ainsi les hommes, et leur enseigne à agir en raison de choses éloignées et futures ainsi que de choses voisines et présentes. *Princ. de la conn. hum.*, 6; 30, sqq.; 44; *Théor. de la vis.*, 147; *Siris*, 254. Les phénomènes de la nature, qui frappent les sens et qui sont compris par l'esprit, ne forment pas seulement un magnifique spectacle; ils composent aussi un discours très-lié, attachant et instructif; et pour produire ce discours, ils sont dirigés, combinés, associés par la plus haute sagesse. Ce langage ou discours est étudié avec des degrés divers d'habileté. Mais on peut dire des hommes qu'ils connaissent la nature juste en proportion de l'étude qu'ils ont faite des règles de ce langage et de leur aptitude à le bien interpréter. Un animal est comme un homme qui entend parler une langue étrangère, sans y comprendre un mot.

premier de tout mouvement (1). Ainsi donc il considère Dieu comme la nature naturante qui meut tout, comme le premier moteur, qui non-seulement donne la première impulsion, mais communique le mouvement partout et immédiatement (2). Maintenant, le principe suprasensible et universel, admis par lui, risque d'absorber en soi les choses individuelles. Berkeley acquiesce à la formule platonicienne qui dérive toute existence uniquement de la participation à l'un (3); il adhère à la doctrine de la création; car Dieu est présent partout, « c'est en lui que nous vivons, que nous nous mouvons et que nous sommes (4). »

Bien qu'il soutienne la création du monde, il regarde cependant comme absurde d'admettre un commencement des choses pour Dieu. Il n'y a de commencement que pour les créatures; mais aussi l'être n'appartient aux créatures que dans un sens relatif et subordonné (5). Tout être sensible, tout être assujetti au devenir n'est pas, dans l'acception supérieure du mot; tout n'existe, à l'état de type et avec une pleine réalité, que dans l'esprit divin, et nos idées vraies sont de simples copies de cette réalité; ainsi, à prendre le mot dans le sens rigoureux, Dieu seul est (6). Mais nous ne pouvons concevoir l'essence universelle de Dieu, laquelle embrasse tout, comme

(1) *De motu*, 25.
(2) Ib., 32; 69.
(3) *Siris*, 342; 346.
(4) *Princ. de la conn. hum.*, 46; *Alciphr.*, iv, 14.
(5) *Hyl.*, iii, p. 203, sqq.; 206.
(6) Ib., iii, p. 184; 207; *Siris*, 344; 347.

étendue, ainsi que le fait Spinosa; car cela est contradictoire avec la spiritualité de Dieu. Nous ne devons pas non plus considérer les choses qui vivent, se meuvent et sont en Dieu, comme des parties de Dieu; car elles sont toutes enveloppées par lui d'une manière tout intelligible. Pourvu que nous reconnaissions l'un comme esprit, Berkeley regarde la doctrine que tout est un, comme n'offrant aucun danger de conduire à l'athéisme (1).

Ainsi les traces du panthéisme, si habituelles à l'école théosophique, ne manquent pas chez lui; seulement, il s'attache à en modérer l'excès en ramenant toute chose au principe spirituel, conçu dans son individualité aussi bien qu'avec son caractère universel. Il n'incline pas du tout à concevoir Dieu par analogie avec la nature; il combat l'empire du destin (2); il n'est pas moins hostile à l'opinion qui tient la connaissance de Dieu pour inaccessible à l'homme, en tant que nous devrions entendre les attributs, que nous lui reconnaissons, dans un tout autre sens que les attributs donnés aux autres choses; l'important n'est pas le nom de Dieu, c'est l'adoration qui est due au principe suprême à titre de raison souveraine (3). Il

---

(1) *Siris*, 270, sq.; 287, sq. Si nous supposons qu'un seul et même esprit est le principe de l'ordre et de l'harmonie, qui règne dans le monde, contenant, reliant toutes les parties du système et leur donnant l'unité, il ne me semble pas que cette supposition ait rien d'athée ni d'impie... Mais dire que toutes choses forment un Dieu serait certes avoir une notion erronée de Dieu, mais ne serait pas encore de l'athéisme, tant qu'un esprit ou intelligence serait admis comme le ἡγεμονικόν, la partie gouvernante.

(2) Ib., 271.

(3) *Alciphr.*, iv, 16, sqq.

s'ensuit que nous devons concevoir ce principe par analogie avec notre esprit, sans toutefois lui prêter des sens, ce qui ne serait qu'introduire en lui la passivité ; nous devons le concevoir non pas comme âme du monde, mais comme pure intelligence et comme esprit omniscient (1). Dieu est le créateur du monde, et Berkeley repousse par conséquent la doctrine de Cudworth, qui fait de l'univers l'ouvrage d'une nature plastique, d'un esprit confus ; l'ordonnance parfaite du monde dépose au contraire en faveur d'une intelligence dont les profondeurs sont insondables (2). Le mal, les lenteurs de la marche des choses vers le mieux témoignent seulement, d'une part, que nous n'avons de leur ensemble qu'une vue défectueuse ; d'autre part, que le développement des choses est nécessairement régi par une loi, ménagé selon une sage économie (3). La connaissance, que nous obtenons de Dieu par l'analogie, ne saurait épuiser toutefois sa perfection ; pour le concevoir, nous écartons de la notion de notre esprit les imperfections de celui-ci, nous élevons, nous exaltons ses perfections, et ce moyen n'est pas capable de donner à notre intelligence, limitée d'ailleurs, la connaissance de la perfection transcendante et infinie de Dieu (4).

On le voit, dans ses recherches sur le principe su-

---

(1) *Hyl.*, II, p. 159, sq. ; III, p. 180 ; *Siris*, 262 ; 289, sq.
(2) *Siris*, 255.
(3) *Princ. de la conn. hum.*, 151, sqq. ; *Alciphr.*, IV, 23.
(4) *Hyl.*, III, p. 180 ; 204. Dieu est un être dont les perfections sont transcendantes et illimitées ; sa nature est par conséquent incompréhensible à des esprits finis.

prême, comme dans toutes celles auxquelles il se livre sur les objets de la connaissance rationnelle, Berkeley ne se départ pas d'un scepticisme modéré. La réalité de ce domaine supérieur est admise sans le moindre doute, le philosophe essaie d'y pénétrer par ses conjectures ; mais il conserve le sentiment intime de son impuissance à y rien établir par démonstrations solides. Le fondement de la foi religieuse est tout ce qu'il veut assurer. Il s'agit moins pour lui dans la religion de connaissance que de foi ; car la religion a un but pratique ; ce n'est pas à cause de lui que nous adorons Dieu, c'est à cause de nous (1). Aussi Berkeley attache-t-il moins d'importance dans l'esprit à l'entendement qu'à la volonté. Toutefois sur le rapport de ces deux puissances entre elles il se heurte à de nouvelles difficultés. Il se déclare entre le déterminisme, et il rejette la conception mécanique selon laquelle la volonté obéit toujours à l'entendement, quoique, selon lui, l'entendement éclaire la volonté. La question du libre arbitre lui paraît oiseuse ; et pourtant il convient que la liberté de la volonté semble impliquer en elle des contradictions, mais ce n'est pas là pour nous une raison de la nier ; car il en est de même de la notion du mouvement (2). Il lui paraît, il est vrai, difficile d'admettre que l'esprit universel de Dieu, qui enveloppe tout en lui, ait pu créer des esprits libres ; mais il déclare cependant que les phénomènes natu-

---

(1) *Alciphr.*, iv, 25.
(2) Ib. vii, 19, sqq.; *Siris*, 254.

rels dépendent seuls immédiatement de Dieu, qu'il en est autrement pour les actes des esprits raisonnables ; car on ne peut faire Dieu l'auteur du mal moral (1). D'après cette distinction quelques phénomènes sensibles seraient seuls des signes immédiats de l'esprit divin, d'autres n'en seraient que des signes médiats.

On conçoit que cette différence ait pour seul résultat de soulever de nouvelles difficultés. Aussi voyons-nous Berkeley flotter sur ce point dans une incertitude, qui se dérobe mal sous le vague des hypothèses théosophiques. Lorsqu'il combat les doctrines qui semblent faire une part trop grande au mécanisme ou au matérialisme, la sienne tend en apparence à écarter toute médiation entre nous et Dieu au moyen de la nature ou de l'univers. Ainsi il s'élève contre la théorie des causes occasionnelles, non-seulement parce qu'il considère la matière inerte, qui nous est inconnue, comme un instrument radicalement inhabile à la production des idées, mais encore parce qu'il croit que la toute-puissante volonté de Dieu n'a besoin d'aucun instrument pour produire (2). Il se prononce également en ce sens contre la nature plastique de Ficin ou de Cudworth. Tout réside dans la volonté de Dieu, dont la sagesse a tout disposé et tout formé en vue de ses fins (3). D'un autre côté Berkeley ne prétend pas cependant refuser aux choses de l'univers toute réalité. Tout objet sensible est, il est vrai,

---

(1) *Hyl.*, iii, p. 186.
(2) *Hyl.*, ii, p. 164, sq.; *Princ. de la conn. hum.*, 55 ; 67, sqq.
(3) *Siris*, 255 ; 285.

dans un flux continuel ; rien ne demeure, rien n'a de véritable unité, rien ne persiste, identique et impérissable, hormis l'esprit indivisible (1), bien que, sous un autre point de vue, Berkeley admette que l'ensemble de l'univers est une unité permanente, dont les choses individuelles participent, en tant que considérées non comme phénomènes sensibles, mais comme essences impérissables et intelligibles (2). Mais il regarde la médiation entre Dieu et la création supérieure, c'est-à-dire les esprits qui doivent arriver à l'intelligence de la volonté divine, comme nécessaire, car sans instrument il n'existerait pas de cours régulier de la nature, et sans cours régulier la nature serait inintelligible. La langue, que Dieu voulait nous parler, réclamait, pour être intelligible, des règles, c'est-à-dire une médiation par des lois déterminées. Dieu n'avait pas besoin d'instruments, c'est nous qui en avions besoin pour entendre sa volonté et pour la réaliser, et ainsi les lois physiques et mécaniques ont leur vérité, encore que celle-ci repose uniquement sur la volonté de Dieu (3). Mais les causes physiques ne

---

(1) C'est par là qu'est démontrée l'immortalité de l'âme. *Princ. de la conn. hum.*, 141.

(2) *Siris*, 347. Toutes choses peuvent être, dans leur ensemble, considérées comme un univers, ou par la connexion, les rapports et l'ordre de ses parties, qui est l'œuvre de l'esprit, et dont l'unité est supposée par Platon être une participation du premier τὸ ἕν. Ib., 349. Si nous regardons aux choses purement intelligibles, nous pouvons dire qu'elles sont immuables et invariables.

(3) Ib., 160. L'esprit de l'homme agit nécessairement au moyen d'un instrument. Le ἡγεμονικὸν, ou l'esprit qui régit le monde, agit de son plein gré au moyen d'un instrument. Sans causes instrumentales ou secondes, il n'existerait pas de cours régulier de la nature. Et sans

sont rien que des instruments, ou plutôt de simples signes que Dieu emploie (1); car Berkeley maintient, contrairement à la conception habituelle, que c'est nous, et non pas Dieu, qui avons besoin d'intermédiaire et d'instruments pour produire et comprendre le phénomène, et déployer régulièrement notre vie. De même que nous ne pouvons nous élever que par degrés et avec peine du sensible au suprasensible, ainsi le suprasensible ne descend que par une série de degrés déterminés jusqu'au sensible. Les choses forment une chaîne, dont le membre supérieur est incorporel, dont les membres moyens reçoivent le mouvement de la force incorporelle de l'esprit, ce qui introduit nécessairement en elles le corps et la passivité, tandis que le dernier membre se perd dans les idées de l'esprit, c'est-à-dire dans une fin spirituelle (2).

Nous ne croyons pas devoir entrer en de grands détails sur les doctrines théosophiques de Berkeley, évidemment condamnées à rester sans influence sur l'avenir; elles nous offrent une des dernières manifestations d'une doctrine, qui dès lors avait grande peine à tenir contre le progrès des sciences mécani-

---

cours régulier la nature ne pourrait pas être comprise. Les hommes seraient dans un embarras inextricable, ne sachant ni qu'attendre, ni comment se gouverner ou diriger leurs actions pour atteindre quelque but. Par conséquent l'existence dans le gouvernement du monde d'agents physiques, nom qu'on leur donne improprement, ou mécaniques, ou de causes secondes, ou de causes naturelles, ou d'instruments, est nécessaire non pas à celui qui gouverne tout, mais à ceux qui sont gouvernés. Ib., 291.

(1) Ib., 266.
(2) *Siris,* 163; 199; 220.

ques de la nature. Quelques traits seulement de la polémique de Berkeley contre l'explication mécanique de la nature suffiront à caractériser ses doctrines. Fidèle à ses principes généraux, il admet, avec les théosophes, que la vie et l'âme sont partout dans la nature. L'esprit pur emploie l'âme comme moyen de se manifester. Mais cette manifestation suppose encore plusieurs autres degrés. L'âme a pour support le feu ou la lumière, l'air est le support du feu, en sorte que les effets du feu et de l'âme sont communiqués à tous les corps au moyen de l'air. L'atmosphère entière semble donc aussi être vivante (1). Les germes des choses jouent un grand rôle dans la physique de Berkeley ; tous les animaux procèdent nécessairement de germes préexistants ; les germes de Berkeley ressemblent aux monades de Leibnitz ; mais ils ne se développent pas seulement mécaniquement, comme des horloges ; ce mécanisme est démenti par les formations irrégulières, qu'on voit paraître assez souvent ; une force universelle, qui régit l'ensemble du monde, gouverne nécessairement le développement de ces germes (2). Nous apercevons ici, que, dans la considération du monde suprasensible, Berkeley est loin de rester fidèle au nominalisme, dont ses principes sensualistes étaient pénétrés. Il admet une âme universelle du monde, qui préside aux formations particulières. La lumière du soleil est

(1) Ib., 141.
(2) Ib., 253 ; 267.

pour le macrocosme ce qu'est pour le microcosme l'âme animale ; l'éther, le feu pur et invisible, la source de tout mouvement paraît être l'âme végétative ou l'esprit vital de l'univers (1). La nature semble ne se distinguer de l'âme du monde, que comme la vie se distingue de l'âme ; elle est l'ouvrage de l'âme universelle (2). Berkeley sait très-bien au fond que, dans toutes ses propositions, il énonce des hypothèses, et rien de plus ; mais il se croit en droit de les préférer aux hypothèses de la philosophie mécanique de la nature. Il fait ressortir à ce propos, et c'est là un trait caractéristique, un point que les investigations ultérieures sur la nature ne doivent pas perdre de vue. Ce sont les qualités spécifiques de la chimie. Que ces qualités, fondement des attractions et répulsions diverses, soient réductibles aux figures mathématiques, lesquelles se comportent avec une parfaite indifférence à l'égard de l'hétérogène, c'est ce que ne permet pas à Berkeley d'admettre son explication dynamique de la nature. L'idée d'un feu ou d'un éther, renfermant en lui les germes hétérogènes des choses, lui paraît de beaucoup préférable à l'hypothèse, acceptée par Newton, d'un milieu éthéré parfaitement homogène (3).

Berkeley rattache, à titre de simple appendice et d'accessoire à sa lutte contre le matérialisme, sur la manière dont les pensées divines nous apparaissent

(1) Ib., 43 ; 152.
(2) Ib., 278.
(3) 152 ; 162 ; 229.

manifestées dans la nature au moyen de lois permanentes. Ces vues caractérisent la tendance de sa philosophie. Les dangers, que les idées matérialistes de son temps faisaient courir à la théologie et à la morale, l'ont excité, ainsi que Collier, à s'élever contre le matérialisme. Mais il démontre avec une tout autre rigueur que ne l'avait fait Collier, par l'examen des principes de l'étude empirique de la nature, l'illégitimité des conséquences qui en étaient tirées. Sa doctrine, développement du sensualisme de Locke, n'a pas été à cet égard sans influence. Comme Locke, il montre que des substances ne peuvent être perçues, que les substances sensibles, admises ordinairement, sont de simples collections de représentations sensibles. Par suite, il ne peut se résoudre à maintenir la notion de substance sensible, de la matière comme substance, soit en général, soit en particulier, cette notion étant vide de sens ; le résultat, auquel il s'arrête, est que, par les sens, nous ne connaissons pas de substance, mais seulement des phénomènes ou des liaisons de phénomènes. Il ne s'accorde pas davantage avec Locke pour admettre que nous puissions, dans la perception sensible, reconnaître les énergies des choses qui font sur nous l'impression sensible. Les idées, qui s'élèvent en nous involontairement, sont de purs effets que nous éprouvons ; les sens ne nous en découvrent pas les causes. Mais les effets et les phénomènes, que nous éprouvons, sont en nous et en nous seuls ; nous ne pouvons pas obtenir par cette voie une connaissance du monde extérieur. Parler d'images des substances hors de nous, que nous recevrions, d'impressions éprouvées par l'âme, puis transportées aux choses et considérées comme images des propriétés des choses, c'est s'abandonner à une foule d'illusions. Depuis longtemps on avait nié que les propriétés prétendues dérivées appartinssent aux choses hors de nous ; seulement Locke avait voulu conserver au monde extérieur les qualités primaires ; c'est sur le fondement de ces qualités qu'on admettait des choses extérieures ; ces qualités étaient donc celles que Berkeley devait s'appliquer particulièrement à examiner.

Il n'était pas difficile d'apercevoir que les qualités primordiales de la matière relevaient des mathématiques et de leur application à la mécanique, et c'est pour cela que les efforts de Berkeley portent principalement contre les abstractions des mathématiques. Les préjugés régnants de son époque le justifiaient très-bien de rappeler, ce qui était trop oublié, que les mathématiques ne peuvent pas nous instruire sur les choses réelles, que d'ailleurs les sens ne nous informent point des propriétés primordiales de la matière, que l'hypothèse de la matière n'explique pas non plus les phénomènes, car son inertie laisse sans réponse la question du principe du mouvement, et qu'ainsi la mécanique peut bien découvrir les lois et la liaison des mouvements, mais n'en peut pas révéler la raison première. Il est permis aussi de compter à Berkeley comme un mérite d'avoir établi, contre les prétentions envahissantes de l'interprétation mathématique de la nature, qu'elle ne peut ni rendre compte ni faire abstraction des différences spécifiques dans la nature. D'autre part, il serait peu exact de soutenir que Berkeley ait apprécié les mathématiques selon leur juste importance. Il les considérait comme ressortant de l'imagination, et son point de départ sensualiste, aussi bien que des confusions antérieures dans le sein de l'école cartésienne, peuvent lui servir d'excuse sur ce point, malgré les vues plus exactes déjà ouvertes par Malebranche et Leibnitz. Mais, ce qui trahit un remarquable excès dans son ardeur polémique, c'est la discussion qu'il élève contre toute notion générale. Cette discussion répondait très-bien aux idées sensualistes ; aussi nous la verrons, à mesure que le sensualisme va se développer désormais, recevoir de plus grands éloges, et enfanter de nouvelles conséquences. Toutefois, comme il n'avait pas d'attachement exclusif pour le sensualisme, ce n'est que l'aveugle emportement de la lutte qui lui fait rejeter l'idée générale, afin de pouvoir combattre les concepts abstraits des mathématiques dans leur application à la théorie des corps.

Le mérite capital de Berkeley, en développant son immatérialisme, consistait sans aucun doute dans les rigoureuses conséquences qu'il tirait des principes du sensualisme. Il était par là conduit à des conséquences analogues à celles qu'avaient déjà obtenues les sceptiques de l'antiquité, à savoir que les sens nous font connaître des phénomènes, des signes des choses, non des choses mêmes. Au point de vue objectif cette proposition trouvait un appui dans le dualisme régnant, qui attribuait à la nature matérielle ou corporelle l'inertie seulement ou la passivité pure. Seulement le dualisme reparaissait sous une forme encore plus tranchée, puisque la nature corporelle était dépouillée de la seule chose qu'elle eût encore de commun avec l'être spirituel; savoir la substantialité. Les efforts de Berkeley pour maintenir à l'esprit la substantialité, témoignent des affinités que présentent ses idées avec celles de Leibnitz. Il se rattachait ici au rationalisme, en insistant, au lieu de se contenter de la connaissance sensible des signes, sur la nécessité de les comprendre, et en s'efforçant de les dériver de la substance spirituelle, laquelle pouvait être conçue par analogie avec notre propre moi.

Mais tandis que ses penchants rationalistes se prononçaient ainsi, il devait exercer sur le développement ultérieur de la philosophie une influence destinée à la pousser dans une direction toute différente. S'il considérait le spirituel comme une substance, cette vue ne reposait chez lui que sur les principes faibles et usés de l'école platonicienne; elle se rattachait à l'idée incertaine et flottante de la réflexion dans l'école de Locke, ainsi qu'à des conceptions moitié panthéistiques et moitié théosophiques. En rapportant l'interprétation des signes sensibles à des énergies spirituelles, il se prémunissait, il est vrai, contre le reproche d'un idéalisme purement subjectif, qui lui a été adressé; mais il était difficile qu'il entraînât ses contemporains sur cette voie d'une intelligence rationnelle des phénomènes. Ces vues, en se rattachant à la religion positive, loin d'oser en interpréter les mystères, s'arrêtaient tout au plus à l'idée d'une religion naturelle universelle, idée qui prenait d'autant plus de force que les obscurités de la grâce étaient conçues par analogie avec les obscurités de la nature. Sur la voie des concepts de l'entendement, Berkeley ne rencontrait partout que matière à conjectures, partout il trouvait lieu de répéter ses plaintes sur la faiblesse de l'esprit humain. Le moyen qu'il aboutît dans cet ordre de recherches à des résultats certains, puisqu'il n'avait pour la méthode de l'ancienne logique que défiance et dédain, et qu'il ne remplaçait pas cette logique surannée par une logique nouvelle? Ainsi, en combattant les notions générales des mathématiques, il avait enlevé, on ne peut le nier, à ses contemporains un des principaux appuis du rationalisme admis jusque-là.

Ses aperçus sur le monde spirituel présentent encore un point à noter. Si sa direction religieuse ne l'a pas conduit à approfondir avec plus de soin les dogmes de la foi, la raison n'en est pas seulement dans son antipathie pour l'esprit et les procédés scolastiques, elle est aussi dans la valeur éminemment pratique qu'il attribue à la religion. Cette préoccupation pratique respire dans toute sa doctrine de l'esprit. Il maintient, il est vrai, la vieille distinction de l'entendement et de la volonté; mais lorsqu'il s'efforce d'établir que nous ne devons pas voir dans les représentations involontaires de notre esprit autre chose que des signes, qu'un langage d'autres esprits, il fait une très-grande part à l'arbitraire dans ces signes et dans ce langage, et ne regarde les phénomènes de la nature que comme des signes de la volonté. Quelque importance qu'il ait mise à inviter notre entendement actif à poursuivre l'intelligence de ces signes, il ne laisse pas toutefois de considérer la volonté de l'esprit comme le seul principe actif en lui. Cette volonté produit le mouvement, elle est le principe de nouveaux phénomènes ; l'entendement et la raison ne sont jamais regardés au contraire que comme des facultés passives en nous. Tel était le résultat auquel avait abouti la théorie sensualiste ; nous verrons cette inactivité de la raison, cette pure passivité de son attitude et son rôle dans tous les phénomènes qui se produisent en elle, aller gagnant toujours en importance. Mais de là aussi l'impulsion la plus forte donnée à l'étude de la vie spirituelle sous le rapport pratique, et à la recherche des lois qui régissent la volonté. Berkeley était loin d'avoir écarté complétement la recherche de ces lois, car il avait reconnu que les phénomènes de la nature nous seraient inintelligibles, s'ils n'étaient pas produits dans un ordre régulier par la volonté ; mais ses essais d'interprétation théosophique de la nature n'étaient pas faits pour imprimer une impulsion féconde à l'esprit de recherche.

CHAPITRE II

DAVID HUME.

Etat des recherches philosophiques en Angleterre.—Mandeville. Bolingbroke. Hartley.—Hutcheson.—Vie de Hume.—Caractère de ses travaux.—Tendance pratique de sa philosophie.—Anneaux auxquels se rattache historiquement sa doctrine.—Comparaison de la philosophie spéculative avec la philosophie pratique.—La dernière nous prémunit contre le scepticisme auquel aboutit la première.—Doutes spéculatifs, principes de sa doctrine. Contre la simultanéité de plusieurs idées.—Contre le général et les théories logiques du raisonnement.—La théorie sensualiste est un préjugé chez Hume.—La naissance des pensées nous est inexplicable.—La mémoire et l'imagination produisent des liaisons et des distinctions entre les idées.—Association des idées.—Toute idée vraie doit nécessairement être rapportée à une impression sensible.—Valeur du général.—L'habitude.—L'association d'idées dans le général.—Contradictions dans les idées générales des mathématiques.—La notion de substance.—Contre la substance matérielle.—Doutes sur l'identité du moi.—Doutes sur l'immatérialité et l'immortalité de l'âme.—L'habitude introduit la notion de la substance.—La causalité.—Nous n'apercevons pas de lien nécessaire entre les phénomènes.—Nous ne croyons à l'existence de ce lien que par habitude.—Croyance à la causalité. Harmonie préétablie entre le monde extérieur et la pensée.—C'est l'instinct qui nous fait croire au monde extérieur.—La foi est une sensation vive.—Faiblesses de la raison.—Combat de la nature et de la raison. La raison est purement passive.—Elle est l'esclave des passions.—Philosophie pratique de Hume.—Le plaisir et le malaise sont les seuls mobiles d'activité.—Le goût et l'intérêt.—La tendance à ce qui est d'intérêt général élève au-dessus de l'égoïsme.—Sympathie.—Influence de la raison sur l'activité.—Hume affranchi par son scepticisme des préjugés du naturalisme.—Vaste et profonde influence de la sympathie et de l'habitude.—La justice, vertu artificielle.—Contre la théorie du contrat.—La coutume, fondement du droit positif.—Progrès de la légalité dans le progrès de l'histoire.—Principes de décadence.—Revue.

La lutte que Collier et Berkeley avaient entreprise contre l'incrédulité croissante, ne répondait guère à la tendance naturaliste de leur époque. De plus, les idées pratiques, qui allaient en Angleterre s'affranchissant de plus en plus des mobiles religieux, renonçant à toute espérance supérieure, méconnaissant la dignité de la raison humaine, et s'attachant, par la considération des faiblesses de l'humanité, à la préoccupation exclusive de l'utilité temporelle, ces idées, dis-je, n'étaient pas faites pour opposer une digue à la pente de l'esprit, porté à se plonger dans le jeu des phénomènes naturels.

Nous touchons ici à un temps, où la philosophie moderne paraissait parvenue à sa maturité. Les Anglais se plaisaient à invoquer la gloire toujours vivante de Bacon, de Newton, de Locke. La philosophie que l'on trouvait dans les ouvrages de ces hommes illustres, s'était propagée, du moins quant à ses principes généraux, dans les cercles supérieurs de la société. Le sens commun, dont Locke avait revendiqué l'autorité, semblait admettre tout homme à porter un jugement en ces matières, et par suite la philosophie, introduite dans la littérature générale, était devenue une affaire de mode. Mais cette vaste popularité ne pouvait aboutir qu'à de minces résultats pour une connaissance savante et méthodique ; l'étude mathématique et expérimentale de la nature devait elle-même céder à la recherche timorée et méticuleuse d'une clarté qui rendît les idées accessibles à tous ; par contre on s'appliquait avec un intérêt de plus en plus vif à la considération plus abordable des phénomènes psychologiques, de la société humaine et de son histoire : c'était le terme auquel avait conduit la philosophie de Locke. Mais il fallait viser sur toutes choses à donner à l'exposition des idées philosophiques une forme claire, ce n'était pas encore assez, un coloris brillant, un tour spirituel et piquant ; c'est par ces qualités de style qu'en dépit de leur étrangeté les idées de Berkeley avaient excité l'attention des contemporains.

Une foule nombreuse d'écrivains philosophiques travaillaient à propager en Angleterre, à pousser à des applications diverses les doctrines de Bacon, de Locke, de Shaftesbury ; mais ces écrivains ne peuvent être pour nous l'objet d'un examen particulier que dans une limite extrêmement restreinte. Ce qu'on voit dominer en général chez eux, c'est la direction psychologique et morale ou politique ; on trouve bien çà et là quelque point spécial soigneusement étudié, sans que cette étude ouvre néanmoins aucune vue profonde ou d'une grande portée ; ce qu'on appréciait bien plus qu'une étude approfondie, c'était l'esprit, c'était une discussion indépendante et hardie des préjugés théologiques. Il fallait balayer d'une manière de plus en plus complète les débris subsistants de la scolastique. Les restes de la domination cartésienne, les explications physiques des phénomènes de l'âme, et même les faibles mouvements rationalistes, excités par la doctrine de Shaftesbury, tout cela cédait également le terrain peu à peu. Dans les recherches qui avaient la théologie pour objet, on inclinait assez à maintenir à la religion sa valeur comme lien de la société morale ; on relevait le rôle de l'idée de Dieu, on exagérait l'importance de la considération des fins dans l'univers, mais on dédaignait de recourir à la métaphysique pour se rendre compte de l'essence de Dieu et de ses relations avec le monde, car on regardait ces questions comme des mystères impénétrables. Au contraire les écrits des philosophes étaient remplis de recherches sur les rapports qui lient entre elles les représentations, les passions, les inclinations de l'esprit humain ; on étudiait la portée de leur action dans la vie individuelle et dans l'histoire de notre espèce, et l'on se contentait dans ces recherches de principes généraux obtenus à l'aide de l'expérience, on se préoccupait bien moins du but moral que de l'utilité. Berkeley vivait encore lorsque le médecin Mandeville publia sa *Fable des Abeilles*, qui fit tant de bruit en opposant aux principes de l'utilité de la vertu, répandus par Shaftesbury, des lois de l'expérience destinées à montrer que les vices des individus contribuaient à l'utilité générale, et qu'une société dont la base serait la vertu, ne pourrait se soutenir. Dans le même temps, un homme d'Etat également plein d'inconsistance et de talent, Bolingbroke, orateur spirituel, mieux doué pour la tactique de la discussion que pour surmonter les difficultés d'une recherche approfondie, enclin d'ailleurs au scepticisme, attaquait l'imposture des prêtres et la témérité des philosophes, en défendant la croyance en Dieu même et le christianisme, et en blâmant les libres penseurs de vouloir ôter à la politique un frein pour dompter les passions humaines. D'autre part, les doctrines du médecin Hartley, dont l'influence fut du reste bien plus grande que celle des doctrines de Bolingbroke, s'attachaient aux principes de Locke, cherchaient à tirer de la théorie de l'association des idées une explication de tous les phénomènes intellectuels, mais supposaient aussi, d'une manière très-dogmatique, un principe matériel du mouvement des idées; Hartley n'étendait pas toutefois le matérialisme jusqu'à la sphère de l'être divin, parce qu'il croyait à la nécessité d'une force motrice immatérielle pour imprimer le mouvement à la matière inerte. Quoique plus tard Pristley recommandât cette doctrine contre le scepticisme de son temps, celui-ci ne laissait pas de prendre de plus en plus de force et de place dans le champ des recherches spéculatives. La doctrine de Hartley concordait bien par sa direction psychologique avec la marche de la philosophie anglaise, mais elle faisait encore une part trop grande à la combinaison de la physique et de la psychologie ; ses principes paraissaient relever d'une physique surannée qui ne savait pas maintenir la démarcation établie par un esprit dualiste entre deux sciences si différentes. Mais tandis que l'on voyait le doute prévaloir graduellement dans le domaine spéculatif, celui de la philosophie pratique semblait offrir encore un vaste champ de recherches fécondes. Sur ce champ se déployait l'ardeur de l'Irlandais Franz Hutcheson, qu'on a regardé comme le fondateur de la philosophie écossaise, parce qu'il a le premier provoqué au sein des universités d'Ecosse le mouvement et la vie dans les recherches philosophiques. Sa philosophie morale repose au fond sur les idées de Shaftesbury. Selon lui, un instinct, un sens moral est en nous le fondement d'une bienveillance universelle, qui nous élève au-dessus de la considération de notre propre avantage. Si nous développons cette bienveillance, si nous en assurons la base par la raison, si elle devient notre caractère, nous arrivons à la vertu, laquelle nous cause du plaisir. Ces idées étaient, avec des nuances diverses, fort communes à l'époque qui nous occupe, et elles paraissaient importantes, comme étant une force à opposer à l'envahissement de l'égoïsme. Elles s'appuyaient sur une observation de l'homme plus superficielle que sérieuse, et Hutcheson, en travaillant à les établir, s'est bien gardé d'invoquer les principes métaphysiques, que Shaftesbury avait appelés à son aide. Sa morale ne fait que coordonner et déployer systématiquement les idées fines, que Shaftesbury avait jetées dans une rapide esquisse, à peu près comme à la même époque Wolff élaborait les idées de Leibnitz.

Ainsi la philosophie anglaise se déroulait lentement, lorsque David Hume y provoqua un mouvement de décomposition qui est devenu fécond pour l'avenir (1). Il était né le 11 avril (vieux style) 1711,

---

(1) Pour la biographie, je suis principalement l'ouvrage intitulé : *Vie et correspondance de D. Hume*, par J. Hill Burton. Edimb. 1846. 2 vol. Il y a moins à prendre dans la Correspondance privée de D. Hume. Lond. 1820. L'autobiographie sous le titre de *Vie de D. Hume*, écrite par lui-même, n'est qu'une esquisse très-brève de sa carrière littéraire. Pour ses œuvres philosophiques, je me sers des éditions suivantes : *Traité de la nature humaine*, Lond. 1739. 3 vol. *Essais et traités sur différents sujets*. Edimb. 1793. 2 vol. *Essais sur le suicide et sur l'immortalité de l'âme*, attribués à feu D. Hume. Lond. 1783. On ne peut douter que cet écrit n'appartienne à Hume, après la

à Édimbourg ; il était le cadet d'une branche de la maison aristocratique Home ou Hume. Il perdit son père de bonne heure; sa mère le destinait à entrer dans la carrière de la jurisprudence, où ses talents inspiraient l'espoir du succès, mais où il devait marcher sans autre appui qu'une fortune médiocre. Son penchant, au contraire, le poussait aux travaux littéraires, et particulièrement à la philosophie. Dès l'âge de dix-huit ans, il conçut un plan de réforme de cette science. La vieille philosophie lui paraissait définitivement renversée par la physique moderne. Il avait pourtant très-peu d'inclination à se livrer aux recherches spéciales de la physique ; l'interprétation de la nature lui paraissait au-dessus des forces de l'intelligence humaine (1) ; la nature de l'homme est l'unique science de l'homme, et nulle cependant n'a été jusqu'ici plus négligée (2). Les progrès de la science moderne avaient conduit Hume à poser en principe que l'expérience est, dans l'étude des réalités, la seule voie praticable ; il voulait poursuivre par elle la connaissance de l'esprit humain, convaincu que ce champ réservait aux explorateurs les plus importantes découvertes, car la morale des anciens n'était pas moins chimérique que leur physique, battue en brèche, et maintenant ruinée par les découvertes des moder-

discussion de Burton, II, p. 15, sq., et en songeant aux allusions à ces essais que présente la correspondance avec Millar.

(1) *Nat. hum.*, I, p. 117.

(2) Ib., I, p. 4; 474. La science de la nature humaine est la seule qui convienne à l'homme ; et nulle n'a été jusqu'ici plus négligée.

nes (1). Il se jeta donc, rempli de la plus vive ardeur, dans les recherches philosophiques. Mais sa jeunesse et ses forces ne suffisaient pas aux fatigues de ces méditations assidues; bientôt sa santé fut ébranlée. Il crut trouver dans une occupation pratique un soulagement; il se rendit à Bristol, et s'essaya aux affaires du négoce; cet essai dura peu de temps, les affaires faisaient violence à ses goûts. Il passa en France pour y exécuter dans la retraite ses projets littéraires. Il se proposait d'y mener une existence indépendante, et c'est à quoi il réussit, grâce à une extrême modération et à une grande économie. Il avait pour le soutenir un tempérament calme, un naturel gai; il ne connaissait pas d'autre passion que l'amour de la gloire littéraire. Au bout de quelques années, il quitta la France, et rentra en Angleterre avec le premier fruit de ses travaux philosophiques, son *Traité de la nature humaine*, qu'il publia en 1739. Le livre eut peu de succès. Il attribua ce résultat à la manière aride dont il avait traité son sujet, et dans deux ouvrages qu'il composa plus tard, il ne cessa de chercher de plus en plus à donner à son style la légèreté, l'éclat, la fraîcheur, et il y réussit d'une manière remarquable. Il croyait ainsi faire oublier son premier écrit philosophique par les élaborations ultérieures auxquelles il soumit ses idées; ses derniers travaux étaient ceux d'après lesquels il voulait être jugé (2). Ce désir n'a

---

(1) Burt., i, p. 55.
(2) *Ess.*, ii, avertiss.

pas été réalisé : la postérité a trouvé dans ses premiers essais des recherches plus approfondies que dans ses travaux d'un âge plus avancé. Il vécut pendant assez longtemps dans le sein de sa famille, occupé de la publication de ses *Essais*, dont le premier volume parut en 1742. Ce volume fut accueilli avec faveur, quoiqu'il ne renfermât guère que des recherches particulières, d'une nature très-diverse, et sans aucun enchaînement scientifique. Les volumes suivants, où ses idées fondamentales sont développées d'une manière plus systématique, eurent le sort de la première publication; le succès fut médiocre. Quelques tentatives faites par Hume pour obtenir une chaire à Édimbourg, puis à Glascow, échouèrent également. Il s'attacha au général Saint-Clair, lord Annandale, dont l'esprit était très-faible, et le suivit dans une entreprise sur les côtes de France, puis dans une ambassade à Turin; mais ces essais de Hume dans une nouvelle carrière n'eurent pas de durée non plus, et contribuèrent très-peu à l'avancement de sa fortune. Il fut nommé bibliothécaire des avocats à Édimbourg; emploi très-peu lucratif, mais qui lui fournit l'occasion d'entreprendre son *Histoire d'Angleterre*, dont il fit paraître les volumes un à un, sans s'astreindre à l'ordre chronologique. L'impartialité, dont il faisait preuve dans cet ouvrage, en rendit le succès difficile et lent; mais peu à peu il fit violence à l'attention publique, et arriva à un succès brillant. Cet ouvrage est le premier qui conduisit Hume à la réputation et à la fortune; il ne fit pourtant pas oublier à celui-ci ses recherches philosophiques, qui se rattachent d'ailleurs étroitement à ses vues générales sur l'histoire. Il publia vers la même époque son *Histoire naturelle de la religion* avec quelques autres essais; mais il supprima une ou deux dissertations, destinées d'abord à paraître avec les précédentes, c'étaient les essais sur le suicide et sur l'immortalité de l'âme; et s'il les détruisit, sans doute ce ne fut pas seulement en raison des querelles qu'ils pouvaient lui attirer, mais aussi parce qu'ils n'étaient suffisamment achevés dans leur ensemble. Hume avait atteint l'apogée de sa réputation littéraire, lorsque le marquis de Hertford, qui se rendait à Paris, comme ambassadeur, le prit pour secrétaire. Il fut accueilli à Paris avec enthousiasme, particulièrement par les femmes, qui patronaient les philosophes; il se plaisait, en amateur passionné de l'élégance et des bonnes manières, à briller dans les cercles les plus élevés de la société. Il paraît avoir, comme secrétaire d'ambassade et avec le titre de chargé d'affaires qu'il garda quelque temps, montré de l'habileté dans le maniement des affaires. Sa liaison avec la famille du marquis de Hertford subsista après son retour en Angleterre; le frère du marquis, le général Conway, qui était entré au ministère, le nomma aux fonctions de sous-secrétaire d'État. Ce ministère ne se maintint pas. Hume dut quitter sa place, moins toutefois, à ce qu'il semble, par suite de cette retraite, que des querelles qui s'élevèrent précisément à cette époque entre Rousseau et lui. Il avait voulu assurer à ce philosophe un asile dans la libre Angleterre; il l'avait appelé près de lui et lui avait rendu les bons offices d'un ami ; mais leur manière de vivre, leurs mœurs, leurs convictions étaient fort différentes ; leur amitié finit bientôt, et en se séparant ils se jetèrent mutuellement pour adieux les reproches de trahison et d'infamie. Hume, pour prévenir les accusations de Rousseau dans ses *Confessions,* publia leur correspondance, au grand effroi des amis des lumières, qui voyaient ainsi mises au jour les faiblesses de deux chefs de la philosophie. Après une courte carrière politique, Hume retourna en Écosse, où il goûta quelques années de repos, et jouit du fruit de ses succès. Quand il sentit les approches de la mort, il vit venir d'un œil calme l'heure de la dissolution, qui sonna pour lui à Édimbourg en 1776. Il léguait, dans son testament, à son ami Adam Smith le soin d'imprimer ses *Entretiens sur la religion naturelle,* œuvre déjà ancienne qu'il s'était attaché à perfectionner pendant plusieurs années (1).

L'économie du système reflète clairement le caractère de l'homme. Quelque ardeur qui l'animât dans sa première jeunesse, lorsqu'il entreprit la réforme de la philosophie, nous aurions tort de nous attendre à lui voir ouvrir, par quelque vaste et grandiose conception, de nouvelles voies vers la vérité ; ses idées tiennent en effet par de profondes racines à l'opinion de son temps, et il ne se propose pas de but plus élevé que d'analyser les pensées et les efforts qui fermentaient

(1) L'ouvrage est entré dans les éditions postérieures de ses Essais.

dans les sphères sociales avec lesquelles il était en relation. Arriver à la réputation littéraire, c'est là, de son propre aveu, sa passion dominante ; il se vante toutefois de ne pas lui avoir laissé prendre sur lui assez d'empire pour être capable d'aigrir son humeur (1). Il cherche à obtenir les applaudissements des hommes. Aussi le voyons-nous presque toujours dans la meilleure intelligence avec ses contemporains, particulièrement avec ses compatriotes, les philosophes écossais, bien que ses opinions fussent sur plus d'un point fort éloignées des leurs. La défaveur que rencontrèrent ses premiers travaux, lui fut, il est vrai, fort sensible ; mais il sut tempérer son amertume, et ne cessa jamais d'espérer conquérir l'opinion publique. C'est par la même raison qu'il s'est toujours tenu loin des querelles littéraires. Une seule classe de la société, où il vivait, lui inspire une forte antipathie, c'est le clergé et ses adhérents ; il raille tous ceux qui prennent à la religion un intérêt fervent. Il les regarde comme des enthousiastes. Comment sa philosophie, qui s'abstient de viser à aucun but sublime, qui ne se préoccupe que des fins positives et immédiatement réalisables, aurait-elle pu se concilier avec les vues supérieures de la religion ? L'attitude de Hume, dans cette lutte, ne laisse pas d'être caractéristique. Il travaille à la propagation des lumières que les savants avaient répandues dans le grand monde ; il ne manque pas de se maintenir en parfait accord

---

(1) *Vie*, etc., p. 35.

avec l'opinion dominante parmi ses connaissances ; mais sa modération, sa réserve ne l'abandonne pas ici plus qu'ailleurs. La religion est après tout un frein utile ; elle est généralement en faveur parmi la masse des hommes ; il n'y a pas eu d'époque sans religion. Quand bien même elle ne reposerait que sur un instinct immédiat de la nature humaine, il n'est pas impossible en définitive de lui supposer comme fondement un principe dérivé. Nous découvrons à la réflexion de puissants motifs en faveur de l'idée qu'un Dieu gouverne le monde, les conséquences, déduites de cette idée, fussent-elles d'ailleurs très-incertaines (1). Cependant les religions, malgré leur importance, peuvent à peine être considérées comme autre chose que des rêves d'hommes malades (2). On a dit qu'il vaut mieux avoir une mauvaise religion que de n'en pas avoir du tout ; Hume pense, au contraire, qu'il n'est rien de plus funeste que la superstition ; les meilleures choses produisent, en se corrompant, les plus mauvaises (3). Il compare l'enthousiasme philosophique à l'enthousiasme religieux ; il est, quant à lui, éloigné de l'un et de l'autre. Il ne peut pas reconnaître la curiosité comme un ressort primordial de notre existence ; ce sont des passions seules qui excitent en nous le désir de savoir ; le plaisir qu'il trouve à philosopher

---

(1) Cf. *Hist. nat. de la rel.*, introd. dans les *Ess.*, II, p. 400, sq., ainsi que le commencement et la conclusion sceptique du *Dial. sur la rel. nat.*, dans les *Ess.*, II, p. 473 ; 597.
(2) *Hist. nat. de la rel.*, 15, p. 469, sq.
(3) Ib., 10 ; 11 ; *Dial. sur la rel. nat.*, 12, p. 587, sqq.

est analogue, pour lui, à celui de la chasse (1); la philosophie le conduit à douter, ce qui ne l'a pas empêché de peindre avec une brillante rhétorique la sombre situation du sceptique (2). Il trouverait peu de goût aux recherches de la philosophie spéculative, s'il pouvait s'en abstenir; mais il s'en sert contre la superstition comme d'un antidote; en somme, la philosophie est préférable à la superstition; les erreurs de la première ne sont que ridicules, celles de la seconde sont dangereuses (3). Il n'est point d'autre remède contre la superstition que la philosophie; le simple bon sens et les facultés pratiques sont sans effet contre ce fléau (4). Mais on se tromperait fort d'attendre que Hume attaque sans réserve la religion constituée. Il est à son égard plein de circonspection. Nous avons dit plus haut qu'il voulut supprimer ses dissertations sur le suicide et sur l'immortalité de l'âme; de même, il garda longtemps en portefeuille sa dissertation sur les miracles, un de ses premiers travaux, afin d'éviter le scandale. A ce propos, il s'accuse lui-même de lâcheté, mais en même temps il s'excuse. Un homme qui trouve tout enthousiasme blâmable n'a pas le droit de se donner pour un enthousiaste de la philosophie (5). Longtemps après, lorsqu'il avait

(1) *Hist. nat. de la rel.*, 2, p. 409; *Nat. hum.*, II, p. 313.
(2) *Nat. hum.*, I, p. 457, sq.
(3) Ib. I, p. 470, sqq.
(4) *Ess. sur le suic.*, introd. Un avantage considérable de la philosophie consiste en ce qu'elle offre un antidote souverain contre la superstition et la fausse religion. Tous les autres remèdes à cette funeste maladie sont vains, ou du moins incertains, etc.
(5) Burt., I, p. 63, sq.

déjà ouvertement exprimé son opinion sur la religion, il invitait un jeune ecclésiastique qui avait conçu des doutes à ne pas se laisser détourner par là de sa carrière ; après tout, on ne peut pas parler raison à des enfants et à des insensés ; les devoirs ordinaires de la société obligent déjà à un certain degré de dissimulation ; si cela dépendait encore de lui, il serait prêt à jouer dans la religion le rôle d'un hypocrite (1). Nous voyons qu'il veut vivre en paix avec le monde ; c'est à sa philosophie à se recommander elle-même ; s'il s'écarte de l'opinion répandue, c'est presque malgré lui, c'est qu'il ne peut s'empêcher de voir dans cette opinion une maladie, dont il ne croit apercevoir le remède que dans la philosophie.

Il est aisé d'inférer de tout cela, qu'il s'était attaché à la philosophie du sens commun, et qu'il cherchait à en faire particulièrement profiter la vie pratique. Son ouvrage, sur les *Principes de la morale*, était par conséquent celui qu'il regardait comme le meilleur de tous ses écrits sans comparaison (2). Mais ce qu'il qualifiait de sens commun, c'était le jugement des Anglais, et celui des philosophes qui avaient eu de son temps le plus de renommée dans son pays. Il compte par les devanciers dont il relève, Bacon, Locke, Shaftesbury, Mandeville, Hutcheson ; il calcule qu'il s'est écoulé entre Bacon et son époque à peu près le même espace de temps qu'entre Thalès et Socrate ; la

---

(1) Ib., ii, p. 187, sq.
(2) *Vie*, p. 16.

philosophie prend d'abord pour objet la nature ; il lui faut de longs siècles pour s'appliquer à son véritable objet, à la morale ; mais la véritable philosophie ne peut apparaître que sous une constitution libre et tolérante ; les monarchies absolues peuvent bien être favorables aux beaux-arts, elles ne sauraient l'être aux sciences (1). Sa prédilection pour le goût français, pour les mœurs françaises, lui fait porter sur la monarchie absolue un jugement qui n'est pas défavorable (2), sans pourtant l'incliner vers la philosophie dominante en France. Son guide particulier est Locke, bien qu'il trouve encore beaucoup à reprendre dans sa doctrine. Il vante aussi hautement la pénétration de Berkeley (3). Livré sans partage au sensualisme, il se donne très-peu de peine pour examiner d'autres systèmes ; les idées innées sont une théorie généralement rejetée de son temps, et cela lui suffit (4). Mais, conséquemment au progrès du développement philosophique de son école, il a complétement abandonné l'investigation mathématique et physique ; l'homme, la moralité, la politesse, forment, à son sens, l'objet proprement dit de la philosophie. Il raille les disciples de Newton, et leur force d'inertie (5) ; il ne prétend

(1) *Nat. hum.*, i, p. 6, sq.; *Ess.*, i, p. 125. Le seul écrivain politique français, duquel il fasse cas, est Montesquieu, dont l'*Esprit des lois* fut traduit à son instigation ; cependant il ne trouve pas les principes moraux de cet auteur très-justes. *Ess.*, ii, not. T.
(2) *Ess.*, i, p. 91 ; 93.
(3) *Nat. hum.*, i, p. 38 ; *Ess.*, ii, p. 169 ; not. O.
(4) *Nat. hum.*, i, p. 277 ; *Ess.*, ii, p. 55.
(5) *Ess.*, ii, p. 88, c. not.

pas sans doute nier la certitude des progrès mathématiques ; mais les principes des sciences mathématiques ne contiennent au fond que des contradictions (1). De toutes sciences, les mathématiques et les sciences d'observation sont les seules qui, de son aveu, aient droit à l'estime ; mais aussi les sciences mathématiques ne connaissent que des rapports possibles, elles ne connaissent pas de faits réels ; on peut arriver par ses propres idées à des résultats clairs sur des rapports de cette espèce ; mais y a-t-il dans la réalité des choses rien qui y réponde, c'est ce qui reste une question (2). La physique seule nous conduit à la connaissance des choses extérieures ; mais aussi elle ne nous découvre que le côté superficiel, apparent des choses ; c'est en vain qu'on espérerait de pénétrer à l'aide des mathématiques plus avant dans leur fondement (3). On voit ainsi se manifester chez Hume avec évidence l'effet du mouvement qui avait emporté de plus en plus la théorie sensualiste de la connaissance loin des mathématiques, et de leurs applications à l'étude de la nature. Mais il ne faudrait pas cependant conclure de là que Hume eût aussi renoncé aux opinions qui émanaient du naturalisme de la philosophie antérieure.

Il distingue dans sa philosophie de l'homme deux parties ; l'une considère l'homme comme un être actif ou pratique, l'autre a pour objet l'examen des pen-

---

(1) Ib., p. 477.
(2) Ib., p. 58 ; *Nat. hum.*, I, p. 125, sqq.
(3) *Ess.*, II, p. 44, sq.

sées inactives de la raison (1). La première partie, la philosophie pratique, est préférée par Hume, à tel point qu'il lui arrive de nommer la philosophie simplement morale. Cette partie présente, à son avis, une certitude bien supérieure à celle de la philosophie spéculative ; car nous sommes guidés dans l'appréciation du bien et du mal par un goût, dont nul homme n'est dépourvu, et que n'altèrent ni l'habitude, ni la situation ; l'enthousiasme religieux ou philosophique est la seule chose qui puisse corrompre notre jugement à cet égard (2). Par conséquent nous avons toujours pour les erreurs relatives au bien et au mal un moyen de rectification dans le jugement général (3) ; nous ne devons pas non plus subtiliser nos idées relativement aux choses de la vie commune, tandis que la philosophie spéculative, qui ne peut s'appuyer sur l'opinion générale, ne saurait être traitée avec trop de finesse (4). Contrairement à une assertion de Locke, Hume avait remarqué que la philosophie pratique ne traite pas seulement des rapports susceptibles d'être connus avec une exactitude égale à celle des rapports mathématiques (5) ; cependant il se flattait d'avoir montré dans l'étude des passions, qui sont les ressorts de la vie pratique, qu'elles sont assujetties à un mécanisme régulier, comportant une investigation aussi rigou-

---

(1) *Ess.*, II, p. 17, sq.
(2) Ib. II, p. 596, sqq.: *Nat. hum.*, III, p. 26, sq.
(3) *Ess.*, II, p. 19, sq.
(4) Ib. I, p. 251 ; 463.
(5) *Nat. hum.*, III, p. 16, sq.

reuse que les lois du mouvement, ou une partie quelconque des sciences naturelles (1). Ainsi, dans cette partie essentielle de la philosophie, il est éloigné de tout scepticisme.

Au contraire, les recherches délicates qui se rapportent à la vie spéculative, et que peu d'hommes peuvent aborder, le remplissent de scrupules. Les ouvrages spéculatifs lui paraissent bien moins capables de conserver leur autorité que les ouvrages de goût ; Térence et Virgile n'ont pas cessé de plaire, tandis que Platon, Épicure, Aristote, Descartes ont perdu leur renommée (2). Cependant la philosophie spéculative est indispensable ; elle ne sert pas seulement, comme on l'a dit, à élever une barrière à l'enthousiasme, soit religieux, soit même philosophique ; mais, de plus, l'homme a besoin de loisir, de méditation tranquille, il est enclin à rechercher la vérité ; de là la philosophie spéculative. Elle est appelée à démontrer contre la fausse métaphysique que les profondeurs de l'esprit sont insondables ; elle doit mesurer les forces de notre âme, et nous aider à nous rendre un compte plus exact de nos idées (3). Ici se révèle chez Hume une pente au scepticisme, lequel s'étend effectivement sur toute sa philosophie spéculative. Il aiguise les armes du doute, et les tourne contre les préjugés des philosophes antérieurs, des théologiens ; il trouve qu'il n'est pas un de ses prédécesseurs qui ne se soit

---

(1) *Ess.*, II, p. 221.
(2) Ib. I, *De la règle du goût*, p. 224, sqq.
(3) Ib II, p. 21, sqq.

avancé témérairement dans les recherches spéculatives. La raison, dont ces recherches relèvent, est quelque chose de faible, d'inactif, d'inconstant, à quoi nous ne pouvons nous fier. Mais ce scepticisme est une triste et incurable maladie, dont Hume prétend se garder. Il faut que le vrai sceptique doute du doute lui-même (1). Si la raison nous délaisse, la nature vient à notre secours et dissipe les nuages de la raison (2). Elle dément le scepticisme; elle nous pousse à juger, comme elle nous pousse à respirer (3). La nature, dont il s'agit ici, est l'impulsion naturelle à la vie pratique; dans la pratique, le sceptique ne peut rester conséquent à lui-même; il faut qu'il pense alors comme le reste des hommes; la vie active, voilà le grand vainqueur du pyrrhonisme (4). Ainsi Hume est toujours ramené à la philosophie pratique, et il ne se réserve dans la philosophie spéculative qu'un scepticisme tempéré, qu'il oppose aux affirmations tranchantes et précipitées des dogmatiques (5). En général, nous suivons nécessairement le sens commun, nous ne pouvons nous en empêcher; il est cependant beaucoup de questions qui le surpassent; il faut nous garder de les décider présomptueusement; nous ne pouvons arriver sur ces questions qu'à la vraisemblance; pris à la rigueur, le débat entre le scepticisme

---

(1) *Nat. hum.*, i, p. 380; 374.
(2) Ib. i, p. 467.
(3) Ib. i, p. 520.
(4) *Ess.*, ii, p. 176, sq ; 478.
(5) Ib. ii, p. 178.

et le dogmatisme ne roule au fond que sur le degré de la certitude, et ce n'est, à vrai dire, qu'une querelle de mots, parce que les degrés des qualités ne peuvent être déterminées exactement (1).

Ainsi donc, chez Hume, le sensualisme est arrivé, comme on voit, à la pleine conscience de la nécessité, avec laquelle ses principes aboutissent au scepticisme. Or le scepticisme étant démenti par les exigences pratiques du sens commun et par la philosophie de l'homme, laquelle réclame des doctrines positives, Hume se tourne vers une autre source de la croyance. Il ne nous importe pas ici de savoir comment il parvient à se l'ouvrir; remarquons seulement un spectacle assurément fort étrange : Hume commence par développer une philosophie spéculative, et ensuite il avoue qu'elle est fausse, attendu que la philosophie pratique, à qui nous devons nécessairement avoir foi, conduit à d'autres résultats, et cela ne l'empêche pas toutefois de vanter l'utilité de cette fausse philosophie spéculative. Ainsi se manifeste sa pensée, que nous devons nous conserver par l'usage du poison et du contre-poison.

L'avantage que Hume reconnaît à la philosophie pratique sur la philosophie spéculative ne nous em-

(1) *Dial. sur la rel. nat.*, 12, p. 584, sqq. Il semble évident que la dispute des sceptiques avec les dogmatiques est entièrement verbale, ou du moins qu'il s'y agit seulement des divers degrés du doute et de la certitude... La seule différence entre ces sectes est donc, que le sceptique, par habitude, par caprice ou par inclination, insiste plus sur les difficultés, et le dogmatique, par les mêmes mobiles, plus sur la nécessité.

pêchera pas d'examiner d'abord la dernière ; plusieurs propositions de la première contiennent en effet un appel au scepticisme, qui fait le fond de la théorie de la connaissance. D'ailleurs, à en croire la renommée qui a été faite à notre philosophe, on serait tenté d'admettre que, ce que sa philosophie offre d'important, c'est son scepticisme ; car on entend souvent parler du sceptique Hume, mais il est peu question de sa morale.

On ne s'attend pas sans doute à le voir, dans son étude de l'entendement humain, accorder aux lois logiques une grande attention. Il a pour l'ancienne logique un mépris sans mesure. Il rejette les distinctions de la notion, du jugement et du raisonnement, et cela pour des motifs assez légers (1). Il n'en est qu'un seul qui, s'il l'avait approfondi davantage, aurait une plus grande portée. Il tient pour impossible, ou du moins il regarde comme un fait magique et inexplicable que nous ayons plus d'une idée à la fois, et que nous embrassions d'un coup d'œil un ensemble de représentations. Tout ce qu'il peut accorder, c'est qu'une idée présente en nous fait naître le souvenir de la faculté dont nous sommes doués, de penser plusieurs idées semblables. Cette faculté repose, selon lui, sur l'habitude, et se développe en particulier par le moyen du langage, qui introduit les idées abstraites, et d'où résulte l'apparente possibilité d'embrasser beaucoup d'objets en même temps (2). Mais il admet

(1) *Nat. hum.*, i, p. 172, not.
(2) Ib. i, p. 43, sqq.; 49.

aussi des idées composées, et cherchant à rabaisser la valeur des définitions relativement à la méthode, il ne voit en elles autre chose qu'une énumération des représentations simples, qui constituent une représentation composée (1). La théorie de Locke, qui sert à Hume de point de départ, en distinguant des représentations simples et des représentations composées, n'était pas faite pour amener une discussion approfondie de la question de savoir comment nos idées simples peuvent être liées ensemble. Il s'ensuit que les difficultés, élevées par Hume contre la simultanéité de plusieurs notions, sont uniquement dirigées contre la réalité des concepts généraux. Mais son hostilité contre toute généralité est le fondement de celle qu'il témoigne à l'égard de l'ancienne logique, laquelle prétendait dans ses raisonnements procéder du général. Il se contente d'opposer au rationalisme sur cette voie l'expérience de la vie pratique, et de rappeler qu'en toute affaire on se fie plus à ce qu'on a éprouvé qu'aux conséquences déduites de principes généraux. Au fond les principes généraux sont de simples résultats de l'expérience (2).

Il n'en faut pas davantage à Hume pour accepter le sensualisme. Cette doctrine a déjà revêtu chez lui toute l'apparence d'un préjugé; aussi serait-ce s'exposer à une déception que d'attendre de sa part des raisons nombreuses et approfondies, qui justifient cette

---

(1) *Ess.*, II, p. 76.
(2) *Ess.*, II, not. B.

direction. Il suit presque en tout point les doctrines de Locke ; il y rattache les conséquences que Collier et Berkeley en avaient tirées contre la physique mathématique, et cherche à les enrichir d'aperçus qui lui soient propres. Parmi ces conséquences comptait aussi la polémique contre la possibilité de concepts généraux, polémique que nous venons de mentionner ; la doctrine, soutenue par Berkeley, que nous ne pouvons rien penser que de particulier, est déclarée une des plus grandes et des plus fécondes découvertes des temps modernes (1). Nous aurons lieu d'observer que la plupart des vues de Hume tendent à développer et à fortifier cette discussion.

Nous devons indiquer en peu de mots comment Hume se rattache à ses devanciers, en ajoutant presque toujours à leurs doctrines quelques remarques nouvelles. L'expérience, à laquelle il faut tout ramener, procède des impressions sensibles, ainsi que de la réflexion ; mais la réflexion n'est qu'une suite des impressions sensibles (2). Ce qui résulte des impressions ou des sensations est ce que nous appelons idées, et Hume soutient contre Locke la nécessité de distinguer les impressions et les idées (3). Il ne veut pas toutefois que les sensations soient ramenées à une impression physique nécessairement reçue du dehors, tandis que cette impression manquerait dans les idées ; sans doute il incline généralement à supposer cette impression

---

(1) *Nat. hum.*, i, p. 58.
(2) Ib. i, p. 23 ; ii, p. 1, sq.
(3) Ib. i, 13.

extérieure, et il lui arrive de s'exprimer à cet égard en termes positifs (1); mais c'est là probablement une de ces conséquences pratiques, dans lesquelles il apporte une restriction à sa théorie sceptique ; du reste il admet aussi des impressions qui n'appartiennent qu'aux mouvements internes de l'âme (2), et déclare que les causes de sensations sont inconnues; la recherche de ces causes relèverait de l'anatomie et de la philosophie naturelle (3), et Hume ne se fait sous ce rapport aucune illusion sur le succès de leurs investigations. La production des idées est, à la prendre en gros, un miracle, une sorte de création, inexplicable à notre intelligence (4). Elles apparaissent soudainement, sans que nous sachions d'où elles viennent ; si elles résultent des impressions du monde extérieur, de l'action divine, ou de la puissance de l'âme, c'est ce que nous ne pouvons décider (5). Par conséquent Hume fait consister toute la différence des impressions

---

(1) Par exemple dans la distinction qu'il fait entre l'impression et la réflexion. *Nat. hum.*, II, p. 2. Des impressions originales ou impressions de sensations sont celles qui s'élèvent dans l'âme, indépendamment de toute impression antécédente, par la constitution du corps, par les esprits animaux, ou par l'application d'objets aux organes externes. Des impressions secondaires ou réflexives sont celles qui procèdent de quelqu'une de ces impressions originales, soit immédiatement, soit par l'intermédiaire de son idée.
(2) *Ess.*, II, p. 31.
(3) *Nat. hum.*, I, p. 25.
(4) *Ess.* II, p. 84.
(5) *Nat. hum.*, I p. 151, sq. Quant à ces impressions, qui procèdent des sens, leur cause dernière est, dans mon opinion, parfaitement inexplicable à la raison humaine, et il sera toujours impossible de décider avec certitude si elles résultent immédiatement de l'objet, ou si elles sont produites par le pouvoir créateur de l'esprit, ou si elles émanent de l'auteur de notre être.

et des idées dans la plus grande vivacité des premières, les secondes, qui se forment dans la mémoire et dans l'imagination de l'homme, n'offrant jamais qu'un plus faible degré de sensation (1). Hume, qui a commencé par relever lui-même tout ce que les différences de degré ont de flottant, aurait dû, à ce qu'il semble, sentir le premier ce que cette distinction présente de difficultés.

Mais nous arrivons au pas le plus décisif, que fait Hume dans la voie du sensualisme : il admet bien avec Locke que nos pensées se forment par de nouvelles combinaisons et de nouvelles analyses des impressions originelles (2), mais il ne reconnaît à la liberté de notre volonté ou de notre entendement aucune influence sur cette formation. La mémoire et l'imagination produisent ces combinaisons et ces distinctions. Mais la différence de ces deux facultés est réduite à son tour à une triple différence dans le degré de vivacité, dont est marqué le résultat de leurs opérations. Hume pense, il est vrai, que les combinaisons de la mémoire ont aussi l'avantage d'être mieux ordonnées (3) ; mais il n'insiste pas sur ce point, parce qu'il incline à supposer également dans les faits de l'imagination un ordre caché ; en effet des ignorants seuls sont capables d'admettre des effets sans aucune régu-

---

(1) Ib. I, p. II; III, Avertiss. Par impressions, j'entends nos perceptions plus fortes, telles que nos sensations, nos affections ou nos sentiments, et par idées les perceptions plus faibles, ou les copies qui restent des premières dans la mémoire ou dans l'imagination. *Ess.*, II, p. 32.

(2) *Ess.*, II, p. 32.

(3) *Nat. hum.*, I, p. 24.

larité; il appartient au contraire aux philosophes de supposer de la régularité là même où l'enchaînement ordinaire des causes semble être interrompu. Le corps humain est une machine très-composée, l'esprit humain ne l'est pas moins; les effets de celui-ci nous paraîtront donc souvent irréguliers, bien que la succession en soit régie par une loi (1). Sur ce fondement Hume entreprend de rechercher les lois qui président à l'enchaînement de toutes nos idées ; bien plus, il se flatte de les avoir découvertes dans l'association des idées selon leur ressemblance, leur liaison dans le temps et dans l'espace, et leur enchaînement causal (2). Il compare cette association à la grande loi de l'attraction des corps, et présume qu'elle exerce dans le monde spirituel la même action que celle-ci dans le monde matériel (3). Dès lors, il se croit en mesure d'expliquer la formation des idées par les impressions originelles, cette association naturelle opérant entre les effets séparés et persistants des impressions, entre les idées simples les combinaisons et les analyses qui s'y produisent. Le résultat de ces recherches, c'est que toutes nos pensées procèdent des impressions originelles, et se forment spontanément, involontairement et suivant un ordre de succession naturel.

(1) *Ess.*, II, p. 101, sqq.
(2) *Nat. hum.*, I, p. 26, sqq.; *Ess.*, II, p. 36, sq. Il est évident qu'il existe un principe de connexion entre les différentes pensées ou idées de l'esprit, et que, dans leur apparition à la mémoire ou à l'imagination, elles s'introduisent l'une l'autre avec une certaine méthode et une même régularité.
(3) Ib. I, p. 30.

Maintenant nous n'obtenons pas de connaissances vraies par les combinaisons de l'imagination, nous n'en obtenons que par celles de la mémoire. C'est pourquoi Hume pose une règle de vérification de nos pensées ; elle consiste à rechercher et à découvrir l'impression première d'où chaque idée procède. Si l'on ne peut montrer l'impression d'où une idée résulte, on ne peut pas être certain que cette idée soit autre chose qu'une représentation vive (1). Il appartient à la mémoire fidèle de décider sur toute vérité de fait. De là le blâme dont Hume frappe la classification des divers genres de preuves donnée par Locke, et de là aussi la distinction unique, à laquelle il s'arrête, des preuves générales de la vérité et des preuves de la vraisemblance ; il reconnaît aussi les preuves des faits (2): Celles-ci reposent sur les impressions originelles, et sont en réalité les seules preuves rigoureuses et décisives, puisque tout concept ou principe général doit nécessairement se ramener à un fait d'expérience.

On voit au premier coup d'œil quelles difficultés Hume doit rencontrer, quand il s'agit de poser des propositions générales, et pourtant il lui est impossible

---

(1) *Nat. hum.*, i, p. 119 ; *Ess.*, ii, p. 55. Lors donc que nous concevons quelque soupçon qu'un terme philosophique ne renferme pas de signification ou d'idée, nous n'avons qu'à nous demander de quelle impression cette idée supposée est dérivée ; et s'il est impossible d'en assigner aucune, cela servira à confirmer nos soupçons.

(2) *Ess.*, ii, p. 70, not. Nous devons diviser les arguments en démonstrations, preuves et probabilités. Nous entendrons par preuves des arguments tirés de l'expérience, et qui ne laissent lieu à aucun doute ni à aucune contestation.

de s'en passer complétement ; de là ses efforts, je ne dis pas pour écarter ces difficultés, mais du moins pour les pallier; c'est encore l'association des idées selon la loi de la ressemblance qui est appelée à lui fournir le moyen de fonder sa théorie de la généralité des idées abstraites.

Conformément aux principes du nominalisme, il ne peut reconnaître que des choses particulières. L'existence de quelque chose de général est absurde et impossible ; mais ce qui est absurde et impossible dans la réalité, l'est aussi nécessairement dans la pensée; le contradictoire ne peut pas plus être conçu qu'il ne peut être. Il n'y a donc que des idées individuelles ; ces idées peuvent cependant représenter autre chose que ce qui est conçu en elles, et elles sont nommées sous ce rapport idées générales et abstraites (1). Elles peuvent, dis-je, représenter encore autre chose que leur contenu particulier, et la raison en est dans la faculté, dont nous sommes pourvus, de rassembler, d'une manière imparfaite, il est vrai, des idées analogues en vue d'un usage pratique (2). Lorsque nous rencontrons souvent des idées analogues, nous leur imposons le même nom, et nous contractons ainsi l'habitude de nous les représenter liées entre

---

(1) *Nat. hum.* i, p. 42. Toute chose dans la nature est individuelle. ...Si donc une chose est absurde en fait et en réalité, elle l'est aussi nécessairement en idée... Des idées abstraites sont par conséquent individuelles en elles-mêmes, quelque générales qu'elles puissent devenir d'ailleurs dans leur représentation.

(2) Ib., p. 43. En les rassemblant d'une manière qui, malgré son imperfection, peut servir aux buts de la vie.

elles. Puis, lorsque ce nom vient à frapper notre oreille, il n'éveille en nous, il est vrai, qu'une idée particulière, mais il met en jeu au même instant l'habitude que nous avons contractée, de concevoir cette idée liée aux autres idées de même espèce. Sans doute, ces idées ne sont pas alors présentes à notre esprit en réalité, elles ne le sont qu'en puissance. Nous n'avons jamais qu'une seule idée présente, mais nous avons en même temps le souvenir de notre habitude de la concevoir en liaison avec d'autres idées, et cette habitude nous fait passer aussitôt, selon que l'occasion le permet, à d'autres idées analogues (1).

Nous rencontrons ici pour la première fois la notion de l'habitude, qui, dans différentes applications, joue chez Hume un si grand rôle. Il ne sera donc pas inutile d'examiner quelle idée Hume s'en fait en général. L'habitude produit, selon lui, deux effets primitifs sur l'esprit ; d'abord elle lui donne une facilité particulière dans l'accomplissement d'une opération ou dans la production d'une pensée ; en second lieu, elle développe en lui une tendance à une opération analogue (2). Du reste, pour expliquer ces merveilleux

(1) Ib., p. 45. Lorsque nous avons acquis une habitude de cette espèce, l'audition du nom réveille l'idée d'un de ces objets... Mais comme le même mot est supposé avoir été fréquemment appliqué à d'autres individus, le mot... ravive cette habitude que nous avons acquise en les regardant tous. Ils ne sont pas présents à l'esprit en fait et réellement, ils ne le sont qu'en puissance. Ib., 67, sq.

(2) Ib. II, p. 261. L'habitude a deux effets primitifs sur l'esprit : elle lui donne une facilité à accomplir quelque action ou à concevoir quelque objet, et en second lieu elle lui imprime une tendance ou une inclination à le faire ; or ces deux effets peuvent nous expliquer tous les autres. — Hume prend dans la même signification *habit* et *custom*.

effets de l'habitude, Hume se contente de nous renvoyer au jeu des esprits vitaux qui se font obstacle ou se prêtent appui les uns aux autres (1). Ceci rappelle simplement qu'il a essayé de donner une idée de l'association des représentations, en la rapprochant de la force attractive de la matière. Nous remarquerons à ce propos que ses vues sur notre vie spirituelle reposent au fond sur une conception physique. Toute question de fait devrait être, selon lui, éclaircie exclusivement par des raisons physiques (2). Il est vraiment surprenant qu'un homme tel que Hume, qui a si peu de confiance dans la physique, si peu porté d'ailleurs à entrer dans le détail de cette science, fasse cependant appel à des notions physiques quand il s'agit de principes essentiels dans sa doctrine.

Ainsi donc, à le prendre à la rigueur, Hume n'admet point de concepts généraux. Tout ce qu'il accorde, c'est que les idées particulières que nous recevons donnent le branle à notre imagination, et par un effet de l'habitude que nous avons de rattacher plusieurs idées les unes aux autres, en amènent à leur suite d'autres analogues selon les lois d'une association naturelle. C'est pourquoi il ne regarde les concepts généraux que comme des fictions de l'imagination (3); telle est l'idée de l'univers lui-même. Mais cette polémique est dirigée spécialement contre les généralités des mathématiques. Elles se réduisent, quant à leur

(1) Ib., p. 261, sqq.
(2) *Sur l'immort. de l'âme*, p. 33.
(3) *Nat. hum.*, I, p. 61.

dernier fondement, aux unités de l'arithmétique qui sont après tout de pures fictions et sont admises arbitrairement (1). Or, les idées abstraites n'ont d'autre objet que l'utilité pratique, et ne donnent par conséquent que des représentations imparfaites de la réalité. Nous faisons légitimement des concepts mathématiques un usage pratique pour mesurer et calculer; mais prétendre les appliquer théoriquement à la connaissance des choses, c'est se jeter dans des contradictions. Hume est préoccupé des contradictions déjà signalées par Collier et par Berkeley; la divisibilité infinie de l'espace et du temps le choquent particulièrement, car il ne saurait concevoir qu'une grandeur finie puisse être composée de parties infinies. Nous nous représentons des parties en nombre infini, mais elles ne peuvent exister réellement; au contraire, le corps réel se compose nécessairement de choses indivisibles, de points physiques, quelques difficultés que présente aussi l'idée de ces points (2).

Les concepts de l'espace et du temps conduisent à la deuxième loi de l'association des idées. Ce qui nous est apparu dans l'espace et dans le temps se représente à nous lié de la même façon, et nous nous habituons à le concevoir avec cette liaison. C'est sur ce fondement que nous admettons des substances qui sont le support des phénomènes et la base de leur liaison, attendu que nous voyons des phénomènes sem-

---

(1) Ib., p. 60, sq.
(2) *Ess.*, II, p. 175, sqq.; not. O; P; *Nat. hum.*, 1, p. 61, sqq.; 597, sqq.

blables souvent liés entre eux dans l'espace et le temps. Le concept de la substance, dont Locke avait fait usage, est également mis à profit par Hume ; et de même que Locke, partant de cette idée, avait émis ses doutes sur la question de savoir si nous avons une connaissance claire de la substance, de même qu'ensuite Berkeley s'était appuyé sur cette idée pour combattre la substance matérielle, Hume à son tour ne manque pas de l'employer en faveur de son scepticisme, mais ses doutes atteignent aussi bien la substance spirituelle que la substance corporelle. L'une et l'autre soulèvent la même difficulté. Nous n'entendons par substance que quelque chose d'inconnu que nous admettons comme le support d'une collection de propriétés sensibles. La liaison de ces propriétés aurait pour base indispensable la substance ; mais cette liaison n'est opérée que par l'imagination ; car nous ne saurions découvrir d'impression sensible, provenant soit de l'extérieur, soit de la réflexion, d'où la notion de la substance puisse être dérivée. Tous nos sens ne nous apportent que des perceptions, desquelles la substance diffère radicalement, et nous ne pouvons nous arroger par conséquent aucune connaissance de la substance (1).

(1) *Nat. hum.*, I, p. 55, sqq. L'idée d'une substance, aussi bien que celle d'un mode, n'est qu'une collection d'idées simples, unies par l'imagination, et auxquelles on a assigné un nom particulier, lequel nous met à même de rappeler soit à notre esprit, soit aux autres cette collection. Mais la différence entre ces idées consiste en ce que les qualités particulières, qui forment une substance, sont ordinairement rapportées à quelque chose d'inconnu, dans lequel elles sont supposées rési-

Hume développe ensuite ce doute général, en discutant tour à tour la substance matérielle et la substance spirituelle. Il va de soi qu'il ne peut accepter l'idée d'une matière universelle, puisqu'il ne reconnaît que des réalités particulières. Il range cette matière parmi les fantômes de l'imagination dont s'occupait uniquement l'ancienne métaphysique (1). Mais les idées des philosophes modernes sur les choses matérielles particulières ne le contentent pas davantage. Les propriétés secondes, auxquelles on prétendait autrefois reconnaître les substances particulières, ont été si bien combattues, qu'il a fallu y renoncer; mais Hume estime, avec Berkeley, que les propriétés dites premières ne peuvent pas non plus supporter l'examen. Toutes les propriétés ne nous sont connues que par les sens, et les sens nous font connaître ce qui est en nous, ils ne nous montrent pas ce qui est dans les objets. C'est ce qui est démontré en particulier de la solidité, principe de toutes les propriétés primordiales; elle se manifeste uniquement par la résistance que nous éprouvons; mais la résistance n'appartient pas à l'objet en soi, elle n'existe que par rapport à nous (2). Nous n'avons donc aucune connaissance

---

der. Ib. ɪ, p. 407. Nous n'avons pas d'idée parfaite d'une chose, mais seulement d'une perception. Une substance est entièrement différente d'une perception. Nous n'avons point, par conséquent, d'idée d'une substance. *Sur l'univ. de l'âme*, p. 24.

(1) *Nat. hum.*, ɪ, p. 385.

(2) *Ess.*, ɪɪ, p. 172. L'idée d'étendue est entièrement acquise par les sens de la vue et du tact; et s'il est vrai que toutes les qualités, perçues par les sens, existent dans l'esprit et non dans l'objet, la même conclusion doit être appliquée à l'idée d'étendue. Ib., not. N; *Nat. hum.*, ɪ, p. 274; 282; 594, sqq.

de ce qu'on pourrait appeler substance matérielle.

Ses doutes à l'égard de la substance spirituelle ne sont pas moins forts. Il combat l'unité, la simplicité et l'identité du moi que tant de philosophes, parmi ceux qui l'ont précédé, ont prises pour principe de leur doctrine. Si la notion de notre moi reposait sur une impression, nécessairement cette impression demeurerait toujours la même dans tout le cours de notre vie, puisque notre moi resterait toujours identique; mais comme toutes les impressions changent, on ne saurait démontrer une impression persistante de cette espèce (1). Lorsque je cherche ce que j'appelle moi, je me heurte toujours contre telle ou telle sensation particulière, et ne puis jamais apercevoir que cette sensation. Tant que mes perceptions se succèdent, je ne sens rien de ce moi, et je pourrais croire que je ne suis pas. Par conséquent, ce que j'appelle âme ou moi, n'est autre chose qu'un amas, un faisceau, une collection de perceptions diverses qui se succèdent avec une incompréhensible rapidité, qui se meuvent et s'écoulent sans cesse. L'esprit est une scène sur laquelle une multitude de représentations différentes apparaissent l'une après l'autre; mais nous n'avons pas connaissance de cette scène, de la place sur laquelle les représentations apparaissent, ni des matériaux dont elles sont composées (2).

(1) *Nat. hum.*, I, p. 437. Si quelque impression suscite l'idée d'elle-même, cette impression demeurera nécessairement invariable et identique dans tout le cours de notre vie, puisque le moi est supposé exister de cette manière. Or il n'y a pas d'impression constante et invariable.
(2) *Nat. hum.*, I, p. 561, sq.; 448, sqq. Un faisceau ou une col-

Puisque la substance matérielle et la substance spirituelle sont choses que nous ne pouvons connaître, l'opposition, l'incompatibilité absolue que l'on voulait établir entre elles tombe nécessairement. Hume demande, comme Locke, pourquoi la matière ne penserait pas. L'immatérialité de l'âme lui paraît une abstraction analogue à la fameuse abstraction de Spinosa, à cette idée d'une substance unique et universelle admise par lui, et la première entraînerait, à son avis, les mêmes conséquences et les mêmes dangers que la seconde (1). De là ses doutes se dirigent contre l'immortalité de l'âme. En consentant même à admettre la persistance de la substance individuelle, nous ne serions pas pour cela conduits à accorder la persistance de l'âme pensante et douée de la conscience d'elle-même ; la métempsycose serait le seul mode d'être qu'on pût déduire de l'indestructibilité de la substance (2).

Ainsi nous ne pouvons découvrir que des phénomènes soit par les sens extérieurs, soit par le sens intime ; mais ces phénomènes s'offrent à nous avec une certaine permanence, et c'est pourquoi il s'établit entre eux dans notre pensée une association. Nous admettons, par suite de cette association, des objets permanents. Bien que les phénomènes changent, ils ne laissent pas de présenter un certain enchaînement, une cohérence ininterrompue, dans laquelle se mêle

lection de différentes perceptions, qui se succèdent l'une à l'autre avec une rapidité inconcevable.
(1) Ib. I, p. 418, sqq.; *Sur l'univ. de l'âme*, p. 34.
(2) *Nat. hum.*, I, p. 201, sqq.; *Sur l'univ. de l'âme*, p. 25 ; 35.

l'idée d'une liaison causale; car nous nous croyons fondés à admettre des causes sur lesquelles repose le passage graduel d'un état à un autre (1). De là résulte en nous l'habitude de concevoir des phénomènes analogues liés de la même manière, et cette habitude est le principe premier de toutes nos idées relativement à la substance des choses, quoique, du reste, la passion et le penchant y aient aussi leur part (2). Notre imagination, habituée à embrasser la collection des phénomènes qui lui sont présentés dans une liaison régulière, et déterminée par cette habitude, donne naissance à la notion de la substance. L'habitude ne change, il est vrai, rien aux objets, mais elle modifie notre manière de les concevoir; elle nous détermine à concevoir les idées que nous avons trouvées fréquemment liées entre elles, associées par la même liaison; et elle a pour conséquence naturelle de développer dans notre esprit un penchant à rappeler toujours une liaison analogue (3). Ainsi, la notion de substance est ramenée à une conception purement subjective, bien que Hume

---

(1) *Nat. hum.*, I, p. 340, sq.

(2) Ib., p. 344, sqq. Cette induction procède de l'entendement, et indirectement de l'habitude. — Il est remarquable de voir *l'entendement* et *l'habitude* juxtaposés ici dans le même sens.

(3) Ib. I, p. 289. Quoique les divers exemples analogues, qui donnent naissance à l'idée de puissance, n'aient aucune influence l'un sur l'autre et ne puissent jamais produire dans l'objet aucune qualité nouvelle, qui puisse être le modèle de cette idée, cependant l'observation de cette ressemblance produit dans l'esprit une nouvelle impression, qui est le modèle réel de l'idée. Car après avoir observé la ressemblance dans un nombre suffisant d'exemples, nous sentons immédiatement dans notre esprit une disposition à passer de tel objet à ce qui l'accompagne ordinairement.

ne prétende pas nier que la permanence qu'on remarque dans la succession de nos impressions ne puisse avoir aussi un fondement objectif.

Dans ses recherches postérieures Hume a attaché moins d'importance à la notion de substance qu'à celle de causalité. Dans l'acception large, où Hume prenait d'ordinaire cette dernière idée, elle pouvait comprendre aussi la notion de substance, toute substance pouvant être conçue comme cause de ses phénomènes. Mais la notion de cause avait à ses yeux la plus haute importance, parce que seule elle paraît nous élever au-dessus de la connaissance des faits présents. Les faits, dont la connaissance forme exclusivement la matière que toute science doit élaborer, ne sont connus que par sensation immédiate, ou par des raisonnements, qui conduisent de l'effet à la cause (1). Or Hume explique cette idée, comme celle de substance, par l'association des représentations et l'habitude que cette association nous fait contracter ; c'est ce qu'annonçait d'avance la troisième loi de l'association des représentations, loi qui tire son nom de la causalité même.

Notre connaissance de la causalité ne peut d'ailleurs être dérivée que de l'expérience ; cela résulte naturellement des principes généraux de Hume. Il ne laisse pas cependant d'insister sur ce point capital de ses recherches, et fait de grands efforts pour démontrer que nous ne sommes pas en état de connaître la causalité à priori, par notre entendement ou notre raison.

---

(1) Ib. I, p. 133, sqq.; *Ess.*, II, p. 46.

Nous avouons sans difficulté, à propos des choses qui nous sont nouvelles, la nécessité d'attendre que l'expérience nous révèle les effets; lorsqu'au contraire il se présente à nous des choses ou des phénomènes, qui nous sont connus, nous croyons pouvoir inférer les effets des choses de la notion que nous en avons. Lorsqu'une bille en rencontre une autre sur un billard, nous pourrions, à ce qu'il nous semble, conclure spontanément du mouvement de la première qu'elle va mouvoir la seconde. Mais cette conclusion vient uniquement de la force de l'habitude, qui, à son plus haut degré de développement, non-seulement nous dérobe notre ignorance naturelle, mais encore se dérobe elle-même à la conscience. Il n'en reste pas moins vrai que l'investigation la plus attentive ne saurait découvrir l'effet dans la cause supposée, parce que l'un diffère radicalement de l'autre (1). Nul objet, considéré en lui-même, ne renferme de motif qui puisse nous autoriser à rien conclure au delà de l'objet même (2). La force, qui peut être inhérente aux choses, ne saurait être aperçue qu'au moyen des impressions qu'elles produisent sur nous, de même que notre substance n'est pas accessible à notre faculté de connaître (3). Toutes choses apparaissent isolées les unes des autres;

(1) *Ess.*, II, p. 40, sqq. L'esprit ne saurait jamais apercevoir l'effet dans la cause supposée, fût-ce par l'examen le plus profond et le plus attentif; car l'effet est totalement différent de la cause, et par conséquent ne peut être découvert en elle.

(2) *Nat. hum.*, I, p. 245. Il n'y a rien dans un objet, considéré de lui-même, qui nous puisse fournir une raison de tirer aucune conclusion au delà de l'objet même.

(3) Ib. I, p. 276, sqq.; *Ess.*, II, p. 78.

tous les événements se manifestent à nous complétement séparés, sans lien ; l'expérience seule nous révèle en eux l'existence d'un lien, une causalité, et c'est pourquoi il faut se garder soigneusement d'étendre cette idée de causalité au delà des limites de l'expérience (1). Notre perception interne s'accorde parfaitement avec la perception extérieure ; car nous n'apercevons pas non plus entre nos représentations de lien qui les unisse, et nous ne sommes pas non plus à même de signaler une perception qui nous fasse connaître les actions réciproques de l'âme et du corps (2).

Mais ici résident justement les raisons, qui nous interdisent d'une manière absolue de fonder sur l'expérience un raisonnement, qui nous découvre la causalité. L'expérience ne renferme rien en elle-même, qui autorise notre entendement ou notre raison à dépasser l'expérience actuelle, et à supposer quelque chose de plus qu'une succession des phénomènes (3). C'est ici

---

(1) *Ess.*, II, p. 88. Tous les événements semblent entièrement détachés les uns des autres. Un événement suit l'autre, mais nous ne saurions jamais apercevoir entre eux aucun lien. Ils semblent rapprochés, jamais enchaînés. *Nat. hum.*, III, p. 119. Tous les êtres de l'univers, considérés en eux-mêmes, paraissent absolument détachés et indépendants l'un de l'autre. L'expérience seule nous enseigne leur influence et leur connexion réciproque ; et nous ne devons jamais étendre cette influence au delà des données de l'expérience.

(2) *Nat. hum.*, I, p. 296 ; II, p. 221 ; *Ess.*, II, p. 88.

(3) *Ess.*, II, p. 46. Mais après avoir acquis l'expérience des rapports de cause et d'effet, nos conclusions relatives à ces rapports ne sont fondées ni sur un raisonnement ni sur aucun acte de l'entendement. *Nat. hum.*, I, p. 245. Même après avoir observé la conjonction fréquente ou constante de certains objets, nous n'avons aucune raison de rien inférer relativement à un objet au delà de ce que l'expérience nous montre.

le véritable nœud des recherches de Hume sur la causalité. Ce nœud résulte d'une comparaison de ce que nous percevons avec ce que nous concevons comme contenu dans l'idée de causalité. Or l'idée de la causalité implique que les objets, entre lesquels elle existe, confinent dans l'espace, que la cause précède l'effet dans le temps, et que l'effet est lié nécessairement avec la cause (1). Maintenant la perception des phénomènes peut bien satisfaire aux deux premières conditions ; nous voyons les objets confiner dans l'espace et se succéder dans le temps ; mais le troisième caractère, cette liaison nécessaire qui rattache la cause à l'effet, nous ne le percevons nulle part. Nous ne pouvons pas signaler d'impression sensible, par laquelle cette condition essentielle de la causalité nous soit connue, et nous sommes réduits, par une conséquence inévitable, à déclarer l'idée de causalité pour une illusion de notre imagination. Lorsque nous voyons une bille en choquer une autre, et celle-ci entrer en mouvement, nous regardons le mouvement de la première comme la cause du mouvement de la seconde ; mais tout ce que nous voyons, c'est d'abord le mouvement de la première seule, ensuite le contact des deux billes, et, dans l'instant qui suit le contact, le mouvement de la seconde bille ; de lien nécessaire entre les deux événements, nous n'en voyons aucun (2). La liaison nécessaire, qui

---

(1) *Nat. hum.*, I, p. 136, sqq.
(2) Ib., p. 139, sq.; *Ess.*, II, p. 77. Quand nous regardons aux objets qui nous environnent, et que nous considérons l'action des causes, nous ne sommes jamais capables sur un seul exemple de découvrir

constitue dans notre esprit le rapport de la cause à l'effet, nous incite à supposer, qu'après avoir vu dans un temps l'effet suivre la cause, nous verrons la même succession se représenter à l'avenir ; nous nous attendons par conséquent à trouver infailliblement l'avenir semblable au passé. De là l'hypothèse, admise par nous, de la régularité de la nature et de tous les événements. Mais qu'est-ce qui peut légitimer une telle hypothèse, puisque le passé et l'avenir sont séparés l'un de l'autre ? De l'observation que tel objet a toujours été accompagné par tel effet, on ne peut conclure que des objets, semblables quant à leur manifestation, produiront aussi les mêmes effets ; et pourtant nous tirons constamment cette conséquence. L'habitude d'attendre d'objets semblables des effets semblables est la seule source de l'hypothèse que l'avenir sera identique au passé (1).

Ainsi ce principe de causalité est ramené, comme tout le reste, à la propriété que possède notre imagination d'associer l'une à l'autre des représentations,

---

quelque puissance ou quelque connexion nécessaire, quelque qualité qui lie l'effet à la cause, et qui fasse de l'un une infaillible conséquence de l'autre. Nous trouvons seulement qu'en fait l'un suit actuellement l'autre. L'impulsion d'une bille de billard est accompagnée par le mouvement de la seconde. Voilà tout ce qui apparaît aux sens externes. L'esprit n'éprouve aucun sentiment, aucune impression interne de cette succession d'objets, par conséquent il n'y a rien là qui puisse suggérer l'idée de puissance ou de connexion nécessaire.
(1) *Ess.*, II, p. 48; *Nat. hum.*, p. 236. L'hypothèse de la ressemblance de l'avenir au passé n'est fondée sur aucune espèce d'arguments, mais dérive entièrement de l'habitude, qui nous détermine à attendre pour l'avenir la même série d'objets, à laquelle nous avons été accoutumés.

que nous apercevons habituellement liées entre elles. L'une de ces représentations entraîne involontairement l'autre à sa suite. Une seule expérience ne suffit pas pour en conclure l'existence de la causalité; il faut, de toute nécessité, que nous soyons instruits par beaucoup d'exemples; mais de ce grand nombre d'exemples résulte uniquement l'habitude, que l'âme contracte par eux, d'embrasser ensemble les termes liés l'un à l'autre. Dès lors, l'idée d'un terme éveille dans notre imagination celle de l'autre terme; cette dernière idée reçoit graduellement une vivacité plus grande, qui nous fait considérer l'apparition de ce terme comme infaillible. Cette impression, dérivée de la succession habituelle des images dans notre imagination, est le fondement de l'idée de causalité (1). La nécessité du lien causal ne nous est pas manifestée dans les impressions sensibles, nous ne la trouvons que dans notre âme, en sentant notre pensée déterminée à passer de la cause à l'effet (2).

(1) *Ess.*, II, p. 89. Un nombre quelconque d'exemples, supposés exactement similaires, ne renferme rien qui diffère de chaque exemple pris à part; seulement après une certaine répétition d'exemples similaires, l'esprit est entraîné par l'habitude à attendre, sur l'apparition d'un événement, ce qui l'accompagne ordinairement et à croire que cela se produira. Cet enchaînement, par conséquent, senti dans notre esprit, ce passage accoutumé de l'imagination d'un objet à ce qui l'accompagne d'ordinaire est le sentiment ou l'impression par laquelle nous formons l'idée de puissance ou de connexion nécessaire. *Nat. hum.*, p. 298. Une cause est un objet qui en précède un autre, qui lui est contigu dans le temps, et lui est uni de telle sorte que l'idée de l'un détermine l'esprit à se former l'idée de l'autre, et l'impression de l'un à former l'idée plus vive de l'autre.

(2) *Nat. hum.*, I, p. 289. La nécessité n'est autre chose qu'une impression interne de l'esprit ou une détermination à conduire nos pensées d'un objet à un autre.

Cette polémique de Hume contre notre faculté de connaître la causalité ne fera croire à personne qu'il prétende nier la causalité même; ce serait une erreur. Il la suppose lui-même au contraire. Il veut nous avertir seulement de ne pas attribuer soit à nos raisonnements, soit aux impressions de nos sens, une connaissance, qui tient à la seule habitude que nous avons d'associer nos idées d'une certaine manière. Mais ces associations d'idées révèlent elles-mêmes partout un lien causal nécessaire, puisque notre âme est déterminée par l'idée de la cause à passer à celle de l'effet. Ce passage ne relève pas de notre volonté; c'est ce que Hume soutient avec force, en combattant l'indifférence de la volonté. Il faut supposer partout une nécessité présidant aux actions, autrement nous n'aboutirions qu'au hasard (1). Souvent, il est vrai, nous ne sommes pas en mesure de signaler les déterminations auxquelles notre volonté obéit, mais la philosophie est forcée d'admettre partout des causes cachées (2). La spontanéité ne doit pas être confondue avec l'indifférence (3). La volonté n'est autre chose qu'une impression interne, dont nous avons la conscience, quand nous savons que nous commençons un mouvement dans notre corps ou dans notre esprit (4). De là, Hume se prononce pour l'idée, généralement

---

(1) Ib. ɪɪ, p. 233. La liberté, en écartant la nécessité, écarte donc les causes.
(2) Ib. ɪɪ, p. 227, sq.
(3) Ib. ɪɪ, p. 234.
(4) Ib. ɪɪ, p. 220.

répandue parmi ses contemporains, d'une nécessité qui régit tout par l'enchaînement des causes et des effets. La nécessité est généralement reconnue dans les mouvements de la matière et dans les effets de la nature ; il faut reconnaître également son empire dans le monde humain, bien que l'uniformité des changements n'y soit pas aussi frappante que dans la nature (1). Nous devons admettre une harmonie entre les lois simples de la matière et les mouvements complexes du monde vivant, harmonie qui est la plus forte preuve de la sagesse divine ; soutenir que nous pourrions troubler l'ordre de la nature, ce serait blasphémer (2). Il s'en faut bien que Hume croie avoir ébranlé par ses recherches sceptiques sur la causalité la croyance à la nécessité, qui régit tous les événements dans l'univers ; loin de là, il se flatte que ses doctrines doivent mettre un terme au débat sur la liberté de la volonté, puisqu'elles ont établi et mis en lumière que nous ne pouvons apercevoir les causes, pas plus dans la matière que dans l'esprit, et que nous n'avons par conséquent aucune raison de nier la causalité dans l'un plus que dans l'autre (3). Il soutient, il est vrai, que notre entendement, conduit par l'impression sensible, ne peut nous procurer aucune certitude de la causalité; toutefois c'est en vertu d'une loi naturelle, que notre imagination enchaîne les causes et les effets, et il n'est pas d'homme, quel que soit d'ailleurs son scepticisme

(1) *Ess.*, II, p. 96, sqq.
(2) *Sur le suicide*, p. 5 ; 7 ; *Ess.*, II, p. 596.
(3) *Ess.*, II, p. 107, sq.

spéculatif, qui puisse se soustraire à cette loi. Lorsque la cause est apparue, l'habitude suscite en nous l'idée de l'effet ; or cette idée s'éveille avec plus de vivacité, que si elle naissait simplement comme une formation libre de l'esprit, et le sentiment plus vif, qui l'accompagne, produit en nous la croyance que l'effet va suivre. Cette croyance, qui opère en nous avec l'infaillibilité d'un instinct naturel, est le fondement de l'opinion universelle, relative à l'enchaînement causal des événements (1). Devons-nous maintenant nous défier de cette conviction, de ce tout-puissant instinct de la nature ? Hume est bien éloigné de vouloir se dérober à sa puissance. Bien plus, de même qu'il admettait une harmonie entre le monde inanimé et la nature vivante, il trouve légitime d'admettre aussi une harmonie préétablie entre le monde extérieur et la série naturelle de nos idées. Nous reconnaissons cette harmonie à ce signe, que le cours de nos pensées a toujours correspondu à celui de la nature. La cause en est dans l'habitude, que nous devons et que nous pouvons suivre. C'est elle, c'est son impulsion méca-

---

(1) Ib. II, p. 61, sqq. La différence entre une fiction et un mensonge consiste en un certain sentiment attaché au dernier et non à la première... Il est nécessairement excité par la nature comme tous les autres sentiments... Toutes les fois qu'un objet est présenté à la mémoire ou aux sens, il porte immédiatement, par la force de l'habitude, l'imagination à concevoir l'objet qui se trouve ordinairement joint au premier ; et cette conception est accompagnée d'un sentiment différent des rêveries décousues de l'imagination. C'est en cela que consiste toute la nature de la croyance... Je dis donc que la foi n'est autre chose qu'une conception plus nette, plus vive, plus saisissante, plus ferme, plus solide, que tout ce que l'imagination est capable d'atteindre.

nique; que la nature a chargée de régler l'ordre de nos idées. Une si importante fonction ne pouvait être abandonnée à la raison, dépendre de ses lenteurs, de ses développements tardifs, de ses illusions. Il fallait qu'un infaillible instinct naturel vînt la suppléer (1).

Hume s'abandonne donc à la croyance naturelle, et cela d'autant plus volontiers qu'il comprend parfaitement le résultat inévitable des doutes de la raison à l'égard de la causalité et de la substance des choses ; ce résultat est de nous dérober toute connaissance des objets. Rien n'est présent à notre esprit, hormis ses impressions et ses idées. Nous avons beau élever notre imagination jusqu'au ciel, l'étendre jusqu'aux limites les plus reculées de l'univers, nous ne sortons pas de nous-mêmes, nous n'apercevons jamais que nos sensations et nos idées ; toute autre sorte d'existence, extérieure à nous, nous demeure cachée. Notre monde est le monde de notre imagination (2). La cau-

(1) *Ess.*, II, p. 69, sq. Il existe donc une sorte d'harmonie préétablie entre le cours de la nature et la succession de nos idées ; et quoique les puissances et les forces, par lesquelles la première est gouvernée, nous soient pleinement inconnues, nos pensées et nos conceptions ne laissent pas en définitive d'avoir toujours suivi la même marche que les autres ouvrages de la nature. L'habitude est le principe par lequel cette correspondance a été effectuée... Comme la nature nous a enseigné l'usage de nos membres, sans nous donner la connaissance des muscles et des nerfs par lesquels ces mouvements sont accomplis, de même elle a implanté en nous un instinct, qui entraîne la pensée en avant, suivant un cours correspondant à celui qu'elle a établi parmi les objets extérieurs.
(2) *Nat. hum.*, I, p. 123, sq. Rien n'est jamais réellement présent à l'esprit, si ce n'est ses perceptions et ses impressions ou idées... Attachons de toutes nos forces notre attention sur nous-mêmes, portons

salité seule nous fournirait une preuve de l'existence du monde extérieur, s'il nous était permis de conclure que d'autres objets doivent être les causes de nos impressions; mais comme la causalité ne nous donne jamais qu'une connaissance des rapports des idées qui sont dans notre esprit, comme toute raison est occupée exclusivement de la comparaison de ses propres idées, cette voie nous est fermée, et il n'est rien qui puisse convaincre notre raison de l'existence du monde extérieur (1). Cependant personne ne se défie de ses sens; chacun, au contraire, est poussé par un instinct naturel à leur donner une foi entière, à admettre sur leurs dépositions un monde extérieur qui existe indépendamment de nos sensations. Les animaux mêmes partagent cette croyance (2).

On ne saurait donner à la foi, telle que Hume l'entend, aucune signification religieuse. Il déclare qu'elle est un acte de la sensibilité, non de la pensée (3). Nous croyons, parce que la vivacité de l'impression sensible

---

notre imagination jusqu'aux cieux ou jusqu'aux derniers confins de l'univers, nous ne faisons point un seul pas hors de nous-mêmes, et nous ne concevons pas d'existence, sinon les perceptions, qui nous sont apparues dans ces étroites limites. C'est là l'univers de l'imagination, et nous n'avons point d'autre idée que ce qui s'y produit.

(1) Ib. I, p. 570.

(2) *Ess.*, II, p. 168, sqq. Les hommes sont entraînés par un instinct ou un préjugé naturel à avoir foi en leurs sens, et cela sans raisonnement, presque avant l'usage de la raison; nous supposons toujours un monde extérieur, qui ne dépend pas de notre perception, mais qui existerait quand toutes les créatures sensibles et nous-mêmes serions absents ou anéantis.

(3) *Nat. hum.*, I, p. 521. La foi est plus proprement un acte de la partie sensible que de la partie pensante de notre nature.

force notre assentiment. C'est ce qui arrive dans toutes les représentations que nous obtenons par une perception immédiate ou par un souvenir vif ; mais l'habitude peut donner aux images mêmes de l'imagination une vivacité de même degré, parce que l'habitude exerce fréquemment sur l'esprit le même empire que la nature (1). Lorsque nous sommes accoutumés à lier une idée avec une autre idée, et que la première force notre assentiment par la vivacité de l'impression qu'elle fait sur nous, cette vivacité se communique à l'autre idée et provoque aussi notre croyance à son égard. Ainsi la croyance est une idée vive, qui repose soit sur une impression actuelle, soit sur une association qui en dépend (2). La croyance est, dans le second cas, un effet complexe en notre âme (3), effet qui provient uniquement de ce que nous rattachons à quelque idée une représentation forte et durable, qui approche jusqu'à un certain point de la force d'une impression immédiate (4). Hume est entraîné par son sensualisme à n'avoir partout confiance qu'à l'impression sensible, à la perception immédiate ; le vraisemblable et la connaissance médiate ne doivent par conséquent trouver foi non plus que par l'effet d'une perception plus vive (5). Ce que nous attribuons d'ordinaire à la

---

(1) Ib. I, p. 154.
(2) Ib. I, p. 172. Une opinion, par conséquent, ou une croyance peut être très-exactement définie, une idée vive rapportée ou associée à une impression présente.
(3) Ib. I, p. 241.
(4) Ib. I, p. 173, not.
(5) Ib. I, p. 185. Ainsi tout raisonnement probable n'est autre chose

raison, savoir la connaissance de principes universels et les conséquences que nous en tirons, appartient à la perception seule (1). Aussi Hume est-il enclin à absorber complétement la raison dans l'instinct et dans la puissance naturelle, que l'habitude exerce sur nous (2). Une seule difficulté l'arrête sur cette pente, c'est que, d'un autre côté, la raison nous enveloppe de doutes, et ne joue tout au plus dans la pratique qu'un rôle très-subordonné. Il s'ensuit que Hume maintient encore une certaine opposition entre la raison et la perception ou l'instinct; mais en les comparant l'une avec l'autre, il n'a garde de douter que la perception ne soit de beaucoup un meilleur guide que la raison, et c'est là, entre autres motifs, une suite du penchant qui l'entraîne à dériver toutes nos croyances pratiques de la perception (3).

Nous rencontrons ici un reste assez bizarre du dualisme. Nous voyons s'élever une contradiction entre la nature et la raison. Toute l'économie de nos pensées repose, il est vrai, sur l'habitude (4), et l'habitude est

qu'une espèce de sensation. Ce n'est pas seulement en poésie et en musique que nous sommes forcés de suivre notre goût et notre sentiment, c'est aussi en philosophie.

(1) Ib. ɪ, p. 184. Quand je suis convaincu de quelque principe, c'est seulement une idée qui me frappe avec plus de force. Quand je préfère un ordre d'arguments à un autre, je ne fais autre chose que décider, par sentiment, de la supériorité d'influence du premier.

(2) Ib. ɪ, p. 513. La raison n'est autre chose qu'un merveilleux et incompréhensible instinct dans nos âmes... L'habitude n'est qu'un des principes de la nature et tire toute sa force de cette origine.

(3) *Ess.*, ɪɪ, p. 69, sq.; p. 343.

(4) *Nat. hum.*, ɪ, p. 262. Dans mon système, tous les raisonnements ne sont que des effets de l'habitude. *Ess.*, ɪɪ, not. H.

célébrée par Hume comme une puissance bienfaisante de la nature ; nous ne devons pas cependant nous abandonner sans réserve et sans scrupule aux principes de notre intelligence. De quelque source que nous viennent les principes universels et les conséquences qui en dérivent, que ce soit de la nature ou de la raison, on serait tenté de les croire marqués d'une égale certitude, de sorte que nous ne devrions pas reculer devant les plus extrêmes déductions du dogmatisme. Mais telle n'est pas l'opinion de Hume. Il entre en d'assez grands détails sur les raisons qui produisent la diversité des idées, telles que l'habitude les forme, chez les animaux et chez les hommes (1); toutefois cette diversité ébranle assez peu sa confiance dans l'habitude ; ce qui l'inquiète bien davantage, c'est la présence dans notre raison d'un si grand nombre d'idées, que nous ne pouvons pas nous empêcher de considérer comme nuisibles, et par conséquent de combattre. Ici se manifeste une autre habitude, dans laquelle il ne peut plus reconnaître, comme dans la première, une puissance bienfaisante de la nature. La plupart de nos croyances proviennent de l'éducation, et l'éducation est un guide peu sûr (2). Joignez à cela l'enthousiasme philosophique et religieux. De là les vices inhérents à la raison, qui refuse de se soumettre à la salutaire conduite de la nature. Dans les résultats, la raison n'est pas posée comme

(1) *Ess.*, ii, not. H.
(2) *Nat. hum.*, i, p. 208.

équivalente à l'instinct, elle le combat au contraire, et la vie humaine nous apparaît comme la résultante d'une lutte entre deux forces hostiles.

On voudrait savoir comment il est possible que ces forces entrent ainsi en lutte. Mais la nécessité de la nature, dont Hume prétend imposer le joug à la vie humaine tout entière, l'harmonie qu'il aperçoit entre le monde inanimé et le monde vivant, fournissent sur ce sujet peu d'éclaircissements. Nous voyons que Hume prend la raison en deux sens distincts, l'un plus étroit, l'autre plus large. Il entend la raison dans le sens large, lorsqu'il lui attribue nos idées vraisemblables relativement aux faits, telles que ces idées dépendent de l'instinct et de l'habitude. Il est évident que si la raison lutte avec l'instinct, ce n'est pas sous ce point de vue. Par la raison, conçue dans le sens étroit, Hume désigne uniquement la faculté de comparer les idées et d'en considérer les rapports. La raison ainsi comprise a une fonction purement spéculative, et, tout en portant sur cette fonction un jugement peu favorable, Hume la tolère cependant comme une digne occupation de notre loisir, et va jusqu'à la recommander comme un antidote contre l'enthousiasme. Cette fonction est d'ailleurs très-innocente; car Hume la conçoit dans l'opposition la plus décidée avec l'activité pratique de notre esprit. Nous avons déjà signalé ailleurs cette opposition, chez Berkeley par exemple. Hume adhère aux idées de celui-ci, et se contente d'en modifier l'expression, modification toutefois assez grave. La raison, étrangère à toute pratique, destituée de volonté et d'efficace, est en nous un principe parfaitement inerte. Au contraire, la volonté sans la raison est une impulsion aveugle, une simple passion. La raison ne décide que de la vérité et de la fausseté ; ces choses sont de purs objets de curiosité, incapables de mouvoir notre volonté. Le seul ressort de notre vie, c'est la passion (1). Lorsque nous concevons la raison comme un mobile, ce que nous entendons sous ce nom, c'est simplement une passion générale et tranquille (2). Si la raison, prise dans la véritable acception du mot, ne peut mouvoir la volonté, elle n'est pas non plus capable de l'arrêter ; elle est une esclave de la passion, rien de plus, et elle ne doit pas être autre chose (3). Or, la passion et la raison, conçues dans le sens étroit, sont choses tellement hétérogènes, qu'elles ne sauraient même se trouver en contradiction ; il s'ensuit qu'il ne peut y avoir de passion déraisonnable ; ce que nous qualifions ainsi consiste uniquement dans une passion, liée à un faux jugement (4).

Ici se révèle clairement le peu d'estime que Hume fait de la raison. Un point moins important, c'est la prédilection avec laquelle il développe les preuves qui

---

(1) La raison, prise à la rigueur, dans l'acception de jugement sur la vérité et la fausseté, ne peut jamais être par elle-même un mobile de la volonté, et ne peut avoir d'influence qu'autant qu'elle éveille quelque passion ou affection. *Nat. hum.*, p. 245, sqq.
(2) *Ess.*, II, p. 215.
(3) *Nat. hum.*, II, p. 247, sq. La raison n'est et ne doit être que l'esclave des passions.
(4) Ib. II, p. 248, sqq.

militent en faveur de la raison des animaux (1). Le reproche le plus fort qu'on puisse faire à un homme de tendances si pratiques, c'est de réduire la raison à être dans notre nature un élément sans action. Il est plus facile de comprendre comment ses principes sensualistes l'ont conduit à cette conséquence, que de se rendre compte de la longue guerre qu'il entreprend contre cette raison passive. C'est là une difficulté que sa philosophie pratique va nous éclaircir.

Si nous passons en revue les recherches auxquelles Hume se livre avec une évidente prédilection, celles qui ont moins pour objet les mœurs des individus que la société dans son ensemble, la civilisation, l'Etat et ses vicissitudes de grandeur et de décadence, nous ne pouvons nous empêcher d'admirer cette vue pénétrante et vaste, qui, en dépit de la situation très-défavorable où le plaçaient et ses principes et les irrésistibles préjugés du temps, sait observer et apprécier d'un regard libre le cours des choses humaines. Il était, il est vrai, pourvu d'un double appui, savoir l'esprit public, qui animait la constitution de sa nation, et sa connaissance étendue de l'histoire. Il se montre ici affranchi de son scepticisme spéculatif. Il se déclare contre cette assertion souvent répétée que l'excellence de l'administration est ce qui constitue l'excellence de l'État, et il soutient que la politique peut être ramenée à des principes généraux (2). Il

(1) Ib. II, p. 308, sqq.; *Ess.*, II, p. 120, sqq.
(2) *Ess.*, I, part. I, sect. 3. Que la politique peut être réduite en science.

pose comme principe premier, duquel dépend toute autorité politique, la nécessité de se concilier l'opinion (1). Quelque place qu'il accorde dans les choses politiques à la tradition et à l'habitude, il ne prétend pas exclure par là l'idée de perfectionnement ; seulement, en esquissant l'idéal politique, il faut avoir égard à la nature et aux passions humaines, et on ne peut songer à réaliser cet idéal que dans des circonstances exceptionnelles (2). Ainsi Hume s'appuie dans ces recherches sur l'opinion générale, sans accorder toutefois à cette opinion, telle que l'a faite la coutume, une valeur sans réserve ; son discernement l'élève au-dessus de la coutume, et dirige même ses regards sur une mesure très-haute.

Mais pour peu qu'on regarde à ses idées sur les mobiles de l'activité humaine et sur les principes de l'appréciation morale, on le trouvera complétement enlacé dans les préjugés qui dominent sa théorie. La source première, le grand ressort de toute notre activité, est le plaisir ou le déplaisir, et si ces sensations sont absentes, soit de nos idées, soit de nos perceptions, nous demeurons sans volonté (3). Ce n'est pas seulement le bien et le mal, c'est aussi le beau et le laid qui reviennent au plaisir et au déplaisir (4). Le sentiment de l'agréable et du désagréable décide des différences morales ; la raison ne peut exercer d'in-

(1) Ib. I, p. 487, sqq.
(2) *Nat. hum.*, I, p. 210 ; III, p. 201. Le ressort principal, le principe déterminant de l'esprit humain est le plaisir et la peine.
(3) Ib. II, p. 43.
(4) Ib. III, p. 5, sqq.; p. 26, sq.; *Sur l'immort. de l'âme*, p. 31.

fluence sur notre appréciation du bien et du mal que médiatement (1). Le bien nous plaît, le mal nous déplaît; ce sont des jugements que notre goût porte d'après une impression immédiate, et desquels nous ne pouvons pas rendre compte autrement. Cette impression est des plus délicates, et peut en conséquence se confondre aisément avec une idée ; mais Hume n'en maintient pas moins son explication pour cela, quoiqu'il dût trouver quelque difficulté à ce que des sensations si faibles puissent mettre en mouvement les leviers de notre vie. C'est, selon lui, l'effet d'une sage économie de la nature, si l'impression la plus vive ne s'empare pas toujours de notre âme pour la mouvoir; autrement, nous serions perpétuellement asservis par l'impression présente, et nous ne pourrions éviter le mal futur (2). On remarque ici qu'il inclinerait à reconnaître aussi quelque influence à la réflexion. Ce n'est pas la jouissance actuelle du plaisir, l'horreur actuelle du déplaisir, qui doivent nous mouvoir. Loin de là, nous devons chercher à modérer l'excitabilité des passions violentes, à aiguiser la sensibilité et la délicatesse du goût moral, afin de trouver en celui-ci un remède à celles-là (3). Ce que nous vantons habituellement comme force de caractère n'est au fond que la prédominance des affections

---

(1) Ib. III, p. 26. Par conséquent la moralité est plus proprement sentie que jugée, quoique ce sentiment soit ordinairement si délicat et si subtil que nous sommes portés à le confondre avec une idée.
(2) *Nat. hum.*, I, p. 210.
(3) *Ess.*, I, part. I, sect. 1. De la délicatesse du goût et de la passion.

tranquilles sur les passions violentes (1). Hume conseille donc une discipline prudente des passions ; nous devons nous efforcer de maintenir en elles l'équilibre. Mais tout cela n'a pour résultat en définitive que l'agréable et le désagréable, ou, pour employer l'expression de Hume lui-même, l'utilité. L'utilité est la mesure du mérite et de la vertu ; la vertu n'est qu'un moyen en vue de l'utilité (2). Hume prend soin sans doute de comprendre sous ce mot l'utilité d'autrui et l'utilité générale. Il ne veut pas exposer sa doctrine au reproche de lâcher les rênes à l'égoïsme. A bien observer l'homme, Hume se trouve, il est vrai, fondé à soutenir que l'égoïsme joue en lui un rôle très-considérable ; mais des philosophes ont exagéré la force de ce mobile, en y voulant ramener toutes les actions humaines sans exception. Quoique l'amour de l'individu pour un autre individu soit toujours plus faible que l'amour-propre, cependant il n'est pas d'homme chez lequel les mouvements insensibles qui lui font avoir égard au bien d'autrui en général, pris tous ensemble, ne soient supérieurs à la puissance de l'amour-propre (3). Hume

(1) *Ess.*, II, p. 216.
(2) *Nat. hum.*, III, p. 223, sqq.; 276, sq.; *Ess.*, II, p. 330, sqq. Le mérite personnel consiste tout entier dans l'utilité ou l'agrément de certaines qualités, soit pour celui qui les possède, soit pour ceux qui sont en rapport avec lui. Ib., p. 340. La vertu est toute action ou qualité mentale qui procure au spectateur le sentiment agréable de l'approbation.
(3) *Nat. hum.*, III. J'estime que, quelque rare qu'il soit de rencontrer un homme, dont l'amour pour une personne particulière soit plus grand que l'amour de lui-même, il est tout aussi rare d'en trouver un chez qui toutes les affections bienveillantes, prises en masse, ne prévalent pas sur toutes les passions égoïstes.

n'a pas oublié l'éloge des inclinations naturelles, mis à la mode par Shaftesbury et par son école; s'il ne prétend pas en étendre la portée à tout l'univers, ce sont elles du moins qui forment le lien de l'homme avec l'homme. Il désigne ces penchants à la sociabilité sous le nom de sympathie ; nous la ressentons à l'occasion du plaisir et du déplaisir d'autrui, et Hume la compare à la loi naturelle, qui fait que des cordes également tendues se mettent, quand elles vibrent, d'elles-mêmes à l'unisson. C'est naturellement à propos des sensations de ceux pour qui nous avons de l'affection que nous éprouvons surtout de la sympathie ; mais elle ne laisse pas de s'étendre aussi à l'ensemble de la société humaine (1). Hume est d'autant plus porté à exalter la puissance de la sympathie, que, comme il le comprend très-bien, la puissance de l'opinion publique, du sens commun, des mœurs ou de la coutume régnante repose uniquement sur la sympathie mutuelle des hommes et de leurs croyances (2). La bienveillance, que Hutcheson, l'ami de Hume, avait érigée en principe de la morale, revient également à la sympathie (3). Maintenant, si Hume croit avoir, par la place qu'il donne à la sympathie, affranchi sa doctrine morale de l'égoïsme, s'il se flatte d'avoir établi la nécessité de reconnaître un amour général comme principe de la morale (4), nous

(1) *Nat. hum.*, III, p. 204, sqq.; p. 275. La sympathie est la principale source des distinctions morales.
(2) *Ess.*, II, p. 202.
(3) Ib., not. Oo.
(4) Ib. II, p. 267 ; 271.

ne pouvons voir là qu'une illusion. En effet, il faut bien reconnaître que si la sympathie, par laquelle nous avons égard à l'avantage général, détermine notre volonté, elle le fait uniquement par un sentiment de plaisir qu'excite en nous le plaisir d'autrui (1). Tout ce qu'on peut dire de mieux en faveur des principes généraux de la doctrine morale de Hume se réduirait à un seul point : c'est qu'il n'a pas limité les sentiments que la nature nous inspire, et dont elle fait les mobiles de nos actions, à la conservation et au bien de l'individu dans le sens le plus étroit.

On pourrait encore apercevoir un autre effort pour pallier ce que ses principes moraux ont d'étroit dans l'essai qu'il tente d'attribuer non-seulement aux sentiments de l'agréable et du désagréable, mais encore à la raison la détermination de notre volonté. Il oppose l'un à l'autre deux systèmes, qui dérivent notre appréciation du bien et du mal, l'un de la sensation seule, l'autre de la seule raison ; il veut suivre une voie moyenne entre ces deux systèmes. Il remarque en effet que souvent il faut de longues recherches préalables de la raison, avant que le goût puisse prononcer sur le bien et sur le beau. Il n'en saurait être autrement, comme il résulte avec évidence de ce que nous devons mesurer le bien d'après l'utilité, et que notre appréciation de l'utilité présuppose toujours une réflexion sur les conséquences des actions (2). Toute-

---

(1) *Nat. hum.*, III, p. 276. Le bien public nous est indifférent, sinon en tant que la sympathie nous y intéresse.
(2) Ib. III, p. 228; *Ess.*, II, p. 223, sqq.

fois Hume ne se fait pas illusion sur la valeur de ce moyen terme. La raison n'intervient jamais dans le jugement moral qu'indirectement ; ses recherches sont une condition préalable, rien de plus ; froide et sans intérêt, comme elle l'est, elle ne saurait produire un mobile d'action ; ce mobile ne peut en dernier résultat provenir que du goût, organe de plaisir et de douleur, et par conséquent principe de félicité ou de misère. La sensation, que la nature excite en nous, est donc ainsi la source dernière du jugement moral, de même qu'elle doit être considérée comme l'unique mobile de nos actions (1).

De tels principes ne permettent pas d'attendre que Hume nous découvre les vrais fondements de notre vie morale. Mais ils lui laissent une libre vue sur les phénomènes de la société humaine, ils l'invitent à observer ces phénomènes, puisque le sens large, dans lequel il entend les opérations de la nature dans notre âme, n'est pas limité par des préjugés spéculatifs. Les doutes de Hume sur le matérialisme, sur la possibilité de pénétrer, au moyen de la physique mécanique, plus loin dans la nature que n'atteint l'observation des phénomènes et de leurs associations, tout cela le débarrasse des explications physiques, qui envahissaient et limitaient le domaine de la moralité. La philosophie,

---

(1) *Ess.*, ii, p. 226 ; 340 ; 349. Le raisonnement, étant froid et désintéressé, n'est pas un mobile d'action... Le goût, étant une source de plaisir ou de peine, et une cause, par conséquent, de plaisir ou de souffrance, devient un mobile d'action ; et il est le premier ressort, la première impulsion du désir et de la volonté.

qui ne prend pour guide que l'expérience, n'a pas plus le droit de négliger l'observation de l'histoire de l'humanité que celle de l'histoire de la nature, et elle ne peut faire de l'une la mesure de l'autre. Dans l'histoire des événements humains, de la civilisation et des arts se manifestent les effets de lois toutes différentes de celles que les principes mathématiques nous portent à admettre dans la nature ; on y voit la sympathie agir comme un puissant mobile, dont la portée dépasse sans aucun doute de beaucoup le petit nombre de phénomènes analogues, que l'on pourrait signaler dans la nature inanimée ; on y voit, dans toute l'étendue de ses effets, l'habitude, qui atteint jusqu'aux temps les plus reculés. L'observation de cet ordre de choses date, il est vrai, d'une époque encore très-récente, mais elle n'en fait pas moins pressentir des lois, qui régissent l'accroissement et la décadence de la civilisation ; c'est d'ailleurs une supposition nécessaire que rien dans ces faits n'est donné au hasard. La coutume nous fait passer d'une époque à l'autre ; nous ne pouvons nous empêcher d'admettre dans l'histoire de l'humanité une série de développements enchaînés ; quelque peu de résultats certains que nous soyons en état d'obtenir sur ce terrain, il s'agit de choses si importantes, si utiles, que nul travail et nulle fatigue ne doivent nous coûter pour les pénétrer ; du moins n'est-il pas impossible d'appliquer à de tels objets le calcul des vraisemblances (1).

Maintenant une immense carrière est ouverte aux

---

(1) *Ess.*, i, p. 89, sqq.; iii, sq.

influences de la sympathie et de l'habitude. Le caractère national, qui joue un si grand rôle dans l'histoire, dépend, d'après l'opinion de Hume, bien plus de la sympathie, que de la nature du sol et du climat ; la sympathie est également le principe de l'amour de la gloire, du besoin de l'estime publique, et de toutes leurs variétés, dont les ramifications s'étendent si loin ; nous cherchons à nous mettre par elle en harmonie avec nos semblables ; de là aussi la puissance de l'instinct d'imitation, qui domine les hommes dans la vie sociale (1). La sympathie et ses effets se relient naturellement à l'habitude, qui se transmet de génération en génération, qui va se développant et se raffinant par degrés. Les phénomènes sociaux les plus importants relèvent de l'habitude. Propriété, langage, monnaie, tout cela en est l'ouvrage. L'estime générale, qui tient à si haut prix la chasteté de la femme et le courage de l'homme, dérive de la même source ; en politique l'habitude produit l'attachement aux lois et aux gouvernements, auxquels nous sommes depuis longtemps accoutumés (2). Quand Hume ramène la notion de causalité à l'habitude, ce n'est pas une idée détachée ni de hasard ; loin de là, c'est que l'habitude, comme une seconde nature, domine à ses yeux toute notre vie morale.

Rien ne montre plus clairement jusqu'où s'étend l'influence qu'il lui attribue que ses recherches sur la justice. Il distingue deux sortes de vertus, celles qui

---

(1) *Nat. hum.*, II, p. 72, sqq.; *Ess.*, I, p. 201, sqq.
(2) *Nat. hum.*, II, p. 58, sq.; III, p. 170, sq.; 197, sq.

procèdent immédiatement de l'instinct naturel de bienveillance ou de sympathie, puis la justice et tout ce qui en dérive ; il est très-loin sans doute de méconnaître dans cette dernière les effets de la nature, mais il la considère surtout comme un ouvrage de réflexion et d'invention humaines (1). Ce qui montre la justice comme telle, c'est qu'elle réclame non pas les dispositions internes, qui nous plaisent immédiatement, mais l'action extérieure. Elle ne repose pas sur l'amour général de l'humanité, ni sur la bienveillance envers tel ou tel individu, elle repose sur l'utilité générale de la société, et c'est pourquoi elle ne doit jamais être exercée qu'en raison de l'intérêt public, elle ne peut en être séparée (2). Or si cette vertu d'invention humaine ne procède pas des ressorts vertueux, qui meuvent les individus, mais de la combinaison et de l'équilibre des actions de différentes personnes, la question est maintenant de savoir quelle est la puissance capable de produire et d'assurer cet équilibre. L'art humain, les réflexions de la raison en sont des conditions requises

(1) Sur l'emploi plus ou moins large du mot *naturel*, cf. *Nat. hum.*, III, p. 52, sqq.; *Ess.*, II, p. 362; *Nat. hum.*, III, p. 37. Nous n'avons pas un sentiment naturel de toute espèce de vertu ; mais il y a quelques vertus qui produisent du plaisir ou provoquent l'approbation par un détour et par un artifice... J'affirme que la justice est une vertu de cette espèce. *Ess.*, I, p. 457 ; II, p. 358, sq. Les vertus sociales de l'humanité et de la bienveillance déploient leur influence immédiatement par une tendance ou un instinct direct, qui s'arrête principalement sur l'objet simple... Il n'en est pas de même des vertus sociales de justice et de fidélité... Le bienfait qui en résulte n'est pas la conséquence de chaque action individuelle, mais procède du système entier, dans lequel entre l'ensemble ou du moins la plus grande partie de la société.

(2) *Nat. hum.*, III, p. 38, sqq.; *Ess.*, III, p. 364.

assurément ; mais Hume a trop peu de confiance en la raison imparfaite et faillible, pour lui laisser la décision dernière dans une chose si importante. Il se prononce par des raisons très-compréhensibles contre les opinions opposées des partis qui divisaient son temps, contre l'idée d'une institution divine de l'autorité aussi bien que contre la doctrine de l'établissement de l'Etat par un contrat. Ces doctrines ne sont, il est vrai, ni l'une ni l'autre complétement erronées ; mais ce qu'elles renferment de vérité reçoit une fausse application. Tout est institué par Dieu ; sa providence ne peut donc pas être niée non plus dans l'institution du pouvoir suprême ; mais aussi Dieu accomplit tous ses décrets par des moyens naturels, et l'autorité suprême n'a pas plus le droit de dériver son origine de Dieu qu'un usurpateur quelconque (1). On peut également reconnaître un contrat dans l'établissement des Etats ; car sans le consentement et l'accord des citoyens entre eux ils ne se laisseraient pas gouverner, puisque même aujourd'hui nulle puissance ne peut se soutenir, si elle ne se concilie l'opinion de la plus forte partie du peuple. Mais le contrat n'a pas été nécessairement formé d'une manière expresse, et il n'a pu imposer à la puissance de l'autorité suprême aucune loi déterminée ; cette puissance s'est établie peu à peu, par l'habitude, et c'est une folie de prétendre que le pouvoir politique repose encore aujourd'hui sur un contrat (2). L'histoire nous montre que tous les Etats se sont formés par

---

(1) *Ess.*, i, p. 443.
(2) Ib., p. 444, sq.

usurpation et par conquête (1). Ce qu'il est légitime de considérer comme le fondement des Etats et du droit, ce n'est pas le contrat, c'est l'inclination originelle des hommes à se constituer en une société régie selon les conditions de l'utilité générale ; cette inclination est le principe du contrat, ou plutôt de l'accord implicite des citoyens (2). On aperçoit bientôt combien peu le contrat peut être regardé comme fondement des Etats et du droit, si l'on se met à en examiner la nature. Le contrat est une promesse ; force est donc de se demander ce qui nous détermine à tenir notre promesse (3). Les promesses sont des inventions humaines, fondées uniquement sur certains besoins et certains avantages de la société humaine, et par conséquent l'intérêt est la source première de la justice ; mais une sympathie naturelle à l'égard du bien général est la source de l'approbation morale, qui est le tribut payé à la justice (4). L'établissement conventionnel de l'Etat a donc en définitive des raisons naturelles. Cet état de nature, dont parlent les philosophes, est, en ce qui regarde les hommes, une pure fiction, comme l'âge d'or des poëtes ; les hommes ont toujours été en société, et les réflexions, qui conduisent à la justice, ont eu dès le commencement leur effet parmi eux (5). Maintenant Hume

(1) Ib., p. 447, sqq.
(2) Ib., p. 457, sq.
(3) Ib., p. 458, sq. Nous sommes, dit-on, obligés d'obéir au souverain, parce que nous nous y sommes engagés par une promesse tacite. Mais pourquoi sommes-nous obligés de garder notre promesse? *Nat. hum.*, III, part. II, sect. 8.
(4) *Nat. hum.*, III, p. 74, sqq.; 106, sq.
(5) Ib. III, p. 64, sqq. Il est manifestement impossible aux hommes

attribue généralement les institutions politiques au consentement, dont le principe réside dans le sentiment de l'intérêt commun. Ce consentement, Hume prétend le distinguer de la promesse et du contrat (1). Il est la base sur laquelle repose aussi la propriété. Hume compare cette convention à celles qui ont transformé l'or et l'argent en monnaie, et fait du langage le signe et l'expression de nos pensées (2). Selon lui, les premiers et grossiers rudiments de l'Etat se développent, se perfectionnent en particulier par la guerre contre des ennemis extérieurs, laquelle exige un chef; ensuite l'accoutumance à la forme de gouvernement, qui s'est formée ainsi par degrés, maintient la forme politique avec son caractère propre (3), et à ce propos Hume appelle spécialement l'attention sur ce qu'il y a d'arbitraire dans l'hérédité et surtout dans l'autorité héréditaire. Ainsi l'habitude est pour lui le fondement du droit positif; il peint sous de vives couleurs les avantages qu'elle assure dans un développement paisible de l'Etat selon la tradition établie, en les opposant aux perturbations révolutionnaires, sans vouloir toutefois sacrifier à l'obéissance absolue envers l'autorité traditionnelle la

---

de rester longtemps dans la condition sauvage qui précède la société; mais leur premier état, leur situation primitive peut être considérée comme un état social.

(1) *Ess.*, ii, p. 361. Si par convention on entend un sentiment de l'intérêt commun, sentiment que chaque homme éprouve dans son propre cœur, qu'il observe dans ses compagnons, et qui l'amène, d'accord avec d'autres, à un plan ou système général d'actions, qui ont l'utilité publique pour objet, il faut avouer qu'en ce sens la justice procède de conventions humaines. *Nat. hum.*, iii, p. 59.

(2) *Ess.*, ii, p. 362; *Nat. hum.*, iii, p. 60.

(3) *Nat. hum.*, iii, p. 142, sqq.; *Ess.*, i, p. 47.

fin suprême de l'Etat, l'intérêt de la chose publique (1). Nous sacrifions à l'ordre de l'Etat une partie de nos avantages et de notre liberté ; mais nous ne le faisons pourtant qu'en vue de notre propre utilité, car l'utilité générale renferme en soi l'utilité particulière. Il s'ensuit que la liberté et l'obéissance sont perpétuellement en lutte dans tout Etat, aucune des deux puissances ne peut complétement surmonter l'autre, et une autorité parfaitement absolue est aussi inconcevable qu'une liberté, à laquelle le respect traditionnel de l'autorité n'imposerait point de limite (2).

Ces principes flottent, on le voit, entre la puissance de la nature originelle et la puissance de l'habitude ; la première domine au début dans la prérogative des instincts indestructibles, la seconde est le principe de nos développements et de nos progrès. Cette indécision, qui répond au tour sceptique de l'esprit de Hume, se retrouve dans ses jugements pratiques, quoique son sens historique tendît à l'amener à des résultats plus généraux. De là vient qu'il ne se hasarde pas une seule fois à exprimer un éloge sans réserve de la liberté constitutionnelle ou de la monarchie limitée. Le sens historique universel, dont il est doué, étend sa vue bien au delà de l'horizon de la vie politique ; il considère l'avancement général dans les arts et dans les

---

(1) *Nat. hum.*, p. 160, sqq.; 165, sqq.; *Ess.*, ɪ, p. 46. L'habitude consolide bientôt ce que d'autres principes de la nature humaine ont imparfaitement fondé.

(2) *Ess.*, ɪ, p. 47. Dans tous les gouvernements il y a une lutte intestine perpétuelle, visible ou cachée, entre l'autorité et la liberté; et aucune des deux ne peut prévaloir absolument dans ce conflit.

sciences, dont les conquêtes survivent aux vicissitudes et à la durée passagère des Etats. Le principe, que l'on avait tiré de l'histoire ancienne et voulu appliquer à la moderne, savoir que les arts et les sciences ne fleurissent que sous des gouvernements libres et suivent la liberté dans sa ruine, ce principe n'est pas confirmé par l'histoire moderne ; les exemples de Rome, de Florence et particulièrement de la France le démentent (1). Hume ne renonce pas toutefois à découvrir la loi qui régit ces développements de l'esprit, car il est convaincu que ces développements ne dépendent pas seulement de natures exceptionnelles, qu'ils supposent au contraire et réclament pour base un certain degré de culture générale dans les nations (2). Il pose donc en principe que l'origine première des beaux-arts et des sciences ne pouvait se rencontrer que chez un peuple libre, qu'en outre la rivalité d'Etats en relation les uns avec les autres ne pouvait manquer d'y contribuer puissamment, mais qu'ensuite sciences et arts pouvaient se propager sous toute espèce de gouvernement politique, avec une seule réserve, c'est que les beaux-arts devaient mieux réussir dans des monarchies, et la science fleurir surtout sous des constitutions libres. D'autre part les arts et les sciences lui paraissent comme des plantes, qui, après avoir pris une fois possession du

---

(1) Ib., i, p. 91, sqq. Son jugement relatif au commerce est un peu plus favorable aux constitutions libres, parce que la monarchie absolue favorise l'aristocratie, et que cela est nuisible au commerce. Ib., p. 94, sq.

(2) Ib. i, p. 114, sq.

sol, ne se laissent pas déraciner facilement. La douce habitude contractée d'en cueillir et d'en goûter les fruits leur sert d'appui. Mais Hume ajoute encore une quatrième règle : Selon lui, lorsque les arts et les sciences ont atteint leur apogée chez un peuple, ils commenceraient dès lors à tourner naturellement vers leur déclin, et ne pourraient que très-difficilement refleurir chez le même peuple (1). Il justifie bien cette règle par plusieurs raisons, mais qui ne dérivent pas au fond de ses principes généraux. Il compare encore sous ce point de vue les sciences et les arts à des plantes, qui auraient besoin d'être transplantées sur un sol nouveau pour ne pas manquer d'aliments. On remarquera que la loi de l'habitude est loin de lui assurer en définitive un progrès continu. L'homme ne doit pas espérer que ses ouvrages durent éternellement; Dieu même ne semble pas promettre au monde, son ouvrage, l'éternité. Nous devons dans toutes les choses humaines ne pas oublier leur nature périssable, et nous garder de prétendre à rien édifier d'immortel (2).

Il est bien remarquable, à coup sûr, de voir se manifester au sein d'un système essentiellement naturaliste ces tentatives pour découvrir des lois universelles de l'ordre et du monde moral; elles signalent les approches d'une époque nouvelle. Le caractère intellectuel de notre philosophe avait beau être profondément sceptique, quelles conjectures hardies ne se voit-il

---

(1) Ib., p. 116, sqq.
(2) Ib. i, p. 504.

pas entraîné à former sur la loi qui régit le mouvement des États et des peuples, qui préside à la culture de l'humanité entière ! Ses doutes ne laissent pas assurément d'atteindre aussi ces conjectures ; les principes de sa doctrine se refusent à justifier l'étendue de ses vues pratiques ; mais, après tout, l'intérêt pratique est bien plus vivant chez lui que ses doutes théoriques ; il a sa racine dans des convictions très-répandues, très-générales, qui servent d'appui à ses efforts. On peut donc s'attendre à voir ces vues douteuses et conjecturales manifester plus tard leurs effets.

Des doctrines de Hume, les difficultés sceptiques, élevées par lui sur la possibilité de connaître les choses et la causalité qui les unit, sont incontestablement la partie qui a eu le plus de retentissement et exercé l'influence la plus étendue. Cette partie dépendait de la direction de l'école sensualiste, dont il se déclare l'adepte sans réserve, et elle révèle sous la forme la plus instructive à quelle dissolution cette école était en proie. Toutefois, en ce qui touche les raisons du scepticisme, Hume a plutôt rassemblé les arguments établis déjà par ses devanciers qu'il n'en a donné de nouveaux. Déjà Locke avait soulevé des doutes de toute espèce ; déjà, se fondant sur les principes sensualistes, Glanville, Collier, Berkeley, avaient attaqué les notions de la substance, de la causalité, de l'universel, et ils étaient arrivés à ce résultat que tous nos sens sans exception ne nous font connaître que des phénomènes. Ce que Hume avait ajouté à ces discussions sceptiques, c'était principalement celle d'une vue qui procédait également des opinions transmises par l'école cartésienne et du rôle équivoque attribué à la réflexion dans la doctrine de Hume, savoir que l'unité de notre moi, de la substance spirituelle, nous est mieux attestée par l'expérience interne que l'existence de la nature extérieure. Cette hypothèse et plusieurs autres arrêtaient la critique sensualiste et l'empêchaient d'arriver à son terme; Hume en débarrassa les doctrines de son école, et chez lui se produisit à découvert le principe, que la raison spéculative laisse venir et passer en nous les représentations sans sortir de sa pure passivité; la distinction et la combinaison de ces représentations ne nous donnent non plus aucun droit de prétendre à un libre exercice de la pensée; les lois de l'association des idées produisent dans notre imagination ces diverses combinaisons de pensées sans aucune coopération de notre part.

Par suite de la direction de l'époque ce résultat sceptique devait tourner avec bien plus de force contre le dogmatisme régnant dans les sciences naturelles que contre les sciences morales, qui n'affichaient pas les mêmes prétentions à la certitude. Les mathématiques, qui avaient entrepris d'offrir des principes certains de l'explication des corps, se trouvaient confinées à la considération de concepts abstraits, qui ne pouvaient rien décider quant aux faits; vouloir établir quelque chose de certain sur les propriétés du monde corporel, c'était là une tentative qui paraissait nécessairement vaine, depuis qu'il était reconnu que les qualités prétendues primordiales des choses ne représentent, aussi bien que les qualités dérivées, que des impressions de notre sensibilité. Or, dès qu'on voyait toutes nos pensées ramenées à des impressions de cette espèce, il fallait bien se décider à faire des perceptions de notre âme et des conséquences, qui en résultent en nous, le seul objet des recherches purement spéculatives. Locke était entré le premier dans cette voie, Hume en avait le premier atteint le terme ; la philosophie spéculative n'est autre chose qu'une psychologie empirique ; elle s'est définitivement séparée de la physique et de la métaphysique, de l'étude des objets qui nous sont extérieurs. Sans doute Hume combat également la possibilité de connaître l'âme, quant à sa substance ; mais pourtant un résultat des principes cartésiens subsiste encore chez lui, c'est que les phénomènes du moi fournissent à la philosophie son premier ou même son unique objet.

Mais dans l'analyse de notre âme il était impossible de ne pas apercevoir qu'au milieu des idées spéculatives apparaissent aussi des mobiles pratiques. Nous avons remarqué que l'école de Locke n'avait jamais cessé de s'appliquer aux recherches pratiques. A mesure qu'elle s'écartait de la physique et de la métaphysique, à mesure que la pente sceptique se prononçait avec plus de force, elle se voyait de plus en plus obligée de chercher un point fixe dans la certitude des croyances pratiques. Le dualisme, d'où notre philosophie moderne tire les problèmes qu'elle agite, se jette décidément chez Hume sur l'opposition de la théorie et de la pratique. Notre raison spéculative, essentiellement dépourvue d'activité, déterminée par les phénomènes, ne renfermant en soi que des impressions et des images sensibles, est incapable de produire aucune décision; elle flotte entraînée par le torrent des phénomènes, et nous laisse livrés au doute. La vie pratique au contraire s'empare de nous avec force; la passion nous contraint à des actes décidés; une impression vive, résultant soit d'une sensation immédiate, soit de l'enchaînement des impulsions naturelles, nous force à croire; alors disparaissent tous les doutes sur l'existence du monde extérieur, sur l'identité de notre moi, sur la causalité, sur la substance des choses, sur leurs propriétés sensibles; dans la vie pratique nous échappons d'un seul coup à toutes les difficultés, à tous les scrupules que soulèvent devant nous les fécondes réflexions de la raison; nous sommes ici déterminés par l'instinct et par la passion à nous affirmer dans l'ensemble des choses, et à rechercher le plaisir dont notre sensibilité suit l'attrait.

Malgré la lutte que voit Hume entre la raison et la vie pratique, il ne laisse pas de s'efforcer de rattacher à son sensualisme ses vues sur la dernière. Ce qui nous détermine dans la vie pratique, c'est après tout un sentiment, celui du plaisir ou du déplaisir, celui de la sympathie; les distinctions morales, d'où nos actes dépendent, se révèlent en vertu d'un sens subtil, d'une propriété sensible au bien et au mal, à la beauté et à la laideur. S'il vient s'y joindre des réflexions de la raison, destinées à peser l'utilité ou le dommage qui peuvent résulter pour nous et pour la chose publique, toutefois la résolution procède au fond de notre sensibilité pour l'agréable et le désagréable, et, tandis que la voix de la raison semble prononcer, ce n'est en réalité que la passion calme, qui ouvre carrière aux réflexions rationnelles, et qui donne la dernière impulsion. En un mot, la raison demeure toujours cette faculté passive, qui ne peut être mise en mouvement que par des impressions sensibles ou par leurs conséquences.

Mais cette analyse des phénomènes soulève en définitive un nouveau problème : comment se peut-il que d'autres impressions que des impressions actuelles acquièrent assez d'énergie pour déterminer notre volonté. C'est ce qui a constamment lieu dans la vie pratique, car l'idée du bien ou du mal futur est le seul mobile de nos actes ; ce n'est pas tel fait actuel, c'est celui dont la future réalisation offre plus ou moins de vraisemblance, qui gouverne notre volonté (1). Ce phénomène présente une véritable énigme ; car on devrait penser que l'impression immédiatement présente, et l'impression la plus vive, serait seule capable de forcer notre créance et de décider notre volonté. Mais si nous ne sommes pas livrés uniquement aux impressions actuelles et momentanées, il faut voir là l'effet d'une sage économie de la nature. Hume recourt, pour l'expliquer, à une maxime d'une bien grande portée, et dont la puissance avait déjà été mise à l'épreuve dans les sciences naturelles. Les phéno-

---

(1) C'est pourquoi Hume attache la plus grande importance aux passions mixtes, à la crainte et à l'espérance. *Ess.*, II, p. 185.

mènes les plus étonnants s'expliquent par l'action totale des éléments les plus petits, action qui peut être équivalente à la force la plus grande. Ainsi Hume oppose à l'énergie de l'égoïsme la multitude des inclinations sociales, plus faibles à coup sûr, mais aussi extrêmement nombreuses et diverses. L'impression présente la plus vive se trouve vaincue de cette manière par l'association des idées plus faibles. La chute incessamment répétée de la goutte d'eau creuse la pierre la plus dure. L'habitude est le levier puissant, qui met en mouvement notre vie pratique, et qui, au milieu du torrent ininterrompu de nos idées spéculatives, introduit en nous une croyance et la fixité de la règle.

Nous avons dit plus haut que les doutes de Hume ne sont guère que le faisceau rassemblé des difficultés soulevées déjà par ses devanciers dans l'école de Locke; mais nous devons nécessairement ajouter que la solution sceptique de ces difficultés (1) présente un tour particulièrement original. Elle réduit à l'habitude nos idées de la substance des choses, de la causalité, en un mot toutes les idées qui, émanant pour nous de l'expérience, dépassent la connaissance des cas particuliers. En introduisant l'habitude, cette puissance salutaire, dans notre intelligence et dans notre vie, Hume se croit fondé à embrasser et à suivre les idées ordinaires du sens commun, tout comme si ses doutes spé-

---

(1) C'est sa propre expression. *Ess.*, ii; *Rech. sur l'entend. hum.*, sect. v.

culatifs étaient non-avenus, et il se ménage ainsi le moyen de passer de ses théories à la pratique. Remarquons bien toutefois qu'il se garde prudemment de prêter à son principe de l'habitude la valeur d'un fondement dernier, d'une explication définitive; tout ce qu'il se propose, c'est de rappeler l'attention sur un principe, dont l'action et l'efficacité est bien connue dans la nature humaine (1). Il lui siérait assez mal, au moment où il combat la possibilité de connaître les causes, d'introduire l'habitude comme une nouvelle sorte de cause.

On ne pourra cependant s'empêcher d'insister, et l'on dira qu'après tout il n'en fait pas moins intervenir dans le cours de ses recherches une cause moyenne. On voudra nécessairement s'éclairer sur ce qu'elle signifie et ce qu'elle vaut. Le côté négatif, qu'elle présente, apparaît assez visiblement. Elle implique la négation que notre raison ou notre entendement aient une part, quelle qu'elle soit, dans la formation de l'expérience (2). Hume est le contempteur le plus résolu de la raison; notre vie a, selon lui, pour uniques ressorts des impressions, des passions calmes ou violentes; la raison n'est pour rien dans les habitudes, qui se forment en nous. Mais, conformément à son ca-

---

(1) Ib., p. 57. En employant le mot d'habitude nous ne prétendons pas avoir donné la raison dernière d'une telle tendance. Nous signalons seulement un principe de la nature humaine qui est universellement reconnu, et que l'on connaît bien par ses effets. — Une explication poussée plus loin conduirait à une attraction et une répulsion des plus petits éléments.

(2) L. I. Et ce n'est pas par un procédé de raisonnement qu'il est

ractère sceptique, Hume s'explique avec bien moins de précision sur le caractère positif de l'habitude. Toutefois, la raison étant écartée, quel autre fondement pourrait lui rester que la nature? La nature, telle est la cause véritable, mais cachée, qui opère en nous et hors de nous l'enchaînement des phénomènes. Ce serait interpréter faussement la doctrine de Hume, que de lui attribuer la pensée de nier l'existence d'une cause de cette espèce; ses doutes ne portent que sur la possibilité d'en connaître la nature, de la connaître dans le détail; d'un point de vue général, au contraire, il maintient que notre vie tout entière est soumise à l'empire de la nature. Il repousse dans les termes les plus décidés toute doctrine qui voudrait soustraire notre vie à la nécessité universelle. Tout est soumis à la nécessité de la nature. Hume consent bien à supposer un Dieu, que nous pouvons à notre gré concevoir par une lointaine analogie avec l'homme (1); quant à la providence particulière de Dieu, à l'immortalité de l'homme, Hume a des doutes sur tous ces points (2). Il n'admet rien qui soit en dehors de la nature, de l'enchaînement universel, d'où résulte toute naissance et toute mort. Notre vie pratique est, comme tout le reste, assujettie sous tous les rapports à la nature. Car, si nous mettons de côté les incertitudes qu'introduit dans la doctrine de Hume le combat des

---

amené à tirer cette induction...; il devrait être convaincu que son entendement n'a aucune part à cette opération.

(1) *Ess.*, ii, p. 596.
(2) Ib., p. 148, sqq.

idées spéculatives avec les idées pratiques, son opinion revient à croire que la nécessité gouverne notre vie de deux manières, immédiatement par l'instinct, médiatement par l'habitude. Le premier est la puissance immédiate de la nature en nous, la seconde est cette même puissance exercée indirectement. Ce sont là des résultats auxquels Hume est, à n'en pas douter, conduit par le naturalisme de son temps; ainsi son scepticisme ne va pas jusqu'à triompher de ces idées naturalistes; il ne fait qu'ajouter à leur puissance, en nous ôtant l'espoir de nous élever jamais à l'intelligence du principe, qui nous gouverne, et en nous plaçant ainsi sous la loi d'une nature, qui nous est inconnue.

Cependant il semble nous laisser encore un certain degré d'intelligence des causes moyennes, des instruments par lesquels la nature opère, du moins il semble nous ouvrir ici de nouvelles perspectives. Il introduit dans l'investigation de la nature l'habitude à titre de loi effective. Sans doute l'apparition de cette idée n'est pas nouvelle dans la philosophie ; Hume prend lui-même soin de rappeler que sa signification est la même que celle de l'aptitude, à laquelle les scolastiques recouraient d'ordinaire, à l'exemple d'Aristote, pour expliquer les vertus morales et le développement progressif de la raison. Toute la nouveauté consiste en ce que nous voyons la loi de l'habitude se produire parmi les lois de la nature. Hume a besoin de la ranger parmi ces lois, parce qu'il a dirigé son attention sur la manière dont les progrès de la vie se réalisent dans la nature, et particulièrement sur le mouvement par lequel la civilisation humaine passe graduellement dans l'histoire de la grossièreté primitive à des développements de plus en plus élevés, sans que la raison purement passive ait pu d'ailleurs contribuer en rien à ce résultat. Il ne pense pas, comme Pascal, que la nature déploie toutes ses énergies vivantes, sans progrès, par des lois toujours les mêmes, en vertu de ressorts immuables. Loin de là, les traces du passé de la nature subsistent dans le présent ; l'exercice continu lui procure une facilité croissante dans l'exécution de ses ouvrages. De même que l'homme ne reste pas assujetti seulement aux impressions présentes et qu'au contraire il commence, grâce aux effets persistants de ses associations d'idées, à se préoccuper aussi de l'existence à venir ; de même la nature est un être, qui vit et se développe, qui poursuit en quelque sorte des fins, en tirant parti de ses expériences antérieures au profit de l'avenir. Cette observation, que Hume a faite, a des conséquences qui pénètrent très-avant dans les ramifications de ses idées. Pourquoi, par exemple, rejette-il, avec une résolution qui convient à peine dans la bouche d'un sceptique, la contemporanéité de la cause et de l'effet ? C'est que le passé doit porter en lui le germe de l'avenir. La manière dont Hume comprend le développement de la vie est un vrai déterminisme ; ce qui précède détermine ce qui suit. Ainsi tout dépend d'une nature primordiale des choses ; mais, outre les effets immédiats des impulsions naturelles, nous devons tenir compte aussi des effets médiats de l'habitude, qui poursuit le perfectionnement des choses, tout comme si c'était un but, quoique nous ne puissions avoir en vue de but final, puisque toujours et partout le cours universel de la nature amène le déclin après la floraison, la mort après la naissance.

Nous nous fatiguerions inutilement à chercher un point fixe dans la suite de ces observations de Hume sur le cours de la nature ; car Hume y dédaigne de pénétrer par des principes rationnels jusqu'au fondement des phénomènes. Il n'est pas douteux que la notion de l'habitude, appliquée par lui à l'explication de notre vie soit pratique, soit spéculative, ne signale un des points où la nature et la raison viennent se toucher. Hume, en confinant cette notion exclusivement dans le domaine de la nature, offre une preuve de la puissance qu'exercent sur lui les idées naturalistes, répandues partout ; en donnant à la même idée plus de valeur que ne le permettent les principes d'une pure observation de la nature, il signale l'intérêt qui l'attache à la vie pratique, et le porte à faire entrer en ligne de compte les réflexions de la raison, quel que soit le nom qu'il leur donne. Les incertitudes, où l'entraîne cette double pente, caractérisent bien la situation de la philosophie à son époque. Les principes sensualistes de l'école de Locke poussent Hume, en vertu de conséquences rigoureuses, à dépouiller la raison spéculative de toute activité libre et indépendante ; la raison est l'esclave des impressions et des passions, rien de plus ; mais d'autre part l'école de Locke avait poussé la philosophie dans la voie de l'observation psychologique, et cette observation ne permettait pas de négliger le jeu des ressorts pratiques, et les progrès de la civilisation ; de là les observations fécondes, par lesquelles Hume ramasse toutes les forces de son esprit ; on peut les considérer comme les signes avant-coureurs d'une philosophie ultérieure, qui devait entreprendre de découvrir les lois de l'histoire de l'humanité, et de fixer les limites entre la raison et la nature. Cependant les principes du sensualisme, qui régnaient du temps de Hume, ne permettaient pas de découvrir le véritable caractère et les profonds mobiles des actions de l'homme et de l'histoire de l'humanité. Une philosophie, accoutumée à ne voir partout que les effets de la nature, devait nécessairement trouver dans les progrès de la vie rationnelle une sorte de prodige. Tels en effet apparaissent ces progrès dans la doctrine de Hume. Il s'étonne que nous puissions nous soustraire à la puissance de l'impression présente ; la puissance supérieure encore des impressions passées, prises dans leur totalité, lui paraît offrir la seule solution possible de cette énigme. Il s'en faut de beaucoup qu'il mette en doute la réalité de la liaison causale. L'habitude rattache par un lien nécessaire le passé au présent ; elle transporte le passé dans le présent ; elle nous les fait lier l'un à l'autre dans notre pensée, et entre notre pensée et le cours de la nature il existe une merveilleuse harmonie. Cela constitue le mécanisme des mouvements internes, qui doit nous conduire de plus en plus loin. Chose étrange, une répétition mécanique d'impressions antérieures doit nous conduire plus loin que nous n'étions auparavant. Ou bien serait-ce l'effet des impressions réveillées, qui ne peuvent que nous placer dans un nouvel état de passivité? Les passions sont dans cette philosophie le principe actif; elles sont supérieures à leur esclave, la raison.

On ne saurait le nier, les doutes élevés par Hume sur la causalité, sur la substance des choses, sur la possibilité de connaître le moi et le monde extérieur, ont produit dans les idées de son temps et de la période suivante une excitation énergique. Ils ne pouvaient manquer d'ébranler aux yeux des sensualistes la foi à la certitude spéculative de l'expérience, telle que le sens commun a coutume de la considérer; ils étaient faits pour éveiller des doutes sur les principes du sensualisme lui-même. Mais aussi la doctrine de Hume dissimule la force de ces doutes. En réalité ils n'apparaissent chez lui que comme des conséquences de la spéculation, conséquences déjà préparées par ses devanciers, et il est très-éloigné, quant à lui, de vouloir se livrer à des théories oiseuses; son caractère pratique maintient en lui une foi solide au sens commun, et le sens commun est, comme il arrive d'ordinaire, tout imprégné des résultats de la théorie régnante, telle que l'époque immédiatement précédente l'avait faite, c'est-à-dire pénétré des idées naturalistes. Par conséquent les doutes de Hume n'attestent qu'une chose, c'est que le naturalisme ne s'entendait pas encore parfaitement lui-même sur ses propres principes. De plus la théorie de l'habitude chez Hume témoigne de la nécessité où l'on se trouvait de chercher, sous la conduite de l'expérience, un passage des principes du naturalisme à l'explication de la vie pratique. Malgré l'opposition sceptique qu'il établit entre la vie pratique et la raison spéculative, Hume commence néanmoins à les embrasser toutes deux d'un même point de vue. La doctrine qui voyait partout la nature et rien que la nature devait, se montrant conséquente à elle-même, chercher à faire voir jusque dans la morale de simples effets de la nature. La question était de savoir si elle réussirait dans cette tentative.

LIVRE CINQUIÈME

LE SENSUALISME ET LE NATURALISME EN FRANCE.

CHAPITRE PREMIER

CONDILLAC.

Voltaire. — J.-J. Rousseau. — Les Encyclopédistes. — Vie de Condillac. — Sa position à l'égard de la théologie et à l'égard de la morale. — Sensualisme. — Il est opposé à la méthode mathématique et à la recherche physique des causes. — L'analyse des faits est la vraie méthode. — Il rejette la réflexion comme source de connaissance. — Toutes nos facultés sont acquises. — Incertitudes de sa pensée sur le principe de la méthode. — Nous ne sentons que les modifications de notre moi. Le corps et l'esprit sont deux choses différentes. — Occasionalisme et explication matérielle des sensations. — Transformations successives des sensations dans notre faculté de penser. — Dans la doctrine des idées innées, l'illusion provient de la masse acquise de nos connaissances. — Spontanéité de la pensée. — Direction pratique. — Le plaisir et le déplaisir, principes déterminants de la faculté de penser. — Nous ne connaissons que nos sensations. — Nous admettons la cause, la force, la substance, nécessairement sans les connaître. — Connaissance du moi. — Connaissance du monde extérieur. — Nous ne connaissons pas leur essence. — Différence de l'âme et du corps. — L'étendue et la sensation, propriétés secondes du corps et de l'âme. — Dieu. — Immortalité de l'âme. Nous n'avons besoin de connaître, pour la pratique de la vie, que des rapports. — Toute connaissance a pour fin unique notre bien-être. — La supériorité de l'homme tient à la multiplicité de ses besoins. — Harmonie et loi divines. — Nous devons nous élever au-dessus de l'habitude à la réflexion et à la raison. — Revue.

L'école rationaliste, la philosophie, traitée scientifiquement, s'étaient maintenues plus longtemps en

France qu'en Angleterre. Le cartésianisme avait remué profondément les esprits dans ce pays; il présidait aux idées philosophiques dans un cercle bien plus étendu que la physique de Newton; il avait même ouvert la France à un retentissement affaibli du système de Leibnitz. D'ailleurs la hiérarchie, fondue intimement avec la monarchie absolue, tenait aux formules de l'école, et le goût classique, qui régnait dans les ouvrages de littérature, favorisait aussi la perpétuité d'une tradition inflexible dans les sciences comme dans les mœurs. La prose française avait conservé longtemps une allure solennelle, elle avait longtemps tardé à se mettre au ton facile de la conversation, ton si analogue du reste au goût de ce peuple. Aussi la philosophie du sens commun ne parvint-elle également à s'accréditer en France que bien plus tard que chez les Anglais; mais, après avoir surmonté les obstacles qui lui étaient opposés, elle s'avança, elle envahit tout d'un mouvement interrompu; elle devint bientôt la propriété commune de tous ceux qui conduisaient l'opinion; elle réduisit tout à l'expérience, aux sens, à la nature, accabla tous ses adversaires, et n'eut que des railleries pour quiconque s'avisait de défendre les vieilles traditions.

Quelle distance des idées d'un Pascal, d'un Malebranche, qui avaient les premiers familiarisé la langue française avec les recherches philosophiques, à la philosophie, telle qu'on la trouve en France vers le milieu du dix-huitième siècle! On sent parfaitement que, loin d'être l'expression sincère de l'esprit français, cette philosophie procède d'une surexcitation passagère, produite par la marche du résultat scientifique, qu'elle résulte d'une sorte d'ivresse et d'entraînement dans la lutte ardente contre le préjugé. A d'autres époques le peuple français avait suivi des esprits d'un caractère élevé, profonds et méditatifs, dans leur essor puissant; maintenant il prêtait l'oreille à un persifflage, qui semblait n'avoir rien de sacré, à une plaisanterie légère, qui fêtait sa victoire sur des préjugés pleins de sens. Tel était le peuple qui célébrait pompeusement le siècle de la philosophie; il avait changé de guides en un instant, et presque aussitôt changé de croyances.

Nous nous trouvons ici, comme chez les Anglais, en présence d'une foule considérable, qui se mêle de philosopher, attirée par les faciles idées du sens commun. Nécessairement cette foule devait être d'autant plus grande, que l'empire de la mode et de la société avait toujours été plus puissant chez les Français. Il n'y avait personne qui ne se crût en droit d'avoir et d'énoncer une opinion en fait de questions scientifiques, depuis que la science s'était dépouillée de son air scolastique, de sa langue technique, de son sérieux pédantesque, de ses investigations abstruses. Quiconque était incapable de penser par soi-même ne laissait pas de se tenir pour autorisé par ses relations de société avec des têtes pensantes à soutenir ses idées, et de travailler à inonder le siècle de lumières. Ce n'est pas dans les écoles que la philosophie était enseignée; on l'apprenait dans le monde;

elle réclamait bien moins les réflexions solitaires du penseur que la fréquentation des salons, où régnait la grâce des femmes, où étincelaient les saillies des beaux esprits. On sait la célébrité des cercles du temps, où des femmes se réunissaient, pour assurer aux philosophes la réputation de leur nom et la vogue de leurs idées. Des philosophes graves ne rougissaient pas de soumettre leurs doctrines à leurs maîtresses, que dis-je? ils se vantaient de les avoir reçues d'elles. C'est à ce degré de vulgarité, de plate facilité qu'était tombée la philosophie. La nature nous a tous traités avec la même munificence, et, pour mériter le nom de philosophe, il ne faut qu'avoir le courage de secouer ses préjugés.

Nous ne pouvons ici que mentionner d'un mot ce commerce pitoyable de bavardages élégants, et même la grande masse de produits littéraires qui devaient à ce bavardage leur renommée. Nous devons nous borner à signaler la direction générale, dans laquelle se trouvaient les travaux les plus sérieux des penseurs de cette époque. Bien plus, des hommes qui ont pris une part passionnée à ce mouvement de la science, et qui voyaient leurs ouvrages couronnés par un succès aussi rapide qu'étendu, ne peuvent figurer ici; nous ne pouvons que les nommer, afin de concentrer notre attention sur le principe scientifique, qui, dans ce bouillonnement tumultueux, formait le noyau et le centre.

Ce n'est nullement une disposition de l'esprit français ou des cercles supérieurs de la société française, qui, au milieu du dix-huitième siècle, avait produit en France le mouvement philosophique. Ce mouvement était parti d'Angleterre ; de France il se propagea dans le reste de l'Europe, mais non de la manière exclusive qui caractérise son empire sur l'opinion en France. Peut-être n'y a-t-il pas d'homme qui représente d'une façon aussi tranchée que Voltaire la révolution contemporaine ; peut-être n'en est-il pas qui en soit demeuré le chef si longtemps et d'une manière aussi soutenue. Son nom rappelle tous les triomphes que cette révolution a remportés dans sa marche à travers l'Europe. Voltaire avait prouvé personnellement que rien n'en pouvait arrêter le progrès, ni la prison, ni l'exil. D'Angleterre où il avait dû se réfugier, il amena en France une armée d'auxiliaires qui devaient décider la victoire sous le rapport scientifique. Il vanta la physique de Newton, la philosophie de Locke ; il donna aussi une esquisse du scepticisme de Berkeley ; les déistes lui avaient fourni des armes contre les prêtres et contre le christianisme. Il n'allait pas plus loin que Bolingbroke ; en lutte contre l'intolérance religieuse, il regardait toutefois la religion comme un frein salutaire du peuple, et il recommandait l'adoration d'un Dieu de la nature. Les idées philosophiques qu'il exprimait sont des idées d'emprunt ; mais ses plaisanteries sur l'ancienne philosophie rationaliste, sur la théologie chrétienne, qui semblait trouver dans la première un auxiliaire, la clarté superficielle qu'il prêtait aux idées des sensualistes anglais et qui leur donnait cours dans le monde, les applications habiles qu'il faisait de leurs conséquences à chaque circonstance du moment, tout cela eut les plus brillants succès. En face de lui, dans une attitude diamétralement opposée, se trouvait J.-J. Rousseau; non moins passionné que Voltaire dans ses opinions, il déployait au nom de la vertu, émancipée par lui de toute convention, une rhétorique éclatante, et, déclarant la guerre à toute culture raffinée, ne reconnaissait qu'à la nature le droit de nous conduire. Il ne pouvait toutefois se dispenser, en raison de la lutte où les hommes sont avec eux-mêmes, de chercher un principe plus radical de régénération et de réconciliation. Il adorait Dieu comme il adorait la nature; mais quant à l'impulsion confuse, d'où il voyait procéder la science et la civilisation humaine, il n'y pouvait découvrir autre chose que la vanité et la passion, qui le dévoraient lui-même. Rompant en visière à toutes les conquêtes de la civilisation et du progrès historique, il croyait nécessaire de porter la hache à la racine des développements de l'humanité. Ses idées entraient sans doute plus avant dans les choses que le persifflage léger de Voltaire; elles l'entraînaient à soulever des questions sur les révolutions morales, qui agitaient profondément cette époque. Toutefois, c'est là un point que nous devons ajourner encore, parce qu'il tient, comme accessoire, à la marche générale des développements que prenait la philosophie en France.

Voltaire et Rousseau réunissaient des talents brillants, qui en firent les chefs, les guides du mouvement littéraire, au milieu duquel se forma la philosophie française du dix-huitième siècle. De tous les écrivains remarquables qui se partageaient la renommée, ils étaient sans contredit les esprits les plus originaux. Leurs ouvrages sont restés des modèles. La plupart des hommes, qui brillent autour d'eux, montrent ou bien un talent moins vaste, ou un ensemble d'idées moins indépendantes, moins arrêtées. Parmi ces derniers, il se trouvait encore cependant des hommes dont l'influence sur leur temps était très-considérable. Nous ne pouvons pas omettre de constater l'influence que la grande encyclopédie, commencée dès le milieu du dix-huitième siècle par d'Alembert et Diderot, continuée et achevée par le dernier seul, exerça sur la direction des croyances générales. On voyait en elle un dépôt vaste et définitif des découvertes scientifiques, dues aux recherches modernes, le triomphe public des lumières acquises. Cette entreprise rassemblait autour d'un seul drapeau une foule d'hommes, tous animés des mêmes sentiments que les éditeurs ; les encyclopédistes peuvent être réputés la plus puissante camaraderie du temps. Les articles de l'Encyclopédie jouissaient dans un cercle très-étendu d'un crédit absolu. Une circonstance ajoutait encore à l'extension de ce crédit, à savoir l'obligation où la censure plaçait les éditeurs de garder une certaine retenue, quoique leurs opinions déistes ne fussent l'objet d'un doute pour personne, et que leurs collaborateurs ne fussent nullement à l'abri du soupçon d'athéisme. Les deux éditeurs avaient une certaine renommée philosophique, sans qu'il soit néanmoins possible de leur attribuer une action persistante sur la marche des idées générales. D'Alembert, mathématicien éminent, s'est fait connaître comme philosophe spécialement par la dissertation qui sert d'introduction à l'Encyclopédie. Il avait pour objet d'y exposer la méthode et l'enchaînement des sciences ; ses idées renfermaient beaucoup d'emprunts à Bacon, mais il se rattachait de plus près encore à Gassendi, en recommandant le double procédé de la synthèse et de l'analyse. Malgré la circonspection et la réserve que l'auteur s'était imposée, malgré ses efforts pour satisfaire aux exigences de toutes les sciences, ce travail aurait difficilement excité le degré d'attention qui lui a été accordé en France, sans la place distinguée qu'il occupait en tête de l'Encyclopédie. Diderot était un esprit bien autrement original que d'Alembert ; ses idées ont de la profondeur, et souvent il lui arrive de saisir son objet avec force et avec bonheur ; il jette souvent des lueurs surprenantes. Mais son intelligence est inquiète et mobile ; il n'est jamais parvenu à réduire ses idées en un ensemble régulier.

Dans la masse énorme que présente la littérature philosophique, dans cette époque d'écrits fugitifs et légers, où il était de mode de vouloir agiter et résoudre des questions philosophiques jusque sous la forme de romans, nous prendrons, pour les mettre en vue, quelques ouvrages dans lesquels on reconnaît les fruits d'une longue méditation. Quoique les questions scientifiques y fussent traitées dans un esprit bien exclusif, les ouvrages dont il s'agit étaient faits néanmoins pour offrir sous certains aspects un éclaircissement presque complet de ces questions. Il faut ranger sans contredit dans cette catégorie les travaux de Condillac, qui, après que Voltaire eut attiré l'attention sur la philosophie anglaise, ne se contenta pas d'en exposer en détail les doctrines, mais leur donna des développements nouveaux.

Etienne Bonnot de Condillac (1) était né en 1715 à Grenoble. Sa famille appartenait à la noblesse de robe; il se voua de son plein gré à l'état ecclésiastique, et il fut pourvu d'une abbaye. Jeune encore, il vint à Paris; il fut introduit dans la société des philosophes, et se lia notamment avec Rousseau et avec Diderot, sans qu'il eût embrassé pour cela leurs opinions déistes. Ce à quoi il s'était attaché, c'était aux doctrines philosophiques des sensualistes anglais, celles de Locke entre autres, que les travaux de Voltaire paraissent lui avoir fait connaître les premiers. Lui-même, il ne savait pas l'anglais; il ne lut l'ouvrage de Locke sur l'entendement humain que dans une traduction française; il fit assez tard connaissance avec les écrits de Bacon; il avait entendu parler des doctrines de Berkeley, et il en faisait cas; mais il est difficile qu'il les ait connues bien exactement : il paraît avoir connu moins encore les recherches de Hume (2). Il s'appliqua

---

(1) Je me sers des écrits suivants de Condillac: *Essai sur l'origine des connaissances humaines.* Amsterd. 1746. 2 v. 8. *Traité des systèmes.* La Haye, 1749. 2 v. 8. *Traité des sensations.* Lond. 1754. 2 v. 8. *Traité des animaux.* Amsterd. 1755. 8. Cours d'étude pour l'instruction du prince de Parme. Deux-Ponts. 1782. 15 v. 8. *La logique.* Strasb. 1797. 12.

(2) *Sur l'or.*, II, sect. I, § 155, p. 214, not.; sect. II, § 44, p. 279.

avec une ardeur sans réserve à perfectionner la philosophie nouvelle, et à combattre les systèmes rationalistes, desquels sa première éducation philosophique relevait très-probablement (1). Lorsqu'il publia son premier ouvrage philosophique, l'*Essai sur l'origine des connaissances humaines*, il avait déjà dépassé Locke ; déjà il avait commencé à tout ramener aux sens, en excluant la réflexion, à considérer toutes nos idées comme des transformations de la sensation (2), et à tenter de démontrer, par voie directe, que nous obtenons toutes nos connaissances sans idées innées ; mais il s'aperçut dans la suite qu'à cette époque il n'avait pas encore poussé assez loin l'analyse de nos idées. Il avait supposé que nous pouvons originairement voir, entendre, sentir, en un mot percevoir, comme si ces facultés nous étaient innées ; il remarqua bientôt que nous ne saurions nécessairement arriver à distinguer les objets entre eux et à les distinguer de nous-mêmes que par un long exercice, et il se vit

---

On ne sait trop que penser de ses relations avec les doctrines de Hume, il s'exprime parfois (v. *Sur l'or.*, I, sect. I, § 1) d'une façon qu'on dirait empruntée de Hume ; du reste il n'en fait pas mention, et ne montre même pas qu'il connaisse ses doctrines. Lorsque la réputation de Hume s'étendit, Condillac avait déjà publié ses principaux écrits.

(1) C'est ce dont témoigne notamment sa connaissance très-précise de la doctrine de Malebranche, dont il a conservé l'occasionalisme. Il est difficile de croire qu'il n'eût acquis qu'en vue de combattre ses adversaires la connaissance de l'école cartésienne, de Spinosa, de Leibnitz, de Wolff, qu'il déploie non-seulement dans son *Traité des systèmes*, mais encore ailleurs. En suivant le développement de la vraie philosophie sensualiste, il passe du reste tout à coup d'Aristote à Locke (Extr. raisonné du *Traité des sensations*, p. 188) ; il a plus d'un point de ressemblance avec Campanella, mais il ne le mentionne pas.

(2) *Sur l'or.*, I, sect. I, § 16 ; sect. II, § 14.

obligé de rétracter mainte proposition qu'il avait précédemment émise (1). Il déposa les résultats de recherches nouvelles et plus rigoureuses dans son *Traité des sensations*, que l'on peut considérer comme son ouvrage philosophique le plus important, attendu que les bases de ses idées s'y trouvent exposées de la manière la plus complète. Il publia cet ouvrage en 1754. Il est dédié à Mme la comtesse de Vassé; l'auteur raconte dans la dédicace que cet ouvrage est le fruit d'études faites en commun avec une autre de ses amies que la mort lui a enlevée, Mlle Ferrand. Ils avaient conçu tous deux l'idée d'imaginer une statue sentante, dont ils pourraient à leur gré ouvrir ou fermer les organes des sens, afin de découvrir quelles sont les représentations qui nous arrivent par chacun de ces organes en particulier, et comment la combinaison des impressions de nos différents sens est la première origine de l'image de l'univers qui se forme en notre âme. On lui reprocha d'avoir emprunté à Diderot cette idée de la statue sentante; il repoussa ce reproche en invoquant l'antériorité de ses entretiens avec Mlle Ferrand (2). On l'accusa aussi d'avoir pris la même idée à Buffon; mais il ne lui fut pas difficile d'établir dans son *Traité des animaux* que ses idées étaient bien autrement rigoureuses que les vues jetées en passant par le naturaliste. Ce que Condillac se proposait de combattre, c'étaient les habitudes trom-

(1) *Traité des syst.*, 17, p. 457; *Traité des sens.*, I, p. 2. sq.
(2) Réponse à un reproche, etc. à la suite du *Traité des sens.*, II, p. 286, sqq.

peuses d'une intelligence confuse, et pour cela il prétendait tout ramener aux impulsions primordiales de la nature; et c'est à quoi devait le conduire une sévère analyse de nos idées. Cette analyse, la jeunesse même serait capable de la faire sans grandes connaissances et moyennant une observation attentive de la marche de nos idées; l'usage mauvais et dépravé des écoles est la seule chose qui l'égare. Les fausses habitudes qui dominent notre vie, tout ce que nous regardons comme des principes de la raison; voilà ce qui constitue le préjugé, corruption de la nature, qui nous fait employer des mots vides de sens (1). On ne saurait sortir assez tôt de cette voie de perdition, pour s'instruire au contraire par l'exercice dans la vraie logique, dans la logique de la nature, au lieu de s'attacher à l'art stérile de la logique scolastique, dans la vraie métaphysique, que l'instinct nous enseigne, au lieu de suivre la fausse métaphysique, qui n'est devenue une science que lorsqu'elle a cessé d'être bonne (2). Il s'ensuit que Condillac ne cesse de combattre la fausse méthode de l'éducation; il recommande, à la place de cette méthode, sa propre méthode, l'analyse. Il eut lui-même l'occasion de mettre en pratique ses principes pédagogiques. L'éducation du jeune duc de Parme, neveu de Louis XV, lui fut confiée. Il a ex-

---

(1) *Log.*, II, 1, p. 115, sqq.
(2) *Sur l'orig.*, I, sect. II, § 70; *Log.*, I, 1, p. 18, not.; II, 5, p. 145. La métaphysique n'est devenue science que lorsqu'elle a cessé d'être bonne. Ib. II, 9, p. 207. C'est donc de la nature que nous devons apprendre la vraie logique.

posé en grand détail le plan et la marche de l'enseignement qu'il donna à son élève. Il ne pouvait guère, il est vrai, qu'esquisser sa méthode d'exercices ; mais il a déduit dans le plus long de ses ouvrages comment il rassemblait les résultats des exercices particuliers en théories générales, comment il enseignait la grammaire, la rhétorique, la logique, l'histoire, comment il ajoutait à tout cela des règles pour étudier cette dernière science. La vieillesse de Condillac s'écoula dans la retraite ; mais il ne cessa jamais de s'occuper de travaux philosophiques. Peu de temps avant sa mort, en 1780, il publia une logique très-courte, destinée à l'enseignement des écoles, et qui a été longtemps employée.

Ses écrits et ses pensées sont sérieux et graves, comme le fut sa vie. Il est tout entier dans sa philosophie, il voit en elle un moyen de s'affranchir, d'affranchir le monde du préjugé et de la fausse culture, je dis un moyen des meilleurs, sinon le seul. Il ne s'est pas livré, à l'exemple des philosophes ses contemporains, à une vie de distractions et de frivolités, à des doctrines superficielles, et on a attribué cette retenue aux devoirs que lui imposait son état d'ecclésiastique. Mais une protection bien plus forte lui était offerte sans aucun doute par la gravité de ses recherches et par son respect sincère pour la religion, respect qu'il professe ouvertement et qu'il cherche à justifier au tribunal de sa philosophie. Il est convaincu de l'infirmité de la raison humaine, appuyée uniquement sur la nature ; il est l'ennemi déclaré d'une philosophie présomptueuse, qui prétend tout expliquer; une telle philosophie et la théologie sont irréconciliables (1). La raison divine est tout autre que la raison humaine; celle-ci est une simple et faible copie de celle-là (2); de plus, nous sommes déchus par le péché originel de l'état meilleur dans lequel les premiers hommes n'avaient pas besoin de l'expérience pour s'instruire; nous sommes aujourd'hui dans la dépendance de notre corps, et si étroitement liés avec lui, qu'à peine pouvons-nous le distinguer de notre âme (3). Nous devons faire une distinction nécessaire entre ce qui est supérieur à la raison et ce qui lui est conforme ou contraire (4). Le surnaturel est soumis à d'autres lois que le naturel (5). La théologie et la philosophie ont des domaines séparés; la dernière n'a affaire qu'avec des causes naturelles; mais tout en gardant le silence sur d'autres causes, elle ne les rejette pas; les théologiens de leur côté doivent se borner à ce que la foi enseigne (6). Toutefois Condillac n'a pas d'éloignement pour la religion naturelle. Dieu, cause de toutes choses, a imprimé son caractère sur les choses sensibles; nous voyons ce caractère dans les choses, et les sens nous élèvent jusqu'à Dieu (7). Les vérités que nous sommes en état de connaître donnent le fon-

---

(1) *Tr. des syst.*, 2, p. 20, not.
(2) *Log.*, i, 5, p. 61.
(3) *Sur l'orig.*, i, sect. i, § 6, p. 4; ii, sect. i, p. 1.
(4) Ib. i, sect. ii, § 96.
(5) *Tr. des syst.*, i, 2, 13, p. 32, not.
(6) *Tr. des syst.*, 5, p. 85, not.; 9, p. 228.
(7) *Log.*, i, 5, p. 60, sq.

dement de la morale et de la religion naturelle, et la raison nous prépare à recevoir des vérités dont la révélation peut seule nous instruire ; la vraie philosophie ne peut être contraire à la foi (1).

Nous voyons par là que Condillac avait également pour objet d'assurer la morale et la religion. En attaquant les anciens systèmes de philosophie, il estime qu'on pourrait passer sous silence leurs erreurs, si, dépassant le terrain de la spéculation, elles ne pénétraient aussi dans le domaine pratique, dans la morale et dans la politique (2). Condillac veut opposer une digue à l'égoïsme, déraciner les habitudes défectueuses, que l'homme peut guérir, en ramenant ses idées à leurs origines, à leur principe naturel (3). Tous les écrits de Condillac ont, il est vrai, une tendance spéculative; mais il ne laisse pas de placer la vie pratique au-dessus de la vie spéculative. De même que Hume, il était, par la direction sceptique que prenait sa théorie, poussé à la pratique. Sa théorie repose en conséquence sur une base pratique. La nature nous instruit au moyen de nos besoins; le plaisir et la douleur sont nos maîtres; si tout ce dont nous avons besoin nous était fourni sans fatigue, nous apprendrions peu; la nature nous fait chercher, et de là l'impulsion qui nous pousse à l'étude. Nos besoins donnent l'éveil à nos facultés, lesquelles sont elles-mêmes appropriées à nos besoins; tout en travaillant à pourvoir aux nécessités

---

(1) *Tr. des anim.*, II, 7, p. 146.
(2) *Tr. des syst.*, 3, p. 42, sq.
(3) *Tr. des anim.*, II, 9, p. 169, sq.

pratiques, nous nous élevons à tous les développements de l'esprit (1). Les besoins, qui, selon lui, nous conduisent, ne sont pas du reste limités aux premiers besoins, que nous impose la conservation de la vie; parmi eux se rencontre aussi un besoin spéculatif, le besoin de satisfaire notre curiosité (2).

Les recherches spéculatives de Condillac n'ont d'autre but que de perfectionner le sensualisme de Locke. Les principes du sensualisme sont chez Condillac, à peu près comme ils l'étaient chez Hume, une chose admise avant tout examen, un préjugé que toute la marche des sciences jusqu'à lui semblait justifier. C'est pourquoi Condillac se dispense de discuter la doctrine des idées innées. Cette doctrine est trop vaine pour mériter d'être l'objet d'un débat sérieux; du reste si l'on voulait se livrer à ce débat, on n'aurait guère qu'à répéter les arguments de Locke. Condillac veut suivre une voie plus courte; il se propose de montrer que nous pouvons nous passer d'idées innées, et d'exposer comment est né le préjugé des idées innées (3). Or il élève à ce propos, et de la manière la plus décidée, une polémique contre la méthode mathématique ou synthétique, et contre l'application de cette méthode à la philosophie. Les principes généraux, que l'on prétend y prendre pour point de départ, ne sont que des règles vagues (4); ce n'est pas à

(1) *Log.*, i, 1, p. 13, sqq.; *Tr. des sensat.*, iv, 1, 1, p. 150.
(2) *Tr. des sens.*, iv, 2, 7, p. 185.
(3) *Tr. des syst.*, 6, p. 98.
(4) Ib., 6, p. 100; *Sur l'orig.*, i, sect. ii, § 62, sq.; 68; *Log.* ii, 6, p. 165, sqq.

leur méthode, à la vertu de leurs raisonnements déduits de l'universel que les mathématiques doivent les progrès qu'elles ont faits; la grande raison de leurs développements, c'est qu'elles reposent sur l'analyse arithmétique des unités, c'est qu'elles emploient une langue, qui est un instrument d'analyse exact et sûr. Leur méthode n'est qu'une analyse déguisée (1). Si Locke reconnaît aux principes abstraits au moins un usage provisoire, c'est qu'il se laisse imposer par le crédit dont jouissent les mathématiques (2). Ce crédit a causé à la vraie philosophie le plus grand préjudice; car dans les sciences, où l'analyse ne réussit pas aussi facilement que dans les mathématiques, se manifestent les inconvénients d'un aussi faux procédé. Des quatre métaphysiciens célèbres, dont l'âge moderne peut citer les noms, Locke était le seul qui ne fût pas géomètre, et c'est précisément à cela qu'il faut attribuer sa supériorité sur les trois autres (3). Naturellement Condillac rejette les définitions, comme il rejette les principes universels; des concepts abstraits sont sans doute nécessaires à la classification, mais ils ne sauraient nous servir à l'explication des choses (4). Il n'y a dans la nature ni genres ni espèces, il n'y a que des individus. L'abstraction est un artifice qui nous

---

(1) *Tr. des syst.*, 17, p. 444, sqq.
(2) Ib., 2, p. 15, not.
(3) *Sur l'orig.*, II, sect. II, § 52, p. 290. Nous avons quatre métaphysiciens célèbres, Descartes, Malebranche, Leibnitz et Locke. Le dernier est le seul qui ne fût pas géomètre, et de combien n'est-il pas supérieur aux trois autres?
(4) Ib. I, sect. III, § 10, p. 161; *Tr. des syst.*, I, p. 7.

est commandé uniquement par notre faiblesse; elle repose sur une même dénomination imposée par nous à des choses analogues (1). A la discussion que Condillac élève contre les mathématiques se rattache le débat qu'il engage contre les efforts de la physique pour arriver, par l'application des mathématiques, jusqu'au fondement des phénomènes. C'est là une entreprise qui dépasse la portée de l'esprit humain; nous ne pouvons ni comprendre l'immensité de l'univers, ni saisir les éléments les plus petits dont les choses sont composées. Nous sommes relégués sur un atome, dans un coin reculé de cet univers; le moyen de s'imaginer que des philosophes puissent concevoir la pensée de découvrir, d'embrasser de là le système de l'univers? Pour connaître les choses, il faut nécessairement être à même d'en sonder l'origine et la nature intime; c'est ce que ne peut faire la physique; sa puissance se borne à coordonner des phénomènes; expliquer des faits par d'autres faits, voilà son objet. Condillac blâme particulièrement l'emploi de l'analogie et des hypothèses dans la physique; les hypothèses peuvent, il est vrai, ouvrir quelquefois une voie utile à nos observations, mais elles ne peuvent rien expliquer (2). C'est en quoi les hypothèses de Newton ressemblent aux hypothèses de Descartes; les vrais principes de la science ne sont après tout que des faits bien vérifiés; en recourant à l'analyse de nos représentations, nous pou-

(1) *Log.*, i, 4, p. 47; *De l'orig.*, i, sect. ii, § 57; sect. iv, § 1; 4; 7.
(2) *Log.*, ii, 9, p. 202, sq.; *Tr. des syst.*, i, p. 4; 2, p. 54; 12.

vous arriver dans toutes les sciences à des principes de ce genre et à des démonstrations exactes (1).

Condillac prétend pousser cette méthode plus loin que Locke, qui a bien commencé l'analyse de nos représentations, mais qui ne l'a pas achevée. Locke distingue deux sources de nos idées, les sens et la réflexion; il est plus exact de n'en admettre qu'une seule, car la réflexion n'est autre chose que la sensation même, ou bien elle n'est qu'un canal par où les idées sont dérivées des sens (2). Locke a eu raison de rejeter l'idée de facultés abstraites, dans lesquelles notre être était, pour ainsi dire, divisé (3); cependant il considérait les opérations de l'âme, la perception, la volonté, et d'autres encore, comme quelque chose de primitif, en quelque sorte comme des propriétés innées de l'âme; il n'avait pas remarqué que toutes ces opérations sont nécessairement acquises, sans excepter même les perceptions par les sens, qu'elles ne sont que des habitudes, résultant d'un long exercice (4). Le vrai prin-

(1) *Tr. des syst.*, I, p. 8. Principes qui ne sont que des faits bien constatés. *Log.* II, 7, p. 175, sq.
(2) *Extr. rais.*, p. 195.
(3) *Sur l'orig.*, I, sect. V, § 10. Cela est vrai particulièrement de la différence de l'entendement et de la volonté.
(4) Ib., p. 189. Nous verrons que la plupart des jugements qui se mêlent à toutes nos sensations lui ont échappé, qu'il n'a pas connu combien nous avons besoin d'apprendre à toucher, à voir, à entendre, etc., que toutes les facultés de l'âme lui ont paru des qualités innées, et qu'il n'a pas soupçonné qu'elles pourraient tirer leur origine de la sensation même. Ib., p. 195. Aussi le philosophe se contente-t-il de reconnaître que l'âme aperçoit, pense, doute, croit, raisonne, connaît, veut, réfléchit...; mais il n'a pas senti la nécessité d'en découvrir le principe et la génération, il n'a pas soupçonné qu'elles pourraient n'être que des habitudes acquises, il paraît les avoir regardées comme quel-

cipe de la philosophie n'est autre chose que celui de nos connaissances, et il va de soi-même que c'est aux sens qu'elles commencent (1). Les sens témoignent de faits incontestables, par lesquels nous devons nécessairement commencer. Nous ne pouvons rien connaître sans les sens; mais pour arriver à la connaissance par leur moyen, nous devons apprendre à en régler l'usage, et c'est une chose que l'expérience doit nous enseigner (2). La vraie méthode consiste donc uniquement à remonter à l'origine de nos connaissances, aux sensations dont les sens sont les organes. Cela revient à suivre la nature, qui a tout commencé, qui commence tout comme il faut; vérité capitale, qu'on ne saurait rappeler trop souvent (3). Tout ce que nous sommes, nous l'avons acquis par la nature seule, et nous ne sommes que ce que nous avons acquis (4). Mais comme notre pensée actuelle est pleine de choses, qui s'y sont formées par un progrès successif et d'une manière qui n'était pas toujours sûre et exacte, nous avons besoin de l'analyse pour remonter au primitif et au naturel, et pour tout embrasser dans un ordre rigoureux. Or le point capital dans l'analyse est d'ob-

que chose d'inné, et il dit seulement qu'elles se perfectionnent par l'exercice.

(1) *Log.*, II, 6, p. 161. Principe est synonyme de commencement... Je dirai que nos sens sont le principe de nos connaissances, parce que c'est aux sens qu'elles commencent, et je dirai une chose qui s'entend.

(2) Ib. I, 1, p. 10, sqq.

(3) *Sur l'orig.*, II, sect. II, in p. 224; *Log.*, I, 4, p. 47, sqq.; II, 3, p. 136. La nature a tout commencé, et toujours bien ; c'est une vérité qu'on ne saurait trop répéter.

(4) *Tr. des sens.*, IV, 9, 3, p. 264.

server les propriétés des choses, que la nature nous montre dans un ordre successif, et de leur donner dans l'esprit l'ordre simultané dans lequel la nature nous les présente (1). On voit par là que Condillac prend la méthode d'analyse dans un sens très-large; elle désigne pour lui la méthode d'observation en général; elle ne prend le nom d'analyse que parce qu'elle a pour objet de rechercher les éléments de notre pensée, que nous ne pouvons retrouver aujourd'hui que par l'analyse de nos représentations complexes.

Nous ne devons pas attendre de Condillac, qu'il nous rende compte d'une manière satisfaisante des principes et de la méthode scientifique; comme tous ceux qui s'abandonnent exclusivement à l'observation, il compte que la chose s'éclaircira d'elle-même, il se fie là-dessus. La nature et l'exercice montreront le vrai commencement, indiqueront le vrai chemin, pour peu que nous renoncions aux préjugés. Condillac a donc appliqué toutes les forces de son esprit à faire voir comment peuvent se former, en partant de ces premiers commencements, tous les vrais éléments et toutes les combinaisons exactes de notre pensée ; mais nous remarquons chez lui, même en ce qui concerne les commencements de notre pensée, de l'incertitude. D'une part, Condillac voudrait, pour achever son analyse, maintenir les idées simples et les sensations de Locke ; d'autre part, il incline à trouver que les rationalistes,

---

(1) *Log.*, I, 2, p. 29. Analyser n'est donc autre chose qu'observer dans un ordre successif les qualités d'un objet, afin de leur donner dans l'esprit l'ordre simultané dans lequel elles existent.

Malebranche et Leibnitz, ont raison de dire que nos représentations premières sont confuses. A la première pente se rapportent des déclarations telles que celles-ci : nous ne devons pas nous préoccuper de pénétrer la nature de nos pensées; nous les sentons, et cela suffit (1); les idées simples, que nos représentations nous offrent, ne s'expliquent pas; chacune de ces idées ne comporte pas, en elle-même, d'analyse ultérieure (2). Notre rôle est purement passif dans la production des idées simples; nous les recevons, et nous ne pouvons y rien ajouter, en rien ôter; l'esprit ne commence à être actif que dans la formation des idées complexes (3). Sous l'autre rapport, Condillac insiste sur l'analyse des sensations, analyse qui doit seule nous donner conscience des idées enveloppées en elles, et il distingue soigneusement, comme Hume, les idées et les sensations (4). Il va jusqu'à admettre que les sensations manquent de toute distinction (5), et sa méthode a évidemment pour objet de débrouiller la confusion des résultats primordiaux de la sensation. S'il ne laisse pas pour cela de maintenir la simplicité de la sensation, cette simplicité consiste, à son

(1) *Sur l'orig.*, I, sect. I, § 2. Il serait inutile de demander quelle est la nature de nos pensées... Nous sentons notre pensée..., c'en est assez.

(2) Ib., I, sect. II, § 13; sect. III, § 6, p. 160.

(3) Ib., I, sect. III, § 13, p. 166.

(4) *Log.*, I, 3, 32; II, 2, p. 132, sq. S'il est vrai que les idées sont toutes dans nos sensations, il n'est pas moins vrai qu'elles n'y sont pas encore pour nous, lorsque nous n'avons pas su les observer. *Extr. rais.*, p. 225, sq. Contre les idées simples on trouve un passage très-fort. *Tr. des sens.*, IV, 6, 12.

(5) *Tr. des sens.*, I, 2, 32.

sens, uniquement en ce que nous ne sommes pas encore capables de distinguer la multiplicité, que la sensation renferme implicitement (1). De là provient que Condillac ne fait nulle difficulté d'admettre que plusieurs idées peuvent se trouver simultanément présentes en nous. Il trouve seulement que notre esprit est trop borné pour avoir une claire conscience de plusieurs idées à la fois (2).

Condillac s'attache d'ailleurs rigoureusement au concept de la sensation, et repousse tout essai d'y mêler quelque chose d'étranger. Buffon avait fait une distinction entre la sensation et le sentiment; Condillac maintient que les sensations ne sont jamais que des modifications de notre moi (3). Ce n'est pas le corps, l'organe des sens, qui sent, c'est l'âme; je ne sens que moi, ou plutôt ce n'est pas moi que je sens, car l'idée même de mon moi ne se forme qu'à la suite de mes sensations; je ne sens que mes sensations, et mes sensations ne sont que mon être différemment modifié (4). Sans doute il ne découle pas de ce concept rigoureux de la sensation que Condillac conçoit l'âme sentante dans une opposition rigoureuse avec le corps;

---

(1) Par ex., ib., II, 2, 2. Ce sentiment est uniforme, et par conséquent simple à son égard; elle n'y saurait remarquer les différentes parties de son corps.
(2) *Sur l'orig.*, I, sect. IV, § 6.
(3) *Tr. des anim.*, I, 2, p. 15, sqq.
(4) *Log.*, I, 1, p. 11, sq. C'est l'âme qui sent; c'est à elle seule que les sensations appartiennent. *Tr. des sens.*, I, 11, 2, p. 166; IV, 8, 1, p. 233, sq. Je ne sens que moi. *Sur l'orig.*, I, sect. V, § 6. Notre être différemment modifié. *L'Art de penser*, I, 11; p. 122. Nos sensations n'existent point hors de nous.

lequel et par lequel nous sentons ; mais cette opposition rend toutefois plus facile à Condillac de maintenir le concept de la sensation dans sa pureté. On ne peut méconnaître ici l'influence de l'école cartésienne. Condillac combat le matérialisme, et par suite il combat Locke sous ce rapport, en soutenant que la matière ne peut penser, puisque la pensée suppose une substance simple ; il veut séparer l'âme et le corps, les distinguer radicalement ; le corps est quelque chose de subordonné à l'âme ; il considère, bien que dans un sens restreint, il est vrai, l'étendue et le mouvement dans l'espace d'une part, la sensation et le changement volontaire de l'autre, comme les caractères distinctifs du corps et de l'âme (1). Il est poussé par là vers l'occasionalisme. Les sens ne sont que des causes occasionnelles des impressions que les objets font sur nous (2). Toutes les déterminations de l'âme aussi bien que de la matière viennent de Dieu (3). Il ne s'attache pas cependant à soumettre la liaison des pensées de notre âme avec les mouvements de notre corps à un examen plus approfondi ; car son sensualisme l'incline à garder dans sa doctrine une attitude sceptique. Nous sommes réduits à la considération des faits. La première cause du mouvement nous est absolument inconnue (4). Il

(1) *Sur l'orig.*, ɪ, sect. ɪ, § 6, p. 5 ; 7, p. 7 ; *Tr. des anim.*, ɪ, concl. p. 69 ; *Cours d'étude*, disc. prélim., art. 3, p. 86, sqq. ; art. 4, p. 91, sqq.
(2) *Log.*, ɪ, 1, p. 11, sq. Les sens ne sont que la cause occasionnelle des impressions que les objets font sur nous. *Sur l'orig.*, ɪ, sect. ɪ, § 7 ; *Tr. des anim.*, ɪ, concl., p. 69.
(3) *Tr. des syst.*, 6, p. 124, sqq.
(4) *Log.*, ɪ, 9, p. 106.

peut ainsi s'abandonner à la pente qui l'entraîne à expliquer nos sensations et nos pensées d'une manière matérialiste, par l'hypothèse des corpuscules, du mouvement des esprits vitaux et de leur influence sur le cerveau, tout en convenant cependant que cette conception ne peut être admise qu'à titre d'hypothèse, et considérée comme un moyen de se représenter plus facilement les choses (1). Ces déclarations montrent seulement combien pèsent sur Condillac les vues de son temps; toutefois elles ont assez peu d'importance, quant à l'ensemble de son système.

Mais la sensation implique aussi la conscience. Condillac soutient avec Locke, contre Leibnitz, qu'il ne peut pas y avoir de sensation sans conscience. Tout ce qui est dans notre intelligence peut donc se ramener aussi à la conscience; car sensation et conscience sont une seule et même chose conçue sous deux rapports différents (2). Tout ce qu'il est juste de dire, c'est que nos sensations sont accompagnées d'un degré plus ou moins grand de conscience, et que celles dans lesquelles ne se trouve que le plus bas degré de conscience sont oubliées sur-le-champ; elles sont pour nous comme si elles n'avaient jamais été. On s'explique par là pourquoi Condillac n'a pas voulu reconnaître la réflexion

---

(1) *Tr. des syst.*, 12, p. 379, sqq.; *Log.*, I, 9; *Sur l'orig.*, I, sect. II, § 24, not.

(2) *Sur l'orig.*, I, sect. II, § 4, sqq.; 13. Ainsi la perception et la conscience ne sont qu'une même opération sous deux noms. En tant qu'on ne la considère que comme une impression dans l'âme, on peut lui conserver celui de perception; en tant qu'elle avertit l'âme de sa présence, on peut lui donner celui de conscience.

comme une source de connaissance ; car la conscience est la réflexion dans le sens le plus étendu. La réflexion, dans une acception plus étroite, n'apparaît qu'au moment où notre attention s'applique à une sensation, et, dans un sens plus restreint encore, lorsque nous en venons à analyser tout ce qui est déposé dans le trésor de nos pensées (1).

En expliquant la marche que suit notre intelligence dans son progrès, Condillac part de l'idée d'un état dans lequel une multitude de sensations nous sont présentes en même temps, accompagnées du même degré de conscience et de vivacité. L'homme, dans cet état, ressemble à un animal, dont les sensations ne sont accompagnées d'aucune activité. L'homme n'est alors que sensation. La multitude des sensations l'empêche de voir, de distinguer. Mais admettons que la vivacité de toutes ces sensations soit affaiblie, à l'exception d'une seule qui demeure saillante, l'homme est alors possédé par cette sensation, et la sensation se changera en attention, sans qu'il soit nécessaire de supposer aucune autre opération de l'âme (2). Ainsi l'attention, entendue comme on vient de le dire, ne consiste que

---

(1) *Tr. des sens.*, ii, 7, 14, not.
(2) *Extr. rais.*, p. 197. Si une multitude de sensations se font à la fois avec le même degré de vivacité, ou à peu près, l'homme n'est encore qu'un animal qui sent ; l'expérience seule suffit pour nous convaincre qu'alors la multitude des impressions ôte toute action à l'esprit. Mais ne laissons subsister qu'une seule sensation, ou même, sans retrancher entièrement les autres, diminuons-en seulement la force, aussitôt l'esprit est occupé plus particulièrement de la sensation, qui conserve toute sa vivacité, et cette sensation devient attention, sans qu'il soit nécessaire de supposer rien de plus dans l'âme.

dans le degré supérieur de conscience ou de vivacité attaché à une sensation (1), et comme elle suit uniquement l'impression sensible, elle ne suppose nulle activité de l'âme, elle est pleinement passive (2). De l'attention nous voyons résulter une analyse de nos sensations, nous arrivons par son moyen à une sensation nette et claire, nous nous démêlons de la confusion des impressions sensibles. C'est pourquoi Condillac attache la plus grande importance à l'attention, comme à la source des idées claires et nettes. L'attention est la source de toutes les autres opérations de l'intelligence. Admettons qu'après la première sensation qui a fixé notre attention, une seconde sensation saillante augmente de vivacité, elle excitera également l'attention. Mais l'expérience démontre que la première sensation ne disparaît pas complétement pour cela ; ses traces se conservent dans notre âme. Par là notre faculté de sentir se partagera entre la sensation présente et la sensation passée ; nous les percevons toutes deux en même temps, mais d'une manière différente, l'une comme passée, l'autre comme présente (3). Nous aurons alors un souvenir, lequel n'est, comme on voit, qu'une sensation transformée ; mais nous aurons aussi une double attention, étant attentifs en partie par la mémoire à la sensation passée, en partie par les sens à la sensation présente. Ce qui en résulte est la compa-

---

(1) *Sur l'orig.*, i, sect. ii, § 5.
(2) *Tr. des sens.*, i, 2, 1, sqq.
(3) *Tr. des sens.*, i, 2, 8,

raison ; car être attentif à deux idées et les comparer, est une seule et même chose. La comparaison nous fera apercevoir la différence et la ressemblance de ces idées ; or apercevoir ces rapports entre les idées est ce qu'on appelle juger. La comparaison et le jugement ne sont donc autre chose que l'attention elle-même, et nous voyons par conséquent que la sensation devient successivement attention, comparaison et jugement (1). Ces opérations contiennent tout ce que notre intelligence est capable de réaliser en elle. Les objets, que nous comparons, renferment en eux une multitude de rapports de ressemblance et de dissemblance, que nous ne concevons que d'une manière confuse dans la perception originelle, mais qui s'éclaircissent par la comparaison. Telle est la base de l'analyse de nos représentations, analyse que nous désignons sous le nom de réflexion, prise dans le sens le plus restreint. Cette réflexion ne peut elle-même être considérée que comme une transformation de la sensation, et comme le résultat

(1) *Ext. rais.*, p. 198, sq. Qu'une nouvelle sensation acquière plus de vivacité que la première, elle deviendra à son tour attention. Mais plus la première a eu de force, plus l'impression qu'elle a faite se conserve. L'expérience le prouve. Notre capacité de sentir se partage donc entre la sensation que nous avons eue et celle que nous avons, nous les apercevons à la fois toutes deux ; mais nous les apercevons différemment : l'une nous paraît passée, l'autre nous paraît actuelle. La mémoire n'est donc que la sensation transformée ; par là nous sommes capables de deux attentions, l'une exercée par la mémoire, et l'autre par les sens. Dès qu'il y a double attention, il y a comparaison ; car, être attentif à deux idées ou les comparer, c'est la même chose. Or on ne peut les comparer sans apercevoir entre elles quelque différence ou quelque ressemblance ; apercevoir de pareils rapports, c'est juger. Les actions de comparer et de juger ne sont donc que l'attention même ; c'est ainsi que la sensation devient successivement attention, comparaison, jugement.

d'un progrès successif à travers la sensation, la comparaison et le jugement (1).

Telle est la célèbre doctrine de Condillac, relative à la transformation des sensations dans les diverses espèces de pensées, doctrine qui a reçu dans la philosophie française les applications les plus diverses (2). Cette doctrine a pour objet de montrer que la faculté de sentir renferme en elle, à l'état d'enveloppement, toutes les facultés intellectuelles, et que la transformation des sensations, de laquelle résultent par degrés toutes nos idées, s'accomplit d'elle-même sans coopération de notre part (3). Il n'est pas nécessaire ici d'avoir égard à la diversité de nos sens ; chaque sens en particulier renferme toute nos facultés intellectuelles (4). De peur que dans le dénombrement des opérations qui doivent résulter de la sensation de l'âme pensante, quelque chose ne parût avoir été oublié, Condillac reprend cette déduction avec de plus grands détails. En fait

---

(1) Ib., p. 199. L'attention ainsi conduite est comme une lumière qui réfléchit d'un corps sur un autre pour les éclairer tous deux, et je l'appelle réflexion. La sensation, après avoir été attention, comparaison, jugement, devient donc encore la réflexion même. *Log.*, i, 7, p. 72. La réflexion n'est donc qu'une suite de jugements, qui se font par une suite de comparaisons; et puisque dans les comparaisons et dans les jugements il n'y a que des sensations, il n'y a donc aussi que des sensations dans la réflexion.

(2) J'ai pris pour base de mon exposition l'esquisse rapide que Condillac a donnée dans l'*Ext. rais.*; il l'a développée plusieurs fois, sans y jamais rien ajouter d'essentiel. *Log.*, i, 7; *Tr. des sens.*, i, 2; *Tr. des anim.*, ii, 1; Disc. prélim., art. 2, p. 71, sqq.; *L'art de raison.*, p. 56, sq.

(3) *Log.*, i, 7, p. 68. Cette faculté de sentir enveloppe toutes celles qui peuvent venir à notre connaissance. Ib. i, 8, p. 80. Les facultés de l'âme ne sont que la sensation qui se transforme.

(4) *Tr. des sens.*, i, 7, 1.

tout est contenu dans la réflexion. On compte aussi parmi les opérations de l'âme l'imagination ; eh bien, l'imagination résulte uniquement de la réflexion appliquée aux différences des objets, et de l'observation que nous faisons de la possibilité de réunir des objets différents dans une seule représentation (1). L'imagination repose donc sur la mémoire, et, comme la mémoire nous enrichit d'une nouvelle sorte d'attention, puisque nous devenons par elle capable d'une double attention, l'imagination y ajoute encore une troisième sorte d'attention. Les imaginations ne se distinguent des souvenirs que par un moindre degré de vivacité (2). Comme opération particulière de l'âme, on cite encore le raisonnement ; or le raisonnement repose uniquement sur ce qu'un jugement enveloppe d'autres jugements qu'on peut déduire ensuite dans une série parfaitement enchaînée. Donc, par intelligence il faut entendre la collection ou la série de toutes les opérations de l'âme pensante (3).

La doctrine de la sensation transformée implique une négation de la théorie des idées innées. Cette dernière résulte d'une illusion qui, pour se produire très-facilement, n'en est pas moins funeste. Par l'attention, la mémoire et le jugement nous amassons en nous une provision, un trésor de connaissances. On peut distinguer cette provision des idées, qui nous sont suggé-

---

(1) *Log.*, i, 7, p. 75 ; Disc. prélim., art. 2, p. 78.
(2) *Tr. des sens.*, i, 2, 29.
(3) *Sur l'orig.*, i, sect. ii, p. 75 ; Disc. prélim., art. 2, p. 80, sq. L'entendement embrasse toutes les opérations, il n'en est que le résultat.

rées immédiatement par les sens ; on désigne celles-ci comme idées sensibles, on désigne les premières comme idées pures, intellectuelles (1). En réfléchissant sur notre provision d'idées, nous pouvons nous en occuper parfois d'une manière exclusive, sans faire de nos sens aucun usage. Aussi nous paraît-il dans ce cas que nous avons toujours eu en nous cette provision ; on serait tenté de dire qu'elle y a précédé nos sensations. De là la chimère des idées innées ; on confond dans cette théorie la provision de nos connaissances avec leur origine ; on a oublié que par cette origine elles se rattachent aux sens (2). La réflexion appliquée à la provision de connaissances que nous possédons nous assure la liberté de diriger à notre gré notre attention sur un objet quelconque ; cette provision s'accroît encore par le langage, qui vient en aide à notre mémoire ; la puissance que nous acquérons sur notre attention, notre mémoire, notre imagination, est si grande, qu'il semblerait être en notre pouvoir de créer ou d'anéantir des idées (3). Ce à quoi le langage nous a accoutumés, est tenu pour inné ; s'il n'y avait pas plusieurs langues parmi les hommes, le langage lui-même serait regardé comme inné (4).

(1) *Tr. des sens.*, II, 7, 29 ; *Ext. rais.*, p. 229.
(2) *Tr. des sens.*, II, 7, 53, sq. ; *Ext. rais.*, p. 229. Ce fonds devient l'objet de notre réflexion ; nous pouvons par intervalles nous en occuper uniquement, et ne faire aucun usage de nos sens. C'est pourquoi il paraît en nous, comme s'il y avait toujours été ; on dirait qu'il a précédé toute espèce de sensation, et nous ne savons plus le considérer dans son principe ; de là l'erreur des idées innées.
(3) *Sur l'orig.*, I, sect. II, § 48, sq. ; 51.
(4) Ib. II, sect. II, § 4 ; 6.

La discussion des idées innées en amène une autre, où la solution de Condillac n'est pas douteuse. Il s'agit de la liberté avec laquelle nous formons nos pensées et leur commandons. Condillac fait effort pour maintenir à l'homme cette liberté, et il objecte expressément à ses adversaires l'impuissance, où les met leur doctrine des idées innées, de soutenir la volonté comme indépendante de l'entendement (1). Il cherche à nous assurer la liberté et la spontanéité de la pensée, en considérant les connaissances dont nous avons fait provision comme un trésor dans lequel nous n'avons qu'à choisir. Notre liberté repose sur la connaissance, sur la réflexion. Instruits par l'expérience, nous devenons, selon Condillac, maîtres de nos passions, et par conséquent libres (2). Dans une dissertation spéciale sur la liberté, Condillac s'est proposé de montrer, combien sa doctrine est encore supérieure à cet égard aux vues ordinaires; nous ne pouvons pas dire cependant que cette dissertation ait épuisé complétement le débat; les efforts de Condillac tendent principalement à terminer la discussion relative à la suprématie de l'entendement ou de la volonté; il vise à ce résultat en les déclarant l'un et l'autre de vaines abstractions (3), et en délimitant la notion de la liberté de telle sorte qu'elle ne puisse porter aucune atteinte à la théorie

---

(1) Ib. I, sect. v, § 11.
(2) *Tr. des sens.*, IV, 8, 4, p. 250, sq.; *Disc. sur la lib.*, 15; *Tr. des anim.*, II, 10, p. 180. Le droit de choisir, la liberté n'appartient donc qu'à la réflexion.
(3) *Tr. des anim.*, II, 10, p. 176.

sensualiste de la connaissance. C'est à quoi il réussit en trouvant de la liberté et de l'activité, deux mots qui pour lui désignent une même chose, dans toutes les pensées qui ont leur cause en nous, c'est-à-dire dans le trésor de nos idées acquises. Nos sensations sont sans doute purement passives en nous, parce qu'elles sont excitées par des objets extérieurs ; mais le souvenir manifeste déjà une activité libre ; l'attention est passive dans la sensation, elle est active et libre dans le souvenir ; nous sentons ici la puissance que nous avons de la provoquer (1). Evidemment Condillac n'échappe pas lui-même en ce moment à la faute qu'il reproche à ses adversaires. Il ne considère que notre provision d'idées acquises ; de cette provision naissent le souvenir et la réflexion, qui semblent par conséquent venir de nous ; mais si nous remontons à leur origine dans la sensation, nous apercevons aussitôt qu'ils sont uniquement des résultats nécessaires d'impressions, auxquelles il ne dépend pas de nous de nous dérober. Voilà la marche d'idées qui aurait vraiment répondu au sensualisme de Condillac ; mais il en a suivi une autre, afin de nous maintenir, par le moyen de notre provision d'idées acquises, la liberté de diriger notre attention tantôt sur telle idée

---

(1) *Tr. des sens.*, i, 2, 11, c. not. Elle est active lorsqu'elle se souvient d'une sensation, parce qu'elle a en elle la cause qui la lui rappelle, c'est-à-dire la mémoire. Elle est active au moment qu'elle éprouve une sensation, parce que la cause qui la produit est hors d'elle... Il y a en nous un principe de nos actions que nous sentons, mais que nous ne pouvons définir : on l'appelle force... Un être est actif ou passif, suivant que la cause de l'effet produit est en lui ou hors de lui.

tantôt sur telle autre, afin d'introduire dans nos pensées une forme nouvelle, un ordre nouveau, qui ne puisse procéder des sens.

La liberté, qu'il prétend conserver à nos pensées, signale la direction pratique de sa doctrine. Nous devons nous attendre à y trouver des incertitudes analogues à celles sur qui nous venons d'appeler l'attention.

Condillac part de la pensée, du développement spéculatif de notre esprit; mais il y rattache constamment la considération des conséquences pratiques, et l'ajoute d'ordinaire en quelques traits rapides à la conclusion de ses recherches sur la pensée, en faisant observer que l'activité spéculative enveloppe l'activité pratique. Il prend ici pour guide un usage de la langue, emprunté en définitive du déterminisme, quelque opposées que soient d'ailleurs ses affirmations à ce système de ses devanciers. La pensée embrasse donc selon lui la volonté aussi bien que l'entendement, et vouloir n'est qu'une manière de penser (1). La volonté, entendue dans sa plus large acception, embrasse toutes les opérations de l'âme qui procèdent du besoin, et ne rapporte les sensations qu'à ce qu'il peut y avoir en elles d'agréable et de désagréable (2);

---

(1) Disc. prélim., art. 2, p. 84. Ces deux facultés, la volonté et l'entendement, se confondent dans une faculté plus générale qu'on nomme la faculté de penser... Éprouver un besoin, désirer, vouloir, c'est encore penser. Enfin le mot pensée peut se dire en général de toutes les opérations de l'âme.

(2) Ib., 83; *Log.*, i, 8, p. 76.

la volonté, dans le sens plus étroit, indique le désir qui s'est emparé de notre âme, dans l'idée que la chose désirée est en notre pouvoir (1). Mais si nous suivons plus loin les idées de Condillac, nous les voyons prendre une direction complétement opposée au déterminisme, en tant que celui-ci dérive la volonté de l'entendement. Un résultat constant pour Condillac, c'est que la sensation, source de nos idées, naît bien en nous indépendamment de la volonté et de toute activité de notre âme, mais que, partout où nous exerçons une certaine puissance sur nos pensées, cette puissance a son principe dans nos efforts pratiques. Il part de cette observation, qu'il n'y a pas d'état de l'âme sentante qui lui soit indifférent; dès la première sensation elle se sent bien ou mal (2). Le plaisir ou le déplaisir, qui accompagnent nos sensations, les rendent intéressantes pour nous; l'expérience, que nous faisons de la variabilité des sensations, produit en nous comme conséquence le désir de sensations agréables, et le sentiment d'états désagréables éveille le besoin de chercher ce qui est agréable. Le plaisir et le déplaisir deviennent donc les germes de tout développement, le besoin et le désir deviennent les moteurs de toutes nos pensées; l'âme n'a plus besoin de raison; par les mouvements qui la portent à fuir le

---

(1) *Tr. des sens.*, I, 3; 9. On entend par volonté un désir absolu, et tel que nous pensons qu'une chose désirée est en notre pouvoir. *Disc. prélim.*, art. 2, p. 85.

(2) *Tr. des sens.*, I, 2, 24. Il n'est pas possible de trouver un état indifférent; à la première sensation, quelque faible qu'elle soit, la statue est nécessairement bien ou mal. *Ext. rais.*, p. 202.

déplaisir, à chercher le plaisir, elle peut produire toutes ses facultés (1). Nous pouvons réduire nos facultés à deux classes, à l'attention, d'où résultent la comparaison, le jugement et tous les genres de réflexion, et au désir, qui, naissant du besoin, produit tous les genres de volonté (2); mais la première classe est déterminée par la seconde; car notre attention, et tout l'ordre de recherches qui s'y rattachent, dépendent de nos besoins. Si l'homme n'avait point d'intérêt à s'occuper de ses sensations, il ne dirigerait son attention sur aucune d'elles, et toutes passeraient en lui comme des ombres; mais voici le plaisir et la douleur qui l'arrachent à cette torpeur, et toutes les facultés de son âme s'éveillent aussitôt (3). Sans doute notre liberté ne gagne rien à cela; car en définitive notre désir et notre attention sont déterminés par les sentiments de plaisir et de déplaisir, et cela ramène la doctrine de Condillac dans les voies du détermi-

---

(1) *Ext. rais.*, p. 190, sq.; *Log.*, II, 1, p. 109. Besoin, désir, voilà le mobile de toutes nos recherches. *Tr. des sens.*, I, p. 7, sqq.; I, 2, 2; 7, 5. Enfin si nous considérons qu'il n'est point de sensations absolument indifférentes, nous conclurons encore que les différents degrés de plaisir ou de peine sont la loi, suivant laquelle le germe de tout ce que nous sommes s'est développé pour produire toutes nos facultés.

(2) *Tr. des sens.*, I, 7, 2.

(3) *Ext. rais.*, p. 190, sq. Si l'homme n'avait aucun intérêt à s'occuper de ses sensations, les impressions que les objets feraient sur lui passeraient comme des ombres, et ne laisseraient point de traces... Mais la nature de ses sensations ne lui permet pas de rester enseveli dans cette léthargie. Comme elles sont nécessairement agréables ou désagréables, il est intéressé à chercher les unes et à se dérober aux autres. Ib., p. 202. C'est le plaisir ou la peine qui, occupant notre capacité de sentir, produit cette action d'où se forment la mémoire et le jugement. *Tr. des sens.*, IV, 1, 7. L'ordre de ses études est déterminé par ses besoins. *Sur l'orig.*, I, sect. II, § 28.

nisme. Si Condillac croit avoir démontré la liberté de notre esprit, c'est l'effet d'une pure illusion; il s'imagine que la direction de notre attention ouvre une libre carrière au choix de la volonté.

A la question de l'origine de nos idées succède celle qui est relative à la portée de nos connaissances. Ici Condillac est forcé de lutter contre le caractère purement subjectif de son principe, et de poursuivre, non sans inquiétude, les moyens de nous ouvrir la connaissance du monde extérieur, connaissance que la doctrine pratique de sa doctrine lui rend en fin de compte indispensable. Toutes nos sensations ne sont qu'en nous, c'est un fait constant, par conséquent elles ne nous informent que de notre état intime. Condillac fait entendre des plaintes analogues à celles de Hume : que nous nous élevions au ciel ou que nous descendions dans l'abîme, nous ne sortons jamais de nous-mêmes, nous n'apercevons jamais que nos propres sensations (1). Je ne sens que moi ; lumière, couleur, son, odeur, tout ce qui est considéré comme objet de la sensation, ne désigne pas des propriétés des choses hors de moi, mais seulement des modes d'être en notre âme ; je ne sens que mes modifications. Si je crois connaître des objets extérieurs, cela provient uniquement de ce que je me suis fait une habitude de porter des jugements qui transportent mes sensations où elles ne sont pas (2). La vue, conduite par le sen-

(1) *Sur l'orig.*, i, sect. i, § 1.
(2) *Tr. des sens.*, i, 11, 1, p. 160 ; 2, p. 166 ; ii, 7, 16. Ses propres sensations deviennent donc les qualités des objets. Ib. iv, 8, 1,

timent, sème ses trésors sur la nature, et fait du ciel et de la terre un spectacle enchanteur, qui tire toute sa magnificence de nos propres sensations, épandues dans le sein de l'espace (1). Nous voyons que Condillac a exprimé ces doutes d'une manière qui n'en atténue aucunement la force.

Nous ne devons pas toutefois omettre de remarquer que les concepts métaphysiques, mis en jeu à cette occasion, le troublent beaucoup moins qu'ils n'inquiétaient Hume. Il attaque bien le concept de la force, tel que l'avait soutenu Leibnitz, et incline à le considérer tout simplement comme la désignation d'une cause inconnue (2); mais nous avons déjà fait observer, qu'il ne doute pas pourtant que nous ne sentions notre force. La notion de la cause, qui est étroitement liée au concept de force, n'est pas non plus attaquée par lui sérieusement. Il est forcé de convenir que nous ne percevons pas de cause; il ne peut pas dire quelle est la sensation qui pourrait nous faire connaître une cause ; mais nous voyons les effets, et nous ne pouvons pas douter par conséquent que la cause n'existe. Il en est de même de la force; nous avons un nom pour la force, et un nom pour la cause; ce qu'elles sont l'une et l'autre, nous ne le savons pas ; mais nous ne devons pas moins pour cela les poser

---

p. 233. Je ne vois que moi;... je ne vois pas au dehors, mais je me suis fait une habitude de certains jugements, qui tous portent nos sensations où elles ne sont pas.

(1) Ib. iv, 8, 5, p. 246, sq.
(2) *Tr. des syst.*, 8, p. 186, sqq.

comme existantes (1). Condillac s'occupe un peu plus longuement du concept de substance, que Locke avait déjà soumis à la critique. A l'exemple de son devancier, Condillac voit dans ce concept une simple collection de sensations, que nous considérons comme propriétés de la substance. Ses doutes atteignent leur plus haut période, lorsqu'il s'agit d'appliquer le concept de substance à des choses hors de nous. La question de savoir ce qu'est la substance des choses hors de nous, est, à son sens, une question absurde. Quand nous recherchons ce qu'est la substance des corps, c'est comme si nous demandions quel est le fondement de nos sensations hors de nous, c'est-à-dire quel est leur fondement là où elles ne sont pas (2). Mais ce doute même ne lui fait pas mettre en question la réalité des substances. Quoiqu'il lui arrive de déclarer que la substance, comme l'être, l'essence, la nature, n'est qu'une pure abstraction des philosophes, il ne prétend pas cependant nier par là qu'il y ait un lien, qui rassemble les phénomènes ; tout ce qu'il révoque en doute, c'est la possibilité de connaître ce lien (3). Il est certain, selon lui, qu'il existe des objets hors de nous, mais nous n'en connaissons pas la nature ; ils ont des

---

(1) *Log.*, i, 5, p. 57. D'après les effets qu'on voit, on juge des causes qu'on ne voit pas. Le mouvement d'un corps est un effet, il a donc une cause. Il est hors de doute que cette cause existe, quoique aucun de nos sens ne me la fasse apercevoir, et je la nomme force. Ce nom ne me la fait pas connaître ; je ne sais que ce que je savais auparavant, c'est que le mouvement a une cause que je ne connais pas. Mais j'en puis parler.

(2) *L'art de penser*, i, 11, p. 122. Cette question, qu'est-ce que la substance du corps, se réduit à celle-ci : qu'est-ce qui soutient nos sensations hors de nous, qu'est-ce qui les soutient là où elles ne sont pas.

(3) *Tr. des sens.*, ii, 7, 21.

propriétés, qui sont l'occasion de nos idées, quoique nos sensations ne puissent nous éclairer sur ces propriétés ; bien plus, nous devons attribuer à ces objets des propriétés absolues, sans rapport à nos sensations ; les propriétés sont naturellement liées les unes avec les autres, nous ne pouvons donc pas établir entre elles de liaison arbitraire ; tout cela est pour Condillac hors de doute (1).

Il faut nécessairement être au fait du peu d'attention donné par Condillac aux concepts métaphysiques pour comprendre la manière dont il s'explique sur la connaissance que nous avons des choses. On en voit d'abord l'influence se manifester à l'égard de la notion du moi. Nous ne connaissons notre moi qu'à la suite de nos sensations ; à la première sensation, nous ne savons rien de notre moi ; mais lorsque nous avons appris dans une seconde sensation à distinguer notre état antérieur de notre état actuel, et remarqué en même temps que nous sommes toujours le même être, nous nous connaissons alors en tant que personne, nous affirmons notre moi. Le moi de chaque individu n'est que la collection des sensations qu'il éprouve, et de celles que la mémoire lui rappelle (2). Ainsi Condillac incline à n'admettre le moi que comme

---

(1) *L'art de penser*, i, 11, p. 122 ; *Sur l'orig.*, i, sect. i, § 12 ; ii, sect. ii, § 23. Pour rendre les noms des substances clairs et précis, il faut donc consulter la nature, et ne leur faire signifier que les idées simples, que nous voyons exister ensemble. *Log.*, ii, 9, p. 200.

(2) *Tr. des sens.*, i, 6, 1, sqq. Son moi n'est que la collection des sensations qu'elle éprouve, et de celles que la mémoire lui rappelle. Ib. iv, 8, 1, p. 234.

une collection des phénomènes intérieurs. Mais ensuite à ce concept vient s'ajouter l'idée de l'unité de la substance, qui sert de support aux phénomènes. Les doutes que Hume avait élevés contre l'identité de la personne, ne se rencontrent pas chez Condillac. Celui-ci semble incliner parfois à diviser le moi. Il parle d'un moi de l'habitude et d'un moi de la réflexion (1); selon lui la différence de deux organes des sens semble donner au moi comme une double existence (2); l'âme se diversifie sans fin dans ses sensations; elle est partout, elle est tout; mais en définitive Condillac ne laisse pas de maintenir à l'âme pensante la simplicité de son être, dans toutes les sensations elle ne sent qu'elle-même différemment modifiée (3). Sans doute nous ne sentons que la multiplicité de nos sensations, mais ses sensations ont un support, elles reposent sur une substance; seulement nous ne pouvons pas la connaître (4). Je me sens comme son, puis comme saveur, comme odeur, et ainsi de suite dans les modifications les plus diverses; finalement, je ne sais plus ce que je dois me croire (5).

(1) *Tr. des anim.*, II, 5, p. 107.
(2) *Tr. des sens.*, I, 9, 4.
(3) Ib. I, 11, 8, p. 188. Elle se sent comme un être qui se multiplie sans fin, et, ne connaissant rien au delà, elle est par rapport à elle comme si elle était immense; elle est partout, elle est tout.
(4) *L'art de penser*, I, 11, p. 121. Mais quel est cet être où nos sensations se succèdent? Il est évident que nous ne l'apercevons point en lui-même; il ne se connaîtrait pas, s'il ne se sentait jamais; il ne se connaît que comme quelque chose qui est sous ses sensations; et, en conséquence, nous l'appelons substance.
(5) *Tr. des syst.*, 8, p. 100, sq.; *Tr. des sens.*, IV, 8, 6. Je me vois, je me touche, en un mot, je me sens; mais je ne sens pas ce que

La possibilité de connaître la substance du moi est mise en doute par Condillac; mais ses doutes n'atteignent pas jusqu'à l'existence de la substance elle-même.

Il trouve plus de difficultés à connaître une substance hors de nous. Réduits à nos sensations, comment pourrions-nous sortir de nous pour découvrir qu'il existe quelque chose hors de nous? C'est principalement pour triompher de ce doute qu'il a inventé sa statue sentante. S'il la fait servir à d'autres fins, ce n'est qu'accessoirement. Il suppose la statue pourvue d'abord uniquement du sens de l'odorat; puis il lui donne les uns après les autres les sens de l'ouïe, du goût, de la vue; il examine quelles seraient les idées qu'elle obtiendrait, dans l'hypothèse où elle aurait pour s'instruire soit un seul, soit plusieurs de ces organes; enfin il éveille le sentiment du tact dans la statue, pour montrer que tous les autres sens ne nous auraient rien appris de l'existence du monde extérieur et corporel, et que ce sentiment est le seul qui puisse informer ces autres sens qu'ils ont, hors de notre moi, quelque autre chose à chercher. Les propositions de sa théorie sensualiste, que nous avons citées jusqu'ici, auront sans doute fait comprendre comment il arrive à un résultat négatif sur les idées provenant des autres sens. Il soutient avec Berkeley qu'en définitive toutes nos sensations ne nous font connaître que les modifications de notre moi. Ces sens

je vois; si j'ai cru être son, saveur, couleur, odeur, actuellement je ne sais plus ce que je dois me croire.

ne peuvent pas même nous découvrir que nous ayons des organes, que nous avons un corps (1). Au contraire, Condillac se flatte d'avoir trouvé dans le tact un moyen de nous faire franchir l'horizon de notre être intime. Toutefois il n'avance encore ici que pas à pas. Il distingue un sentiment primitif de tout notre organisme et de ses différents membres d'avec le sentiment du tact, et il estime que le premier ne pourrait nous donner aucune connaissance du corps, et qu'il offrirait simplement un sentiment général de notre état (2); au contraire, le tact, selon lui, nous instruit tout d'un coup, par l'organe des mains, de l'existence de notre corps et des choses extérieures. Il suppose ici qu'une vive impression de plaisir ou de déplaisir ébranle nos membres mécaniquement; dans ce cas nous porterions nos mains à différentes places de notre corps, et nous remarquerions la résistance que les membres s'opposeraient réciproquement l'un à l'autre, toutes les fois qu'ils entreraient en contact; nous en abstrairions la solidité, et en même temps nous serait donnée la notion de l'existence corporelle; et cette notion serait ensuite transportée dans l'espace à d'autres choses, qui nous opposeraient une résistance comme existant hors de nous (3). Tout mouvement nous dé-

(1) *Tr. des sens.*, I, 9, 1; 12, 2.
(2) Ib. II, 1-3.
(3) Ib. II, 4, 1, sqq. Pour donner du corps aux manières d'être, il suffit que des organes mobiles et flexibles ajoutent à chacune cette résistance et cette solidité. Telle est surtout la main ; dès qu'elle touche, elle a une sensation de solidité, qui enveloppe toutes les autres sensations qu'elle éprouve, qui les renferme dans de certaines bornes, qui

couvre alors un espace nouveau, et nous apprenons à transporter aussi nos autres sensations dans l'espace, nous leur y assignons un lieu, nous les rapportons à des corps ; c'est ainsi que le sentiment du tact instruit tous les autres sens (1).

Comme on le voit, cette manière de nous assurer de l'existence du monde corporel est au fond très-simple. Elle ne dépasse pas cette vue de Locke, que nous avons une évidence immédiate du monde extérieur, sauf la réserve à laquelle les doutes de Berkeley astreignent Condillac, et qui ne lui permet pas d'admettre que la vue, l'ouïe, l'odorat et le goût puissent procurer cette évidence ; c'est la déposition du tact seul qui, par la perception de la résistance, témoigne de l'existence du monde extérieur. Les doutes, émis par Berkeley et par Hume, ne se trouvent pas formulés dans toute leur force chez Condillac. On éprouve une impression presque comique à l'entendre exposer comment le tact nous apporte peu à peu une connaissance de notre corps. Nous commençons par palper notre corps en différentes places, et l'être qui palpe se dit : Je suis ceci, puis ceci, et ceci encore (2). A ce propos, Condillac combat d'Alembert, qui avait, à l'exemple des Anglais, invoqué l'instinct, comme principe de

---

les mesure, qui les circonscrit. C'est donc à cette sensation que commencent pour la statue son corps, les objets et l'espace.

(1) Ib. I, 11, p. 162 ; II, 6, 1 ; IV, 9, 1 ; *Ext. rais.*, p. 211. La sensation de solidité est donc la seule qui force cet homme de sortir de lui ; et c'est à elle que commencent à son égard son corps, les objets et l'espace.

(2) *Tr. des sens.*, II, 4, 5.

notre croyance au monde extérieur ; Condillac soutient que l'instinct n'est rien d'inné, qu'il est au contraire une propriété acquise et fondée uniquement sur l'habitude (1) ; mais il estime que le passage de la sensation interne à l'objet extérieur, qui en est l'occasion, n'est pas difficile à trouver ; il ne faut pas pour cela une longue réflexion ; c'est assez du tact. La sensation de la solidité est comme un pont qui conduit l'âme à l'objet, attendu qu'elle renferme deux rapports, l'un à nous, l'autre à quelque chose d'extérieur (2). Condillac semble avoir oublié qu'au fond toute sensation, sans même excepter celle de la résistance, n'est qu'en nous seuls. Il se flatte, et c'est une chose dont on n'est pas peu surpris, d'avoir fait une découverte capitale par la manière dont il explique la connaissance que nous acquérons du monde extérieur (3). Ajoutons toutefois, pour ne pas lui faire tort, que sa direction pratique contribue aussi beaucoup sans doute à le convaincre de l'existence du monde extérieur. Elle remplit les lacunes de sa démonstration spéculative. Il déclare formellement que dans la pratique nous nous trouvons dépendants de choses extérieures, et cela ne permet point de douter qu'il n'y ait hors de nous de telles choses (4).

(1) *Tr. des anim.*, II, 5, p. 109 ; *Extr. rais.*, p. 190.
(2) *Extr. rais.*, p. 214. Il me semble que pour découvrir ce passage il n'est pas nécessaire de raisonner ; il suffit de toucher. Le sentiment de solidité ayant tout à la fois deux rapports, l'un à nous, et l'autre à quelque chose d'extérieur, est comme un pont jeté entre l'âme et les objets ; les sensations passent, et l'intervalle n'est rien.
(3) Ib., p. 209.
(4) *Tr. des sens.*, IV, 5, 1. L'apparence des qualités sensibles suffit

Au contraire ses doutes tiennent ferme sur un point, savoir sur la connaissance de l'essence vraie des choses qui sont hors de nous. Le tact même ne nous la révèle pas. Le corps que nous touchons n'est pour le sens du tact que grandeur, solidité, dureté, et quelques autres propriétés que nous rassemblons dans l'idée de la substance, parce que nous les sentons toutes ensemble ; mais nous ne sentons pas le sujet ou la substance qui les réunit. La sensation ne pénètre pas jusqu'à la substance des objets extérieurs (1). Nous pouvons sur ce point tomber facilement dans l'erreur. Instruits par le tact de l'existence des objets extérieurs, nous transportons nos propres sensations aux objets, et considérons les premières comme les propriétés des seconds. Nous oublions alors que nos sensations n'appartiennent qu'à nous seuls ; il nous semble qu'elles appartiennent aux objets. Voilà l'erreur où le tact risque beaucoup de nous précipiter (2). Il en est, il est vrai, une plus dangereuse encore ; c'est celle de me regarder, lorsque le sens du tact m'a fait découvrir mon corps, comme perdu dans mon corps, de m'y absorber (3). Nous sommes habitués à porter beaucoup de jugements dans lesquels nous attribuons aux choses des propriétés, quoique toutes ces pro-

---

pour lui donner des désirs, pour éclairer sa conduite et pour faire son bonheur ou son malheur ; et la dépendance où elle est des objets auxquels elle est obligée de les rapporter ne lui permet pas de douter qu'il existe des êtres hors d'elle.

(1) Ib. ii, 7, 15 ; 21.
(2) Ib. ii, 7, 16.
(3) Ib. iv, 8, 2.

priétés ne reposent que sur des rapports dans lesquels les choses apparaissent à nos sens. Une longue expérience peut seule nous délivrer de ces erreurs (1). Elle nous rappelle que toutes les propriétés que nous pouvons connaître par les sens ne nous représentent en somme que nos sensations, et qu'au nombre de celles-ci il faut compter l'étendue que le tact nous révèle. Le tact, tout en nous informant de l'existence des choses extérieures, n'est pas, quant à la véritable essence des choses, un meilleur témoin que tous les autres sens (2). Nul sens ne peut révéler ce que les choses sont en elles-mêmes; nous ne pouvons pas pénétrer dans l'intérieur des choses ; les propriétés absolues des corps, celles même de notre esprit nous restent cachées; nous ne connaissons de toutes choses que leurs rapports, leurs relations à nous, relations qui se manifestent par l'impression sensible qu'elles font sur nous ; tout ce que nous savons du monde extérieur, c'est qu'il est ; en l'appelant corps, nous lui avons donné un nom, mais rien de plus (3).

A ces propositions d'un caractère très-sceptique viennent se joindre encore d'autres remarques analogues, qui font ressortir la limitation de notre connaissance des choses. Nous devons nous proposer sans

---

(1) Ib. III, 1, 9.
(2) Ib. IV, 5, 1. Y a-t-il donc au moins de l'étendue? Mais lorsqu'elle a le sentiment du toucher, qu'aperçoit-elle si ce n'est ses propres modifications? Le toucher n'est donc pas plus croyable que les autres sens.
(3) *Log.*, I, 4, p. 54 ; 5, p. 58 ; II, 9, p. 200. ; *Extr. rais.*, p. 227 ; *Tr. des sens.*, IV, 5, 2 ; 8, 5.

doute de rassembler les propriétés apparentes des choses conformément aux types de la nature ; mais y réussissons-nous jamais d'une manière complète, c'est ce que rien ne nous garantit ; nous devons toujours faire ou attendre de nouvelles expériences, nous ne pénétrons pas jusqu'aux propriétés réelles, et par conséquent nos idées des substances naturelles demeurent toujours imparfaites (1). Nous ne pouvons nous former d'idées complètes et absolues que d'objets abstraits ; au contraire les choses changent, et par conséquent les idées que nous en avons ne peuvent prétendre au caractère de vérité éternelle (2). Les concepts abstraits ne nous conduisent pas plus avant dans la connaissance des choses ; ils ne représentent que des rapports, ce qui s'applique particulièrement aux concepts des mathématiques (3). La pensée abstraite repose sur le langage, et sans le langage elle serait impossible. A l'exemple de Locke, Condillac s'est bien appliqué, et de la manière la plus sérieuse, à l'étude du langage ; il a cherché à montrer comment le langage pouvait s'élever des signes naturels de la passion aux mots, et comment la langue des mots convient seule à l'analyse des idées (4) ; mais, en dépit de son zèle, ses résultats sont complétement infructueux pour la connaissance des choses ;

---

(1) *De l'orig.*, i, sect. iii, § 15, p. 168 ; *Extr. rais.*, p. 228.
(2) *Tr. des sens.*, iv, 6, 13 ; 8, 5.
(3) *Log.*, i, 5, p. 58, sq. Chercher des rapports ou mesurer, c'est la même chose.
(4) Il traite ce point en grand détail. *Sur l'orig.*, ii, sect. i.

il est dominé par cette idée nominaliste que toutes les idées abstraites ne conduisent qu'à des explications verbales (1).

Ce scepticisme de Condillac a cependant ses limites. Il tient pour établie l'existence du monde corporel; la distinction de l'âme d'avec le corps est pour lui un fait constant; comme il ne peut se passer du langage pour l'analyse des idées, il admet aussi volontiers les abstractions de la raison, qui n'a qu'une loi, c'est d'employer les mots avec justesse. De là suit qu'il y a trois sortes d'évidence, celle des faits relativement au monde corporel, celle des sensations relativement à l'âme, et celle de la raison, qui enseigne à conclure du général au particulier (2). La distinction de l'âme et du corps lui offre spécialement un point solide où s'attacher. Bien que nous ne puissions pas connaître les vraies propriétés des corps, nous ne saurions cependant nous empêcher de conclure qu'il en existe de telles, car, si elle n'existaient pas, nos sensations n'auraient pas de causes. Leurs propriétés relatives reposent nécessairement sur des propriétés absolues (3). Nous pouvons encore faire un pas de plus dans cette déduction. S'il

---

(1) *Log.*, ii, 2, p. 124. Les idées abstraites et générales ne sont que des dénominations... Nous ne pensons qu'avec le secours des mots.
(2) Ib. ii, 9, p. 109, sq.; *L'art de rais.*, p. 5, sq.
(3) *Sur l'orig.*, i, sect. i, § 12. Il n'est pas douteux qu'il ne faille admettre dans les corps des qualités qui occasionnent les impressions qu'ils font sur nos sens. *Log.*, ii, 9, p. 200. Dire que les corps ont des qualités relatives, c'est dire qu'ils sont quelque chose les uns par rapport aux autres, et dire qu'ils sont quelque chose les uns par rapport aux autres, c'est dire qu'ils sont chacun, indépendamment de tout rapport, quelque chose d'absolu.

ne faut pas considérer l'étendue comme un attribut réel des corps, on doit la regarder du moins comme la propriété qui sert de fondement à toutes les autres; car tous les phénomènes des corps sont des modifications de l'étendue. Nous pouvons démontrer également qu'il existe pour l'âme une propriété fondamentale analogue; cette propriété n'est pas la pensée, comme Descartes se l'imaginait, c'est l'étendue. Maintenant le point sur lequel Condillac s'écarte le plus de Descartes et de Locke consiste simplement en ce qu'il appelle l'étendue et la sensation, non pas qualités premières, mais essences secondes (1). Du reste les conséquences demeurent les mêmes. Les deux qualités secondes du corps et de l'âme sont incompatibles, parce que l'étendue est divisible et la sensation simple; et c'est pourquoi nous devons aussi considérer le corps et l'âme comme deux substances radicalement distinctes (2).

Nous voyons que Condillac maintient au fond dans son sensualisme plus d'un des résultats auxquels semblait avoir conduit le rationalisme. C'est de quoi four-

---

(1) *L'art de rais.*, p. 35. Considérez que toutes les qualités que vous voyez dans les corps supposent l'étendue, et que toutes celles que vous apercevez dans l'âme supposent la faculté de sentir. Vous pouvez donc regarder l'étendue comme l'essence seconde du corps, et la faculté de sentir comme l'essence seconde de l'âme. Disc. prélim., p. 94, sqq.

(2) *L'art de rais.*, p. 35, sqq.; Disc. prél., p. 96. On peut donc définir le corps une substance étendue, et l'âme une substance qui sent. Or il suffit de considérer que l'étendue et la sensation sont deux propriétés incompatibles, pour être convaincu que la substance de l'âme et la substance du corps sont deux substances absolument différentes.

nira une nouvelle preuve sa doctrine sur Dieu, doctrine que nous ne pouvons passer sous silence, bien qu'elle ne renferme rien de nouveau, et qu'elle ne soit dans son système qu'une sorte d'interpolation. Il n'admet nullement, bien entendu, que nous puissions connaître l'essence de Dieu par une idée innée; l'idée de l'infini ne contient rien de positif; il y a plus, nous ne possédons pas cette idée, nous avons seulement la représentation vague d'une étendue et d'une durée sans limites, et nous ne devrions pas confondre cette représentation avec l'idée de l'infini (1). Mais, dans l'ordre philosophique, nous ne connaissons Dieu, aussi bien que toutes choses, que par ses relations à nous; toutefois, ces relations démontrent d'une manière irréfragable qu'il existe (2). La dépendance et le mouvement reçu, dans lesquels nous nous trouvons, et dans lesquels se trouvent tous les corps qui nous environnent, nous reportent à une cause, fondement de toutes choses. Sans l'idée d'une cause dernière, il ne nous reste plus que la représentation vague de l'aveugle hasard. Nous considérerons donc nécessairement le monde comme l'ouvrage d'un architecte, qui a tout ordonné avec sagesse et prévoyance. De là découlent tous les attributs que la religion naturelle reconnaît à Dieu (3). Condillac rattache aussi à ces pensées la doctrine de l'immortalité de l'âme; l'immortalité de l'âme ne ré-

---

(1) *Tr. des syst.*, 8, p. 198; *Tr. des sens.*, 1, 4, 7, p. 94, sq.; 11, 7; 25, sqq.

(2) *Tr. des anim.*, 11, 6, p. 121.

(3) Ib., p. 123, sqq.; Disc. prélim., art. 5.

sulte pas de son immatérialité, elle résulte d'une juste rémunération par Dieu (1).

On peut encore reconnaître ici la direction pratique, où est entraîné le sensualisme sceptique de Condillac. Forcé d'avouer que nous ne connaissons que les relations des choses à nous, il ajoute que nous n'avons besoin au surplus d'aucune autre connaissance. Il ne nous est pas nécessaire de connaître l'essence des choses, parce que notre savoir n'a pour objet que de nous conduire sûrement dans la pratique de la vie. Or toutes nos actions tendent à la conservation de notre être, et il nous suffit, pour atteindre cette fin, de connaître les rapports, soit utiles, soit nuisibles, que les choses ont avec nous. Nous recevons ces lumières de la nature, elle produit en nous un système bien ordonné d'idées, qui toutes ont notre avantage pour but (2). Notre savoir n'est donc destiné qu'à procurer la satisfaction de nos besoins, à régler notre vie, à nous mettre à même d'atteindre le bonheur. La science, que nous devons à l'expérience, ne contribue pas peu à ce résultat. Les obstacles, qui s'opposent au plaisir, me forcent à n'agir qu'après réflexion ; j'apprends de cette manière à résister à mes passions, à prendre pour guide mon intelligence, et je m'affranchis à propor-

(1) *Tr. des anim.*, ii, 7, p. 143, sq.
(2) *Log.*, ii, 1, p. 110, sqq. L'expérience m'apprend l'usage des choses qui me sont absolument nécessaires... Mais faudra-t-il pour cela que nous jugions de l'essence des êtres? L'auteur de notre nature ne l'exige pas... Il veut seulement que nous jugions des rapports que les choses ont à nous et de ceux qu'elles ont entre elles, lorsque la connaissance de ces derniers peut nous être de quelque utilité.

tion de l'usage que je sais faire de mes lumières (1). Tous les besoins de l'individu se résument en ceux de se nourrir, de se défendre et de contenter sa curiosité. C'est à cela que reviennent aussi toutes ses connaissances (2). Voilà comment j'arrive à la vie de plaisir, que je dois chercher, parce que vivre, c'est proprement jouir (3).

Ce côté pratique de la doctrine porte une profonde empreinte du sensualisme, elle se révèle ici assez clairement. En attribuant aux objets les caractères de bonté et de beauté, nous n'entendons autre chose par là, sinon que ces objets contribuent à notre plaisir. On nomme bon ce qui plaît à l'odorat et au goût, beau ce qui flatte la vue et l'ouïe. Ces dénominations sont étendues également aux rapports des objets soit avec nos passions, soit avec l'esprit, et reçoivent une signification de plus en plus large. Nous ne serons pas surpris que l'âme sentante reçoive encore par la voie des sens la connaissance du bon et du beau (4), quelle que soit d'ailleurs l'étrangeté de l'affirmation de Condillac, d'après laquelle non-seulement les actions humaines, mais les lois de ces actions, les règles d'appréciation morale, seraient des choses visibles (5). On peut en

(1) *Tr. des sens.*; II, 5, 2 ; IV, 8, 4. Instruit par l'expérience, j'examine, je délibère avant d'agir. Je n'obéis plus aveuglément à mes passions, je leur résiste, je me conduis d'après mes lumières.
(2) Ib. IV, 2, 7.
(3) Ib. IV, 9, 2, p. 260. Car vivre, c'est proprement jouir.
(4) Ib. IV, 5, 1, sqq.
(5) *Log.*, I, 6, p. 65. Mais la moralité des sens est-elle une chose qui tombe sous les sens? Pourquoi donc n'y tomberait-elle pas? Cette moralité consiste uniquement dans la conformité de nos actions avec

inférer dès à présent que Condillac ne prétend pas réduire notre vie tout entière à la seule jouissance des plaisirs grossiers et sensibles. Notre mémoire, notre imagination, notre réflexion, nos passions, nos espérances, en un mot l'exercice de toutes nos facultés est accompagné d'une jouissance (1). Enclin, comme il l'est, à placer le spirituel au-dessus du corporel, Condillac insiste sur cette idée, qu'au fond toute jouissance est spirituelle, et ne peut être appelée corporelle, qu'en tant que des corps en sont toujours la première occasion (2). Mais d'autres mobiles agissent encore en lui et le poussent à se former de la vie morale une conception supérieure.

Ces mobiles se produisent en particulier dans la comparaison des animaux avec l'homme. Sans vouloir nier que les animaux aient une âme analogue à la nôtre, une âme en qui les sensations développent des facultés semblables à celles que nous possédons, sans nier même que les animaux n'accomplissent mieux que nous beaucoup d'opérations, il croit apercevoir cependant des différences importantes entre eux et nous, et des différences qui nous assignent un tout autre rang. La principale est que l'homme a des besoins plus variés et plus difficiles à satisfaire que l'animal, que par conséquent ses facultés sont disposées par la nature en vue d'un développement bien supérieur. Les animaux

---

les lois ; or, ces actions sont visibles, et les lois le sont également, puisqu'elles sont des conventions que les hommes ont faites.
(1) *Tr. des sens.*, IV, 9, 2, p. 162.
(2) Ib. I, 2, 22.

accomplissent plusieurs opérations mieux que nous, parce qu'ils n'en accomplissent qu'un petit nombre et toujours les mêmes; ils sont enchaînés par là à leurs habitudes, tandis que la diversité de nos besoins et la difficulté de les satisfaire nous obligent à la réflexion et à un plus haut degré de réflexion; c'est ce qui constitue notre raison (1). Nos besoins nous poussent aussi à la sociabilité, nous font inventer la langue des mots, qui nous fournit le moyen non-seulement de nous entendre les uns les autres, mais encore d'essayer à l'aide de signes sensibles les combinaisons d'idées les plus diverses, et qui par une tradition fidèle accroît nos expériences de toutes celles des générations antérieures. Nous avançons ainsi dans le perfectionnement d'une moralité, qui repose sur une convention et sur des lois générales. Ici Condillac appelle spécialement l'attention sur l'instinct d'imitation, qui est dans la vie sociale une source féconde de développement spirituel (2). Mais il ne dissimule pas non plus que ses principes ne lui permettent pas d'admettre un autre fondement de la vie morale que l'amour-propre; l'amour-propre trouve dans les besoins de la nature humaine un sol fécond, qui l'élève jusqu'à l'estimation morale des actions, et finit par donner à celle-ci la haute main sur les passions, dont l'homme subissait au début nécessairement l'impulsion (3). Du reste le

(1) *Tr. des anim.*, II, 5, p. 110. La mesure de réflexion que nous avons au delà de nos habitudes est ce qui constitue notre raison. Ib. II, concl., p. 181, sqq.
(2) Ib. II, 5, p. 88.
(3) Ib. II, 8, p. 152, sqq. La connaissance des qualités morales des

jugement sur le bien et le mal se forme dans la société humaine d'une tout autre manière que dans l'individu. Les conventions sont dans la première une nouvelle source de jugements ; les hommes s'engagent les uns vis-à-vis des autres ; ils conviennent de ce qui est permis et de ce qui est défendu, et leur accord constitue la loi. Telle est l'origine de la moralité humaine. Elle repose uniquement sur ce que l'homme ne trouve pas seulement dans ses lois une convention arbitraire, mais encore une loi naturelle, que Dieu lui a imposée (1).

Ainsi Condillac, dans ses idées sur la vie morale, dépasse de beaucoup les limites que lui trace son explication sensualiste de nos connaissances. Cependant il n'est pas douteux que le plan de ses recherches ne le pousse à la distinction, qui sert de base aux points essentiels de son système moral. Ce qu'il a en vue, c'est une analyse de nos idées. Ce trésor, accumulé par l'exercice habituel de la faculté de penser, et qui nous fait admettre des idées innées, Condillac veut le décomposer en ses parties constituantes, afin de nous montrer qu'il ne renferme que des sensations transformées. Cette entreprise procède de l'opposition

---

objets est le principe qui fait éclore d'un même germe cette multitude de passions. Ce germe est le même dans tous les animaux, c'est l'amour-propre... Le moral, qui, dans le principe, n'est que l'accessoire des passions, devient le principal entre les mains de l'homme.

(1) Ib. II, 7, p. 141, sq.; *Log.*, I, 6, p. 66, sqq. Les besoins et les facultés de l'homme étant donnés, les lois sont données elles-mêmes : et quoique nous les fassions, Dieu, qui nous a créés avec tels besoins et telles facultés, est dans le vrai notre seul législateur... Voilà ce qui achève la moralité des actions.

reconnue entre le procédé habituel, par lequel nous rassemblons synthétiquement les éléments de nos idées sans les distinguer exactement, et ce procédé scientifique, qui se propose de distinguer par une analyse exacte ces éléments les uns des autres. Condillac, qui s'est parfaitement rendu compte de cette opposition, en établit une autre, conséquence de la première, entre la pensée d'habitude et la pensée de réflexion et d'analyse. Il distingue le moi de l'habitude et le moi de la réflexion (1), comme on avait autrefois distingué l'âme animale et l'âme raisonnable ; car le moi de l'habitude est l'instinct, qui n'est pas inné, mais acquis, en dehors de la réflexion, par le simple exercice ; le moi de la réflexion est propre à l'homme, il dépasse la sphère de l'habitude, et la prend pour objet de son analyse critique (2). Or cette distinction entre l'élément animal et l'élément raisonnable dénonce évidemment une distinction plus profonde encore. La nature, qui crée en nous l'habitude, commence bien, cela n'est pas douteux ; aussi devons-nous toujours recourir à la nature, pour nous prémunir contre les systèmes erronés des philosophes ; mais tout n'est pas néanmoins infaillible dans la pensée d'habitude, dans le cours mécanique de nos représentations. L'habitude naturelle peut suffire à la vie simple des animaux, nos

(1) Disc. prélim., p. 15. L'âme pense par habitude ou par réflexion. Tr. des anim., II, 5, p. 107. Il y a en quelque sorte deux moi dans chaque homme : le moi d'habitude et le moi de réflexion.

(2) Tr. des anim., p. 109, sq. L'instinct n'est que cette habitude privée de réflexion... La mesure de réflexion, que nous avons au delà de nos habitudes, est ce qui constitue notre raison.

besoins compliqués demandent des instruments plus savants. Nous acquérons, par l'exercice de la pensée d'habitude, une facilité singulière à penser vite ; cette facilité crée en nous le talent inventif, le jeu aisé du génie ; seulement elle ne nous permet pas d'examiner, de distinguer avec maturité. Les sens nous présentent mille objets divers à la fois ; ils nous montrent des masses, et nous jettent dans la confusion, parce qu'ils ne laissent point de jeu à la réflexion, et c'est ainsi que nous arrivons à contracter non-seulement de bonnes, mais aussi de mauvaises habitudes (1). Nous touchons ici à l'opposition du bien et du mal ; elle réside au fond des habitudes ; elle pousse Condillac à se saisir de la réflexion, et à l'employer pour dissoudre la trame confuse de notre vie et de nos idées, pour soumettre à un examen scientifique ce que les mœurs et les lois ont d'arbitraire, et dont il se plaint si souvent. Le fondement pratique de ses doctrines est si visible qu'on ne peut pas le méconnaître.

On ne devait pas s'attendre à voir une philosophie, qui avait pris pour seuls guides l'expérience et le sens commun, tendre au fond à d'autres buts qu'à des buts pratiques. Cependant l'apparition toute nue de ces buts pratiques a de quoi nous surprendre chez un homme, qui semblait dans ses recherches ne se proposer origi-

(1) Disc. prélim., p. 19. Mais quoique les habitudes se soient acquises par une suite de comparaisons et de jugements, il ne s'ensuit pas que nous ayons toujours assez réfléchi avant de les contracter. La facilité avec laquelle nous les acquérons ne le permettrait pas. Voilà pourquoi elles sont bonnes et mauvaises.

nairement qu'une théorie de la connaissance, et qui s'éloignait de Locke, son devancier, principalement en ce qu'il cherchait à s'enfermer dans l'intelligence et à mettre à part tout ce qui pouvait la placer en relation étroite avec l'action. Locke avait comparé notre faculté de penser avec notre faculté d'agir ; de même que nous trouvons toute prête pour celle-ci une matière, que nous ne pouvons changer, où nous pouvons simplement produire des combinaisons nouvelles, de même aussi notre pensée s'applique à une matière toute donnée, que les sens et la réflexion lui fournissent, et nous n'avons que la faculté de transformer, de combiner diversement les matériaux qui nous sont offerts, et de là s'engendrent d'eux-mêmes la comparaison et le jugement. Dans cette théorie Locke supposait encore à l'esprit la liberté de lier, de combiner en quelque sorte pratiquement nos idées les unes avec les autres. Mais c'est une vue contre laquelle Condillac se déclare formellement ; nous n'avons point de liberté de ce genre ; au contraire, les sensations se produisent en nous d'elles-mêmes avec toutes leurs relations ; leur vivacité plus ou moins saillante provoque notre attention, leurs traces persistantes la partagent ; elles engendrent la comparaison, le jugement, et forment tout le trésor de nos connaissances, sur lequel nous pouvons réfléchir. Ainsi notre intelligence est dépouillée de la comparaison en même temps que de tout effort pratique ; il ne reste dans notre âme qu'un mouvement des sensations et des effets, qu'elles laissent après elles ; nous sommes l'ouvrage de notre sensibilité et de nos habitudes.

Toutes ces propositions contiennent un développement du sensualisme, dont il faut louer la rigueur. Condillac surpasse à cet égard non-seulement Locke, mais encore Hume. Locke semblait encore réserver à notre entendement dans l'organisation de nos idées un rôle indépendant. Puisque l'entendement formait à son gré les combinaisons d'idées, il était inévitable d'admettre aussi qu'il suivait sa propre loi dans toutes ces combinaisons, et qu'il en puisait en lui-même le fondement et la raison. Hume avait fait sans doute un pas de plus ; ce n'était plus l'entendement, c'était l'imagination, qui présidait à l'enchaînement des idées ; mais ceci ramenait encore à des lois, selon lesquelles les idées s'associaient entre elles ; et par conséquent il intervenait toujours dans la formation de nos pensées quelque chose d'inné, un instinct naturel qui réunissait les éléments analogues, qui séparait les éléments contraires. Condillac fut le premier, qui effaça jusqu'à ces derniers vestiges d'une activité indépendante de notre esprit, en déclarant tout ce que nous croyons puiser en notre propre être, qu'on le nomme entendement, imagination ou instinct, un pur effet des sensations, qui s'emparent de nous avec un degré plus ou moins grand de vivacité, excitent en nous plus ou moins d'intérêt, et engendrent ainsi la masse tout entière de nos idées, avec l'ordre qui règne en elles.

Si l'on ne peut s'empêcher de louer sous ce rapport la conséquence de ses déductions, nous sommes loin de retrouver la même rigueur dans ses recherches relatives au contenu de nos connaissances. Les doutes, qui étaient issus du sensualisme, que Locke et plus encore Berkeley avaient développés, ne passent pas, il est vrai, près de Condillac sans l'atteindre; mais il s'en faut de beaucoup qu'ils aient pénétré chez lui aussi profondément que chez Hume. C'est à peine s'il élève des doutes sur la possibilité de connaître le rapport de causalité; quant à la difficulté de savoir si nous pouvons sortir de nous et de nos sensations, il y échappe par la confiance qu'il accorde à notre sens du tact, lequel nous assure, selon lui, par la résistance des corps et par la solidité des choses particulières, de leur existence. La substance de notre âme supporte et rassemble nos phénomènes internes, et la substance des corps les phénomènes externes : ce fait n'est pas pour Condillac l'objet d'un doute. Quoiqu'il soit forcé de convenir que nos sensations et par conséquent nos jugements ne peuvent pas pénétrer jusqu'aux substances, il ne laisse pas de considérer l'étendue et la pensée, sinon comme qualités premières, du moins comme qualités dérivées soit du corps, soit de l'âme, et il maintient fermement la distinction de la substance spirituelle d'avec la substance corporelle. Il y a plus, ses idées s'élèvent jusqu'à la croyance que nous devons admettre une cause première de l'univers, une cause sage et toute-puissante. Quiconque a envisagé le peu de liaison de ces conséquences avec les doctrines de Condillac sur l'origine de nos connaissances, doutera certainement qu'on puisse ranger Condillac parmi les esprits vastes, capables d'apercevoir toute la portée de leurs principes.

Les concepts métaphysiques, qui jouent un rôle dans ces vues de Condillac sur le contenu de nos connaissances, se reconnaissent sans peine comme une transmission du dualisme cartésien. Peut-être cependant Condillac se serait-il débarrassé de ces idées, comme il s'est affranchi de maint préjugé, si la direction pratique du sens commun ne l'y avait retenu et fortifié. Notre attention et notre jugement sont dirigés par le besoin et par l'intérêt. Notre jugement reçoit la conviction de l'existence du monde extérieur non-seulement par le tact, mais encore par la conscience de notre limitation; cette conscience est le fondement de notre croyance à la réalité de l'univers. En dernier résultat, les doutes qui découlent du sensualisme de Condillac se bornent à l'idée que nous ne pouvons jamais connaître que les rapports des choses entre elles, et finalement leurs rapports avec nous. Les substances des choses n'en subsistent pas moins pour cela; mais elles forment seulement le fond obscur et impénétrable de toute existence.

Cette limitation de nos connaissances, auxquelles est fermé tout accès de la vraie nature des choses, lui aurait difficilement suffi, si les buts pratiques de la vie ne lui eussent offert un dédommagement de ce sacrifice des buts spéculatifs. Condillac ne considère pas l'intelligence humaine comme portant en elle-même sa fin ou sa valeur; son emploi est destiné à la vie pratique, et il n'est pas besoin pour cette vie de savoir ce que les choses sont elles-mêmes, c'est assez de connaître leurs effets sur nous, les rapports où elles sont avec nous. C'est ce que nous pouvons apprendre de notre expérience, et par conséquent la limitation de nos connaissances est aussi conforme aux buts de notre vie rationnelle.

Si de là nous passons aux doctrines de Condillac sur la vie pratique, doctrines qu'il indique plutôt qu'il ne les développe, nous les trouvons marquées du même caractère que ses théories sur la connaissance. On peut le féliciter d'avoir soumis à une rigoureuse analyse l'origine de nos désirs ; ses conséquences dépassent toutefois de beaucoup l'horizon du sensualisme. Pour remonter jusqu'à la racine du désir, et pour écarter tout élément inné, Condillac rejette les hypothèses de l'instinct primitif, de la sympathie et des inclinations sociales, auxquelles les sensualistes anglais s'étaient rattachés ; les sensations du plaisir et du déplaisir, l'intérêt qu'elles éveillent en nous, restent les seuls mobiles de nos actions. Nous voulons jouir, c'est là toute notre vie. L'égoïsme se produit à nu dans cette doctrine bien plus que dans les doctrines anglaises. Nous avons déjà trouvé des théories semblables chez d'autres Français, chez Descartes, chez Gassendi, même chez Pascal et chez Malebranche ; il est légitime de conjecturer qu'il y a là quelque influence du caractère national, quand on voit ainsi le plaisir proposé à la volonté comme but de la vie ; mais il fallait le sensualisme le plus résolu pour écarter enfin tous les autres mobiles. Nous voyons cependant que Condillac ne persiste pas dans cette voie avec une conséquence inflexible. Il y mêle d'autres idées sur la

nature des choses, qui sont étrangères à ses principes.
Sans doute, selon lui, la société humaine elle-même
ne repose que sur cet intérêt commun, les hommes se
donnent, par le moyen d'une convention, des lois con-
formes à l'intérêt, la réflexion seule leur enseigne à
surmonter leurs passions, en vue de leur véritable
avantage ; mais Condillac ajoute que les lois morales
des hommes doivent être aussi considérées comme des
lois de la nature et de Dieu ; on ne peut pas les enfreindre impunément ; nous devons nous attendre à
recevoir la peine ou la récompense de nos actions dans
une vie à venir, sinon dans la vie présente. Ici Condillac dépasse, on n'en peut douter, les limites dans
lesquelles ses principes sensualistes devraient le cir-
conscrire.

Il est encore un autre point que la direction pratique de la doctrine nous met à même d'expliquer. Il
y a quelque chose de vraiment surprenant dans le
rapport qu'on remarque entre les jugements de Hume
et ceux de Condillac sur l'habitude. Pour être en mesure de dériver de la sensibilité les développements
rationnels les plus élevés, ils devaient attacher tous
deux à l'habitude la plus haute importance. Tous deux
en ont signalé la valeur, et nous ne pouvons que leur
en faire un mérite. Mais Hume s'est efforcé de ramener la puissance de l'habitude aux lois naturelles
qui président aux opérations de l'imagination ; il la
traite en général comme une action bienfaisante que
la nature exerce sur nous : les conséquences qu'elle
engendre se manifestent dans nos jugements pratiques,

d'accord avec les lois de la nature, dans la sécurité qu'elle garantit aux constitutions politiques, dans les progrès que nous voyons faire aux arts et aux sciences. Condillac n'entre pas dans la considération des lois de l'habitude; il se contente d'affirmer la puissance qu'elle exerce sur nous comme un fait (1); mais qu'elle repose sur la constitution de la nature, c'est ce qu'il ne lui eût pas été possible de méconnaître, puisque ses doctrines considèrent en général notre vie sous le rapport soit spéculatif, soit pratique, comme un développement purement naturel. Un naturalisme décidé domine tous ses principes; il s'en rend un compte très-clair lorsqu'il déclare qu'il n'y a proprement qu'une science, c'est l'histoire de la nature (2). Mais en considérant les suites de l'habitude, il s'en faut beaucoup qu'il n'y reconnaisse que des effets salutaires de la nature. L'habitude nous procure, il est vrai, le trésor de nos connaissances; mais celles-là sont souvent confuses: nous sommes obligés, afin d'en écarter l'erreur, de recourir à la réflexion, à l'analyse pour y introduire l'ordre et la lumière; c'est aussi par la réflexion seule que nous nous affranchissons de l'empire de la passion; la réflexion reprend et débrouille le réseau confus de l'habitude. Les mœurs, les lois habituelles dans lesquelles nous vivons, offrent beaucoup de choses qu'on ne saurait approuver, et l'éducation ordinaire en particulier est fort mauvaise.

(1) Disc. prélim., art. 5.
(2) *L'art de rais.*, p. 2. Il n'y a proprement qu'une science, c'est l'histoire de la nature.

Condillac voudrait qu'on introduisît dans le mode d'éducation établi une réforme radicale. Il voit évidemment dans l'éducation telle que la coutume l'a faite, plus d'effets funestes que d'effets salutaires. Faut-il dire qu'ici se révèle à lui l'opposition de la nature corrompue et de la nature saine? Ou bien cherche-t-il ce que l'habitude a de défectueux dans l'usage faux ou incomplet de la raison humaine? Quelque interprétation qu'on adopte, on conviendra nécessairement qu'ici son jugement est déterminé par des distinctions morales. Dans les états où nous amène l'habitude de la vie, on peut distinguer du mal et du bien; nous aspirons nécessairement à écarter l'un, à posséder l'autre; c'est ainsi que notre activité pratique est provoquée. L'opposition que Condillac établit entre le moi de l'habitude et le moi de la réflexion, l'analyse des idées habituelles à laquelle il nous invite, reposent uniquement sur ce fondement pratique.

Il n'échappera à personne que le système de Condillac manifeste la tendance de l'époque à se dégager des complications d'une morale surchargée, rigide, pervertie. Il travaille à en chercher les moyens et croit les trouver en nous ramenant aux éléments et aux mobiles simples de la nature. Ses idées nous montrent son siècle s'apprêtant à livrer un combat plus grand encore, à battre en brèche, à renverser de fond en comble les vieilles habitudes, les traditions usées de la foi et de la société. Condillac n'engage pas encore le combat dans son ensemble; ses opinions le rattachent trop fortement encore au temps passé; mais il signale la voie dans laquelle on va entrer. La réflexion doit être notre guide, elle doit dissoudre l'habitude, elle doit tout ramener aux premiers mobiles de la nature. Le moment inévitable était venu, où l'on allait se mettre à interroger plus exactement la nature et ses mobiles, et à établir là-dessus des résultats plus positifs, plus décidés que n'avait permis de le faire le sensualisme sceptique, dans la direction qu'il avait suivie jusque-là.

CHAPITRE II

HELVÉTIUS.

Sa vie. — Ses écrits. — Sensualisme. Nous sommes l'ouvrage du hasard. — Vues sceptiques. — L'amour-propre et l'intérêt, unique principe de la morale. — L'utilité détermine tous nos jugements.— Il n'y a pas de jugement d'une valeur universelle. — L'amour-propre nous porte à travailler à l'utilité générale. — Humanité et cosmopolitisme. — Identité de l'intérêt privé avec l'intérêt public. — Vertus du préjugé. La passion, principe de toute action. — Paresse de la raison. — La haine de l'ennui et les grandes passions. — L'homme est ce que le font les circonstances et le hasard. — Révolution des rapports sociaux. — Revue.

Nous ne pouvons pas nous abstenir de considérer les mobiles moraux, qui avaient fini par prévaloir dans le sensualisme français. Nous aurions tort sans doute de nous attendre à rencontrer ici des vues profondes, des explications vraiment philosophiques ; il est toutefois permis de supposer que d'autres ont exprimé avec plus de force et de netteté que ne l'avait fait Condillac les conséquences morales et pratiques du sensualisme. Je ne les trouve nulle part énoncées plus clairement que chez Helvétius, sur lequel une dame française laissa échapper ce mot, souvent répété depuis avec applaudissement : « Helvétius a dit le secret de tout le monde. »

Claude-Adrien Helvétius était né à Paris en 1715. Son père, médecin de la reine, lui obtint à l'âge de vingt-trois ans la charge de fermier général, et cette charge lui procura, malgré le désintéressement de sa gestion, une fortune considérable. Son penchant, son ambition l'attirait aux travaux littéraires. Jeune encore, il avait excité par des essais poétiques l'attention de Voltaire, qui l'encouragea et qui entretint toujours avec lui des relations d'amitié. Il n'est cependant resté de ses poésies qu'un poëme didactique inachevé, qui a pour sujet le bonheur; l'auteur y expose ses doctrines philosophiques. Comme il dépensait libéralement sa fortune, et réunissait autour de lui les philosophes et les beaux-esprits, ses talents ne pouvaient manquer d'encouragements. Les affaires lui plaisaient peu; les richesses, qu'il avait acquises, lui permirent d'y renoncer, pour s'adonner tout entier à la philosophie. Dès 1751 il se défit de sa charge, et en acheta une autre dans la maison de la reine. Le fruit de ses loisirs, l'ouvrage intitulé *De l'Esprit*, parut dans l'année 1758. Il rendit son nom célèbre, mais il lui attira en même temps des persécutions. Quoique Helvétius se fût abstenu de porter au préjugé les atteintes les plus fortes (1), quoique la censure eût supprimé les passages les plus hardis, son livre fut condamné par l'autorité religieuse et par l'autorité laïque, le privilége de la censure retiré, et Helvétius consentit même à une rétractation formelle. Ces vexations l'engagèrent à quitter pour un temps sa patrie. Il fut accueilli avec distinction en Angleterre et en Allemagne. A son retour en France, ne trouvant pas encore ses principes générale-

---

(1) Il voulait traiter le préjugé avec les égards que les jeunes gens montrent à de vieilles femmes. *De l'homme*, préf.

ment admis, ému surtout des applaudissements donnés aux opinions fort différentes de Rousseau, il composa un autre ouvrage, intitulé *De l'homme,* où il s'efforçait de démontrer ses doctrines d'une manière plus détaillée et plus approfondie. Le ton de cet ouvrage est plus sérieux que celui du premier, l'exposition y a plus de tenue et de rigueur, et ces raisons mêmes l'empêchèrent de réussir aussi bien, sans parler d'une autre circonstance, savoir qu'il ne faisait que reproduire une doctrine déjà connue. Helvétius songeait d'abord à le publier sous un pseudonyme; mais la situation politique le retint; il désespérait de la nation, qu'il voyait courbée sous le joug du despotisme, et il se décida à dédier son livre à des monarques tels que Catherine II et Frédéric II, et à ne le laisser paraître qu'après sa mort. Dans les dernières années de sa vie, dont il atteignit le terme en 1771, il était revenu aux essais poétiques de sa jeunesse; néanmoins il composa encore un *Extrait du Système de la nature,* qui ne fut publié qu'après sa mort. Ce dernier écrit ne pouvait avoir d'autre but, dans sa pensée, que de propager par un résumé facile à comprendre les doctrines hardies de ce système.

Les écrits d'Helvétius (1) présentent une image fidèle de ce bel esprit qui, vers le milieu du dix-huitième siècle, s'était érigé en juge de la religion et de la morale, et s'était placé au-dessus de la philosophie

---

(1) *Œuvres d'Helvétius.* Par. 1792. 5 vol. Je suis, dans mes citations, les éditions suivantes : *De l'Esprit,* Lond. 1784 ; *De l'homme,* Lond. 1786.

et de la science, parce qu'il s'entendait à exposer les idées de sens commun sous les formes d'une rhétorique séduisante. Dans le livre *De l'Esprit*, son principal ouvrage, Helvétius vante particulièrement l'alliance du bel esprit avec l'esprit philosophique, alliance qui ne suppose, pour être consommée, rien moins qu'un grand génie (1), et il s'est visiblement efforcé d'y arriver dans son livre. Il a réussi à composer un ouvrage où se rencontrent des traits agréables, malicieux, et quelquefois justes ; mais il a sacrifié à ces agréments une recherche calme et approfondie. Il n'ose pas entrer dans des recherches d'un caractère trop scientifique, de peur d'effaroucher des lecteurs, qui ne veulent qu'être amusés. Il affecte, il est vrai, de vouloir élever la morale, unique objet de la philosophie, à l'état de science. Il veut la traiter comme une physique expérimentale, la ramener à un principe unique, le principe sensualiste de la sensation, et il exprime la conviction qu'elle pourrait par cette voie arriver à la même exactitude que la géométrie (2). Il parle aussi, comme Bacon, de la pyramide des faits par laquelle il prétend s'élever aux principes de la morale, ces faits dussent-ils montrer dans les mœurs et dans les lois des folies et des étrangetés (3). Mais a-t-il sérieusement voulu pratiquer l'induction d'une manière rigoureuse ? C'est ce dont ses travaux ne témoignent nullement.

(1) *De l'Esp.*, iv, 6, p. 393.
(2) Ib., préf., p. vi; *De l'homme*, ii, 19, p. 259, sq.; récap., p. 452 ; 2, p. 476.
(3) *De l'Esp.*, ii, 13, p. 176, sq.

Ses démonstrations consistent en exemples, résultats d'une lecture variée, amassés sans aucune critique; sa crédulité accepte tout ce qui lui plaît, et ce qui lui plaît, ce ne sont que des anecdotes amusantes, parfois même licencieuses (1), dont il assaisonne son discours en voulant leur donner la valeur de faits. Cette méthode nous dégage, je crois, de la nécessité de suivre pas à pas la teneur de ses écrits; bien plus, nous pourrions passer complétement sa doctrine sous silence, si elle ne jetait sur les conséquences du sensualisme une lumière plus éclatante qu'aucune autre doctrine du temps.

Le sensualisme est un postulat de la philosophie d'Helvétius; il maintient obstinément qu'il est d'accord avec Locke (2); mais ses idées se rattachent plus étroitement aux principes de Condillac, qu'il ne fait qu'indiquer en passant, et réduit encore à plus de simplicité. On peut distinguer en nous deux facultés, la sensibilité physique et la mémoire; mais celle-ci se réduit à celle-là, et la sensibilité physique doit être considérée par conséquent comme l'unique et premier fondement de toutes nos connaissances. Ces deux facultés sont également passives (3). Pour en dériver dans toute leur étendue les idées, que nous trouvons en nous, il faut reconnaître, comme condition de ce développement,

---

(1) Il n'est pas grand partisan de l'amour platonique, qui n'est qu'un jeu d'oisifs; le plaisir sensible est un attrait assez fort. *De l'homme*, VIII, 10.

(2) *De l'homme*, récap., 1.

(3) *De l'Esp.*, I, 1, p. 2; 9, sq.; *De l'homme*, II, 5, p. 130, sqq.; récap., p. 450; 2, p. 478. La sensibilité physique est l'homme lui-même et le principe de tout ce qu'il est.

l'organisation perfectionnée de l'homme, dont les mains particulièrement sont un instrument supérieur, et en qui une grande diversité de besoins tiennent l'attention toujours éveillée (1). L'attention constitue toute l'activité de l'esprit, d'où résulte tout développement ultérieur. Les excitations de la sensibilité procèdent purement du hasard ; toute idée nouvelle est un don qu'il nous fait, et la civilisation, avec toutes ses richesses, apparaît donc comme l'ouvrage du hasard ; mais par l'attention nous notons les impressions reçues, nous les distinguons entre elles, nous les gravons en nous, et nous en tirons des jugements, principe de la culture et sources des conquêtes de notre esprit (2). L'attention est une fatigue ; toutefois les passions, excitées en nous, nous font surmonter cette fatigue et rassembler les expériences diverses et multiples, par lesquelles l'homme se distingue du reste des animaux. Notre esprit n'est autre chose qu'une collection d'idées, de pensées et de jugements, que nous avons obtenus par la sensibilité ; on le considère sans doute aussi comme la faculté de former de telles pensées ; mais cela revient au même, puisque la faculté de former ces pensées consiste uniquement dans la sensibilité et dans la mémoire (3). Si l'on veut être plus exact encore, il

(1) *De l'esp.*, I, 1, p. 2, sq.
(2) *De l'homme*, I, 8, p. 44, sq.; II, 2, p. 315, sq.
(3) *De l'homme*, récap. 1, p. 472 ; *De l'esp.*, I, 1, p. 1 ; 4, p. 57. L'esprit peut être considéré comme la faculté productrice de nos pensées ; et l'esprit en ce sens n'est que sensibilité et mémoire ; ou l'esprit peut être considéré comme un effet de ces mêmes facultés, et dans cette seconde signification, l'esprit n'est qu'un assemblage de pensées.

faudra distinguer l'âme et l'esprit. L'âme est simplement la cause inconnue de la vie ou la faculté de sentir, que nous ne saurions du reste expliquer ; tant que nous vivons, elle ne nous abandonne pas un seul instant, et nous la possédons tout entière dès le commencement de la vie. Il n'en est pas de même de l'esprit, il croît en nous par degrés, et peut même nous abandonner pendant la vie. En distinguant ainsi l'esprit de l'âme, on ne peut considérer le premier que comme un effet de la seconde (1). La science, que nous attribuons à notre esprit, est simplement le souvenir des faits, que l'expérience nous a offerts, ou des idées que d'autres nous ont transmises (2). La méthode d'investigation elle-même, dont on a coutume de nous faire honneur, soit qu'elle confie quelque chose à la mémoire et l'y grave, soit qu'elle se serve de l'abstraction et de l'analyse, est uniquement une voie, que le hasard nous a découverte, et dont le principe est dans la sensation.

En acceptant le sensualisme, Helvétius a reçu aussi les idées sceptiques qui en découlent. Nous ne connaissons que les rapports des objets entre eux et leurs rapports à nous. Bien plus, si nous voulions nous attacher uniquement à l'évidence, nous franchirions difficilement les limites de la connaissance de notre propre être. Mais nous ne pouvons pas nous dispenser de suivre la vraisemblance ; l'existence des corps

(1) *De l'homme*, II, 2, p. 115, sqq.; 127. L'existence de nos idées et de notre esprit suppose celle de la faculté de sentir. Cette faculté est l'âme elle-même. D'où je conclus que, si l'âme n'est pas l'esprit, l'esprit est l'effet de l'âme ou de la faculté de sentir.

(2) *De l'esp.*, II, 1, p. 58.

est une simple vraisemblance, quelque grande qu'elle soit d'ailleurs. Si l'on pouvait dresser une table des différents degrés de la vraisemblance, ce serait un travail fort utile, et c'est pourquoi Helvétius prodigue les louanges à la Nouvelle Académie (1). Si Helvétius n'embrasse pas décidément le matérialisme, il faut l'attribuer à cette réserve dans ses jugements; car il présente les traces irrécusables d'une pente qui le porterait vers cette doctrine, en n'imaginant, pour expliquer l'origine de la sensation, que des hypothèses purement matérialistes (2). Mais il les donne pour de simples hypothèses, et ne prétend pas leur attribuer plus de valeur. C'est pourquoi il repousse l'imputation de matérialisme; le spiritualisme et le matérialisme sont l'un et l'autre de pures hypothèses ; nous ne connaissons pas la substance de notre âme; parmi les mots équivoques, qui servent à propager l'erreur, il faut donc compter aussi le mot de matière; la matière est une pure abstraction, et l'homme est le créateur de la matière; elle n'est pas une essence, car il n'existe que des individus. Mais les adversaires du matérialisme sont aussi éloignés, que nous le sommes tous, d'avoir une notion complète de la matière; nous ne connaissons que des corps (3). Nos connaissances ne vont jamais au delà de ce que les sens atteignent; ce qui ne relève pas des sens reste inaccessible à notre esprit (4). Il s'ensuit que Helvé-

(1) Ib. I, 1, p. 7, sqq.
(2) *De l'homme*, II, 2, p. 128, not.
(3) *De l'esp.*, I, 1, p. 6 ; 4, p. 44; *De l'homme*, récap., 3, p. 480, sq.
(4) *De l'homme*, récap., 2, p. 478.

tius se prononce aussi en pur sceptique sur la liberté et sur Dieu. Nous connaissons, il est vrai, la liberté dans l'acception vulgaire du mot; mais admettre une liberté de la volonté, ce serait supposer une volonté sans mobile, un effet sans cause (1). Quant à Dieu, nous ne le connaissons pas; tout le monde convient que la notion de Dieu surpasse notre compréhension; que devons-nous donc dire de lui? Assurément il ne peut y avoir de vrais athées; car tout homme sain d'esprit reconnaît nécessairement une force inconnue dans la nature, et cette force est ce qu'on peut appeler Dieu. Il est donc raisonnable d'admettre un Dieu de la nature; mais l'est-il d'admettre un Dieu du monde moral? Bien des doutes s'élèvent contre cette conception. La justice est une œuvre de l'homme, à laquelle nous voyons souvent porter atteinte; irons-nous donc faire de Dieu l'auteur de la justice (2)? Par conséquent Helvétius n'est pas précisément un adversaire du déisme; il ne redoute que les fausses religions, parmi lesquelles il compte le papisme, mais non le christianisme pur (3); parmi les fausses religions, le paganisme est celle qui lui semble encore la plus tolérable, parce qu'il consiste uniquement dans des allégories de la nature (4); tout ce qu'il craint du déisme, c'est que cette doctrine ne puisse pas subsister long-

---

(1) *De l'esp.*, i, 4, p. 49, sq.; 55.
(2) *De l'homme*, ii, 2, p. 117, not.; 19, p. 258, not.; ix, 15, p. 515, not.
(3) Ib. i, 11, p. 77.
(4) Ib. i, 15, p. 93.

temps dans sa pureté (1). La religion, telle qu'il la veut, doit se fondre avec le bien général, ne point entretenir de mystère, diviniser l'intérêt public, et n'être que l'expression d'une morale pure et sublime; il a la confiance qu'une religion de cette espèce doit un jour embrasser l'univers (2).

Mais le scepticisme, auquel incline la philosophie du sens commun et de la vraisemblance, se révèle surtout d'une manière frappante, quand il signale les mobiles pratiques de notre intelligence. Il ne fait encore ici que tirer les conséquences de la doctrine de Condillac. Le besoin et l'intérêt gouvernent nos pensées et nous font surmonter la fatigue de l'attention. L'intérêt, fondé sur notre sensibilité, cherche le plaisir, fuit le déplaisir; c'est en quoi consistent tous les mobiles de nos caractères et de notre intelligence. L'intérêt est dans le monde moral ce qu'est dans le monde physique le mouvement, principe de tous les changements (3). Or chacun a son intérêt particulier; l'amour-propre est la source de toute l'activité humaine, l'unique principe de la morale; c'est de quoi nous n'avons pas plus le droit de nous plaindre que de tout autre phénomène de la nature (4). Pour vouloir quelque chose, il faut aimer; aimer veut dire avoir un besoin que l'on veut satisfaire; il est tout aussi im-

(1) Ib. i, p. 104.
(2) Ib. i, 10, p. 76; 13; 14, p. 94, sq.
(3) *De l'esp.*, ii, 1, p. 62, not.; 2, p. 71. Si l'univers physique est soumis aux lois du mouvement, l'univers moral ne l'est pas moins à celles de l'intérêt. *De l'homme*, récap., p. 450, sq.
(4) *De l'esp.*, i, 4, p. 47, sq. Mais enfin, il faut prendre les hommes

possible d'aimer le bien pour le bien, que d'aimer le mal pour le mal ; l'homme n'est pas méchant, il est intéressé (1). Maintenant comme l'intérêt de l'amour-propre gouverne toutes nos pensées, nous distinguons nos idées en utiles, nuisibles, indifférentes, et nous préférons les premières, de telle sorte que l'amour et la reconnaissance, la haine et la vengeance conduisent nos jugements. Telle est la mesure à laquelle sont rapportées toutes les productions de notre esprit; ses inventions n'ont de valeur que si elles sont utiles; ainsi jugent les individus, ainsi juge la société. La vérité elle-même est soumise au principe de l'utilité publique, elle doit présider à la composition de l'histoire, à l'étude des sciences et des arts (2). Mais l'intérêt étant sujet à changer, il s'ensuit que la vérité et les jugements humains ne peuvent pas avoir de valeur absolue; des individus différents, et le même individu dans différentes situations, portent nécessairement des jugements différents ; ils jugent tantôt d'une manière, tantôt d'une autre, selon que leur avantage l'exige. Helvétius invoque la doctrine de Leibnitz sur l'incessante métamorphose que subit le monde, lequel se reflète sous une forme différente en chacune de ses parties; il s'y réfère en affirmant que chaque homme

---

comme ils sont : s'irriter contre les effets de leur amour-propre, c'est se plaindre des giboulées du printemps. Ib. ii, 24, p. 508.

(1), Ib. ii, 5, p. 97 ; iii, 4, p. 136.

(2) Ib. ii, 1, p. 62. L'intérêt préside à tous nos mouvements. Ib. ii, 6, p. 105, not. La vérité elle-même est soumise au principe de l'utilité publique. Elle doit présider à la composition de l'histoire, à l'étude des sciences et des arts. Ib. ii, 25, p. 336.

conçoit nécessairement à chaque moment la vérité d'une façon différente (1). De là vient que chacun tient son opinion pour la seule vraie, et il n'en peut être autrement. Quiconque ne pense pas comme je pense a tort : voilà ce que je me dis, ce que tout homme se dit comme moi. De même, chacun n'estime dans les autres que lui-même, et les jugements des autres n'ont de valeur pour lui que parce qu'ils s'accordent avec son propre jugement (2). Dès que l'intérêt entre en jeu, et il y entre nécessairement partout, il décide de la vérité et de la fausseté. Les théorèmes de la géométrie ne sont pas tenus pour vrais parce qu'ils sont démontrés, mais bien parce que, habituellement, nous n'avons pas d'intérêt à les contredire; supposez le cas, où il y aurait quelque avantage à ce que la partie fût plus grande que le tout, je n'hésiterais pas à me ranger à cette opinion (3).

Le principe de l'utilité domine donc toute la doctrine d'Helvétius; pour le confirmer, il aime à invoquer le nom de son devancier Hume. A l'exemple de celui-ci, il s'applique à peu près exclusivement aux recherches morales. Mais s'il part du principe de l'amour-propre, il n'en est pas moins fort éloigné de professer la doctrine de l'égoïsme (4). L'amour-pro-

(1) Ib. II, 2, p. 71, sq. Aussi peut-on appliquer à l'univers moral ce que Leibnitz disait de l'univers physique, que ce monde, toujours en mouvement, offrait à chaque instant un phénomène nouveau et différent à chacun de ses habitants.
(2) Ib. II, 5, sq.; *De l'homme*, I, 11, p. 77, not.
(3) *De l'homme*, IX, 15, p. 311.
(4) *De l'esp.*, II, 16, p. 217. Vous usurpez le nom de moralistes, vous n'êtes que des égoïstes.

pre, qui poursuit la véritable utilité, nous entraîne à former une société avec les hommes ; nos jugements, nos actions prennent toujours par conséquent une signification sociale. Ce n'est pas seulement notre propre utilité, c'est aussi l'utilité publique que nous devons chercher, et nous avons à reconnaître des devoirs envers la société (1). La probité et la vertu doivent être l'objet de nos efforts ; car la vertu est le désir de la félicité générale, et la probité est la vertu mise en action (2). Ce que nous avons coutume d'estimer comme vertu, dépend donc nécessairement de l'utilité publique. Nous pouvons distinguer des sociétés plus ou moins grandes, et l'appréciation qu'elles font des actes et des individus, doit différer, comme diffère leur intérêt ; mais le bien de la plus petite société doit être subordonné à celui de la plus grande (3). Sur ce point et en ce qui concerne cette considération du général, nous apercevons évidemment de l'incertitude dans la pensée d'Helvétius. Sa doctrine incline à embrasser l'humanité, c'est-à-dire au cosmopolitisme ; mais il songe aussi que d'ordinaire les actions des hommes n'atteignent pas si loin, et que la portée de ces actions ne permet pas de travailler au bien de la plus grande société ; l'honnêteté, dans le sens habituel du mot, s'é-

---

(1) *De l'homme*, I, 13, p. 86.
(2) *De l'esp.*, II, 15, p. 176 ; 185.
(3) Ib. II, 6, p. 106, sq. L'utilité publique est le principe de toutes les vertus humaines, et le fondement de toutes les législations. Elle doit inspirer le législateur, forcer les peuples à se soumettre à ses lois ; c'est enfin à ce principe qu'il faut sacrifier tous les sentiments, jusqu'au sentiment même de l'humanité. Ib. II, 11, p. 156, sq.

tend seulement à l'utilité de l'Etat ou du peuple ; l'amour du citoyen pour la patrie exclut l'amour général de l'humanité ; et l'esprit, qui s'applique à des inventions utiles, qui travaille à l'avancement de la morale universelle, est le seul qui jouisse du privilége de servir au bien de l'humanité entière (1). Ces incertitudes font voir qu'Helvétius croit parfois nécessaire de sacrifier l'humanité à l'utilité publique, et que sa tendance à trouver toute vertu dans l'amour des hommes subit certaines restrictions (2). Cette considération du bien général modifie le principe égoïste de la morale, quelque étrange qu'il puisse sembler d'ailleurs de trouver une considération de ce genre dans une doctrine qui s'efforce de tout réduire aux excitations momentanées de la vie, et qui considère toutes les généralités comme de pures abstractions et des artifices de l'esprit. Quelle plus grande abstraction, en effet, selon cette doctrine, que l'humanité même ?

Mais on se tromperait fort de croire que ces restrictions apportées à l'égoïsme puissent écarter les mobiles intéressés de l'activité. En définitive, nous ne som-

(1) Ib. II, 25, p. 323, sqq. Il n'est point de probité pratique par rapport à l'univers... Cette espèce de probité n'est encore qu'une chimère platonicienne... La passion du patriotisme est exclusive de l'amour universel... C'est en ce point que l'esprit diffère de la probité... En matière d'esprit l'amour de la patrie n'est point exclusif de l'amour universel. D'où je conclus que s'il n'est point de probité relative à l'univers, il est du moins certains genres d'esprit qu'on peut considérer sous cet aspect.

(2) *De l'homme,* I, 14, p. 96. L'humanité est dans l'homme la seule vertu vraiment sublime ; c'est la première et peut-être la seule que les religions doivent inspirer aux hommes ; elle renferme en elle presque toutes les autres.

mes capables de servir l'intérêt général que par notre propre intérêt. Par conséquent, le seul but auquel nous devons aspirer, est une combinaison de l'intérêt privé avec l'intérêt public. Les concilier ensemble, tel est le véritable esprit des lois; lorsque tous deux se trouvent mis en conflit, il y a dans la législation une absurdité, une corruption; la fusion de ces deux intérêts est le seul moyen de conduire les hommes à la vertu (1). Helvétius cherche ensuite à démontrer par l'expérience l'exactitude de ces principes, il entasse une multitude d'exemples destinés à prouver que l'individu ne juge du bien et de la vertu que d'après son intérêt, et que la société humaine ne les apprécie que d'après l'intérêt public. Comme l'intérêt varie avec les circonstances, ce qu'on appelle vertu diffère aussi selon les différents individus et les différents peuples. La vertu n'est pas pour cela quelque chose d'arbitraire, comme le croyait Montaigne; au contraire, sa valeur dépend toujours de l'intérêt public (2). Il n'y a point de crime qui ne fût publiquement approuvé pour peu qu'il eût d'utilité (3). A Sparte, un larcin adroit, exécuté avec hardiesse, passait pour digne de louanges; les sauvages regardent comme une action juste de tuer leurs vieillards; les Chinois approuvent l'infanticide; toutes ces actions sont justi-

---

(1) *De l'espr.*, II, 5, p. 97, not.; 15, p. 215; 22, p. 295. Cette union est le chef-d'œuvre que doit se proposer la morale. Ib. II, 24, p. 317; III, 22, p. 218.

(2) Ib. II, 15, p. 174, sq.

(3) Ib. II, 1, p. 64; 2, p. 69.

fiées par l'avantage public qui en résulte (1). Sans doute, il est des actions qui, chez tous les peuples, sont estimées vertueuses, et louées comme telles, sans produire aucun avantage actuel ; mais c'est qu'on attend de ces actions des avantages à recueillir dans une vie future. Il faut considérer ce genre de vertus comme des vertus de préjugé ; elles procèdent uniquement d'une dépravation de la religion et de la politique (2).

Quelque forts que soient les exemples rapportés par Helvétius, d'actions inhumaines que l'intérêt justifie, nous n'avons pourtant pas signalé encore ce qu'il prétend faire passer de plus surprenant. On le trouve dans la théorie des mobiles. L'intérêt qui, selon lui, est notre guide, résulte au fond uniquement de notre sensibilité physique, et consiste donc en une souffrance de l'âme. Il suit de là que la passion est le ressort de la vie entière ; sans passion, l'homme serait une machine en repos, rien de plus ; l'homme devient stupide dès qu'il cesse d'être passionné (3). Or, les passions humaines sont de deux sortes ; elles sont naturelles quand elles vont au bien de l'individu, et sociales quand elles procèdent du rapport de l'individu à la société humaine ; les unes et les autres ont leur fondement dans la sensibilité physique (4). L'importance de ces passions ressort principalement de la dépen-

(1) Ib. II, 13, p. 177, sqq.
(2) Ib. II, 13, p. 185 ; 14, p. 192.
(3) *De l'espr.*, III, 4, sqq.; 6, p. 64. Les passions sont dans le moral ce que dans le physique est le mouvement. Il crée, anéantit, conserve, anime tout, et sans lui tout est mort ; ce sont elles aussi qui vivifient le monde moral. *De l'homme*, récap., p. 455.
(4) *De l'espr.*, III, 9, p. 97.

dance nécessaire dans laquelle les développements de l'esprit se trouvent à l'égard de l'attention ; l'attention est une fatigue, un déplaisir que nous n'affrontons pas volontiers ; la passion est le seul aiguillon qui puisse nous exciter à surmonter cette peine (1). Il faut déjà un plus haut degré d'excitation, il faut ce que d'ordinaire on nomme proprement passion, pour supporter le travail de penser et la fatigue d'agir en vue de l'intérêt commun. Les idées que Hume et Condillac avaient professées sur ce point, sont répétées par Helvétius dans les termes les plus forts. Une attention persévérante peut seule procurer à l'homme les qualités qui le distinguent, et lui mériter les éloges réservés à la vertu et à la supériorité de l'esprit. Mais l'homme est paresseux par nature ; il gravite sans cesse vers le repos, comme le corps vers un centre ; il ne sortirait jamais de sa torpeur, s'il n'était pas à chaque instant poussé par deux forces qui l'éloignent de son centre ; l'une de ces forces consiste dans des passions fortes, l'autre dans la haine de l'ennui (2). La puissance de cette dernière est placée assez haut par Helvétius, parce que c'est une force

---

(1) *De l'homme*, II, 6, p. 134, sqq.; III, 5, p. 319 ; *De l'espr.*, III, 4, p. 47 ; 52, sq.
(2) *De l'homme*, IV, 24, p. 462, sq.; *De l'espr.*, III, 5, p. 54. L'expérience nous apprend que la paresse est naturelle à l'homme, que l'attention le fatigue et le peine, qu'il gravite sans cesse vers le repos comme le corps vers un centre, qu'attiré sans cesse vers ce centre il s'y tiendrait fixement attaché s'il n'en était à chaque instant repoussé par deux sortes de forces, qui contre-balancent en lui celle de la paresse et de l'inertie, et qui lui sont communiquées l'une par les passions fortes, l'autre par la haine de l'ennui.

qui agit constamment, comme la goutte d'eau qui tombe ; en effet, tout plaisir coûte nécessairement un certain degré de peine ; tout plaisir veut être poursuivi pendant quelque temps ; le besoin de nous procurer un nouveau plaisir est toujours éveillé et aiguillonne sans cesse notre activité (1). Cependant la haine de l'ennui ne produit pas de grands résultats ; elle est réservée aux oisifs, aux gens qui ne se sont pas proposé de grands buts ; c'est cette force qui les arrache à leur inertie naturelle. Au contraire, de grands esprits, de grands travaux en vue du bien général ne sont inspirés que par de grandes passions. De grandes passions nous rendent la vie insupportable, si elles ne sont pas satisfaites ; parmi elles, Helvétius compte particulièrement l'amour de la gloire ; elle est commune à tous les grands esprits, seulement elle reçoit chez chacun d'eux une direction différente (2). De là vient que les arts et les sciences fleurissent là où ils sont honorés, et que l'Etat doit nécessairement, dès qu'il veut imprimer un puissant essor à des travaux d'utilité sociale, éveiller avant tout l'amour de la gloire ; il faut que cet amour soit fondu avec l'amour-propre, pour avoir la force de surmonter le dernier (3). En outre, Helvétius exige bien que pour certaines œuvres la passion soit surmontée jusqu'à un certain point, par exemple pour la science et spécialement pour la morale ; car le moraliste doit être et demeurer un juge

(1) *De l'espr.*, III, 5, p. 55 ; *De l'homme*, VIII, 8, p. 166, sq.
(2) *De l'espr.*, IV, 14, p. 477, sq.
(3) Ib. III, 50 ; *De l'homme*, III, 4, p. 52, sqq. ; IV, 22, p. 456, sq.

impartial; mais sa passion n'en reste pas moins l'amour de la gloire; les autres passions sont les seules qu'il doit pouvoir juger de sang-froid (1).

Les règles qu'Helvétius prescrit pour la vie humaine concernent principalement les divers ordres de cercles sociaux. Il attache peu d'importance à la nature originelle de l'homme. Quiconque veut déduire les diversités humaines de l'organisation et du tempérament individuels, ne fait autre chose qu'invoquer des qualités occultes; car nul ne peut démontrer que là résident les principes de l'activité humaine. Le fondement des diversités morales repose uniquement dans les principes moraux; l'éducation opère avec une toute autre énergie que la nature originelle (2). Des sens un peu plus délicats, une mémoire un peu plus vaste, une plus grande faculté d'attention, tels sont les avantages que peut donner la nature; mais tout cela est en somme de peu d'effet, lorsqu'il s'agit d'hommes bien organisés, et ce sont ceux qu'Helvétius considère exclusivement. Ils ont tous des sens pour distinguer les objets, assez de mémoire et des passions d'une vivacité suffisante pour leur donner la force d'attention requise (3); ces vues d'Helvétius dérivent de ses principes sensualistes. Notre esprit ne nous est pas inné; il est tout uniment une faculté acquise; ce que nous appelons notre nature n'est en

---

(1) *De l'espr.*, IV, 14, p. 477, sq.
(2) Ib. III, 1; 27, p. 261; *De l'homme*, II, 1, p. 110. sq.; récap., 1, p. 472.
(3) *De l'espr.*, III, 1, p. 8, sq.; 26, p. 255; *De l'homme*, III, 4, sq.

nous qu'une première habitude (1). Mais la première habitude est suivie de développements ultérieurs de l'habitude ; ces développements dépendront des impressions que nous recevons, des traces que nous en conservons et des passions qui en sont le résultat. Ainsi l'homme est disciple de tous les objets qui l'environnent, et du hasard qui l'a placé au milieu d'eux ; c'est de ces objets qu'il faut dériver toute diversité morale entre les hommes (2). Ce qui est vrai de l'individu, l'est également des peuples pris dans leur ensemble ; les passions, qui exaltent leurs facultés, ne leur sont pas naturelles, innées ; elles dépendent des moyens employés à les exciter (3). Maintenant que, parmi les circonstances qui doivent former l'homme, les hommes qui l'environnent soient la principale, c'est ce qui est évident, et, par conséquent, les rapports sociaux sont la chose capitale à considérer dans la formation de l'homme. L'homme doit acquérir, déployer sa vertu pour la société, et il ne peut le faire que dans la société.

Helvétius ne méconnaît pas l'importance de l'éducation dans la constitution morale ; mais il l'envisage d'un point de vue complétement opposé à celui de

---

(1) *De l'esp.*, II, 24, p. 510. L'homme sensé convient que la nature n'est rien autre chose que notre première habitude. *De l'homme*, IV, 3, p. 432, sq.; 22, p. 452. Tout jusqu'à l'amour de soi est en nous une acquisition. Ib., récap., 1, p. 472. L'esprit n'est en nous qu'une acquisition.

(2) *De l'homme*, récap., p. 447. Je vois que l'homme est disciple de tous les objets qui l'environnent, de toutes les positions où le hasard le place, enfin de tous les accidents qui lui arrivent.

(3) *De l'espr.*, III, 24.

Rousseau. Le caractère solitaire de ce dernier est antipathique à Helvétius ; la lutte de Rousseau contre les sciences et le raffinement de la civilisation n'a pas davantage son approbation ; il ne peut condamner le luxe ; ce n'est pas le luxe, c'est l'inégale répartition des biens, d'où résulte dans l'Etat l'antagonisme des intérêts, qui est la raison de l'absence d'esprit public (1). Sans doute Helvétius ne veut pas rejeter en bloc l'*Emile* de Rousseau ; mais il le considère au fond comme un roman à la mode de Platon (2). Le défaut principal de ce livre est de ne pas tenir un compte suffisant du hasard et de l'habitude contractée, quoique les mœurs en dépendent complétement. En y regardant de plus près encore, nous trouverons entre ces deux hommes une divergence d'opinions encore plus notable. Tous deux veulent une révolution morale ; mais Rousseau voudrait l'opérer surtout par l'éducation, par la culture individuelle ; Helvétius voudrait l'accomplir surtout dans l'ensemble, par la réformation de la grande société. Helvétius n'est pas partisan de l'éducation privée ; l'éducation publique l'emporte de beaucoup sur celle-là (3). Mais aussi c'est ici qu'Helvétius aperçoit le plus grand obstacle qui s'oppose à une bonne éducation. C'est pourquoi il dédaigne de s'étendre sur les détails d'un système d'éducation bien organisée ; en définitive, ce serait là une recherche inutile et par conséquent ennuyeuse.

(1) *De l'homme,* vi, 5.
(2) Ib. v, p. 467.
(3) *De l'homme,* x, 2, p. 589 ; 5.

Les grands États, dans lesquels nous vivons, se soucient peu d'éveiller l'esprit, parce qu'ils n'ont guère besoin de grands esprits ; ils se conservent par leur propre masse (1). Un changement dans l'éducation publique ne pourrait être réalisé que par une transformation de l'Etat ; car l'éducation publique est liée de la manière la plus étroite avec les mœurs de la nation (2). Il faudrait donc nécessairement commencer par l'amélioration de l'État, si l'on voulait améliorer l'éducation ; celle-ci ne pourrait être que bonne, si dans l'État les récompenses et les honneurs étaient le partage exclusif des travaux d'utilité générale, et qu'ainsi l'intérêt privé se trouvât fondu avec l'utilité publique (3). Helvétius aspire donc à une transformation de l'Etat ou de l'ordre social ; c'est de cette révolution qu'il attend tout. Son esprit cherche à embrasser sous le concept de l'Etat l'unité de la vie morale. Il croit à la toute-puissance du législateur ; car à l'aide du plaisir ou du déplaisir, dont la répartition est entre ses mains, il peut exciter en nous toutes sortes de passions, et par conséquent tous les mobiles de l'activité ; l'homme tout entier est en sa puissance. Au fond le monarque dispose d'une puissance plus grande que celle des dieux ; l'idée des avan-

---

(1) *De l'espr.*, IV, 17, p. 527 ; 552.
(2) Ib., p. 526. L'art de former des hommes est en tout pays si étroitement lié à la forme du gouvernement, qu'il n'est peut-être pas possible de faire aucun changement considérable dans l'éducation publique, sans en faire dans la constitution même des Etats. *De l'homme*, X, 10.
(3) *De l'homme*, X, 11, p. 441.

tages à recueillir en ce monde surpasse en force les promesses d'avantages éternels, que rêve la superstition (1).

Telle est la fusion de l'intérêt personnel et de l'intérêt public, dont Helvétius veut faire la base de notre vertu. Il arrive, il est vrai, sur cette voie à une manière de voir assez singulière : sans doute nous sommes tous, à son sens, des produits du hasard, et cependant le législateur et l'éducateur doivent, aux termes des fonctions qu'il leur impose, réduire la puissance du hasard (2), comme s'ils n'en étaient pas eux-mêmes des produits. Ici se révèle assez clairement l'inévitable conflit des principes sensualistes avec la révolution préméditée de l'ordre moral et de l'ordre politique. Nous apercevons encore ce conflit dans l'attitude sceptique, où Helvétius est placé par le rapport qui le rattache à Hume plus étroitement que tout autre sensualiste français. Il prétend s'en tenir uniquement aux informations, que les sens reçoivent des phénomènes ; quant à la raison de ceux-ci, il ne veut pas la chercher. Malgré un certain éloignement pour le dualisme de Condillac, il ne laisse pas toutefois de l'approuver uniquement en déclarant inutile l'examen des questions relatives aux fondements de nos sensations et de notre vie. Les phénomènes ont pour fondement une cause dernière, qu'on l'appelle la nature

(1) *De l'espr.*, III, 15; *De l'homme*, VII, 14, p. 96, not. Les peuples sont ce que le gouvernement les fait... Le monarque à la longue est plus fort que les dieux.

(2) *De l'homme*, I, 8, p. 51, sq.; III, 5.

ou Dieu, voilà ce qui ne lui paraît pas pouvoir être l'objet d'un doute sérieux ; mais il ne lui semble pas moins inutile de chercher à connaître cette cause inconnue. Il s'ensuit que l'homme est représenté comme le jouet du hasard ou de causes inconnues (1). Les sensations nous arrivent, excitent en nous le plaisir ou le déplaisir, l'attention, la passion ; la faiblesse de notre nature nous rapproche, nous constitue en société, et le bien général devient alors notre but ; mais tout cela est uniquement l'effet de causes cachées. Le scepticisme éclate dans ces propositions comme la conséquence inévitable du sensualisme. La vie spéculative et la vie pratique sont conçues par Helvétius de la même manière ; nous apparaissons dans l'une et dans l'autre comme les produits des excitations sensibles, qui nous atteignent, sans nulle coopération de notre part.

On pourrait croire que ce sensualisme sceptique eût effacé dans le champ de la philosophie moderne jusqu'à cette direction naturaliste qu'on y a vu dominer ; mais cette direction se trahit encore en ce que tout est rapporté à un principe absolument inaccessible à notre raison. La cause première, qu'on nous fait pressentir retirée au fond de ténèbres impénétrables, est conçue par analogie à peu près comme une puissance naturelle aveugle. Tout ce qui nous arrive, apparaît donc sans distinction comme un pur effet de la nécessité ; notre liberté périt au milieu des mobiles, à l'ac-

(1) Ib. I, 8, p. 51, not.

tion extérieure desquels la sensibilité nous soumet nécessairement; nous n'entrons nous-mêmes en ligne de compte qu'à titre de produits naturels. Nous sommes donc représentés comme une masse inerte, qui cherche à persister dans sa gravitation ; notre raison est simplement réceptive, inclinée naturellement à la paresse, et il faut regarder comme une pure faveur du hasard que la passion vienne exciter son activité.

Cette manière naturaliste d'envisager les choses se dérobe cependant chez Helvétius sous les tendances pratiques de sa philosophie. Quand la philosophie se met à la suite d'une science particulière, elle ne peut résister longtemps à l'attraction de ces sciences particulières, qui vantent d'ordinaire l'utilité qu'elles procurent. Aussi Helvétius ne veut-il que servir des intérêts positifs ; il dédaigne de s'adonner à des investigations fastidieuses, sans résultat utile, et par conséquent sans intérêt. Ces considérations pratiques modifient également son scepticisme ; afin de pouvoir poursuivre les buts de la vie, nous devons nécessairement reconnaître au moins des vraisemblances. C'est pourquoi cette philosophie du sens commun s'applique à méditer des vraisemblances de cette espèce. Elle ne songe pas (et l'on ne doit attendre d'elle cette prétention) à lier ses doctrines selon une méthode rigoureuse. Une fois qu'on avait renoncé à la recherche des causes dernières, on pouvait bien se contenter d'admettre comme établies par les expériences de la vie pratique l'unité naturelle de notre personne, l'unité naturelle de notre espèce, et même des fins naturelles, nécessairement requises par les intérêts humains. Il est clair que la raison ne pouvait avoir place que par tolérance dans des idées associées avec si peu de rigueur.

Sans doute nous apprécierions avec très-peu de justice le but qu'Helvétius se proposait, si nous omettions de dire que dans sa considération du bien général, dans son zèle pour la vertu et l'humanité, dans son ardeur contre le fanatisme et le despotisme, il croyait accomplir une œuvre commandée par la raison; dans ses espérances, fondées sur le progrès des lumières, dans les triomphes qu'il s'en promettait, il avait en vue des buts qui ne dépassaient pas l'expérience acquise jusque-là. C'est une chose bien remarquable, à coup sûr, que sous le règne absolu du sensualisme et du naturalisme on vit se faire jour des espérances et des aspirations, qui, de points de vue tout pratiques, embrassaient des fins morales de la raison, tandis que la théorie considérait l'homme comme un pur ouvrage de circonstances fortuites, et faisait tout dépendre d'une nature indifférente à l'égard du bien et du mal. Tandis qu'on sacrifiait la raison spéculativement, elle s'imposait, elle rappelait ses lois dans les considérations pratiques. Tandis que les principes de la doctrine voulaient exclure de l'univers tous les buts rationnels et réduire sous le joug d'une nécessité de nature toutes les forces de la raison, on rêvait d'affranchir cette raison des chaînes de l'oppression politique et religieuse, de la débarrasser du préjugé d'abord, et ensuite de l'habitude elle-même. Est-ce là un signe de l'inconséquence des opinions humaines? Est-ce une preuve que, jusque dans les erreurs d'une doctrine exclusive, la vérité fait valoir son autorité, et revendique ses droits? On pourrait penser que les incertitudes du scepticisme, que nous avons constatées jusqu'à présent chez Hume, chez Condillac, chez Helvétius, laissaient place à de telles contradictions ; mais nous les retrouverons, non moins fortes, non moins frappantes, dans les formes dogmatiques, que ce naturalisme a revêtues.

CHAPITRE III

D'HOLBACH.

Bonnet. — De la Mettrie. — Le *Système de la nature*. — Vie de d'Holbach. — Caractère de ses écrits. — Leur tendance morale. — Rapport de d'Holbach aux philosophes antérieurs. — Confiance dans la science de la nature. — Sensualisme. — Limitation de nos connaissances. — La nature peut être connue. — Mouvement, enchaînement des causes, matière. — Pluralité des substances; leur action réside dans leur essence; causes inconnues. — Molécules douées de propriétés différentes. — Attraction et répulsion. — Force motrice de la matière. — Amour-propre, gravitation sur soi. — La nature, envisagée comme tout, se meut nécessairement. — Des forces inconnues animent l'univers. — Le monde sans commencement ni fin. — Tout se produit avec nécessité. — Point de buts dans la nature. — L'homme est une machine, comme la nature tout entière. Discussion contre la liberté humaine. — Contre la duplicité de l'être humain. — L'âme est l'organisation du corps, et elle meurt avec lui. — Contre le déisme. — Dieu est la force motrice dans la nature. — La nature considérée tantôt comme unité, tantôt comme pluralité. — Direction pratique. Résultats de la science utiles au perfectionnement de l'homme. — L'amour de soi est l'unique loi naturelle. — La félicité de l'homme prise dans un sens très-étendu — Le bien commun. — Devoirs et vertu. — Ordre social établi parmi les hommes. — Revue.

En cherchant une base philosophique dans la théorie sensualiste de la connaissance, et en prétendant au titre de seule philosophie réelle, les doctrines physiques avaient abouti au scepticisme. Ce but n'était certes pas celui auquel elles tendaient, on le voit assez clairement par les tentatives faites, dès qu'elles y sont arrivées, pour échapper au scepticisme, en se jetant entre les bras du sens commun. La physique moderne avait, en se développant, évidemment aspiré à une connaissance dogmatique, et, après avoir invoqué l'expérience et les sens, après avoir pris les mathématiques pour auxiliaires, après avoir fait tant de belles découvertes, elle voulait encore, par un examen plus approfondi des bases sensibles de nos connaissances, prévenir toute erreur dans ses résultats. On peut trouver un exemple de cet effort dans les doctrines du naturaliste génevois Bonnet, dont la Palingénésie n'est pas encore de nos jours complétement tombée dans l'oubli. Peu d'années après Condillac, Bonnet reprenait l'hypothèse de la statue animée, et cherchait à en tirer un nouveau parti pour l'analyse de nos représentations ; mais il s'attachait à suivre bien plus profondément que Condillac les mouvements nerveux qui accompagnent nos sensations, et s'efforçait d'obtenir ainsi une théorie physiologique du développement de nos connaissances. Bonnet, homme d'un noble caractère, peut en même temps nous montrer par son exemple avec quel sérieux s'engageaient dans cette direction spéculative ceux-là mêmes qui avaient le plus à cœur la culture morale et religieuse de l'homme.

Ce système ne tenait cependant que par un lien bien peu serré aux doctrines religieuses que Condillac parmi les catholiques, et Bonnet parmi les protestants avaient également maintenues. Les doctrines des libres penseurs anglais avaient déjà conquis nombre d'adhérents sur le continent. Vainement d'Alembert avait voulu nier qu'en s'adjoignant Mirabeau, l'Académie française avait accueilli dans son sein un athée ; vainement la rigueur de la censure, celle du bannissement avaient frappé La Mettrie, qui, dans des écrits frivoles, avait représenté l'homme comme une plante, comme une machine, et fait de la religion et de la morale de purs instruments de la politique ; les écrits qui attaquaient la religion, qui enseignaient le matérialisme et l'athéisme, se multipliaient et se propageaient de plus en plus.

Dans l'année 1770, le parlement de Paris condamna au feu des ouvrages qui avaient successivement paru à de courts intervalles sous le voile de l'anonyme ou d'un pseudonyme, à Londres suivant le titre, et selon les vraisemblances à Amsterdam. Parmi ces ouvrages se trouvaient des traductions de livres anglais ; mais des écrits nouvellement composés dans le même esprit dépassaient de beaucoup les attaques des Anglais contre la religion chrétienne. De ce nombre était le *Système de la nature* (1), qui était même signalé comme l'écrit capital. Cet ouvrage s'est depuis lors maintenu au rang de code du naturalisme (2). Des écrits semblables, partis du même centre, composés dans le même esprit et dans le même style, se succédèrent encore pendant plusieurs années avec une rapidité extrême, et des arrêts réitérés ne purent mettre obstacle à leur diffusion. Il doit avoir été publié, à partir de 1767, et dans une période de moins de dix ans, vingt-cinq ou

---

(1) *Syst. de la nature*, ou Des lois du monde physique et du monde moral, par M. Mirabaud. Lond. 1770. 2. vol. 8. Je me sers de la seconde édition, Lond. 1771.

(2) Cette expression est employée dans le *Syst. de la nat.*, ii, 11, p. 361 ; 13, p. 426.

vingt-six ouvrages du même genre et du même auteur (1).

La personne de l'auteur est un point sur lequel des doutes ont plané longtemps. Mirabeau, dont le nom se trouvait sur le titre du *Système de la nature*, mais qui était mort, lorsque l'ouvrage parut, ne pouvait en être l'auteur, comme on ne tarda pas à le reconnaître unanimement, bien qu'il eût, à ce qu'il paraît, composé sous le même titre un ouvrage semblable, resté inédit. On a cru que différentes personnes avaient eu part à la composition de ces écrits (2) ; mais bien qu'il soit possible que l'auteur s'aidât de secours étrangers, l'unité du style et la teneur des idées témoignent pourtant qu'ils appartiennent essentiellement à un même auteur (3). Les éclaircissements obtenus dans la suite ne laissent pas de doute sur ce point, et il est établi que cet auteur était le baron d'Holbach.

Paul Dietrich, baron d'Holbach, était Allemand ; il était né, en 1722 ou 1723, à Heidelsheim, dans le Pa-

(1) Outre le *Syst. de la nat.*, je me suis encore servi des ouvrages suivants : *Le christianisme dévoilé*, ou Examen des principes et des effets de la religion chrétienne. Lond. 1767. *Système social*, ou Principes naturels de la morale et de la politique, avec un examen de l'influence du gouvernement sur les mœurs. Lond. 1773. 3 vol. *Ethocratie*, ou le gouvernement fondé sur la morale. Amsterd. 1776. *La morale universelle*, ou les devoirs de l'homme fondés sur la nature, par le baron d'Holbach. Par. 1820. 3 vol. La première édit. de cet écrit est d'Amsterd. 1776.

(2) On nomme entre autres comme collaborateurs ou auteurs de ces divers ouvrages Diderot, Lagrange et Naigeon.

(3) Le baron de Grimm (Correspondance littéraire, part. III, tom. v, p. 216) soutient que les meilleurs passages du *Système de la nature* sont de Diderot; il conclut de la faiblesse du style des derniers écrits que Diderot y eut moins de part; je n'ai pas été très-frappé de cette inégalité du style.

latinat; mais dès son enfance il avait reçu à Paris une éducation française; il était resté dans cette capitale, où malgré la simplicité de ses goûts il avait un grand état de maison; son salon était l'un des centres les plus brillants de la société philosophique. Il comptait au nombre des collaborateurs les plus actifs de la première édition de la grande Encyclopédie, prônant les services rendus par elle aux sciences, s'affligeant de voir le promoteur de l'entreprise, le sublime et profond Diderot, mal payé dans sa patrie des peines qu'il se donnait (1). Dans sa jeunesse il s'était adonné avec ardeur aux sciences naturelles, il s'était spécialement occupé de minéralogie et de chimie; il avait traduit en français et enrichi d'observations estimées plusieurs ouvrages allemands, relatifs à ces deux branches de la science; l'Encyclopédie contient aussi des articles de physiologie et de médecine qui sont, à ce qu'il paraît, de sa façon; en un mot, on faisait grand cas de ses connaissances générales. Plus tard ses écrits roulèrent exclusivement sur la philosophie. Mais après avoir entassé dans de nombreux écrits, qui se succédèrent rapidement, les opinions auxquelles il tenait, il cessa de faire parler de lui, et il n'est plus question de son activité scientifique, bien qu'il ait vécu jusqu'en 1789.

On nous apprend, il est vrai, qu'il aimait les femmes et la bonne chère; mais ces goûts d'un homme qui vivait dans un temps et dans un monde de mœurs

---

(1) *Eth.*, 9, p. 157.

faciles ne causaient aucun scandale. Son caractère et sa moralité jouissaient au contraire de l'estime générale. Rousseau l'a pris, à ce qu'il semblerait, pour type du personnage de Wolmar dans la *Nouvelle Héloïse*. Sa simplicité, sa libéralité, son humanité, sa bienfaisance sont l'objet d'éloges sans mesure (1). Ses écrits, de quelque fanatique ardeur qu'ils soient animés contre la religion, ne témoignent pas que ces éloges fussent immérités ; ces mêmes écrits ne se recommandent pas par le style, que ne distinguent ni la bonté du plan et la clarté de l'ordonnance, ni le bon goût et la finesse de l'expression. Les premiers ouvrages de d'Holbach, qui traitaient des sujets d'esthétique, ne sont pas tombés entre nos mains ; mais ses écrits postérieurs attestent qu'il faisait peu de cas de la poésie, et n'avait rien moins que de l'enthousiasme pour les ouvrages légers de la littérature la plus récente (2). Il ne se paie pas de beau langage. Ce qui fait à ses écrits une place à part, c'est la franchise avec laquelle il énonce son opinion. La vérité, qui ne peut jamais nuire, doit être exprimée clairement, librement, sans voiles ni ambages ; elle peut nuire à celui qui la dit, mais elle est toujours utile à l'humanité, et ne saurait être proclamée assez haut. Elle doit se montrer fière, noble, intrépide, attendu qu'elle est l'unique moyen de

---

(1) Grimm, *Corr. litt.*, part. III, t. v, p. 213, sqq.; *Nouv. rev. mensuelle allem.*, 1790, p. 349, sqq., en grande partie d'après une dissertation de Naigeon, insérée dans le *Journal de Paris*.

(2) *Ethoc.*, 9, p. 156, sq. La poésie n'est estimable que lorsqu'elle est philosophique, instructive et morale. — Cela s'applique même à la poésie de Voltaire. *Mor. univ.*, sect. iv, 10, p. 228, sqq.

combattre la dépravation morale sous laquelle nous vivons (1). De ce point de vue, d'Holbach flétrit les penseurs pusillanimes qui prétendent dérober la vérité au peuple, parce qu'ils regardent la superstition comme un frein nécessaire des passions populaires ; c'est ce qui s'appelle empoisonner le peuple pour le rendre inoffensif ; ce n'est pas la religion qui doit tenir le peuple en bride, ce sont les lois (2). Le sage ne doit pas penser pour lui seul, sauf à parler comme tout le monde ; nous ne pouvons pas nous flatter, sans doute, d'affranchir tout d'un coup les hommes de leurs préjugés ; loin de là, les passions qui sont naturelles à l'homme ne font que réveiller sans cesse à nouveau la superstition ; mais nous ne devons pas pour cela renoncer à l'espérance de pallier, d'atténuer les préjugés. Nous voyons les lumières se propager ; elles pénètrent, elles envahissent de plus en plus, et elles s'étendront encore ; l'homme ira progressant et se perfectionnant toujours (3). Les lumières qu'étendent les progrès de la science ont en d'Holbach un défenseur ; Rousseau a tort, à ses yeux, d'attaquer la culture et les sciences. A ceux qui estiment la science à peu près impuissante, puisque, après tant de siècles et d'efforts, elle n'est pas parvenue à corriger les hommes, il répond qu'au contraire la vérité est nouvelle encore et se développe

---

(1) *Syst. de la nat.*, II, 13, p. 422, sq., not.; *Syst. soc.*, III, 12, p. 152, sq.; 158.

(2) *Le christ. dév.*, préf. p. III, sqq.; *Syst. de la nat.*, II, 12, p. 588.

(3) *Le christ. dév.*, préf. p. III, sqq.; *Syst. soc.*, III, 12, p. 159, sqq.; *Syst. de la nat.*, I, 9, p. 165; II, 10, p. 545; 13, p. 421, sqq.

à peine. On s'est payé de paroles vides de sens ; une éducation faussée, livrée à des querelles de mots, négligeant la morale, n'a pu avancer le bien de l'humanité. Nous devons revenir à la nature dont nous sommes les enfants (1). On le voit, d'Holbach est un apôtre de l'avenir, qui promet des résultats encore inconnus, du siècle de la philosophie encore à son aurore. Dans sa lutte contre le préjugé, dans l'expression des espérances qu'il fonde sur l'avenir il ne s'interdit pas des termes très-forts ; mais il faut pardonner cet emportement à l'ardeur de son amour pour la vérité.

Il est une remarque qu'il ne faut pas omettre : d'Holbach ne se déchaîne pas seulement contre la tyrannie du préjugé religieux, il combat aussi celle du préjugé politique, car il réclame la tolérance même pour les incrédules, et il considère la puissance politique dans ses rapports avec l'autorité spirituelle (2). Il s'en faut cependant beaucoup qu'il veuille une révolution complète du système politique. Il n'admet pas l'égalité entre les hommes prêchée par Rousseau (3). En appuyant ses espérances sur le pouvoir de la vérité, le but auquel il vise en particulier, c'est qu'elle se fraie un chemin jusqu'à l'oreille des princes et des rois ; la vérité est utile même aux souverains ; mieux vaut pour

---

(1) *Mor. un.*, IV, 10, p. 106, sqq.; *Syst. soc.*, III, 12, p. 158; *Le christ. dév.*, préf. p. XI, sq.; *Syst. de la nat.*, II, 14, p. 443.

(2) *Syst. de la nat.*, préf.; *Ethoc.*, 7, p. 98, sq.

(3) *Mor. univ.*, IV, 10, p. 212, sqq.; *Syst. de la nat.*, I, 9, p. 130. La diversité qui se trouve entre les individus de l'espèce humaine met entre eux de l'inégalité, et cette inégalité fait le soutien de la société. *Syst. soc.*, I, 12, p. 140.

eux régner sur un peuple éclairé que sur un peuple esclave, qui ne peut être gouverné que par le mensonge ; mais il n'y aurait rien d'impossible à la volonté ferme et persévérante d'un prince. Plein de ces idées, il a dédié son *Ethocratie* à Louis XVI (1). Ce n'est pas la partie éclairée de la nation, destinée à gouverner les autres, ce sont les prêtres, les fanatiques, les ignorants qui font les révolutions ; les gens éclairés aiment le repos (2).

Il déploie la même ardeur à soutenir la cause des mœurs qu'à défendre la vérité. Il ne prétend nous dégager d'aucun de nos devoirs ; il travaille incessamment et avec l'attention la plus sérieuse à les préciser, il les énumère longuement, il en développe avec détail les conséquences. A embrasser d'un coup d'œil la suite de ses écrits, on remarquera, et plusieurs même seront étonnés qu'en définitive ces écrits roulent tout entiers sur la morale. Ses alliés, les libres penseurs, se moquaient de ces capucinades à propos de la vertu. S'il regarde la vérité comme nouvelle, cela s'explique par les plaintes qu'il exhale sur l'oubli où l'étude de la morale a été laissée ; les vrais principes de la morale sont encore à découvrir ; tandis qu'on cherchait à pénétrer l'impénétrable, on négligeait ce qui touche de bien plus près à l'homme, l'étude de l'homme ; la science n'est rien, dès qu'elle perd de vue le bien de

---

(1) *Le christ. dév.*, préf., xv, sqq.; *Ethocr.*, avertiss.; *Syst. soc.*, III, 12, p. 161.

(2) *Le christ. dév.*, préf. p. iv, sq.

l'humanité (1). D'Holbach déclare donc que la morale est la science la plus digne, bien plus encore, la science universelle, puisqu'elle embrasse l'homme tout entier (2). Il n'attaque, il ne combat la religion dominante, que parce qu'elle contredit la science morale et sanctifie les coutumes les plus révoltantes ; la religion est issue de cette doctrine de Platon, qui prescrit une continuelle méditation de la mort ; la vraie philosophie est tout au contraire la méditation de la vie ; la morale devrait être la pierre de touche de la religion, et l'interprète de la nature ne saurait reconnaître pour vraie d'autre religion que la morale de la nature, qui nous enseigne les devoirs de l'homme et les sanctionne par son autorité (3). Cette direction morale de son système élève d'Holbach au-dessus même de sa haine contre les préjugés religieux, en ce sens que non-seulement il tient pour utile d'écarter en morale la lutte contre la religion, mais va jusqu'à admettre sans difficulté la croyance à un Dieu de la nature, et donne des conseils sur l'utile fonction à laquelle les prêtres pourraient être employés dans la société humaine (4). Ainsi d'Holbach, qui regarde la sincérité la plus entière

---

(1) *Syst. soc.*, intr., p. 1, sq.; *Mor. univ.*, iv, 10, p. 232, sq. Philosophes ! votre fonction sublime est de méditer l'homme, de lui découvrir les replis de son cœur, de lui montrer la vérité, sans laquelle il ne peut obtenir le bonheur.

(2) *Mor. univ.*, préf., p. 1; xxix, sq.

(3) Ib., préf., p. xviii, sq.; iv, 8, p. 148; 150. La morale est donc la pierre de touche de la religion. *Syst. de la nat.*, ii, 14, p. 452. La morale de la nature est la seule religion que l'interprète de la nature offre à ses concitoyens.

(4) *Mor. univ.*, préf. p. xviii; iv, 8; *Ethocr.*, 7.

comme l'unique moyen de guérir la corruption des mœurs, ne peut s'empêcher en dernier résultat de voir que l'enveloppe altérée des préjugés de la religion naturelle peut bien recouvrir au fond une vérité.

D'Holbach s'appuie, lorsqu'il veut réformer la philosophie, sur des connaissances nombreuses et variées; il manque pourtant d'une connaissance suffisamment profonde des systèmes de l'antiquité. Il se déclare l'adversaire du cartésianisme; ses bases sont le sensualisme de l'école anglaise et de l'école française. Il revient souvent à Hobbes; Locke est cependant la source principale où il puise, et, s'il cite rarement Condillac, il ne le considère pas moins comme un des appuis principaux de la doctrine de Locke amendée. Pourquoi faut-il donc que Locke, que les disciples de Locke, après avoir rejeté les idées innées et reconnu les sens comme source unique de la vérité, n'aient pas tiré de ce principe les conséquences immédiates et nécessaires qui en découlent (1)? D'Holbach n'a rien à faire avec les déductions sceptiques de Berkeley et de Hume. Il estime que Berkeley est absurde, et au-dessous même de la discussion (2). Il combat assez fréquemment les idées de Hume, mais seulement en ce qui concerne les principes de la morale; Shaftesbury et Hutcheson partagent à cet égard le même sort (3). On aura beau exagérer son scepticisme, personne ne pourra jamais douter de bonne foi ni de sa propre

---

(1) *Syst. de la nat.*, I, 10, p. 179.
(2) Ib. I, 10, p. 170; *Mor. univ.*, préf., p. XVI.
(3) *Syst. soc.*, I, 5, p. 48, sq.

existence, ni de l'existence du monde extérieur (1). Nous possédons une mesure infaillible de la vérité, pourvu que nous nous attachions à l'expérience sensible, et que nous évitions les illusions de l'imagination (2). Le système de d'Holbach aboutit donc à un dogmatisme très-décidé, qui toutefois exclut l'abstrait et prétend ne s'appuyer que sur des faits (3). D'Holbach croit pouvoir pénétrer jusque dans l'avenir au moyen de l'expérience de cas analogues, et il tient pour certaines les dépositions des sciences naturelles, des mathématiques, de la morale et de la politique (4). On n'a pas de peine à reconnaître, par le procédé qu'il emploie, que les résultats acquis des sciences naturelles sont ceux qui lui inspirent le plus de confiance, et auxquels il se réfère dans ses jugements sur le domaine moral. L'immortel Newton est une de ses plus chères autorités, mais il est forcé d'ajouter que cet homme était aussi faible théologien que grand géomètre (5). Comparées aux sciences naturelles, la théologie, la psychologie, la métaphysique sont, aux yeux de d'Holbach, des doctrines qui reposent sur des mots vides, et rien de plus ; la vraie physique est la ruine de la théologie (6). Dans la lutte, qu'il engage uniquement du point de vue des sciences naturelles contre la théo-

(1) *Mor. univ.*, préf. p. xvi.
(2) Ib. iv, 10, p. 209. Le criterium de la vérité est certain, quand on ne s'occupe que des objets que l'on peut soumettre à l'expérience, et quand on rejette ceux qui n'ont que l'imagination pour base.
(3) *Syst. de la nat.*, ii, 13, p. 434.
(4) Ib. i, 9, p. 141 ; ii, 13, p. 433 ; 435.
(5) Ib. ii, 5, p. 158.
(6) Ib. i, 7, p. 111, not.; 10, p. 194.

logie, il ne dédaigne pas l'appui des libres penseurs anglais; mais il ne va pas plus loin qu'eux; la religion naturelle, qu'ils avaient prêchée, lui paraît n'être rien moins que naturelle (1). On pourra remarquer dans ses vues sur la nature une forte empreinte des recherches chimiques, dont elle s'était principalement occupée. Nous la voyons aussi dans l'importance qu'il attache aux transformations de la fermentation, au phlogiston, à l'affinité chimique des éléments ; nous aurons, du reste, à revenir ailleurs sur ces derniers points. On est aussi fondé à s'attendre, en raison de la direction dogmatique de sa doctrine, d'y rencontrer plusieurs concepts rationalistes. Mais ce qui surprendra peut-être, c'est qu'elle manifeste la plupart du temps une certaine parenté avec l'élément théosophique, qui s'était attaché à la chimie, mais que nous avons pareillement retrouvé dans la doctrine de Leibnitz. Ainsi que cette dernière doctrine, celle de d'Holbach signale, comme un fait important, la force, l'effort inhérent aux éléments naturels ; par conséquent il considère tout comme animé, et ne repousse pas même l'hypothèse, qui prête à tout la sensation. Il a accepté aussi le principe de l'indiscernable. Il lui arrive aussi de tenir compte de la doctrine de Bilfinger et de celle du fameux Wolff.

Toutefois son dogmatisme a pour base une critique de notre faculté de connaître. Cette critique porte partout l'empreinte des principes de Condillac, mais ré-

---

(1) Ib. II, 7, p. 228.

sumés et concentrés. Nous devons analyser toutes nos pensées; nous trouverons alors qu'elles se ramènent sans exception à la sensation comme à leur source première (1). Car nous n'avons aucune connaissance des objets, quels qu'ils soient, que par l'impression qu'ils font sur nous, ou par la modification qu'ils produisent en nous et que nous sentons; cette modification nous fait connaître un effet de l'objet sur nous (2). Des idées, que les sensations produisent en nous, se forme spontanément la pensée, la combinaison des idées; parmi ces modifications ressort celle de notre conscience, persistante en nous, mais soumise à la variété qui résulte des sensations diverses; ces modifications prennent différents noms; la mémoire, l'imagination, le jugement, se forment uniquement par la liaison, la distinction, la comparaison des impressions; l'entendement et la raison ne sont autre chose que des modifications de nos sensations. La raison est simplement une nature modifiée par l'expérience, le jugement, la réflexion, une habitude contractée de juger sainement des objets. Toutes nos opinions reposent sur des associations d'idées. Il n'y a donc lieu d'admettre rien d'inné; l'instinct lui-même n'est pas inné, il n'est qu'une faculté acquise de former un jugement avec promptitude et mécaniquement. Il en est de même du sens moral et du goût dans les arts; on a eu tort de les regarder comme

---

(1) *Syst. de la nat.*, I, 8, p. 111; 121.
(2) Ib. I, 2, p. 14.

des facultés mystérieuses ou des dons innés (1). Une habitude formée d'associer nos idées est le principe de tous nos jugements. Nous ne considérons dans l'abstraction que nos propres modifications, tenant compte des unes, négligeant les autres (2). Nous ne saurions, il est vrai, suivre jusque dans leurs derniers éléments et dans leurs dernières nuances la formation de nos idées; beaucoup de détails nous échappent à cause de leur ténuité; nous ne pouvons saisir que les grandes masses; mais c'est assez pour conclure nécessairement de celles-là aux éléments les plus délicats (3). Le seul point, où l'on pourrait voir d'Holbach en divergence avec Condillac, est l'importance bien moindre qu'il attache à l'explication de la réflexion. Il s'en rend compte sans difficulté, en attribuant à l'organe interne de notre pensée la faculté de s'observer et de se modifier lui-même (4). Et en effet son opinion à cet égard est bien plus voisine de celle de Locke, puisqu'il fait sortir de cette réflexion de nouvelles pensées. Du reste il n'y a pas lieu non plus, eu égard à la brièveté de ses explications sur ces objets, de s'arrêter beaucoup sur ce point. Il est impossible

(1) Ib. I, 8, p. 117, sqq.; 9, p. 142; 10, p. 180; 183; 188; *Mor. univ.*, I, 12, p. 52; *Syst. soc.*, I, 9, p. 91, sqq.
(2) *Syst. de la nat.*, I, 9, p. 147, sqq.; 167; 10, p. 185; 190; *Mor. univ.*, I, 12, p. 52.
(3) *Syst. de la nat.*, I, 2, p. 15, sq.
(4) Ib. I, 8, p. 123. Non-seulement notre organe intérieur aperçoit les modifications qu'il reçoit du dehors, mais encore il a le pouvoir de se modifier lui-même et de considérer les changements ou les mouvements qui se passent en lui ou ses propres opérations, ce qui lui donne de nouvelles perceptions et de nouvelles idées. C'est l'exercice de ce pouvoir de se replier sur lui-même que l'on nomme réflexion.

de le soupçonner de vouloir par là prêter à l'homme la faculté de rien produire de lui-même. La réaction de l'organe interne dépend elle-même complétement des actions extérieures; tout ce qui distingue l'homme se réduit à une plus grande mobilité de ses organes; il est un produit de sa sensibilité, et n'est que cela (1). S'il vient à agir, c'est une suite de ses besoins, de ses désirs, de ses passions, et c'est pourquoi la souffrance lui est nécessaire; sans elle il ne serait jamais excité à développer ses capacités, et ne sortirait pas de la torpeur. Cela est aussi vrai de la pensée que de l'action. Réfléchir est une fatigue, un déplaisir que l'homme n'affronte que pour se soustraire à de plus graves inconvénients (2).

D'Holbach s'accorde encore avec Condillac pour reconnaître que les sensations ne sauraient jamais nous révéler que les rapports des objets à nous (3). Cette idée entraîne aussi d'autres idées critiques analogues. Les sciences d'expérience imposent à notre intelligence la limite qu'elle ne peut franchir. Il arrive à d'Holbach d'aller jusqu'à dépouiller l'homme de toute pensée d'une valeur universelle. Différemment organisés, les hommes voient et sentent d'une manière également différente, ils sont avec les choses dans des rapports différents, ils se servent d'une langue différente. Le concept même de l'unité ne saurait

(1) Ib. I, 8, p. 120; II, 1, p. 2.
(2) Ib. II, 1, p. 3, sq.; *Syst. soc.*, I, 14, p. 167, sq.
(3) *Syst. de la nat.*, I, 2, p. 13; 10, p. 194. Les hommes ont besoin de la vérité; elle consiste à connaître les vrais rapports qu'ils ont avec les choses.

être le même chez divers individus ; encore qu'ils emploient les mêmes mots, l'acception dans laquelle ils les prennent, pourrait bien se trouver et est en effet différente (1). Le plus petit et le plus grand échappent particulièrement à notre intelligence. Les raisons des mouvements les plus simples, desquels se composent les grandes masses de phénomènes et dépendent tous les rapports, sont pour nous des secrets, aussi bien dans le monde de l'esprit que dans celui des corps ; l'origine des choses nous est aussi par conséquent impénétrable (2). Les éléments des corps échappent à nos sens, ils ne sont perceptibles qu'à l'état de composition (3). Et cependant l'existence d'éléments et de mouvements très-petits, tels que ceux dont il est question, est une conclusion qui s'impose inévitablement à nous ; ce que nous percevons apparaît par conséquent comme un effet nécessaire de causes inconnues (4). Quant à l'ensemble de la nature, il nous dépasse, nous ne pouvons l'embrasser. Nous devons supposer une nature universelle, bien que nous ne puissions pas la sentir ; elle est une somme de forces inconnues (5).

Nous trouvons donc chez d'Holbach une série d'aperçus sceptiques ; mais ils restent, il faut bien le

(1) Ib. i, 10, p. 194, sqq. L'intelligence, la notion, la conviction d'aucune proposition, quelque simple, évidente et claire qu'on la suppose, ne sont ni ne peuvent être rigoureusement les mêmes dans deux hommes.
(2) Ib. i, 2, p. 15, sqq.; 6, p. 87 ; 8, p. 128.
(3) Ib. i, 2, p. 15 ; 4, p. 52.
(4) Ib. i, 14, p. 328, sq.
(5) Ib. ii, 6, p. 203, sq.

dire, assez superficiels. Car bien que la théorie sensualiste de la connaissance n'offre aucun moyen de découvrir les dernières causes, ces causes ne laissent pas d'être supposées, et dès lors les recherches n'ont pas moins pour objet de tirer des conséquences de cette supposition de raisons inconnues. Les idées de d'Holbach sont déterminées bien moins par ses recherches sur les fondements de nos connaissances que par sa confiance dans l'investigation de la nature. Il s'attache aux hypothèses de la science de la nature, qui doit nous faire connaître les causes secondes, puisque les causes premières sont inaccessibles; il espère en cette connaissance des causes secondes pour nous aider à nous former du moins une idée des causes premières, tout inconnues qu'elles soient (1). Nous ne connaissons la nature que par les changements qu'elle éprouve; elle n'est pas si mystérieuse que le pensent ceux qui la regardent à travers le voile du préjugé; ses voies sont toujours simples. Bien que nous soyons incapables d'en pénétrer tous les détails, nous en connaissons cependant les lois générales; nous pouvons fonder sur ces lois des inductions, car nous devons nous tenir pour assurés que la nature agit toujours d'une manière constante,

---

(1) Ib. ii, p. 6, 204. Si nous ne connaissons la nature et ses voies que d'une façon incomplète, si nous n'avons que des idées superficielles et imparfaites de la matière, si nous ne pouvons remonter aux causes premières, contentons-nous des causes secondes et des effets que l'expérience nous montre; recueillons des faits véritables et connus; ils suffiront pour nous faire juger de ce que nous ne connaissons pas.

uniforme, analogue et nécessaire (1). La conclusion nécessaire de tout ce qui précède, c'est que les principes des sensualistes se trouvent chez d'Holbach appliqués à la considération de la nature avec très-peu de rigueur.

Cependant il s'efforce de rattacher directement à la sensation la connaissance que nous avons de la nature. Le concept du mouvement est le pont jeté pour passer de la sensation à la nature. Sentir, c'est être mû. Les sensations sont des mouvements en nous, et elles nous révèlent d'autres mouvements hors de nous. Elles nous informent que d'autres choses font des impressions sur nous par le moyen du mouvement; nous sommes instruits par elles de toutes les relations que nous connaissons entre le monde extérieur et nous (2). Mais le mouvement suppose une cause, de même qu'il est lui-même la cause de toute espèce de changements et de phénomènes ; car toute chose, qui en meut une autre, est une cause; dans l'enchaînement des causes et des effets, tout effet doit être aussi considéré comme cause, toute cause comme effet (3). Nous devons de plus admettre comme fondement du mouvement une substance, et par conséquent la perception du mouvement conduit à la matière et à toutes ses propriétés, étendue, mobilité,

---

(1) Ib., p. 184; 186; 205.
(2) Ib. I, 2, p. 13. C'est le mouvement qui seul établit des rapports entre nos organes et les êtres qui sont au dedans ou hors de nous ; ce n'est que par les mouvements que ces êtres nous impriment que nous connaissons leur existence.
(3) L. 1; ib. I, 3, p. 36.

solidité, densité, impénétrabilité, pesanteur, inertie, attendu que nous ne pouvons expliquer le mouvement que par une cause matérielle. Je ne puis me tromper aux propriétés générales et primordiales de toute matière; de ces propriétés de la matière on peut en dériver d'autres encore; elle possède nécessairement encore d'autres propriétés spécifiques; mais ce qu'il faut établir avant tout, ce sont ses propriétés générales et premières (1). D'Holbach fait, comme on le voit, beaucoup moins de difficulté que Condillac à se débarrasser de ce qu'il y a de relatif dans toutes nos perceptions sensibles. Nous devons admettre comme un fait non-seulement le mouvement, mais encore la matière et toutes ses propriétés (2).

Ainsi, quel que soit l'éloignement de d'Holbach pour le rationalisme, les concepts généraux et les principes de cette dernière doctrine ont cependant trouvé place dans le *Système de la nature*. Ici d'Holbach conclut du mouvement phénoménal à sa cause; l'effet suppose la substance d'un agent, et la substance possède des attributs immuables et essentiels. Ces conclusions des phénomènes perceptibles à l'essence des choses s'étendront, comme on peut s'y attendre, plus

---

(1) Ib. i, 5, p. 35, sq.; 7, p. 95. Dès que j'aperçois ou que j'éprouve du mouvement, je suis forcé de reconnaître de l'étendue, de la solidité, de la densité, de l'impénétrabilité dans la substance que je vois se mouvoir, ou de laquelle je reçois du mouvement; ainsi dès qu'on attribue de l'action à une cause quelconque, je suis obligé de la regarder comme matérielle. Je puis ignorer la nature particulière et sa façon d'agir; mais je ne puis me tromper aux propriétés générales et connues de toute matière.

(2) Ib. i, 2, p. 30.

loin encore. D'Holbach considère l'essence des choses et l'action par laquelle elles se manifestent, comme liées de la façon la plus étroite. Elles sont inséparables. Les lois du mouvement sont immuables, parce que l'essence des choses est immuable. L'essence de la chose consiste en ce qu'elle agit, en ce qu'elle produit du mouvement. Nous ne connaissons aucun objet que par le mouvement qu'il produit en nous. Il s'ensuit que tout ce que nous connaissons, est en mouvement, et que le repos est une pure apparence (1). Chaque chose ne peut agir que par sa nature propre, modifiée toutefois par les influences extérieures qu'elle subit, de telle sorte qu'il faut aussi tenir compte du mouvement communiqué, dont les lois sont tout aussi immuables que celles du mouvement propre, résultant de l'essence même de la chose. Ainsi se forme une chaîne de mouvements, dans laquelle tout est phénomène, dépendant de lois immuables et nécessaires (2). Mais l'expérience nous atteste qu'il existe des choses différentes; nous sommes obligés de leur attribuer aussi différents modes d'action motrice, parce que des essences différentes doivent rigoureusement produire d'après leur nature des effets différents. Cette observation, donnée immédiate de l'expérience, s'élève chez d'Holbach à la hauteur d'un principe, savoir, qu'il ne saurait y avoir dans l'univers deux choses identiques, quant à leur essence et à leur action, et il invoque ici

(1) Ib. I, 2, p. 17, sq. Tout est en mouvement dans l'univers. L'essence de la nature est d'agir.
(2) Ib. I, 2, p. 17; 4, p. 54, sq.

l'autorité de Leibnitz; les rapports différents des choses dans l'enchaînement des causes et des effets supposent la même diversité dans leur nature. La variété de formes sous lesquelles la nature nous apparaît, se ramène par conséquent à une variété correspondante dans ses éléments. D'Holbach rejette, comme diamétralement opposée à cette théorie, l'hypothèse d'une matière universelle, dont l'essence ne consisterait que dans l'étendue et n'éprouverait de changement que par le mouvement de ses parties (1). C'est là un point dogmatique de grande importance. Bien que d'Holbach suppose nécessairement l'homogénéité de la matière dans toutes ses parties, attendu que le plus souvent il ne peut démontrer que les propriétés générales de la matière, et les lois générales de ces mouvements, il se voit néanmoins obligé d'admettre en outre des natures spécifiques, et des lois particulières des petits éléments dans la nature, parce que l'explication qu'il entreprend des différences phénoménales réclame des différences analogues dans les raisons des phénomènes. Il ne peut se passer de causes et de propriétés inconnues des choses.

Il appelle les premiers éléments, desquels la matière se compose, molécules ou atomes. Chacun de ces ato-

---

(1) Ib. I, p. 17, sq. En effet, c'est une erreur de croire que la matière soit un corps homogène, dont les parties ne diffèrent entre elles que par leurs différentes modifications... La seule différence du site doit nécessairement entraîner une différence plus ou moins sensible, nonseulement dans les modifications, mais encore dans l'essence, dans les propriétés, dans le système entier des êtres. Ib. I, 3, p. 55, sq.; 9, p. 129.

mes a toutes les propriétés générales de la matière; chacun d'eux est étendu, a des parties, mais des parties homogènes. Or ces parties ne sont séparables qu'en pensée, au point de vue de la considération abstraite et géométrique; en soi chaque molécule est simple et indivisible (1). Cet aperçu annonce que les vues de d'Holbach, sur la nature, relèvent moins des doctrines mécaniques, que de la chimie. Les propriétés spécifiques, attribuées aux éléments, les distinguent des atomes des philosophes anciens, qui ne leur reconnaissaient que la figure et l'étendue (2). De ces propriétés résultent leurs différents modes d'action. Les molécules, selon les diversités de leur nature, se repoussent et s'attirent mutuellement, s'associent et se combinent diversement en masses plus grandes. Il existe entre elles une affinité chimique, d'où résultent leurs combinaisons, selon qu'elles sont plus ou moins propres à se soutenir et à se conserver réciproquement. La sympathie et l'antipathie, l'amour et la haine ne cessent de produire entre elles des liaisons et des séparations, et ces changements sont ce qui nous permet d'étudier, de découvrir la nature des éléments, c'est-à-dire leurs rapports mutuels (3).

Une différence capitale entre cette nouvelle philo-

---

(1) Ib. I, 7, p. 97, not.; 8, p. 123, not.
(2) Ib. I, 3, p. 55, sq.
(3) Ib. I, 4, p. 49, sqq. C'est sur cette disposition des matières et des corps les uns relativement aux autres que sont fondées les façons d'agir, que les physiciens désignent sous le nom d'attraction et de répulsion, de sympathie et d'antipathie, d'affinités ou de rapports. Ib. I, 6, p. 77. Attiré par les objets qui lui sont contraires.

sophie corpusculaire et la doctrine ancienne des atomes ressort de la lutte ardente que d'Holbach engage contre la théorie mécanique, laquelle refuse à la matière la puissance de se mouvoir elle-même. Parmi les propriétés générales de la matière se trouve, il est vrai, mentionnée l'inertie (1); mais cette propriété, d'Holbach la conçoit ainsi que Newton, non pas du tout comme une hypothèse inexplicable, mais comme découlant de la nature intime des choses, et comme reposant sur leur tendance à se conserver. L'essence immuable des choses exige que chacune d'elles s'efforce de persévérer dans l'être et dans l'état où elle se trouve, d'attirer ce qui lui est nécessaire, de repousser ce qui lui est hostile. C'est là le terme de tous les mouvements, et ce qu'on pourrait tout aussi bien nommer leur but. Les moralistes ont nommé cette tendance amour-propre, les physiciens gravitation sur soi (2). Par cette tendance, la matière se meut elle-même, sinon spontanément, du moins par la dépendance réciproque de ses parties (3). Il s'ensuit que ce concept de l'effort (*nisus*), auquel Leibnitz attachait tant d'importance, est également tenu pour ca-

---

(1) Ib. 1, 4, p. 54.

(2) Ib. 1, 2, p. 23, not.; 4, p. 52, sq.; 54. La conservation est donc le but commun vers lequel toutes les énergies, les forces, les facultés des êtres semblent continuellement dirigées. Les physiciens ont nommé cette tendance ou direction gravitation sur soi. Newton l'appelle force d'inertie; les moralistes l'ont appelée dans l'homme l'amour de soi. Ib. p. 58.

(3) Ib. 1, 2, p. 16; 22. Le mouvement est une façon d'être qui découle nécessairement de l'essence de la matière... Elle se meut par sa propre énergie.

pital par d'Holbach ; cet effort n'a pas encore été convenablement expliqué, et c'est lui pourtant qui est le fondement de tout mouvement ; c'est de lui que dérive ce principe fécond, que rien n'est en repos. Point d'action sans réaction ; point de force morte ; la nature est un tout agissant ; et c'est précisément parce qu'elle est le tout, qu'elle se meut elle-même nécessairement (1). L'observateur attentif de la nature y voit partout des germes errants, qui n'attendent que l'occasion de se développer et de vivre (2). Des forces inconnues animent l'univers et contraignent les choses à agir selon leur énergie propre ; c'est pourquoi aussi d'Holbach admet la production spontanée (3). Dans la fermentation, dans la nutrition, dans la croissance, se manifestent ces formes vivantes ; le principe de la chaleur, le phlogiston, nous donne particulièrement une preuve expérimentale que les phénomènes vitaux ont leur fondement dans les forces matérielles de la nature (4). Nous trouvons ici des traces visibles de la chimie théosophique et de sa métamorphose en physique dynamique. Nous voyons la nature formant un cercle ininterrompu de mouvements, de combinaisons et de dissolutions alternatives ; elle

---

(1) Ib., p. 19, sqq.
(2) Ib. i, 3, p. 57. L'observateur attentif voit la nature remplie de germes errants, dont les uns se développent, tandis que d'autres attendent que le mouvement les place dans les sphères, dans les matrices, dans les circonstances nécessaires pour les étendre, les accroître, les rendre plus sensibles par l'addition de substances ou de matières analogues à leur être primitif.
(3) Ib. i, 2, p. 24 ; ii, 6, p. 203.
(4) Ib. i, 2, p. 15 ; 3, p. 59, sq.; 9, p. 135, sq.

n'a d'autre but que la vie, l'activité, la conservation du tout par l'incessante circulation des parties (1). Ce qui pousse encore d'Holbach à attribuer à la nature, dans son ensemble, et à toutes ses parties un effort spontané, c'est peut-être qu'il n'est pas éloigné de considérer la sensation comme une propriété générale de toute matière, propriété dont l'action ne serait neutralisée que par des obstacles, comme il arrive dans ce qu'on appelle les forces mortes de la nature (2). Or il trouve ces vues dynamiques en accord complet avec l'explication mécanique de la nature, et déjà une combinaison pareille des deux modes d'explication avait apparu chez Newton et chez Leibnitz ; effectivement, toute activité spontanée suppose, en définitive, un stimulus externe, une cause extrinsèque de mouvement (3), puisque la conservation propre de la chose ne peut jamais avoir lieu qu'au milieu d'un assaut d'influences extérieures ; sous ces actions diverses, la substance des choses reste toujours identique ; les éléments sont impérissables ; la matière est éternelle ; ses combinaisons et ses formes seules sont contingentes et passagères (4).

Ces quelques traits épuisent en réalité tous les principes de d'Holbach ; sa doctrine est des plus simples. Hors la matière et le mouvement, il n'y a rien dans

---

(1) Ib. i, 4, p. 50, sq. Ce plan ne peut être que la vie, l'action, le maintien du tout par les changements continuels de ses parties.
(2) Ib. i, 8, p. 114.
(3) Ib. i, 2, p. 16.
(4) Ib. i, 3, p. 42 ; 6, p. 88. La matière est éternelle et nécessaire, mais ses combinaisons et ses formes sont passagères et contingentes.

l'univers (1). Matière et mouvement n'ont ni commencement ni fin. On convient généralement que les substances, c'est-à-dire les matières, ne peuvent être anéanties; de même on avouera nécessairement qu'elles ne peuvent commencer ; elles sont, par leur nature, le fondement permanent, qui subsiste sous la variabilité des phénomènes. Mais de là on devra conclure aussi forcément que le mouvement dans l'univers est éternel, puisque l'essence des choses ne consiste que dans leur action (2). Or les actions de la matière découlent de son essence avec nécessité, et par conséquent tout événement qui se produit dans l'univers est nécessaire. Ce qu'on nomme hasard n'est autre chose qu'une cause inconnue. Le libre arbitre est également inconciliable avec la fatalité de tous les effets; toute chose agit nécessairement à chaque instant de son existence selon ce qu'elle est (3). La nature, qui est dans son ensemble une grande résultante, une somme, formée de la collection de toutes les matières et de tous leurs effets, qui dans l'individu est la chose particulière envisagée dans sa totalité, produit tout avec nécessité, dans l'enchaînement des causes et des effets, ne connaissant ni bonté ni malice, ni ordre ni désordre. L'homme seul aperçoit du bien et du mal dans la nature; les relations, dans lesquelles il se trouve avec ce qui l'environne, lui font supposer que tout est bien dans la nature. Mais dans la nature nous

---

(1) Ib. I, 1, p. 10.
(2) Ib. I, 2, p. 29.
(3) Ib. I, 5, p 71; 11, p. 256, not.

ne devons pas chercher des buts ; car le but implique un mouvement dirigé vers un certain terme, et la nature, étant le tout, ne peut avoir de terme dans son mouvement (1). Si néanmoins d'Holbach attribue, sous certain rapport, un but à la nature, en donnant pour terme à son activité la conservation des choses et de l'énergie qui leur appartient, ou bien s'il désigne la nécessité comme une ordonnance des choses éternelles et immuables (2), il faut l'expliquer par l'impossibilité de ne pas parler aux hommes humainement. Tout arrive selon les lois immuables de la nécessité ; c'est là pour lui une vérité tellement évidente, qu'elle est en réalité la base de tous les efforts pratiques de l'humanité ; éducation, politique, morale, religion même, tout lui rend témoignage ; on n'a pu le nier, qu'égaré par une erreur spéculative (3). Bien loin que la doctrine de la nécessité universelle puisse être nuisible ou dangereuse, elle ramène seule à la vérité de la nature, à la source de tout notre être et de toute notre vie (4). L'art de l'homme n'est que la nature employant les outils qu'elle a elle-même créés (5). L'homme ne doit pas se sentir ravalé en reconnaissant qu'il croît comme un arbre sur le sol de la nature, qu'il est une machine ; la nature elle-même est une

(1) Ib. i, 1, p. 6, 11 ; 5, p. 61 ; 71 ; 6, p. 91 ; ii, 3, p. 61 ; 66 ; 5, p. 161 ; 173, sqq.
(2) Ib. i, 11, p. 259 ; ii, 6, p. 192.
(3) Ib. i, 11, p. 252, sqq.
(4) De longs détails là-dessus ib. i, 12.
(5) Ib. i, 1, p. 3.

vaste machine, dont notre espèce est un faible ressort (1).

L'erreur spéculative, qui s'oppose à cette vérité généralement reconnue, est la doctrine de la liberté humaine. Cette erreur est la source de toutes celles dans lesquelles l'homme est tombé à l'égard de lui-même (2). Nous n'avons pas le droit de regarder l'homme comme un être privilégié; il est un instrument passif dans les mains de la nécessité. Tout est lié dans l'univers; il n'y existe pas de force isolée. Or, pour être libre, il faudrait que l'homme fût ou bien en dehors de la nature, ou plus fort que tout le reste de la nature, de telle sorte qu'il pût interrompre dans l'univers l'enchaînement des mouvements (3). Ce qu'il est au contraire légitime de soutenir, c'est que tout ce qui se passe dans l'homme n'est autre chose qu'une suite de sa gravitation sur lui-même, d'une énergie qu'il possède ainsi que toutes choses (4). Les partisans de la liberté combattent la nécessité de nos actions, parce qu'ils la confondent avec la contrainte. Nous n'agissons pas toujours par contrainte; bien plus, notre propre énergie, notre tendance à nous

---

(1) Ib. i, 12, p. 265, sq. La nature elle-même n'est-elle pas une vaste machine, dont notre espèce elle-même est un faible ressort?

(2) Il s'exprime sur ce point en termes caractéristiques ib. i, 6, p. 80. La source des erreurs, dans lesquelles l'homme est tombé, lorsqu'il s'est envisagé lui-même, est cause qu'il a cru se mouvoir de lui-même, agir toujours par sa propre énergie; dans les actions et dans les volontés, qui en sont les mobiles, être indépendant des lois générales de la nature, etc.

(3) Ib. i, 6, p. 81; 95; 10, p. 176.

(4) Ib. i, 6, p. 79.

conserver, est toujours entrelacée au réseau des causes et des effets. L'homme a, dans ses idées, dans ses sensations, les causes internes de son mouvement; mais il ne faut pas non plus perdre de vue que ses idées procèdent de ses sensations, et ses sensations de l'extérieur (1). En combattant la liberté, d'Holbach maintient sans doute à toutes les natures leurs mobiles propres, mais il ne peut reconnaître à l'homme, en tant qu'être pensant, aucune supériorité sur les autres natures, attendu que les principes sensualistes font dépendre toute pensée d'impressions externes.

Mais en écartant le préjugé qui tendrait à ériger l'homme en privilégié dans l'univers, d'Holbach se propose d'en finir encore avec un autre préjugé, savoir celui qui oppose l'esprit au corps. Il engage donc la lutte de la manière la plus résolue contre le dualisme de l'école cartésienne, pénétré qu'il est du vif sentiment que là réside l'incurable faiblesse de toute la philosophie antérieure. Avec plus de force encore que Hobbes, dont la doctrine était atténuée au fond par plusieurs considérations sceptiques, d'Holbach insiste dans le *Système de la nature* sur l'homogénéité des substances. La distinction de la substance spirituelle et de la substance corporelle lui paraît être l'erreur qui a arrêté jusque-là dans sa marche le pur naturalisme. Quant à la raison capitale de la lutte engagée

(1) Ib. i, 11, p. 222, sq. Il renferme en lui-même des causes inhérentes à son être ; il est mû par un organe intérieur qui a ses lois propres, et qui est déterminé nécessairement en conséquence des idées, des perceptions, des sensations qu'il reçoit des objets extérieurs.

par d'Holbach, nous ne la chercherons certes pas dans l'objection qu'il fait à la doctrine de la substance spirituelle, d'introduire là une puissance occulte, capable seulement de détourner de la recherche des vraies causes (1); nous ne l'y chercherons pas, dis-je, puisque d'Holbach lui-même admet aussi dans les petits éléments et dans les propriétés spéciales, qui leur sont inhérentes, des forces occultes. Cette objection a pour fondement une pensée d'une bien autre portée, c'est que tout ce que l'on considère comme esprit ou âme, par opposition au corps ou à la matière, est en contradiction avec les effets qu'on lui attribue. Dans cette théorie, l'esprit, sans être étendu, donnerait le mouvement à la matière et serait lui-même en mouvement; cela est incompréhensible (2). Ce résultat était dès longtemps préparé suffisamment par l'occasionnalisme. D'Holbach s'élève ensuite contre la doctrine qui fait de l'homme un être double, une substance corporelle et une substance spirituelle, un être physique et un être moral, et qui le compose de deux substances sans aucune analogie entre elles (3). Il n'a pas de peine à comprendre, du reste, comment on est arrivé à dédoubler l'homme; on observait en lui deux sortes de mouvements, des mouvements du

(1) Ib. 1, 7, p. 10. Il est évident que la notion des esprits, imaginée par des sauvages et adoptée par des ignorants, est de nature à retarder nos connaissances, vu qu'elle nous empêche de chercher les vraies causes des effets que nous voyons.
(2) Ib., p. 96, sq.
(3) Ib. 1, 6, p. 84, sq. Ainsi l'homme devint double; il se regarda comme un tout composé par l'assemblage inconcevable de deux natures différentes et qui n'avaient point d'analogie entre elles.

tout, visibles et palpables à nos sens, et d'autres mouvements qu'on ne pouvait connaître que par les phénomènes qui les accompagnent ou qui les suivent, sans en pouvoir pénétrer les raisons ; on considéra les premiers comme mouvements du corps humain ; on rapporta les seconds à la puissance occulte de l'esprit. Au lieu de faire cette distinction erronée, on aurait dû reconnaître que ceux-ci sont les effets d'éléments de notre corps qui ne sont pas perceptibles. Il en est de ces mouvements comme de ceux qui produisent la fermentation, la croissance ; nous sommes forcés de considérer les raisons cachées du devenir par analogie avec les phénomènes naturels qui nous sont connus (1). La sensation, principe de tous nos développements spirituels, n'est qu'une propriété physique particulière, laquelle appartient dans ses degrés supérieurs aux êtres organiques exclusivement, de même que l'électricité et le magnétisme sont d'autres propriétés, qui peuvent résulter de la combinaison des éléments ; la sensation dépend, dans les organismes des ordres les plus élevés, de la constitution du cerveau, son organe central. Dans le cerveau s'accom-

(1) Ib. i, 2, p. 15, sq. Nos sens nous montrent en général deux sortes de mouvements dans les êtres ; l'un est un mouvement de masse. Le mouvement de ce genre est sensible pour nous. L'autre est un mouvement interne et caché, qui dépend de l'énergie propre à un corps, c'est-à-dire de l'essence, de la combinaison, de l'action et de la réaction des molécules insensibles de matière dont le corps est composé.... Tels sont encore les mouvements internes qui se passent dans l'homme, que nous avons nommés les facultés intellectuelles, ses pensées, ses passions, ses volontés, dont nous ne sommes à portée de juger que par les actions, c'est-à-dire par les effets sensibles qui les accompagnent ou les suivent. Ib. i, 6, p. 82, sqq. ; ii, 11, p. 225.

plissent toutes les opérations qu'on voudrait attribuer à l'esprit; distinguer l'esprit du corps n'est par conséquent autre chose que distinguer le cerveau du cerveau (1). Combien n'est pas plus simple cette doctrine qui ne considère plus l'homme comme un être double, assemblage bizarre de pièces contradictoires! L'homme moral n'est que l'homme physique, aperçu sous un certain point de vue. Il a son organisation spéciale, c'est-à-dire un mécanisme propre de ses mouvements. Comme être matériel, l'homme n'a aussi que des idées matérielles. Ce que nous nommons son intelligence n'est que la concience de ses buts, laquelle lui est inhérente, parce qu'à la conscience qu'il a de lui-même, il joint celle des fins où tendent ses efforts (2).

Toutefois la simplicité de cette doctrine consiste uniquement en ce qu'elle considère l'homme comme un composé de parties homogènes; elle ne fait pas de lui une substance simple. Loin de là, l'homme est une machine très-savamment composée, dont nous ne pouvons en aucune façon nous expliquer l'origine. Seulement sa production n'a rien de plus surprenant que celle de tout autre être vivant (3). Et de même que l'homme naît, il finit par se dissoudre en ses éléments constituants. Il est un être éphémère. Tout change dans la nature, il n'y existe point de formes permanentes. La présomption et la vanité de l'homme ne doivent pas

(1) Ib. I, 7, p. 108; 8, p. 112.
(2) Ib. I, 1, p. 2; 5, p. 70, sqq.; *Syst. soc.*, II, 6, p. 194.
(3) *Syst. de la nat.*, I, 2, p. 24, not.

lui inspirer l'idée de s'ériger en exception. Le plus petit hasard, un atome incommode suffit pour lui ravir son orgueilleuse raison (1). L'âme est l'organisation du corps, elle périt avec lui. La doctrine de l'immortalité de l'âme est issue tout simplement de la passion qui attache l'homme à l'existence, passion qui lui est naturelle, puisqu'elle tient à son effort pour se conserver. Mais cette doctrine repose sur une illusion. La vie est uniquement la somme des mouvements du corps vivant dans sa totalité. Soutenir que l'homme doit vivre après la mort du corps, c'est prétendre qu'une horloge, brisée en mille pièces, peut continuer à marquer le cours des heures (2).

Au combat soutenu contre la duplicité de l'être humain se rattache celui que d'Holbach engage contre le déisme. Après s'être dédoublé, l'homme a pareillement dédoublé la nature; il l'a distinguée de l'énergie qui est en elle; il a supposé qu'il existe hors d'elle un être, qui met la matière morte en mouvement, et de même qu'il avait donné à la force motrice, qui était en lui-même, le nom d'esprit, il a considéré aussi comme spirituel le moteur de l'univers; cet esprit moteur est ce qu'il a appelé Dieu. L'homme conçoit par analogie avec son être tout ce qui lui est inconnu; Dieu devait désigner pour lui la plus inconnue des causes, et à

---

(1) Ib. i, 6, p. 93 sq.
(2) Ib. i, 13, p. 275; 280 sqq. Dire que l'âme sentira, pensera, jouira, souffrira après la mort du corps, c'est prétendre qu'une horloge brisée en mille pièces peut continuer à sonner ou à marquer les heures.

par suite été conçu par analogie avec l'homme (1).
Cette conception se rencontre chez tous les peuples,
parce qu'elle est très-naturelle ; il faut avoir déjà pénétré plus profondément dans l'intelligence de la nature pour se dégager de ce préjugé. C'est l'amour-propre de l'homme qui l'y conduit. L'homme est tenté de
se considérer comme le centre et le but de l'univers ;
mais, accablé par le mal, il est forcé de confesser son
impuissance, il réclame des miracles pour le secourir,
et, trouvant la nature inflexible, il s'adresse à un Dieu,
à un être analogue à l'homme, et dont l'amour pour
lui doit tout soumettre à sa puissance ; c'est ainsi qu'il
imagine une raison universelle, par qui il est placé au
rang de but de toutes choses. Tant que l'homme est
privé de la lumière d'investigations supérieures de la
science, cette voie est la seule où puisse entrer toute
intelligence, la seule que puisse suivre tout être raisonnable (2). Mais la connaissance de la nature met fin à toutes
ces chimères de l'homme, dissipe tous ces fantômes.
Elle n'admet pas de miracles qui puissent interrompre le
cours de la nécessité. Elle fait voir la création du monde
ex nihilo comme une conception qui ne peut nous
donner aucune idée de la formation de l'univers ; et
cette conception devient plus confuse encore, lorsque
l'on fait du Créateur un esprit, c'est-à-dire un être qui
n'a nulle analogie, nul point de contact avec la ma-

(1) Ib. i, 13, p. 276 sq. L'homme, s'étant supposé double, fit aussi
la nature double ; il la distingua de sa propre énergie ; il la sépara de
son moteur, que peu à peu il fit spirituel. Ib. ii, 1, p. 11 ; 17 ; 4,
p. 103, not.

(2) Ib. i, 5, p. 72 ; ii, 1, p. 4 ; 20 ; 26.

tière (1). Pour ordonner le monde, pour le régir, il faudrait avoir des organes ; ce n'est pas sans doute une puissance aveugle, c'est la nécessité de la nature qui est le fondement de tout ordre et de tout désordre (2). Hors du grand tout il n'y a rien ; tout le reste est chimère. C'est la superstition seule qui a inventé des dieux ou un dieu, et qui, sur les ruines de la nature, a dressé le fantôme de la divinité. La connaissance de la nature dissipe ce fantôme ; éclairé par la science, l'homme cesse d'être superstitieux ; la science, l'industrie offrent à l'homme des appuis qui le dispensent, dès qu'il en est pourvu, de recourir à des causes inconnues (3).

Pour apprécier avec équité cette lutte contre le déisme, il faut reconnaître qu'elle procède d'une lutte contre la superstition. D'Holbach considère le déisme comme dangereux, parce que cette doctrine a pour conséquence l'intolérance et l'esprit de persécution (4) ; en raison des tendances morales de d'Holbach, de telles conséquences ont à ses yeux la plus haute gravité ; toutefois il signale encore un danger capital attaché au déisme, c'est qu'il s'appuie sur une hypothèse, en introduisant une cause inconnue ; bien plus, il s'appuie sur

(1) Ib. ɪ, 2, p. 27 ; 5, p. 65.
(2) Ib. ɪ, 5, p. 72 ; 75, sq.
(3) Ib. ɪ, 1, p. 1, sq. Pour un être formé par la nature et circonscrit par elle, il n'existe rien au delà du grand tout, dont il fait partie et dont il éprouve les influences ; les êtres que l'on suppose au-dessus de la nature ou distingués d'elle-même seront toujours des chimères dont il ne nous sera jamais possible de nous former des idées véritables. Ib. ɪɪ, 1, p. 26, sqq. Si l'ignorance de la nature donna la naissance aux dieux, la connaissance de la nature est faite pour les détruire.
(4) Ib. ɪɪ, 2, p. 54. D'Holbach s'emporte contre le Dieu impitoyable qui punit des crimes dont il est lui-même la cause.

une chimère, puisqu'il regarde cette cause comme un esprit (1). C'est pourquoi d'Holbach ne voit dans l'athée qu'un homme ardent à détruire des préjugés funestes, revenant à la nature, à l'expérience, à la raison. Il serait possible, selon lui, d'accorder en un certain sens qu'il n'existe pas d'athées ; c'est une affirmation légitime, pourvu qu'on entende par Dieu la force motrice, inhérente et non pas extérieure à la nature, et par athées ceux qui nieraient l'existence d'une telle force ; sans cette force en effet la nature ne se conçoit pas, et, dès lors, un athée ne serait qu'un fou (2). Il s'ensuit qu'à vrai dire d'Holbach ne combat que les représentations anthropomorphiques de Dieu et l'application de la distinction établie entre le corps et l'esprit à la cause suprême du mouvement. Il vaut mieux à son gré laisser de côté toute recherche relative à cette force, que de s'en faire des représentations erronées, qui tournent à la confusion de la science. On peut s'expliquer ainsi pourquoi d'Holbach ne rejetait pas absolument la théologie et le sacerdoce ; on se l'explique surtout en faisant attention qu'il regardait les idées admises sur l'être divin comme à peu près universelles, et comme très-naturelles, du moins dans un état inférieur et rudimentaire de la connaissance scientifique. Il ne refuse pas d'admettre l'adoration d'une cause inconnue ; il veut même qu'on prenne garde de l'outrager

---

(1) Ib. II, 12, p. 591. Le déisme est un système auquel l'esprit humain ne peut pas longtemps s'arrêter ; fondé sur une chimère, on le verra tôt ou tard dégénérer en une superstition absurde et dangereuse.
(2) Ib. II, 11, p. 553 ; 564.

aveuglément. Il va plus loin, et il accorde que les idées que nous nous faisons de toutes les productions de la nature comme passagères, de l'homme comme mortel dans tout son être, pourraient être erronées ; il imagine alors un athée vertueux, qui, s'éveillant dans une vie nouvelle, y apprend à connaître Dieu et à l'adorer ; il prête à cet athée un discours adressé à Dieu pour justifier son incrédulité passée. « Dieu, lui fait-il dire,
» toi qui t'es dérobé à la vue de ton enfant, moteur
» incompréhensible et caché, que je n'ai pu découvrir,
» pardonne-moi d'avoir, dans la faiblesse de ma rai-
» son, nié ton existence. Comment mes yeux grossiers
» t'auraient-ils aperçu dans un monde où tous mes
» sens ne me révélaient que des objets sensibles ? Mon
» ignorance est excusable, puisqu'elle était invincible.
» Je n'ai pu m'incliner devant l'autorité des hommes,
» qui demandaient de moi d'immoler la raison que tu
» m'as donnée ; sous l'odieuse image qu'ils m'offraient
» de toi, je ne pouvais te reconnaître. Mais j'ai tou-
» jours prêté l'oreille à la raison, dont tu es l'auteur,
» et la vertu, qui te plaît, mon cœur l'a toujours ado-
» rée (1). » On voit par là que d'Holbach ne repousse pas complétement l'idée d'une cause dernière. Il con-

(1) Ib. II, 10, p. 528 sq.

(Evidemment M. Ritter cite ici le texte de d'Holbach. Il est fort probable qu'en traduisant, je me serai écarté plus ou moins gravement des paroles mêmes de l'auteur. Mais, à mon grand regret, je n'ai pu consulter le *Système de la nature*, ne l'ayant pas sous la main. On sait, du reste, que cet ouvrage est au nombre des livres que les bibliothèques de l'Etat ne communiquent plus au public.)

(*Note du traducteur.*)

vient, dans un autre endroit, qu'on pourrait concevoir
sous le nom de Dieu quelque chose d'intelligible, si
l'on voulait le considérer comme la nature agissante,
ou comme la somme des forces inconnues, qui animent
l'univers (1). Il veut ramener à l'autel de la nature les
mortels égarés. Le *Système de la nature* se termine
par une invocation, où nous sommes adjurés de vouer
notre vie au service de la seule nature et de ses filles
adorables, la vertu, la raison, la vérité (2). Si nous
prenons acte de ces déclarations, nous remarquerons
que tout l'athéisme de d'Holbach consiste uniquement à remplacer un Dieu, adoré comme esprit, par
un Dieu, adoré exclusivement comme nature.

Quelque peu satisfaisante que soit cette manière de
concevoir le principe dernier des choses, nous pourrions cependant la prendre en plus grande considération, si d'Holbach l'avait toujours maintenue dans un
sens invariable. Mais on reconnaît, à n'en pouvoir douter, de graves incertitudes dans son esprit sur le
concept même de la nature ; il la considère tantôt
comme unité, tantôt comme pluralité. D'un côté il
parle d'elle comme d'un grand tout agissant et vivant,
où tout conspire à l'enchaînement universel. Et sous
ce point de vue non-seulement chaque chose gravite
vers soi, mais le tout gravite aussi vers soi ; d'Holbach attribue sans hésiter à la nature une force

(1) Ib. II, 6, p. 203. Si nous voulons attacher quelque sens au mot
Dieu, nous trouverons qu'il ne peut désigner que la nature agissante
ou la somme des forces inconnues qui animent l'univers.
(2) Ib. II, 6, p. 201. Ramenons les mortels égarés aux autels de la
nature. Ib. II, 14, p. 453.

centrale à laquelle toutes les forces particulières sont soumises (1) ; il ne cesse de recourir partout à la force agissante de la nature entière pour rendre compte de la liaison nécessaire qui rattache tous les éléments les uns aux autres ; il déclare que la nature ainsi comprise est la nécessité elle-même (2). Mais d'un autre côté il la considère simplement comme une collection, comme un amas de matières, et il nous avertit expressément de ne pas prendre le change sur les expressions métaphysiques qu'il emploie, lorsqu'il dit que la nature produit ceci ou cela. Il n'entend pas par là personnifier la nature ; elle est un être abstrait, rien de plus, et tout ce qui s'accomplit en elle n'est que l'effet des réalités particulières, dont elle se compose (3). Comme on le voit, d'Holbach a hérité du sensualisme un profond éloignement pour les concepts généraux et abstraits ; mais il ne saurait se passer de toute abstraction, et il en admet une, quand il adore la nature comme sa divinité, et quand il traite des lois générales de la nature, ou de la nécessité universelle.

Cependant il prétend assujettir aussi notre vie pratique à la loi de la nature. C'est là l'objet final de tous

---

(1) Ib. i, 4, p. 58. Force centrale à laquelle toutes les forces, toutes les essences, toutes les énergies sont transmises, elle règle les mouvements de tous les êtres... La nature est un tout agissant et vivant, et tout ce qu'elle contient conspire nécessairement à la perpétuité de son être agissant.

(2) Ib. ii, 6, p. 203.

(3) Ib. i, 1, p. 12. Lorsque dans le cours de cet ouvrage, je dis que la nature produit un effet, je ne prétends point personnifier cette nature, qui est un être abstrait ; mais j'entends que l'effet dont je parle est le résultat nécessaire des propriétés de quelqu'un des êtres qui composent le grand ensemble que nous voyons. Ib. ii, 6, p. 185 ; 203.

ses efforts scientifiques. Quelle valeur aurait une science qui ne serait d'aucune utilité ? Il veut qu'on apprécie le mérite de son système d'après l'utilité des prescriptions qu'il en déduit. Il se propose de montrer que la raison seule peut rendre l'homme heureux, et que la raison consiste dans la science de la nature appliquée à l'homme (1). Nous devons suivre dans la vie les lois de la nature ; ces lois sont inviolables, leur transgression entraîne un châtiment inévitable (2). Le physicien, l'anatomiste, le médecin, voilà les maîtres du moraliste, voilà ceux qui doivent améliorer l'homme. Si l'on demandait conseil à l'expérience, au lieu de suivre le préjugé, la médecine fournirait à la morale la clef du cœur humain, et, en guérissant le corps, elle serait quelquefois assurée de guérir l'esprit (3). La connaissance de la nature doit donc être l'unique base des prescriptions que d'Holbach veut poser comme régulatrices de la vie morale.

D'Holbach se promet beaucoup, nous le voyons, des sciences naturelles ; il s'en promet la guérison de l'âme, l'amélioration des mœurs, c'est-à-dire bien plus évidemment qu'elles n'avaient pu donner jusqu'alors. Il se flatte qu'elles doivent répondre sans délai à ces magnifiques espérances. La connaissance de la vérité ne date que d'hier. D'Holbach ne s'est proposé

---

(1) Ib. ɪ, 13, p. 337 ; ɪɪ, 6, p. 201.
(2) Ib. ɪɪ, 14, p. 447.
(3) Ib. ɪ, 7, p. 107 ; 9, p. 134. Si on consultait l'expérience au lieu du préjugé, la médecine fournirait à la morale la clef du cœur humain, et en guérissant le corps elle serait quelquefois assurée de guérir l'esprit.

d'autre but que de lui faire sa place dans la morale. C'est à quoi il a travaillé avec ardeur dans ses nombreux écrits sur l'éthique. Il faut donc se demander s'il est resté dans ses travaux fidèle aux principes du système naturel.

Les souvenirs, auxquels il prétend se rattacher, nous mettent un peu en défiance à cet égard. Il veut procéder dans un sens éclectique, mettre à profit ce qu'ont de bon les doctrines de Socrate, de Platon, d'Aristote, de Zénon (1). Et en effet nous ne trouvons pas sa théorie des devoirs de l'homme aussi nouvelle que nous serions fondés à l'attendre. Reproduire en détail ces idées un peu rebattues est une peine dont nous croyons pouvoir nous dispenser. Mais nous concevons plus de doute encore sur le résultat, à le voir se flatter d'édifier une doctrine morale bien simple, sans métaphysique subtile, sans dialectique compliquée, attendu que les règles morales, devant régir tous les hommes, doivent nécessairement être intelligibles à chacun d'eux (2). Certes il n'y a rien de plus simple que de poser la conservation de notre être comme but de nos actions ; mais la thèse se complique déjà, lorsqu'il enferme dans la conservation de nous-mêmes l'aspiration au bonheur (3). Conformément à ces principes, il ramène tous les désirs humains à la satisfaction des besoins, à l'utilité, à l'intérêt individuel (4) ; mais il ne

(1) *Mor. un.*, préf., p. 7, sq.
(2) Ib., p. 8.
(3) Ib. xxviii; *Syst. de la nat.*, I, 9, p. 144.
(4) *Syst. de la nat.*, I, 10, p. 180 ; 15, p. 341. L'intérêt est l'unique mobile des actions humaines.

peut perdre de vue que, selon sa constitution particulière et son tempérament, chacun doit chercher son bonheur dans des intérêts distincts (1), et dès lors les règles à suivre ne sont plus susceptibles d'une formule aussi simple. Par une conséquence naturelle de sa doctrine sur la nature, d'Holbach ne veut pas qu'on lutte contre les passions ; elles résident dans la nature des choses, et elles sont utiles, quand elles sont bien employées ; à l'exemple d'Helvétius, il défend l'ambition, comme la prérogative des grandes âmes ; tout notre devoir est de faire équilibre aux passions par d'autres passions ; la raison n'est autre chose que le choix des passions qui servent à notre bonheur (2). Mais quel est le moyen de rencontrer le juste équilibre des passions ? Puisque tout dépend de notre constitution corporelle, de notre tempérament, nous ne nous étonnerons pas que d'Holbach fasse consister uniquement toute vertu dans l'équilibre des humeurs, dont notre tempérament est formé (3). Pour nous assurer quelque empire sur nos passions et sur nos actions, d'Holbach est donc forcé de soutenir, que nous avons la puissance de modifier notre tempérament par le choix du régime, de la manière de vivre, du climat, où nous établissons notre demeure (4). Ces moyens sont ceux dont le méde-

(1) Ib. I, 15, p. 340.
(2) Ib. I, 9, p. 159 ; 11, p. 230 sq. ; 16, p. 362 ; 17, p. 386.
(3) Ib. I, 9, p. 167. Notre nature diversement cultivée décide de nos facultés tant corporelles qu'intellectuelles, de nos qualités tant physiques que morales... C'est de l'équilibre des humeurs que semble dépendre l'état de ceux que nous appelons vertueux.
(4) Ib. I, 9, p. 155.

cin dispose pour améliorer les hommes. Seulement nous cherchons en vain dans la morale simple de d'Holbach des prescriptions qui concernent cette méthode curative. Du reste, il eût été difficile de les formuler d'une manière généralement intelligible.

Toutes les prescriptions morales de d'Holbach ont pour fondement l'amour-propre ; la gravitation sur soi est l'unique mobile de toutes nos actions ; chacun cherche uniquement son avantage, son bonheur. Les penchants sociaux sont rejetés ; d'Holbach n'admet même pas que le sang crée des liens naturels entre les parents et les enfants (1). Mais il repousse aussi la doctrine qui fait reposer les distinctions morales sur une convention ; ces distinctions ont, selon lui, leur racine dans la nature éternelle des choses et dans les rapports qui les unissent (2). Les moyens, par lesquels il veut dégager l'homme d'un amour-propre étroit et dépravé, pour l'élever à l'amour de la vertu, consistent essentiellement à lui ouvrir une vue plus libre et plus large dans l'appréciation du bonheur humain. Il ne saurait adhérer à la doctrine qui se préoccupe exclusivement de la jouissance fugitive et instantanée. Nous devons chercher un bonheur solide (3). Le plaisir ne peut durer sans interruption ; jouir toujours et sans

---

(1) Ib. 1, 10, p. 183.

(2) Ib. 1, 9, p. 145 sq. La morale est, comme l'univers, fondée sur la nécessité ou les rapports éternels des choses.

(3) Ib. 1, 9, p. 146 sq. L'homme doit tâcher de se procurer le bien-être le plus permanent. Ib. 1, 15, p. 537 ; *Syst. soc.*, 1, 6, p. 58. Le bonheur n'est que le plaisir continué.

intervalle, ce serait ne plus jouir (1). D'Holbach n'oublie pas que la souffrance est, comme Helvétius et Condillac l'avaient enseigné, un éperon nécessaire pour exciter notre activité ; l'attraction et la répulsion, l'amour et la haine forment les principes de l'activité de la nature ; nos besoins sont le seul aiguillon qui nous anime au travail d'esprit ; car penser est une fatigue, et c'est pourtant la science qui doit nous affranchir du préjugé et améliorer nos mœurs. Il s'ensuit que d'Holbach donne la préférence au plaisir de l'esprit, de la mémoire, de l'imagination, de l'entendement, sur les plaisirs grossiers ; car en définitive la partie maîtresse dans la composition de notre machine, c'est le cerveau ; ce qui s'y forme est plus à nous, est moins sujet au changement que ce qui dépend des impressions extérieures (2). Toutefois, si d'Holbach est ici d'accord avec Epicure, il s'écarte de la doctrine de ce dernier en ce qu'il ne recommande pas, comme elle, de réduire et de simplifier nos besoins. Ennemi de toute morale chagrine, s'il n'approuve pas le luxe fastueux et la folle vanité, il n'en regarde pas moins la puissance et la richesse comme des choses désirables, et la multiplication des besoins, de ceux mêmes qui ne reposent que sur la fantaisie, comme naturellement liée au progrès de la civilisation et de l'industrie humaine ; supposé que nous sachions toujours les dominer par la raison, ces besoins ne peuvent que contribuer

---

(1) *Syst. de la nat.*, I, 15, p. 555.
(2) Ib. I, 11, p. 210 sq.; *Mor. un.*, I, 4, p. 15, sq.

à augmenter notre bonheur (1). Maintenant plus les besoins de l'homme s'accroissent, plus sa vie, son industrie, ses travaux réclament d'auxiliaires, et c'est ainsi que l'amour-propre le rapproche de ses semblables. De tous les êtres de l'univers le plus nécessaire à l'homme, c'est l'homme. L'homme en est convaincu nécessairement par la connaissance approfondie de son intérêt bien entendu et par la morale (2). L'intérêt d'un homme concourt avec l'intérêt des autres ; leur bien commun est un lien qui les unit. Par conséquent d'Holbach n'admet pas la doctrine, soutenue par Hobbes, de la guerre de tous contre tous (3). L'homme est amené par ses propres réflexions à se constituer en société, et apprend à apprécier la valeur des autres hommes et la sienne, en raison de la part qu'ils apportent au bonheur général. C'est là pour lui la mesure de la vertu et du vice (4).

D'Holbach considère donc l'humanité comme un tout, uni en vue de l'intérêt commun ; il voit dans cette idée le moyen le plus efficace de nous animer à la pratique de nos devoirs, sans s'écarter pourtant du principe de l'amour-propre. Quelques traits suffiront pour nous montrer, comment il approche ainsi d'une morale, où le dévouement le plus complet a sa place.

(1) *Syst. de la nat.*, i, 16, p. 565; *Syst. soc.*, i, 14, p. 170 sq.
(2) *Syst. soc.*, i, 6, p. 59.
(3) *Syst. de la nat.*, i, 14, p. 317.
(4) Ib. i, 9, p. 144. *Syst. soc.*, i, 6, p. 59. Le plus nécessaire à l'homme, c'est l'homme... Aimer les autres, c'est aimer les moyens de notre propre félicité... C'est confondre nos intérêts avec ceux de nos associés, afin de travailler à l'utilité commune.

Nous devons aimer la vertu, parce que nous avons besoin de l'amour, de l'estime, de l'appui des autres; nous devons l'aimer en nous et l'aimer en autrui, bien que nous n'en tirions aucun avantage, parce que l'humanité nous plaît, et qu'elle est aimable par elle-même. La vertu est l'art de se sentir heureux du bonheur des autres. Nous devons redouter jusqu'aux vices cachés, afin de pouvoir continuer à nous estimer nous-mêmes, cette estime étant un prix dont nous jouissons, alors même que toute récompense extérieure nous est refusée. Quoique nous ne fassions rien sans intérêt, cependant l'homme de bien ne cherche pas sa récompense hors de lui, il la trouve dans sa propre vertu (1).

Il faut en convenir, par sa réduction de toute activité morale à la loi universelle de la conservation de nous-mêmes, et en étendant cette loi au système entier de l'humanité, d'Holbach est parvenu à lier systématiquement toutes les branches de la vie morale. Il voit dans l'humanité une grande société, destinée par la nature à une vie commune. Cette société doit travailler et pourvoir à la culture, à l'éducation, à la régularité de l'individu; le droit naturel coïncide, pour d'Holbach, avec la morale; la politique est à ses yeux une application de la morale à la conservation de l'Etat (2). Lorsqu'il entre dans le détail, d'Holbach ne dépasse pas,

---

(1) *Syst. de la nat.*; I, 15, p. 342, sqq. La vertu n'est que l'art de se rendre heureux soi-même de la félicité des autres... La vertu est sa propre récompense... Quand l'univers entier serait injuste pour l'homme de bien, il lui reste l'avantage de s'aimer, de s'estimer lui-même, de rentrer avec plaisir dans le fond de son cœur.

(2) *Mor. un.*, préf., p. XXIX, sq.

à la vérité, les idées généralement répandues dans les esprits de son temps. Il est attaché à des vues cosmopolites ; il admet subsidiairement la division de l'humanité en états différents et en diverses communautés, d'où résulte l'organisation du tout ; l'Etat a pour base un contrat, mais qui n'a pas besoin d'être explicitement formulé (1). La souveraineté dérive de l'utilité générale ; le pouvoir doit être subordonné aux lois, et la diversité des lois positives procède de celle des circonstances, dans lesquelles il a fallu chercher et procurer le bien commun, loi générale de toute société (2). De cette façon d'Holbach a imaginé un système de société, qui semblait répondre à toutes les exigences de la vie morale. Il faut prendre garde que cette manière d'organiser systématiquement l'humanité aboutit, en somme, à le constituer en exception privilégiée dans le grand système de la nature. Car, à considérer la nature dans son ensemble, on ne comprendra pas pourquoi l'humanité devrait nous apparaître comme seule manifestation de la vie morale ; et d'autre part, si l'on regarde aux éléments particuliers de la nature, on ne comprend pas comment l'effort pour conserver son être, au lieu d'appartenir exclusivement à l'individu, est étendu également à la société humaine tout entière.

On est bien obligé de convenir, que l'identification de l'homme physique et de l'homme moral, telle que

---

(1) Ib. II, 2, p. 72, sqq.; 6, p. 89; *Syst. de la nat.*, I, 9, p. 151 ; *Syst. soc.*, II, 1, p. 2.

(2) *Syst. de la nat.*, I, 9, p. 153, sqq.; *Syst. soc.*, II, 1, p. 5, sqq.; *Mor. un.*, II, 4 ; 5.

d'Holbach se l'était proposée, n'est pas si facile à réaliser qu'il le pensait. Il se fait gloire partout de la simplicité de sa philosophie, et si la simplicité scientifique consistait à grouper, à résumer en peu de mots les principaux points de l'opinion régnante, on ne pourrait contester à d'Holbach l'honneur de l'avoir obtenue à un très-haut degré. Car si l'on met de côté la discussion très-prolixe, à laquelle il se livre contre le préjugé, sa doctrine se résume en un petit nombre de principes. Il est vrai qu'il ne faut pas demander de quelle manière il établit les bases de ses principes. Sa théorie de la connaissance, empruntée au sensualisme, est très-grossièrement ébauchée. Il est lui-même contraint d'avouer qu'il ne peut se passer de l'hypothèse de forces occultes, d'éléments imperceptibles, pourvus de propriétés spécifiques; au fond, son sensualisme repose uniquement sur la négation des idées innées; il veut suivre l'expérience, et par expérience il n'entend pas seulement les perceptions sensibles, mais encore l'élaboration que l'intelligence du physicien leur fait subir. Son *Système de la nature* est taillé sur le patron des sciences naturelles, sans qu'il se soit beaucoup soucié de la méthode générale d'investigation scientifique. C'est là un défaut qui se fait sentir assez fortement. D'Holbach admet le concours des mathématiques dans l'étude de la nature; mais il combat les abstractions mathématiques, quand elles soutiennent la divisibilité infinie, quand elles supposent une substance corporelle partout homogène; il combat l'abstraction en général, afin de pouvoir, sans se mettre en peine d'une démonstration rigoureuse, poursuivre l'exposition de sa doctrine, laquelle croit trouver dans une matière morcelée en éléments absolument individuels, le principe du mouvement, et dans le mouvement une raison suffisante de tous les phénomènes. Il ne s'arrête pas à la difficulté de cette activité réflexive, de cette gravitation vers soi qu'il est forcé d'attribuer à ses éléments corporels; il va plus loin, il étend cette gravitation jusqu'aux états secondaires des corps, jusqu'aux grandes masses des choses, jusqu'à leurs systèmes les plus étendus. Maintenant, il devrait, à ce qu'il semble, considérer la nature comme une chaîne de mouvements indépendants qui appartiennent aux éléments individuels; mais, en tant que chaîne, il lui dénie toute indépendance; aussi quelque ardeur qu'il mette à combattre la vérité de notions abstraites, il ne laisse pas toutefois d'être conduit ainsi à l'abstraction d'une force générale de la nature, à l'idée de la nécessité universelle, qu'il adore comme souveraine de toutes choses. Nous rencontrons ici une série d'hypothèses, empruntées aux opinions des physiciens, et que d'Holbach ne se met pas en peine de soumettre à un examen scientifique. Il procède exactement de même en morale. Les principes que les gens de bien suivent dans la pratique, les théories d'éducation et de vie politique, qui s'étaient établies et avaient cours de son temps, ont en lui un ardent défenseur; la seule condition qu'il exige, c'est qu'elles consentent à s'assujettir au principe de la gravitation vers soi, afin que toute différence entre l'homme physique et l'homme moral soit effacée. Mais il saute aux yeux que d'Holbach est incapable de justifier la valeur qu'il accorde à la société humaine, dont la morale lui impose de tenir compte, et de légitimer l'espérance qu'il conçoit de voir l'hygiène physique améliorer aussi l'homme moral, puisqu'aucune de ses prescriptions morales n'a trait à l'homme physique.

Ainsi le *Système de la nature* ne peut nous apparaître que comme une série d'opinions sans liaison rigoureuse ; la constitution de la doctrine n'autorisait nullement le rejet tranchant de toute la tradition antérieure, religieuse et philosophique, les négations hardies, où d'Holbach triomphait. Le matérialisme, le fatalisme, l'athéisme, l'égoïsme, toutes ces doctrines qu'il soutenait, ne reposent plus que sur des bases superficielles. Néanmoins l'influence exercée par ce livre ne permet pas de douter qu'il n'exprimât des résultats admis par la plus grande partie du public savant et éclairé de son temps. Quoique les démonstrations de d'Holbach fussent bien loin de paraître satisfaisantes, on croyait toutefois trouver dans sa doctrine une conception des choses difficile à contredire. Tel est le jugement des adversaires mêmes qu'elle a rencontrés. Aussi a-t-elle sur les idées du temps une action très-grande, dont le retour de la science à de nouveaux principes n'a pas complétement effacé les traces.

Il n'est pas difficile d'apercevoir à quoi a tenu cette action. Elle a été due à la simplicité de la conception naturaliste. Ce point de vue est celui auquel la philosophie moderne s'était rattachée dans la plupart de ses développements. A cette époque, où chacun invoquait à grands cris la nature, dont on attendait l'affranchissement soudain et violent des mœurs raffinées, des artifices corrupteurs, des entraves de la vie sociale, lorsqu'on se croyait depuis longtemps assuré que le salut ne pouvait venir que du retour à une logique naturelle, à une éducation naturelle, à un droit naturel, à une religion naturelle, quel titre meilleur un système philosophique pouvait-il avoir à fixer l'attention, que la prétention hautement proclamée de tout ramener à la loi immuable de la nature? Pour soutenir cette idée, il n'était pas besoin d'une intelligence délicate ou profonde; il suffisait d'un esprit hardi, et tel était celui de d'Holbach, assez intrépide pour écarter, sans fléchir, tout ce qui pouvait faire obstacle à la toute-puissance de la nature. Or, il rencontre pour premier adversaire le dualisme, qui, nourri, développé dans l'école cartésienne, avait pris de là une grande extension. Les hypothèses de l'occasionalisme, dont nous n'avons cessé de constater les traces persistantes, ne pouvaient se soutenir contre le reproche de faire l'homme double. Déjà les idéalistes anglais et Leibnitz s'étaient efforcés de sortir de ce dualisme; mais, dans un temps de plus en plus livré à la physique expérimentale et au sensualisme, on ne pouvait s'attendre à voir le monisme idéaliste l'emporter sur le monisme matérialiste. D'Holbach déclare cette dernière doctrine l'unique moyen d'arriver à une science marquée d'un caractère d'unité intime. Il combat, il anéantit l'opinion captieuse et féconde en erreurs, qui voit dans l'homme une exception privilégiée, et par conséquent perturbatrice au sein de la nature. L'homme n'est qu'un produit de la nature, il lui est soumis, il est assujetti à toutes ses lois. Comme il appartient sans réserve à la nature, ce serait en lui une chimère présomptueuse et vide de vouloir dépasser par une idée quelconque l'horizon de la nature. Cette unité de la doctrine et de l'objet de toute science constitue toute la force du *Système de la nature*. S'il faut considérer comme le problème scientifique de tout ramener à un seul principe, on est fondé à reconnaître ce mérite au système de d'Holbach.

On pourrait dire, à la vérité, que ce mérite est bien affaibli par l'incertitude dans laquelle on voit flotter les idées de d'Holbach entre l'unité de la nature et la pluralité des molécules. Et ce n'est pas assurément une beauté de sa doctrine que de se prêter alternativement à deux conceptions opposées dans l'explication de la nature, conceptions qui nous reportent l'une et l'autre à des forces occultes, et qui les admettent quoique placées au delà des limites de nos connaissances. D'Holbach invoque tantôt les forces moléculaires, qu'il faut concevoir non comme des forces mortes, mais comme des forces vivantes et actives, tantôt la nature universelle, qui prête à chaque élément particulier son être et son activité, et qui soumet tout au grand enchaînement de la nécessité ; voilà bien les deux idées auxquelles il recourt, quand il veut découvrir les raisons des phénomènes. Ces idées pourraient suffire à ceux qui proposent pour modèle à la philosophie le procédé des sciences empiriques de la nature; en effet, ces sciences ne poursuivent la connaissance des raisons que dans les limites de l'expérience, sans se préoccuper des fondements derniers qui nous demeurent impénétrables. Mais le penchant philosophique de d'Holbach l'enchaînait à la poursuite du dernier principe, et comme il hésite, incertain entre le procédé des sciences naturelles et la philosophie, il en résulte des incertitudes pareilles dans son explication du dernier principe, tirées tantôt de l'élément particulier, tantôt de l'énergie de l'ensemble. Ces hésitations ne nous feront pas prendre le change. En définitive, la tendance générale qui l'entraîne, est d'adorer la loi universelle de la nature comme la divinité qui règne en souveraine sur tous les êtres. C'est ce qu'indique le fatalisme absolu, qui fait le fond du système et qui réduit à néant la gravitation des atomes individuels sur eux-mêmes, leur spontanéité, toute vie particulière en un mot, puisque l'atome n'est jamais conçu que comme un infiniment petit tenant de la nature infiniment grande son être et son activité. D'Holbach n'était nullement enclin à remplacer le dualisme par un pluralisme indéterminé. La nature, en tant qu'unité, la loi de la nature, dans sa puissance infinie, est tout pour lui. Si parfois il rejette cette abstraction, c'est par l'effet d'une action tardive et impuissante des principes nominalistes, héritage de l'ancienne philosophie, transmis jusqu'à lui. Aussi ne pouvons-nous nous empêcher de signaler la tendance vers l'unité de principe marquée dans le système de d'Holbach, et d'y voir un hommage rendu à l'esprit de spéculation philosophique.

Le naturalisme de la philosophie moderne est arrivé chez d'Holbach à son expression la plus complète. Ce que Bacon avait indiqué timidement et même avait à peine osé penser, ce que Hobbes avait énoncé avec de fortes réserves, en élevant un Dieu au-dessus de la nature, d'Holbach l'a affirmé sans détour et sans restriction. On peut trouver dans sa doctrine le dernier terme des idées, qui avaient soutenu l'impulsion de la philosophie moderne, bien que la conclusion obtenue ne fût du reste que provisoire. D'Holbach soutient de toutes ses forces les principes des sciences naturelles, prétendant que toute science, quel que soit son domaine, doit les reconnaître. Jusqu'ici ses prétentions et sa doctrine sont, nous n'hésitons pas à l'avouer, tout à fait légitimes. Mais quand il aborde, pour le rejeter, ce qui dépasse l'horizon de la nature, la polémique violente, qu'il entame contre ses adversaires, trahit tout ce qu'a d'exclusif et d'étroit toute prétention d'apprécier la science en général sur la mesure d'une science particulière. Quel est le principe de la nature, quel est celui des forces multiples qui s'y manifestent, voilà des questions que nous ne devons pas agiter ; partout existent des forces cachées, dans les éléments particuliers, dans la loi générale de la nature, des forces qui nous enveloppent et qui agissent en nous-mêmes. Et toutefois nous devons juger ces causes occultes selon les principes de la science de la nature. Cette science, tout en nous défendant d'admettre des forces cachées, ne peut nous dissimuler que nous vivons dans un monde dont nous ne connaissons ni le commencement ni la fin. Nous ne devons pas nous informer non plus du but de la nature. Or il faudrait du moins pour cela qu'il fût donné à l'homme d'oublier ses propres buts. Mais le *Système de la nature* a beau vouloir nous rappeler le sentiment de nos devoirs, il a beau s'attacher à ses espérances de diffusion des lumières, d'avancement des sciences, de bonheur croissant pour l'humanité, quel est ce terrain où s'égarent ses recherches? Sommes-nous en droit de considérer les fins d'une parcelle de la nature, d'admettre son progrès continu, comme si nous ignorions qu'en elle-même cette parcelle n'est rien, que ses destinées se perdent dans l'immense torrent circulaire d'une nature qui, au lieu de s'élever, ne peut que se conserver? Le naturalisme a donc ses limites naturelles et infranchissables. Nous ne voyons pas seulement chez d'Holbach, nous avons déjà vu chez Locke, chez Hume, chez Condillac, chez Helvétius, la pensée des tendances pratiques de l'homme se faire jour et prévaloir peu à peu dans les recherches spéculatives. La raison ne peut pas renoncer à ses exigences ; elle ne se contente pas de ce que nous offre la nature, l'existence et la conservation de l'existence, elle aspire au meilleur, elle réclame un but. Le *Système de la nature* fournit un témoignage éclatant de l'impuissance des principes naturalistes à satisfaire à cette impérieuse aspiration.

LIVRE SIXIÈME

ÉTAT FINAL DE LA PHILOSOPHIE AU DIX-HUITIÈME SIÈCLE
ET SIGNES PRÉCURSEURS DE L'AVENIR.

CHAPITRE PREMIER

CHRISTIAN WOLFF ET SON ÉCOLE.

L'éclectisme du bon sens. Vie de Wolff. — Services qu'il a rendus. — Sa soumission à Leibnitz et à l'opinion commune. — Exposition mathématique. — Elle s'appuie cependant sur l'expérience. — Prépondérance de l'esprit empirique dans son rationalisme. — Tendance au sensualisme. — Manque de cohérence dans son système. — Division du système. — L'expérience et la psychologie y prédominent. — Dualisme, transformation de la doctrine des monades. — Le monde en tant que machine et le monde des esprits. — Théologie. — Physique. — Philosophie pratique. — Revue.

Baumgarten. — Esthétique. — La beauté consiste dans la perfection sensible. — Les facultés inférieures de l'âme veulent être aussi cultivées. — Place de l'esthétique parmi les sciences philosophiques. — Le goût du beau est pour l'entendement un exercice préparatoire et un complément. — Attitude de Baumgarten à l'égard de l'éthique et de la religion. — Revue.

Nous avons observé le mouvement général qui emportait la philosophie du xviii° siècle. Aucun des systèmes dignes d'arrêter l'attention de l'historien ne nous a, je l'espère, échappé. Mais nous n'aurions qu'une idée incomplète de la culture philosophique de l'époque si nous ne remarquions que ce mouvement n'était pas tout, et qu'il ne pouvait tout entraîner avec lui, parce que sa violence n'était pas exempte de passion et d'esprit de parti. Ce mouvement est comparable aux agitations de la mer, qui n'atteignent que la plus petite partie de sa masse. Sans doute, les vues sensualistes étaient arrivées à dominer au xviiiᵉ siècle. Mais les conséquences extrêmes que Hume et l'école française en avaient tirées, ne pouvaient pas manquer de paraître au sens commun, dont on invoquait de tous côtés l'autorité, je ne dis pas seulement dangereuses, je dis exagérées et insoutenables. Les éléments qui proviennent des croyances anciennes, sont trop fortement enracinés dans l'opinion vulgaire, représentée par le sens commun, pour qu'il soit donné à tel ou tel système exclusif de les écarter. C'est pourquoi le sensualisme, soit anglais, soit français, a contribué sans doute pour une part notable à ébranler les opinions traditionnelles, et a fait de ce qu'on appelait, selon le langage usité, les lumières, le but général des efforts du temps ; mais les croyances que le rationalisme représentait, avaient en définitive résisté à l'influence destructive du sensualisme. L'opinion générale cherchait à tenir, autant que possible, une voie moyenne entre les doctrines nouvelles et celles qui les avaient précédées ; la grande masse des esprits incline toujours vers les procédés éclectiques.

Les idées anciennes s'étaient, particulièrement en Allemagne, maintenues plus longtemps en crédit qu'en Angleterre et en France. Le système de Leibnitz avait aussi pénétré plus profondément dans sa patrie que partout ailleurs. On y était resté également attaché, dans le monde savant et philosophique, à l'emploi traditionnel de la langue latine, tandis que l'influence de la philosophie anglaise, et surtout de la philosophie française, sur les changements opérés dans l'opinion, tenait, sans aucun doute, beaucoup à l'usage des langues vivantes. Le temps était venu maintenant où les philosophes allemands devaient à leur tour apprendre à se servir de l'allemand; mais dans ces premiers essais la trace prolongée de la philosophie savante et scolastique se fait encore fortement sentir. Nul n'a plus fait à cet égard que Christian Wolff, disciple de Leibnitz. Quoiqu'on ne puisse pas attribuer à son arrangement éclectique des théories philosophiques beaucoup de valeur, ni une grande action sur le progrès de la philosophie, nous ne saurions toutefois passer ses travaux sous silence, parce qu'il présente, sous la forme la plus complète, le mélange des opinions, qui était le résultat final des efforts du XVIIIe siècle.

Christian Wolff, né à Breslau en 1679, était le fils d'un riche artisan, qui l'avait destiné à la théologie. En raison de la population mélangée de sa ville natale, il fut, dès sa jeunesse, témoin des débats acharnés, irréconciliables, que se livraient les diverses confessions religieuses, tandis qu'à la même époque ses maîtres lui faisaient admirer l'infaillibilité de la démonstration mathématique. Aussi, à l'université d'Iéna, s'adonna-t-il à l'étude des mathématiques, pour les appliquer ensuite à la philosophie et à la théologie naturelle. Lorsqu'il entra comme professeur à l'université de Leipzig, il était encore partisan du système de Descartes ; mais bientôt Leibnitz lui-même en fit un adepte du système de la monodologie et de l'harmonie préétablie. Appelé à Halle pour y occuper une chaire de professeur de mathématiques, il s'y consacra de plus en plus à la philosophie. Il se laissa entraîner dans un débat sur ses propres doctrines avec les théologiens piétistes de l'école de Halle, et cette querelle amena, en 1723, son renvoi de l'université, acte violent et que rien ne justifiait ; mais ce résultat même tourna au triomphe de la philosophie. Appelé aussitôt à Marbourg, victorieux dans ses discussions avec plusieurs théologiens ou philosophes, écrivain également fécond dans la langue latine et dans la langue allemande, Wolff s'était placé, désormais sans rival, à la tête des philosophes de l'Allemagne. Chargé d'honneurs, sollicité longtemps, mais en vain, par le gouvernement de la Prusse, il entra à Halle en triomphe, au milieu des éclats de joie de l'université et de la population. Il n'en sortit plus, et y mourut en 1754, dans tout l'éclat de sa renommée, mais non sans avoir donné toutefois quelques signes de vanité et de présomption, faiblesses indignes de la grandeur de sa réputation.

Wolff a dominé en Allemagne toute l'école philosophique de son temps, et son règne a duré longtemps encore après sa mort avec une autorité peut-être sans exemple. Si l'on compare ses travaux avec le renom immense qu'ils lui ont acquis, il est difficile de n'être pas frappé d'une grande disproportion. Il a rendu un service incontestable en assouplissant, en accoutumant la langue nationale au langage de la philosophie. Il n'est pas, à la vérité, le premier qui l'y ait préparée; lorsqu'il vint à Halle, il y trouva l'enseignement de la philosophie en langue allemande déjà établi; mais il suffit de comparer d'un coup d'œil ses écrits allemands avec les dissertations de Christian Thomasius, pour être frappé du progrès considérable réalisé par Wolff, et du bonheur avec lequel il rompit avec le style d'alors, tout bariolé de termes étrangers (1). Nous ne prétendons pas lui contester non plus tout à fait le mérite d'avoir rassemblé, en un tout facile à embrasser, les pensées éparses de Leibnitz, et d'avoir tenté d'édifier un système de philosophie assez flexible pour comporter, pour provoquer même de nouveaux essais de développement. Des essais de ce genre ont effectivement été faits, renouvelés plus d'une fois, et la valeur de l'entreprise de Wolff dépend complétement de la solidité des divers membres de son édifice systématique.

On ne nous contestera pas aujourd'hui le droit de ramener à peu près toutes les parties de sa doctrine aux idées de Leibnitz. Il est vrai qu'un disciple de Wolff, Bilfinger, ayant parlé du leibnitzianisme de Wolff, celui-ci le prit en fort mauvaise part; il pré-

---

(1) *Exposé détaillé de ses propres écrits,* par Ch. Wolff. 15 f. (Édit. de 1735.)

tendait être indépendant dans la spéculation philosophique (1), et il se vantait d'avoir acquis beaucoup de résultats que Leibnitz avait négligés; mais cela ne nous empêchera pas de remarquer qu'il a montré peu d'invention, qu'il n'a point eu de ces idées qui ouvrent une voie, qu'il est presque partout d'accord avec Leibnitz, et qu'il s'efforce d'abaisser les conceptions de ce dernier au niveau de l'expérience et de l'intelligence vulgaire. Il ne veut pas être éclectique, parce que les éclectiques juxtaposent leurs propositions sans les lier (2); et c'est un fait constant qu'il a travaillé avec ardeur à se faire un système complet et enchaîné, et que ces efforts l'ont jeté dans des longueurs et des prolixités, surtout dans ses écrits en latin (3); mais ce défaut d'enchaînement, qui caractérise l'éclectisme, nous le trouvons précisément dans son système, pour peu que nous en soumettions la suite à un examen sérieux. Ce sont là des reproches qui, adressés à un homme d'un vrai mérite à plusieurs égards, demandent à être justifiés par des preuves.

Ce qui surprend le plus dans la forme de son système, c'est l'emploi perpétuel de l'exposition mathématique. La démonstration mathématique, qui va du général au particulier, est le procédé qu'il veut qu'on suive, non pas dans la forme extérieure, mais intrinsè-

---

(1) Ibid. 72, p. 224; *Autobiographie de Christ. Wolff*, publiée par H. Wuttke (Leipz. 1841), p. 142.

(2) *Exp. dét.*, 61, p. 194.

(3) Je les citerai moins que ses écrits en allemand, beaucoup plus courts et encore très-prolixes; ces écrits suffisent presque toujours pour comprendre très-bien sa philosophie.

quemment, dans toute science véritable, dans les arts, dans la vie, parce que seule la méthode mathématique satisfait aux règles logiques et répond à la nature de l'entendement (1). Il espère par cette méthode n'obtenir que des connaissances enchaînées, et pénétrer la raison de leur enchaînement (2). Il vante aussi cette méthode à cause de la vertu de découverte qui est en elle, il est même tenté d'attribuer toute découverte au raisonnement, qui procède du général (3); mais il est cependant obligé de remarquer que l'invention pourrait bien supposer encore dans un esprit fécond et méditatif d'autres opérations, et à l'exemple de Leibnitz, il attend un nouvel art de découverte, tout différent de la logique, et que personne n'a encore donné jusqu'ici (4). On s'étonne naturellement de le voir employer le raisonnement mathématique dans telles parties de ses doctrines, où il invoque l'observation et l'expérimentation, ou bien encore consulte simplement l'expérience commune. Il ne peut pas renoncer à la connaissance historique; encore qu'elle ne procure que le plus bas degré d'intelligence, nous ne pouvons nous empêcher de la traverser, et nous devons puiser nécessairement tous nos principes dans l'expérience (5). Il s'ensuit aussi que Wolff ne fait

(1) *Log.* (Francof. et Lips. 1752), disc. præl. 139; *Exp. dét.*, 22, sqq.; 25; 192, p. 531.
(2) *Idée rationn. de Dieu* (Halle, 1722), 341.
(3) *Idée rationn. des forces de l'entend. humain* (Halle, 1756), 4, 20. Ces raisonnements servent à découvrir tout ce que peut atteindre l'entendement humain.
(4) *De Dieu*, 564; 566; *Log.* disc. præl. 74.
(5) *Log.*, disc. præl. 1-5; 10, sq.; 12. In ipsis disciplinis abstractis,

point difficulté d'appuyer tous ses raisonnements sur un fondement, dans lequel entre de tous côtés l'expérience. En effet, bien qu'il prétende employer pour prémisses de ses raisonnements des propositions vides, c'est-à-dire identiques, et des définitions verbales, on ne peut y voir cependant autre chose que des thèses gratuites ou des expériences tirées de l'usage de la langue, et par conséquent c'est aussi par l'expérience que doivent être obtenus les jugements premiers, tandis que les jugements dérivés seuls le sont par des raisonnements (1). Si nous prenons garde à cela, il est une chose qui, loin de nous surprendre, nous paraîtra caractéristique de sa doctrine, c'est qu'il regarde le principe cartésien : Je pense, donc je suis, comme un syllogisme fondé sur une majeure vide à laquelle se joint, dans la mineure, une expérience indubitable, mais que de plus, au lieu d'en rester là, il conclut au contraire de la parfaite certitude expérimentale, renfermée dans ce syllogisme, la certitude infaillible de tous les raisonnements exacts (2). Comme on le voit, il se facilite singulièrement le raisonnement ; une seule expérience lui suffit pour poser comme établies toutes les autres expériences de même genre. De là vient peut-être

---

qualis est philosophia prima, notiones fundamentales derivandæ sunt ab experientia, quæ cognitionem historicam fundat.

(1) *Des forc. de l'entend. humain*, 4, 1 ; 5, 1 ; 7, 1.

(2) *De Dieu*, 6, sq. ; *Psych. empir.* (Francof. et Lips. 1758), 17. Si quid per syllogismos infertur, quorum præmissæ sunt propositiones indemonstrabiles vel judicia intuitiva experientiis claris superstructa, id eadem evidentia cognoscitur, qua nos existere cognoscimus.

qu'il regarde comme plus facile de construire des démonstrations par des syllogismes que de rassembler des expériences rigoureuses (1). Sans les lumières que nous apporte sa promptitude à conclure, on serait tenté de s'étonner en le voyant, lui qui pourtant veut tout élever sur la base de l'expérience, ne rien enseigner, dans sa logique, sur la méthode expérimentale, sur l'induction, qui approche à aucun égard des théories de Bacon. Il croit pouvoir réduire l'induction au syllogisme catégorique (2).

Du reste, rien de plus modeste que le rationalisme professé par Wolff d'après Descartes et Leibnitz. La philosophie, selon lui, doit se préoccuper ardemment de toute espèce de certitude; elle n'a donc pas le droit de dédaigner les informations de l'expérience ni les théories des mathématiques; l'enchaînement et l'unité, qui lui sont nécessaires, ne sont pas altérés, parce qu'elle invoque d'autres sciences comme auxiliaires (3). On serait cependant tenté de croire que cet appui emprunté signale uniquement une lacune dans l'enchaînement philosophique; en effet, Wolff est lui-même forcé de convenir que l'expérience n'enseigne que l'existence, tandis que la philosophie enseigne le pourquoi d'une chose. Wolff croit, il est vrai, se tirer de cette difficulté, en admettant que les raisons et le pourquoi des phénomènes résultent de l'enchaînement des choses, de telle sorte que la connaissance ration-

---

(1) *Exp. dét.*, 28
(2) *Log.*, 117, sqq.
(3) Ib., disc. præl., 55, sqq.

nelle se réduit à celle de l'enchaînement par la démonstration (1). Mais par cette raison même la connaissance philosophique n'apparaît à Wolff qu'une simple connaissance historique bien liée, puisqu'un fait d'expérience s'explique par un autre fait d'expérience (2), et que la philosophie, de même que la physique empirique, laisse place aux hypothèses, bien que ces hypothèses ne soient destinées qu'à ouvrir des voies d'investigation (3). C'est pourquoi Wolff nous renvoie souvent dans ses recherches philosophiques à l'expérience. Une partie spéciale de métaphysique traite de la psychologie empirique ; il l'appelle une histoire, qui peut être entendue même sans la recherche des raisons, que la psychologie rationnelle a pour but de présenter, et indépendamment de toutes les autres parties de la philosophie (4). La logique, la physique et la morale doivent également puiser leurs démonstrations dans l'expérience (5), et nous voyons Wolff tirer les fondements de toutes ces sciences de la psychologie empirique. On ne peut s'empêcher de s'étonner de ce rationalisme qui, tout en prétendant appuyer tout sur une démonstration mathématique, se montre cependant partout engagé dans une voie empirique. Wolff est contraint de convenir que nous n'obtenons pas de cette manière une connaissance parfaite ; car

(1) Ib., 6 ; 9 ; *De Dieu*, 571 s. ; 581.
(2) *Log.*, disc. præl., 10. Si per experientiam stabiliuntur ea, ex quibus aliorum... ratio reddi potest, cognitio historica philosophicæ fundamentum præbet.
(3) Ib., 126, sq.
(4) *Exp. dét.*, 79 ; 104.
(5) Ib., 8 ; 89.

tant qu'on est forcé d'admettre quelques propositions tirées de l'expérience; on n'a pas atteint le suprême degré de lumière ; mais l'homme n'a qu'un entendement borné ; il n'est jamais tout à fait philosophe; il est souvent réduit à se contenter de l'expérience et de construire sa philosophie sur la mesure de cette intelligence limitée (1). Il est étrange, toutefois, que Wolff donne en définitive pour philosophie, pour doctrine certaine et démontrée, les résultats obtenus par un procédé entaché d'une telle insuffisance.

Nous accepterions plus facilement ce rationalisme modeste, s'il tendait davantage à ne dériver de l'expérience qu'une partie de nos connaissances, et insistait moins sur le principe que toutes nos connaissances ont en elle leur fondement. Mais la pente qui entraîne Wolff à se rattacher ici aux sensualistes est assez manifeste. Selon lui, de la sensation procèdent toutes les opérations de notre âme sans exception, tous les concepts, toutes les distinctions (2). Nous ne sentons, il est vrai, que des choses individuelles ; mais Wolff ne doute pas que cette sensation ne nous révèle jusqu'aux propriétés et aux effets essentiels des choses, et, qu'en tenant compte, comme il convient, des diversités et des circonstances, nous ne puissions nous élever de la connaissance du particulier à celle du général; ses déclarations à cet égard ne s'écartent en

---

(1) *De Dieu*, 855 ; *Log.* disc. præl., 48.
(2) *Exp. dét.*, 98, p. 275. L'énergie, d'où procèdent les sensations, est celle d'où résulte aussi tout le reste dans l'âme. *Des forc. de l'entend. hum.*, 1, 5 ; 7 ; *de Dieu*, 846.

rien d'essentiel de la doctrine enseignée par Locke.
La connaissance des principes mathématiques nous
est donnée par la même voie (1). Le concept et la représentation ou image sensible ne sont point distinguées l'une de l'autre. Wolff se flatte même de n'avoir que des images claires des choses (2). Il touche
aussi en passant, il est vrai, la théorie de la confusion
attachée à toutes les sensations, et il explique cette
confusion comme Leibnitz (3) ; mais il ne l'a pas étudiée mûrement ; il n'a pas approfondi ce point, et ce
qui le prouve, c'est qu'il nous attribue aussi des sensations claires et distinctes des figures, des grandeurs
et des mouvements que l'univers met sous nos yeux (4).
On serait sans doute tenté de croire que sa philosophie avait en vue quelque autre objet que la connaissance sensible, lorsqu'il la définit la science du possible, ainsi que du comment, du pourquoi et des limites de la possibilité (5) ; mais le possible lui-même
et les raisons du possible doivent nous être connus
par expérience, car lorsque les sens nous conduisent
à un concept, avec la connaissance du réel nous est
donnée en même temps la connaissance de sa possibilité, et ce qui nous instruit du comment et du pourquoi d'une chose, c'est la perception que nous avons
de sa production et de l'enchaînement de ses phéno-

---

(1) *Des forc. de l'entend. hum.*, 5, 2 ; 5 ; 15 ; *de Dieu*, 275 ;
286 ; 832 ; 846.
(2) *Des forc. de l'entend. hum.*, 1, 4 ; *de Dieu*, 785.
(3) *De Dieu*, 785.
(4) Ib., 224 ; 772, sq. ; 824.
(5) *Des forc. de l'entend. hum.*, 1, 1 ; *Log.* disc. præl., 29.

mènes (1). C'est pourquoi le principe de contradiction s'applique aussi aux expériences, et le principe de raison suffisante est démontré par le principe de contradiction (2). Nous avons dû remarquer ailleurs que la philosophie de Leibnitz ne réussit pas à s'élever dans la connaissance rationnelle au delà des limites de la connaissance sensible, indéfiniment amplifiée. La vérité de cette observation est encore plus frappante chez Wolff. L'âme, en tant qu'être simple, ne peut avoir qu'une force ; cette force est la faculté de représentation, dans laquelle se reflètent l'univers et les réalités qu'il contient (3). Mais d'après les différents degrés de développement dont les représentations sont susceptibles, Wolff divise la force simple de l'âme en force supérieure et force inférieure, selon que l'âme forme et élève en elle au rang de mobiles des représentations claires ou des représentations confuses (4). Wolff n'arrive donc qu'à établir une différence de degré entre la sensibilité et la raison, entre l'essence animale et l'essence humaine (5). Si Wolff combat

---

(1) *Des forc. de l'entend. hum.*, 1, 31 s.; 34 ; 41 ; 49.
(2) *De Dieu*, 10 ; 50 s.
(3) *De Dieu*, 745, sqq. Ainsi il n'y a dans l'âme qu'une seule force, d'où procèdent tous les changements ; mais il est vrai que, selon la diversité des changements qu'elle produit, on lui donne habituellement différents noms. Ib., 755 s.
(4) De la Forge avait émis avant lui les mêmes idées. *Exp. dét.*, 90 s.
(5) *De Dieu*, 894. Cependant comme la faculté de représentation existe chez les hommes à un plus haut degré que chez les animaux, et que d'autre part des forces ne peuvent différer que par le degré, il s'ensuit que l'essence et la nature de l'âme humaine diffère de l'essence et de la nature de l'âme des animaux.

cependant les principes du sensualisme, s'il n'accorde pas que les concepts soient introduits dans notre âme comme dans un récipient vide, s'il soutient au contraire qu'ils procèdent de la force interne de l'âme, cela résulte uniquement de ce que, suivant ici pied à pied la monadologie, il pose en principe que tout être existant pour soi a en lui-même la source de ses modifications (1). Or, l'âme est un être de cette espèce ; tous les changements qui s'y accomplissent et, par conséquent, toutes ses représentations ne peuvent venir que d'elle (2). Ces vues le prémunissent contre les conséquences, émanées du sensualisme, d'après lesquelles toutes nos pensées dépendraient du monde extérieur et notre raison serait une capacité purement passive ; mais elles ne le protégent pas contre la confusion de l'élément sensible et de l'élément rationnel dans nos connaissances ; car ce qu'il affirme des concepts, il l'affirme également des sensations de l'âme : elles ne procèdent pas du dehors ; elles ne sont pas des passions, mais bien des actes de l'âme (3). D'où il suit que la théorie de la connaissance ne se distingue chez Wolff de la doctrine sensualiste qu'en ce qu'elle ne cherche pas le principe de la pensée hors de l'âme, tout en accordant néanmoins aux adversaires du ra-

---

(1) Ib., 114.
(2) Ibid., 819, s.
(3) Ib. 818. En raison de l'harmonie de l'âme avec le corps, les sensations ont leur fondement dans le corps... C'est pourquoi elles sont comptées parmi les passions. Cependant comme en fait elles sont produites par l'âme, et qu'elles sont simplement en harmonie avec le corps, elles sont des actes de l'âme.

tionalisme, que toutes nos connaissances dérivent de la sensation, et que l'entendement n'est qu'un développement, un raffinement, une amplification de celle-là.

Sans ces considérations préalables sur la théorie de la connaissance de Wolff, nous n'aurions pas pu comprendre son système de philosophie. Il n'existe pas plus pour lui de distinction essentielle entre la connaissance philosophique et la connaissance historique, qu'il n'en existe entre la méthode philosophique et la méthode mathématique. Si nous distinguons l'histoire de la philosophie, cela provient uniquement de ce que nous n'arrivons pas dans la première à l'intelligence de l'enchaînement des faits. Wolff regarde comme impossible d'obtenir partout cette pleine intelligence, et c'est pourquoi il n'aboutit aussi qu'à un système de philosophie incomplet et est forcé d'en reconnaître lui-même les lacunes. Il se résout même à y laisser de plus grandes lacunes que ne l'exigerait une nécessité absolue. Il estime, il est vrai, qu'il ne serait pas impossible de démontrer les mathématiques par la métaphysique, mais cette entreprise ne ferait qu'entraîner des longueurs inutiles (1). L'analyse des concepts peut toujours, selon lui, être poussée plus loin ; mais nous ne saurions que rarement conduire l'analyse jusque près de son terme ; force est donc de nous contenter de l'avoir poussée au point requis par le but de nos démonstrations (2). La

(1) Ib. Préf. à la deux. édit.
(2) *Des forc. de l'entend. hum.*, 1, 18.

métaphysique et la philosophie pratique générale sont les seules parties dans lesquelles il se flatte d'avoir satisfait à toutes les exigences de la philosophie. Il y a encore beaucoup de théories philosophiques à approfondir ; mais Wolff se résout à laisser quelque chose à faire à l'avenir, et se restreint à coordonner les théories établies (1). Ainsi donc il ne revendique pas pour son système la gloire d'offrir un enchaînement complet. Ce qu'il en dit se réduit à la prétention de nous offrir une esquisse large de l'ensemble des sciences dans leur liaison, c'est-à-dire de présenter un idéal spéculatif du système, dont l'exécution qu'il en a tentée lui-même lui laisse d'ailleurs apercevoir les lacunes. Du reste, il voudrait bien nous dérober la perturbation inévitable que de telles lacunes apportent dans l'enchaînement de ses syllogismes. La nécessité où est la physique de recourir à l'expérimentation, l'impossibilité relative d'approfondir cette science par des principes de raison, comme on le fait pour la métaphysique, pour la morale et même pour la psychologie, lui dénonce, il est vrai, l'imperfection de notre science actuelle ; mais il ne laisse pas de se flatter néanmoins d'avoir donné, dans cette science, des démonstrations qui ne sont pas plus mauvaises que celles d'Euclide (2). Ces déclarations, et d'autres analogues, trahissent les contradictions que présentent son idéal de la science, sa méthode et sa théorie de la connaissance.

(1) *Théol. nat.*, II, préf.; *Log. disc. præl.*, 86.
(2) *Exp. dét.*, 164 ; 166.

La division de son système va justifier ce que nous venons d'énoncer d'une manière générale. Il pose comme base de cette division la distinction de ce que nous connaissons intérieurement comme notre âme, et extérieurement comme corps, et il ajoute à ces deux ordres d'objets l'idée d'un auteur de toutes choses, l'idée de Dieu; de là résultent trois parties de la philosophie, la morale, la physique et la théologie (1).

La distinction dans l'âme de la faculté de connaître et de la faculté de désirer conduit en outre à distinguer la logique et la philosophie pratiques (2). Celle-ci embrasse plusieurs sciences particulières subordonnées : l'éthique qui considère l'homme dans l'état de nature, la politique qui le considère vivant en société et qui doit renfermer par conséquent l'économique, ou théorie de la vie de famille (3). Quelques autres considérations conduisent encore à assigner, parmi les doctrines relevant de la philosophie pratique, une place au droit naturel et à la philosophie pratique générale, à la technologie, à la philosophie des arts libéraux, bien que Wolff ne se soit pas occupé de ces dernières sciences, vu qu'elles étaient des parties de la philosophie encore trop peu élaborées (4). Il apparaît encore un autre ordre de connaissances philosophiques, l'ontologie, l'art de faire des découvertes, plusieurs parties de la physique, parmi lesquelles se

(1) *Log. disc. præl.*, 55, sqq.
(2) Ib., 60, sqq.
(3) Ib., 63, sqq.
(4) Ib., 68, sqq.

trouve entre autres la cosmologie (1). Après avoir établi cette division, qui n'est pas très-rigoureuse, Wolff nous dit que l'ordre d'exposition prescrit un tout autre arrangement des membres qui la composent. La logique doit, selon cet ordre, occuper la première place, parce qu'elle enseigne l'art de démontrer, fondement de tout le reste. Mais la logique ne peut être démontrée que par l'ontologie et la psychologie, puisque la connaissance de toutes choses doit nécessairement se constituer selon les principes de l'ontologie, et que les lois de la pensée ne sont révélées que par la psychologie. Il en résulterait que, si l'on voulait tout démontrer en logique, elle devrait être précédée de l'ontologie et de la psychologie. Cependant Wolff ne s'astreint pas à cette prescription, il préfère suivre l'ordre de l'étude et sacrifier celui de la démonstration (2). La logique est donc traitée simplement comme une science d'expérience ; quant à la démonstration des théorèmes logiques, elle est réservée à l'ontologie et à la psychologie. On voit par là ce qu'il faut penser de la validité des démonstrations promise par Wolff. On est fondé à compter que sa condescendance pour l'ordre de l'étude produira bien d'autres fruits. A la logique il fait succéder la métaphysique, la science capitale de la philosophie, car elle embrasse essentiellement tout ce que Wolff avait désigné comme

(1) Ib., 73, sqq.
(2) Ib., 88, sqq. Si philosophiæ cum fructu operam navare decreveris, logica primo omnium loco pertractanda... Quod si in logica omnia demonstranda, petenda sunt principia ex ontologia atque psychologia... Methodum studendi præferre maluimus methodo demonstrandi.

objet de la connaissance philosophique ; la métaphysique se propose de donner d'abord dans l'ontologie la théorie de l'être universel, puis dans la cosmologie, qui ne relève plus ici de la physique, la théorie des choses extérieures selon leur enchaînement dans l'univers, dans la psychologie la théorie de l'âme ; enfin, dans la théologie naturelle, la doctrine de l'être divin. Wolff avait suivi dans sa métaphysique allemande un ordre un peu différent, en plaçant la psychologie empirique immédiatement après l'ontologie, et en passant de là à la cosmologie, puis à la psychologie rationnelle. Ses disciples Thummig et Bilfinger avaient au contraire mis après l'ontologie la cosmologie, et placé la psychologie à la suite de cette dernière ; Wolff se rallia à cette ordonnance du système, et déclara qu'il n'avait suivi d'abord un plan différent que parce que la psychologie, n'étant que de l'histoire, pouvait être entendue indépendamment de toute autre doctrine, qu'elle avait plus d'attrait pour les commençants, et qu'elle palliait un peu ce qu'ont de rebutant pour eux les difficultés de l'ontologie (1). Tel est le plan qu'il suit de point en point dans la construction de son système. L'ordre de l'étude prévaut et le décide à se départir de la rigueur de la démonstration. La métaphysique une fois achevée, il nous laisse le choix entre la physique et la philosophie pratique ; il pense même qu'on pourrait étudier la physique concurremment avec la métaphysique, en tant qu'on y

---

(1) *Exp. dét.*, 79.

ferait abstraction des fins divines (1). L'ordre dans lequel il veut présenter la philosophie pratique est certes assez étrange. Il distingue le droit naturel de l'éthique, mais il étend l'idée du premier à tel point qu'il y fait entrer toute la doctrine des devoirs; et dans le fait il en a traité plus longuement que de toutes les autres parties de la philosophie. Il estime cependant que le droit naturel pourrait être considéré comme se composant de l'éthique, de la politique et de l'économique, mais il nous laisse aussi la liberté de le regarder comme une partie spéciale de la philosophie pratique, auquel cas le droit naturel devrait nécessairement précéder, à titre de théorie générale des prescriptions pratiques, toutes les autres doctrines (2). Toute cette organisation du système est, comme on le voit, assujettie à une multitude de considérations relatives soit à l'ordre de l'étude, soit à la faveur dont jouissaient certaines formes de la doctrine; en somme, elle est marquée d'un caractère visiblement éclectique.

Il est un seul point où le système de Wolff est conséquent à ses principes, c'est que, par une sorte de défi jeté à la méthode mathématique, les informations expérimentales y précèdent partout les démonstrations générales. Ainsi, en logique, le dénombrement des formes et des opérations de la pensée précède la recherche de leurs fondements ontologiques; ainsi la psychologie empirique vient avant la

---

(1) Ib. 10, p. 16; 223; *Log.* disc. præl. 105, sq.
(2) *Log.*, disc. præl., 68; 104.

psychologie rationnelle, la physique expérimentale avant la téléologie, et, si la psychologie empirique doit être dérivée de la métaphysique, cette dérivation n'a lieu qu'en tant que la psychologie empirique déduit les raisons de ses phénomènes. Cet appel incessant à l'expérience a encore pour effet de laisser aux disciples la liberté de débuter à leur gré par l'étude de tel ou tel objet ; car l'observation peut s'appliquer à volonté à celui-ci ou à celui-là. On pourra remarquer que la psychologie empirique joue le rôle dominant dans cette économie du système. C'est là une trace incontestable de l'action prolongée des doctrines de Descartes et de Locke. Nous avons pour point de départ l'expérience de notre propre moi ; mais l'expérience ne nous atteste nullement une action du corps sur l'âme ou de l'âme sur le corps ; il s'ensuit que Wolff se prononce pour le système de l'harmonie préétablie, mais ce système n'a que la valeur d'une hypothèse, et doit être réduit à l'explication de l'union de l'âme et du corps (1). Malgré une certaine pente à l'idéalisme que Wolff a reçue de la doctrine de Leibnitz, malgré la croyance que l'idéalisme est compatible avec une explication raisonnable de la nature (2), et bien qu'il n'espère l'ébranler radicalement que par des arguments très-artificiels tirés de la vraie théologie (3), la doctrine de Wolff ne laisse pas en définitive de se rattacher dans son ensemble au dua-

---

(1) *De Dieu*, 529 ; 536.
(2) Ib., 787.
(3) Ib., 942, sq. ; *Exp. dét.*, 209.

lisme ordinaire de l'opposition établie entre le monde spirituel et le monde corporel; c'est qu'en dépit de tout, Wolff, ainsi que Descartes et que Locke, maintient énergiquement le raisonnement qui le conduit de la certitude de la pensée à la certitude du monde extérieur (1). Ce raisonnement le met en mesure en effet de traiter concurremment et sur le même pied de la physique expérimentale et de la psychologie empirique.

Le dualisme, par lequel Wolff se rapproche étroitement de la manière vulgaire de se représenter les choses, tient de très-près à la transformation qu'il a fait subir à la monadologie. Il pose, à l'exemple de Leibnitz, l'existence de substances simples, qui, en raison de cette simplicité, n'ont nécessairement ni figure, ni grandeur, ni mouvement interne. Elles ne peuvent être des corps, cela résulte évidemment de ce qu'on vient de dire; les monades ne sont que des points; c'est uniquement parce qu'elles sont différentes l'une de l'autre, parce qu'elles subsistent par conséquent l'une hors de l'autre, et dans un certain ordre réciproque, qu'elles remplissent l'espace (2). Elles possèdent une force, et par suite de cette force un effort, au moyen duquel nous pouvons expliquer les actions diverses et les changements d'état des choses (3). Nous devons aussi à cause de ces changements les regarder comme limitées, parce que l'infini

---

(1) *De Dieu*, 45 ; 197; 750.
(2) Ib., 75, sq.; 81; 582, sq.; 602, sq.
(3) Ib., 115, 118.

est éternel et immuable; de même l'essence de toutes choses doit être considérée comme immuable, et comme formant l'opposition la plus tranchée avec la variabilité de leurs états ; cette diversité d'états ne consiste en effet qu'en un changement des limites ou degrés d'être (1). Il suit de là maintenant qu'il faut attribuer aux monades une double faculté, celle d'agir et celle de pâtir, puisque leurs limites résultent uniquement de la passivité. Les choses ne peuvent en conséquence être modifiées, éprouver un changement qu'à l'occasion de causes extérieures (2). Mais, en raison de l'enchaînement des choses, tout opère sur tout, et ainsi les démonstrations de Wolff prêtent une confirmation nouvelle aux théories de Leibnitz sur la réflexion de l'univers dans chaque individu et au principe de l'indiscernable (3). Wolff cite, comme exemple d'une chose simple, l'âme; la simplicité de l'âme résulte de ce qu'une chose composée, comme le corps, ne peut ni penser, ni avoir conscience d'elle-même, ni se distinguer d'une autre chose, et n'est susceptible que de mouvements ou changements de ses parties (4). Wolff prétend donc, exactement comme Leibnitz, éclaircir le concept de chose simple par la notion de l'âme; mais il ne veut pas aller avec son devancier jusqu'à soutenir que toutes les choses

(1) Ib., 35; 107, sq.; 111; 151; *Des forc. de l'entend. hum.*, 1, 48.

(2) *De Dieu*, 594, sq.; *Exp. dét.*, 72, p. 222 ; *Ontol.*, 716 ; 866 ; *Cosmol.*, 294.

(3) *De Dieu*, 586, sq.; 596, sq.

(4) Ib., 128; 758, sq.; *Des forces de l'entend. hum.*, 12.

simples sont analogues à l'âme et ont nécessairement des représentations (1). L'analogie des choses avec le moi, analogie qui avait fourni à Leibnitz son point de vue général, ne paraît pas à Wolff une raison légitime d'attacher à tous les développements internes des essences simples au moins le degré le plus bas de la sensation. Par conséquent ce qu'il dit des éléments simples de l'univers ne va pas au delà d'une représentation complétement indéterminée. Les monades sont des forces capables d'exercer et de subir intérieurement des actions qui changent les limites ou modifient le degré de leur existence; mais en quoi consiste ce changement pour tel ou tel ordre d'existence, c'est ce dont nous n'avons aucune idée ; ce n'est pas un changement corporel, mais ce n'est pas non plus un changement spirituel. Wolff n'ose pas donner au phénomène corporel un fondement idéaliste ; il transporte le dualisme phénoménal aux substances de l'univers.

La cosmologie manifeste l'importance de cette modification, apportée à la doctrine des monades. Il n'hésite pas, après l'exemple de tant d'autres philosophes, à déclarer que le monde est une machine ; quiconque nierait cette proposition, ne ferait que démentir le progrès des sciences naturelles. Mais pressé par les reproches réitérés, auxquels l'avait exposé son fatalisme, Wolff déclare tout franchement qu'il n'a, dans sa cosmologie, à s'occuper que de l'univers, et rien à

---

(1) *De Dieu*, 599; 910; *Exp. dét.*, 45, p. 156; 86, p. 249.

faire avec l'âme (1). Il conçoit donc l'univers sans âme, aussi bien que sans monades analogues à l'âme ; de peur d'envelopper l'âme dans le mécanisme des mouvements, il distingue deux domaines séparés de l'être, le monde des monades, qui apparaissent comme corps, et le monde des esprits. Entre ces deux mondes il n'existe pas de rapport de causalité, et pour être fondé à reconnaître quelque liaison entre eux, il faut recourir à l'harmonie préétablie entre le corps et l'esprit. Il se flatte de trancher par cette harmonie le nœud difficile, qui avait donné aux philosophes tant d'embarras; toutefois l'harmonie préétablie n'a que la valeur d'une hypothèse ; bien plus, Wolff estime que toutes ses propositions subsisteraient même sans cette hypothèse, de sorte qu'elle n'exerce pas plus d'influence sur la théologie que sur la médecine, sur la morale que sur la politique (2). Ce n'est là, comme on le voit, qu'une application bien timide des doctrines de Leibnitz, et l'on aperçoit sans peine que la raison générale de cette timidité consiste dans le dualisme, que Wolff, enchaîné à l'expérience, professait en séparant d'une manière radicale le monde des corps et celui des esprits.

Tel était le résultat auquel le conduisait sa soumission à l'égard de l'expérience; sa condescendance envers la théologie a pour effet d'exciter ses efforts pour séparer la théologie naturelle de toutes les autres parties

(1) *Exp. dét.*, 81, p. 235, sq. Car là où je traite du monde, je n'ai rien à faire avec l'âme. *De Dieu*, 557.
(2) *De Dieu*, 600; 760; *Exp. dét.*, 100; 121, p. 343.

de son système. Les attaques des théologiens l'avaient poussé à chercher un moyen d'apaiser leur haine. Il prétend sans doute maintenir la liberté de philosopher ; mais la sécurité publique, l'intérêt général ne doivent pas être mis en péril par les théories philosophiques (1). Nous n'adressons pas à Wolff le reproche de n'avoir cherché qu'un accommodement apparent avec les doctrines théologiques, en admettant des miracles soit dans le monde extérieur, soit dans les mouvements intimes de l'esprit, et de s'efforcer de les justifier par l'intervention des causes finales dans l'ordre de la nature, malgré la conviction avouée que des miracles de ce genre interrompraient l'ordre universel, et la nécessité, où le met cette conviction, de recourir, pour expliquer la possibilité de chaque miracle, à un nouveau miracle destiné à rétablir l'ordre troublé (2) ; bien loin de lui faire ce reproche, il nous semble au contraire que ses théories de la révélation divine par des voies surnaturelles, et la manière dont il élève la ferveur de la foi religieuse bien au-dessus des connaissances claires (3), respirent une piété sincère, que les difficultés et les erreurs de la spéculation n'avaient pas ébranlée. Mais il tend évidemment à dégager, autant que possible, la philosophie de tout égard embarrassant envers la théologie. Il n'est pas permis, selon lui, d'en appeler dans la science à la volonté di-

(1) *Exp. dét.*, 42, sq.
(2) Ib., 115, p. 517, sq.; *Cosmol.*, 555.
(3) *De Dieu*, 1010, sqq.; *Exp. dét.*, 148, p. 429, sq.; *Sur la conduite des hommes*, 681.

vine ; si la science a pour objet l'examen du possible, il faut qu'elle puisse s'y livrer sans introduire la considération des volontés divines, qu'elle ait enfin la même liberté que les mathématiques. Il y a plus, nous devons traiter scientifiquement du bien et du mal, sans nous occuper non-seulement de la volonté, mais même de l'existence de Dieu. L'idée de la volonté divine n'entre dans la science que lorsqu'il est question d'étudier le réel, c'est-à-dire le particulier ; le possible ou l'universel, qui fait l'objet de la science, est indépendant de la volonté de Dieu (1). Ces opinions émanent de certaines propositions de Leibnitz ; mais, en les dérivant de ces principes, Wolff n'est pas exempt de quelque méprise. En définissant la philosophie, Wolff avait déjà posé en principe que ses recherches ont pour objet non-seulement le possible, mais encore le pourquoi et le comment du possible. Il est donc visiblement la dupe d'une singulière illusion, quand il se croit dispensé de s'occuper, dans ses recherches sur le possible, des fondements du possible dans l'entendement divin, et dans ses recherches sur le contingent, des fondements du contingent dans la volonté divine; son illusion, dis-je, est évidente, puisqu'il prend pour point de départ dans toutes ses théories l'expérience du monde réel, que par conséquent il ne considère le possible lui-même que par rapport à cet univers, qu'il fait par cette raison même entrer aussitôt en ligne de compte la contingence des réalités et con-

(1) *De Dieu*, 990, sqq.; *Sur la conduite des hommes*, 5.

clut de cette contingence à l'existence de Dieu, vu que l'existence contingente des réalités de l'univers requiert pour fondement un être nécessaire et indépendant (1).

Nous sommes fondés à dire d'après cela, que la doctrine de Wolff a dès son début une direction théologique; seulement il s'en faut de beaucoup qu'il ait suivi constamment cette direction sans s'en écarter. Il commence à s'embarrasser, dès qu'il traite de la notion de Dieu. Dieu est, selon lui, le seul être indépendant. On n'a pas manqué de tirer parti de cette proposition pour lui jeter l'accusation de spinosisme. Il la repousse en faisant observer que par le nom d'être indépendant il n'a voulu désigner que l'être par soi, qui appartient à Dieu seul, et n'a pas entendu exprimer ce qu'on appelle ordinairement substance (2). Mais il ne s'agit point ici d'un nom, et pas d'autre chose. A y regarder de près, le déterminisme de Wolff, d'après lequel l'entendement des créatures est déterminé par l'entendement divin, leur essence, leur existence, leur volonté déterminées par la volonté divine, ne laisse certainement pas de mettre en péril la substantialité et l'indépendance de toutes les réalités de l'univers. Mais nous n'osons pas l'accuser pour cela d'avoir marché sur les pas de Spinosa. Il avait, pour le prémunir contre les écarts de ce dernier, son attention prédominante à consulter l'expérience, à constater d'abord l'existence réelle des choses individuelles avant d'en rechercher les con-

---

(1) *Des forc. de l'entend. hum.*, préf. 11; *de Dieu*, 928, sq.; 945, sq.
(2) *Exp. dét.*, 24, p. 60.

ditions. Il suit encore ici les traces de Leibnitz en maintenant l'existence propre des créatures avec tant de force, qu'il peut en dériver le mal physique et le mal moral sans la coopération de Dieu (1), et que, conformément à la doctrine des monades, il conserve à chaque chose simple son essence propre et ses limites particulières. Un remarquable exemple de l'énergie, avec laquelle est soutenue avant tout par lui la pluralité des choses, se rencontre dans la définition de la perfection, définition dont il fait grand usage et vante, non sans quelque complaisance, la supériorité sur la définition ordinaire, empruntée d'Aristote. La perfection est l'harmonie du divers (2). Certes cette définition ne saurait convenir à la perfection de l'entendement et de la volonté de Dieu (3) ; et en effet partout domine dans la doctrine de Wolff la considération des réalités finies; bien plus, l'expérience de l'homme prenant une place supérieure dans sa pensée, il en résulte que le point de vue humain est pris pour mesure de toute vérité. De là découlent les thèses connues de la doctrine de Leibnitz, qui ont pour objet non-seulement d'assurer l'indépendance et l'indestructibilité des monades, mais encore d'ériger l'âme raisonnable de l'homme en fin principale des décrets divins dans la création et d'en soutenir par cette raison l'immortalité. Nous avons vu ailleurs que Wolff n'était point parvenu à établir de distinction spécifique entre l'âme raisonnable et l'âme

(1) *De Dieu*, 1056.
(2) Ib., 152; *Exp. dét.*, 20, p. 46, sq.
(3) *De Dieu*, 966; 985.

sensible ; d'autre part la fin principale de Dieu dans la création doit être, en définitive, de manifester sa gloire (1) ; il résulte de ces deux points, que le système de Wolff manque encore ici de rigueur et de liaison.

Il nous reste à ajouter quelques remarques nécessaires sur la physique de Wolff et sur sa philosophie pratique. Nous avons signalé plus haut la place incertaine assignée à la cosmologie, entre la métaphysique et la physique. En effet, Wolff, qui a incorporé la cosmologie à la métaphysique, y traite cependant d'un certain nombre d'objets, qui relèveraient légitimement de la physique. Cela s'applique spécialement au concept de la matière qui, selon sa pensée parfaitement d'accord avec les idées modernes, exprime une propriété du corps. Ainsi que ses contemporains, il conçoit la notion du corps, telle que l'entendait Descartes, et soutient que le corps implique non-seulement l'étendue, mais encore la force de résister. Mais réservant aux éléments simples la force motrice, il attribue à la matière la force de résistance, et comme cette force n'a point d'effet positif, la matière est une chose purement passive (2). La métaphysique conduit Wolff à considérer la nature d'un double point de vue, de celui des causes finales et de celui des causes efficientes. Il croit pouvoir l'étudier sous ces deux aspects par l'expérience. Cependant l'expérience révèle d'abord les

---

(1) Ib., 896 ; 926; 1044, sq.; *Id. rationn. sur la fin des choses natur.*, 242.
(2) *De Dieu*, 607; 622; *Exp. dét.*, 85.

effets dans la nature, et de là la nécessité de commencer par les causes motrices. Wolff fait entrer ici dans le domaine des recherches philosophiques une foule d'observations et d'expériences, auxquelles s'était attachée la physique du temps, et tout ce qu'il y gagne se réduit à la conviction, que nous sommes incapables de pénétrer jusqu'aux vrais fondements des phénomènes naturels. Car les dernières causes motrices résident dans les éléments simples, qui ne se découvrent ni aux sens ni à l'entendement. Wolff distingue en conséquence, des vrais éléments de la nature, les matières simples que nous percevons ou dont nous pouvons démontrer l'existence par ces expériences, mais qui ne laissent pas néanmoins d'être encore composées, comme toute réalité corporelle; mais ces matières lui paraissent elles-mêmes quelque chose de difficile à bien connaître, en sorte que notre connaissance de la nature, très-circonscrite, se borne à l'investigation des matières dérivées (1). Parmi ces dernières, il s'en trouve plusieurs que l'expérience semble conduire à admettre, mais qui ne servent en définitive qu'à une explication hypothétique des phénomènes, et, par exemple, Wolff ne peut se passer ni de la matière qui, sans être elle-même pesante, constitue la pesanteur, ni de plusieurs autres impondérables (2). Ici se produisent, sous une forme légèrement différente, les distinctions admises pareillement dans

---

(1) *Idée rationn. des effets de la nature*, 32.
(2) Ib., 93, sq.

la suite par le sensualisme français, lorsque la distinction des qualités premières et des qualités secondes des choses, telle que Locke l'avait posée, eut été reconnue insoutenable. Wolff, qui ne pouvait après tout considérer l'étendue et la matière des corps que comme la manifestation de substances simples non aperçues, dut rejeter la philosophie corpusculaire; mais il ne put toutefois s'abstenir, dans son explication des phénomènes naturels, d'admettre des corpuscules très-petits, qui, bien qu'inaccessibles aux sens, n'en sont pas moins composés de substances simples (1). C'est seulement par ces corpuscules hypothétiques que s'explique la composition des corps qui tombent sous les sens et l'observation, qui peuvent être soumis à des expériences, car les propriétés et les combinaisons des corpuscules sont le fondement des phénomènes des corps; d'où il suit qu'en somme la physique corpusculaire sert puissamment à une exacte interprétation de la nature. Le but auquel tendent ces explications n'échappera à personne. La monadologie se prête aux exigences de la doctrine atomistique; elle entre dans la voie de la physique empirique, se contentant de soutenir que la doctrine susdite n'atteint point le fondement dernier et n'aboutit pas à une explication parfaitement satisfaisante de

(1) *Cosm.*, 227, sqq.
(2) Ib., 231, sqq. Corpora observabilia omnia constant ex corpusculis derivativis... Ratio eorum, quæ corporibus observabilibus conveniunt, in qualitatibus corpusculorum derivativorum et modo, quo eadem inter se conjunguntur, continetur... Philosophia corpuscularis veras phœnomenorum specialium rationes affert.

la nature ; les choses dérivées et leurs propriétés requièrent, alors même qu'on les réduit aux éléments les plus petits possible, pour fondement d'autres réalités primordiales qui nous restent toujours cachées. Force est donc de nous contenter de saisir les causes secondes, puisque nous ne pouvons pas découvrir les causes premières. Il est évident que la physique, appuyée sur un tel principe, ne saurait servir à nous dévoiler l'essence des choses, ni par conséquent les fins de Dieu. Il s'ensuit que la doctrine de Wolff sur les fins que Dieu s'est proposées dans la nature, se réduit à montrer comment les phénomènes naturels sont utiles à l'homme. Et ici domine le point de vue humain avec une force qui, pour n'être pas peut-être sans exemple, n'en est pas moins surprenante. Les soleils sont faits pour la terre, la terre est faite pour l'homme, puisqu'en l'homme seul se révèle la grandeur et la gloire de Dieu (1).

Wolff se montre plus indépendant que Leibnitz dans la philosophie pratique; dans la philosophie spéculative nous ne pouvons pas lui contester d'avoir fait de sérieux efforts pour embrasser la première dans tous

---

(1) *Pens. rationn. sur les fins des choses de la nat.*, 242. Si l'on admet que toutes les planètes sont habitées comme la terre, et que les étoiles fixes sont simplement des soleils, les soleils existent pour la terre. Tout ce qui est sur le globe procure à l'homme mille avantages divers; il n'est pas jusqu'aux corps célestes, qu'il n'aperçoit que de loin, dont il ne tire quelque utilité... En ce sens on peut dire que tout est fait pour l'homme. D'autre part l'homme étant la seule créature, par laquelle Dieu puisse atteindre le grand but qu'il s'est proposé en créant le monde, savoir d'être reconnu et adoré comme Dieu, il est clair que Dieu n'a créé l'homme que pour lui-même.

ses détails. Mais l'économie de sa doctrine porte dans son ensemble les traces évidentes de l'action exercée sur lui par les idées en vigueur de son temps. Il est partisan du déterminisme, en sorte que toute moralité est réduite à la puissance de l'entendement, que la conscience dont nous devons, selon lui, prendre pour guides les inspirations, consiste uniquement dans l'appréciation du bien et du mal, et que sa doctrine des devoirs, forme sous laquelle il traite de la morale, débute par les devoirs envers la raison, parce que le commencement nécessaire dans la vie morale est le perfectionnement de la raison (1). En distinguant ensuite la faculté de connaître de la faculté de désirer, il prend garde de les séparer l'une de l'autre, et introduit entre elles, pour éviter cet écueil, un membre intermédiaire ; ce membre, c'est le plaisir et le déplaisir, qu'il considère comme les mobiles immédiats du désir et de la volonté morale. Toute moralité tend par conséquent à la possession du plaisir et à l'éloignement du déplaisir ; mais il faut distinguer ici, quant au plaisir et au déplaisir, le vrai du faux, le supérieur du sensible, et Wolff pose en principe, après Descartes, que le plaisir vrai réside dans l'intuition de la perfection (2). La loi universelle de la nature, qui doit régir toutes nos actions, est énoncée en conséquence dans cette formule : Fais ce qui accroît la perfection de ton être et des états de ton être,

---

(1) *Pens. ration. sur l'exist. de l'hom.*, 75, 255; *Exp. dét.*, 142, g. 410.
(2) *De Dieu*, 404, sq.; *Exp. dét.*, 94.

ou la perfection de tes semblables, abstiens-toi de ce qui la diminue (1). Cet effort vers la perfection ne nous est commandé que dans les limites du possible, car nos forces ne sauraient atteindre à la suprême perfection (2). Cette formule renferme la distinction des devoirs envers nous et des devoirs envers les autres ; mais Wolff n'hésite guère à suivre l'opinion ordinaire, et à introduire dans sa doctrine les devoirs envers Dieu, quoiqu'il comprenne parfaitement que nous ne pouvons ajouter à la perfection de Dieu, et que nos devoirs envers Dieu rentrent conséquemment dans les devoirs envers nous-mêmes (3). Ce n'est pas non plus sans raison que cette formule subordonne la perfection des autres à notre propre perfection ; car, bien que Wolff ne fasse pas difficulté de déclarer qu'en cas de conflit il faut préférer le bien général au bien particulier, bien qu'il reconnaisse la perfection universelle comme but de notre activité, néanmoins le ressort qui agit comme principe radical de nos actions, procède de notre propre plaisir, ou de l'intuition de notre perfection, et cette perfection semble à Wolff la fin véritable, et la perfection du reste de l'univers est à son égard un simple moyen, parce que notre propre perfection ne peut s'accroître que par notre accord avec le reste de l'univers et par conséquent avec la perfection des autres. Quelle que soit donc sa bonne foi en repoussant de sa morale l'im-

(1) *Sur l'exist. de l'hom.*, 12.
(2) Ib., 767.
(3) Ib., 651.

putation d'être intéressée, on ne saurait néanmoins l'absoudre de tout égoïsme dans ses principes (1). C'est ce dont témoignent suffisamment ses théories de la petite société de la famille, et de la grande société de l'Etat; car bien qu'il ne nie pas les liens qui rapprochent l'individu de ses semblables et l'engagent vis-à-vis d'eux, ces liens se réduisent partout à l'impossibilité où serait l'homme d'atteindre dans la solitude à toute perfection dont il est capable (2). La famille et l'Etat ne se réalisent donc que par un contrat (3).

L'esquisse que nous avons présentée du système de Wolff, suffira pour faire connaître les incertitudes où les vues éclectiques, embrassées par lui, ont jeté sa pensée. Il n'a point suscité d'idées nouvelles, qui fussent capables de conduire plus près de leur solution les antiques problèmes de la philosophie antérieure et des sciences spéciales, il n'a point réussi à établir dans la philosophie un plan qui satisfît aux conditions d'une forme scientifique. Ce plan a laissé subsister des lacunes, il n'a pu lui-même se les dissimuler; ses aveux à cet égard répondent mal à la confiance qu'il fondait sur l'enchaînement de ses démonstrations. Une chose de plus de poids encore à observer, c'est qu'il n'a pas aperçu la choquante contradiction du raisonnement mathématique, dont il prétendait faire une application per-

---

(1) Ib., 28; 43; *Pens. rationn. sur la vie sociale de l'hom.* 12, *Exp. dét.*, 137.
(2) *Sur la vie soc. de l'hom.*, 1.
(3) Ib., 2.

pétuelle, avec le fond de sa doctrine, emprunté partout, comme il s'en rend compte et comme il le déclare, de sources expérimentales. Ce système ne pouvait exercer une action bien considérable sur les progrès de la culture scientifique, et ce qui dénonce clairement cette impuissance, c'est qu'il s'accommodait aux exigences de la tradition. Seulement le mélange qui constitue ses pensées caractérise l'époque à laquelle il appartient. Il constate l'autorité croissante de l'expérience et du sens commun sur les recherches philosophiques. Ce témoignage a d'autant plus de force, qu'il est fourni par une doctrine qui tirait son origine des systèmes de Descartes, de Leibnitz, c'est-à-dire des systèmes rationalistes les plus vigoureux de la philosophie moderne. Wolff a puisé dans la doctrine de Leibnitz la plupart de ses principes et les plus importantes de ses théories métaphysiques ; mais modifiés par l'influence de l'expérience et du sens commun, ces principes et ces théories se présentent chez Wolff pâles et affaiblis. La théorie des idées innées, l'intuition de la vérité éternelle dans l'évidence de la raison, sont des doctrines dont il ne conserve presque rien ; il n'est défendu du sensualisme que par une seule digue, c'est qu'il se croit obligé de soutenir l'activité indépendante de l'âme dans la connaissance et dans la sensation ; s'il est forcé de reconnaître en général la confusion des perceptions sensibles, il n'en cherche pas moins à se soustraire à toutes les conséquences, qui pourraient l'empêcher de se reposer sur des perceptions claires et distinctes. La monadologie ne l'a point convaincu des difficultés qu'on rencontre à découvrir un passage des développements internes aux actions extérieures des choses ; il croit pouvoir admettre dans le monde corporel des monades qu n'ont ni sensation, ni représentation ; l'opposition du monde corporel et du monde spirituel, telle que l'expérience la manifeste, est reçue par lui sans hésitation, et la confiance avec laquelle il l'admet n'est pas ébranlée par la nécessité de reconnaître que les deux mondes se déroulent côte à côte, invariablement et sans exercer l'un sur l'autre d'action mutuelle. Ainsi se forme chez lui un dualisme, qui a pour base l'opposition de l'expérience externe avec l'expérience interne, sans qu'il parvienne à montrer la possibilité d'atteindre par l'expérience un objet extérieur. Ce dualisme n'est tempéré que par l'idée de Dieu, fondement commun des deux mondes. Il recourt à l'hypothèse de l'harmonie préétablie, très-persuadé du reste que ce que son système renferme d'essentiel n'aurait pas besoin de cette hypothèse pour subsister. Il a hérité du rationalisme l'idée que Dieu est le seul être indépendant ; mais la monadologie le protége sûrement contre le spinosisme ; la substantialité des réalités de l'univers lui est attestée par l'expérience, et il renonce à des recherches plus approfondies sur Dieu et sur ses relations avec l'univers, pour s'arrêter, à l'exemple de Leibnitz, à des représentations anthropomorphiques de Dieu, et tout cela dans la pensée d'assurer par l'expérience l'indépendance des réalités de l'univers. En un mot, nous le trouverons partout s'efforçant de maintenir l'expérience, et prêt à sacrifier toute recherche plus profonde des raisons des choses. Ajoutons qu'il renonce dans la physique à l'examen des éléments les plus petits, qu'il s'attache aux idées vulgaires de corpuscules et de matières hypothétiques, que dans la philosophie pratique il s'abstient de poser aucune prescription supérieure de dévouement et néglige les fins idéales de l'homme, qu'en revanche il s'occupe avec les plus grands détails de l'utilité individuelle, et ces observations achèveront d'établir que sa philosophie n'a visé, dans ses diverses branches, qu'à des résultats appropriés à l'intelligence vulgaire. C'est à cette tendance qu'elle a dû son succès en Allemagne, dans un temps où l'on était peu enclin à placer très-haut le niveau des conditions faites aux recherches scientifiques. Cette philosophie a, il est vrai, excité une foule de recherches, elle n'a nulle part abjuré l'espérance de pénétrer plus avant dans la nature des objets accessibles à notre expérience; mais elle a aidé aussi à la diffusion des lumières superficielles, qui, procédant de la conviction des limites étroites de l'intelligence humaine, s'arrêtaient au vraisemblable, sans même vouloir en soumettre l'appréciation à une mesure rigoureuse.

BAUMGARTEN.

Parmi les nombreux disciples de Wolff nous avons à mentionner particulièrement Alexandre Gottlieb Baumgarten, qui professa avec un grand succès d'abord à Halle, où il resta jusqu'en 1762, puis à Francfort-sur-l'Oder ; c'était un homme d'un caractère aimable, d'une âme probe et religieuse, qui s'efforça, avec une remarquable pénétration d'esprit, de soumettre les notions complexes de la science à une analyse attentive. Il était et demeura toujours étroitement lié avec l'Orphelinat de Halle ; aussi son enseignement signale-t-il l'époque où s'était consommée la réconciliation de la théologie piétiste avec la philosophie de Wolff. Les courts manuels, qu'il a publiés sur différentes branches de la philosophie, jouirent d'une grande vogue ; Kant entre autres en avait fait usage. Ces abrégés nous le montrent dominé par les idées de Leibnitz, de Wolff et de Bilfinger, et témoignent en même temps de la modération des exigences, imposées par lui à l'entendement, à la civilisation et même au zèle de ses écoliers (1). Sa prétention ne va pas au delà du sens commun. Nous pourrions passer ses travaux sous silence, s'il n'avait donné l'impulsion à une idée, et soutenu avec une ardeur persévérante des vues, qui, développées à la faveur des circonstances, sont devenues le germe d'investigations nouvelles. Nous voulons parler de l'entreprise, tentée par lui, de faire entrer l'esthétique, comme branche spéciale, dans le système de la philosophie.

Il y avait longtemps déjà que, non content de glorifier le beau à l'égal du bien, on s'en était occupé comme d'un objet de science. De ces recherches étaient sor-

---

(1) *Metaphys.* (Hal. 1759), préf.

ties des règles relatives à la rhétorique, à la poétique, et à d'autres branches de l'art. Les contemporains de Baumgarten n'avaient pas négligé de cultiver ce domaine ; Le Batteux en France, Henri Hume en Angleterre, s'étaient appliqués, avec le même zèle que Baumgarten, à découvrir les bases de l'art et à fonder les principes de la critique du beau ; leurs écrits étaient dans les mains de tous les hommes éclairés ; ce qu'ils tenaient de leur temps et avaient de commun avec Baumgarten, c'était une tendance à rechercher la part qui revient dans l'art à la nature, et à réduire le beau dans les arts à une fidèle imitation de la nature. Quelque empirique que fût le caractère de toutes ces recherches, on ne pouvait méconnaître qu'il appartînt à la philosophie de prononcer en général sur la valeur du beau et de l'art ; et l'on ne pourra s'empêcher de dire que l'*Esthétique* de Baumgarten, comme tous les travaux de ce genre, suit principalement, malgré la forme mathématique qu'elle a revêtue, la méthode expérimentale. Il faut donc réduire son mérite à un seul point, c'est de ne s'être pas borné dans ses recherches sur le beau à des investigations éparses, isolées, mais d'avoir voulu incorporer l'esthétique, comme partie intégrante et spéciale, au système des sciences philosophiques. Nous avons à examiner jusqu'à quel point cette tentative a réussi.

Nous nous abstiendrons du reste d'exposer ici l'*Esthétique* de Baumgarten dans tous ses détails ; la faiblesse des doctrines qu'elle contient se manifeste en effet au premier coup d'œil. La plus grande partie des matériaux en sont empruntés à la rhétorique et à la poétique ancienne. Cicéron, Horace, Quintilien, Longin, sont les sources principales où elle a puisé. Elle reconnaît pour principe fondamental l'imitation de la nature (1). Nous devons chercher avant toutes choses la vérité esthétique, c'est-à-dire la vérité en tant qu'elle peut être connue par les sens (2); car la beauté consiste dans la perfection sensible, c'est-à-dire, selon l'explication de Wolff, dans l'harmonie des parties (3), et il est évident que cette perfection ne peut être rencontrée que dans un monde supérieur. Il s'ensuit que l'esthétique est encore désignée comme la doctrine de la connaissance inférieure; elle a pour objet de nous exercer à connaître la perfection, inhérente à l'univers ou aux parties de l'univers; seulement elle nous la fait connaître, non pas en tant que révélée à l'entendement, mais en tant que manifestée seulement aux sens, c'est-à-dire d'une manière confuse; car la connaissance sensible demeure toujours indistincte (4). Cette conception ravale sans aucun doute l'idée de la beauté, et Baumgarten a beaucoup de peine à laisser une libre carrière à l'invention artistique, condition première de l'art, en introduisant dans sa théorie, sans rendre un compte bien clair de cette adjonction tardive, et pressé uniquement par des exigences empiriques, une vérité

---

(1) *Æsthetica* (Traj. c. Viadr. 1750) 104. Naturam imitari.
(2) Ib., 22; 423.
(3) Ib., 14. Æsthetices finis est perfectio cognitionis sensitivæ, qua talis. Hæc autem est pulchritudo. *Met.* 94; 662. Perfectio phænomenon, si gustui latius dicto observabilis est pulchritudo.
(4) *Æsth.*, 1, *Gnoseologia inferior*. Ib., 15, sqq.

étérocosmique ; cette vérité, une fois admise, va jouer nécessairement un rôle considérable dans le cours de ses recherches, mais la possibilité n'en est légitimée que par celle de concevoir, d'après la doctrine de Leibnitz, un autre univers (1). Baumgarten ne peut pas se dissimuler, qu'en exerçant sa puissance créatrice l'art habite cette sphère de vérité étérocosmique, vit dans un monde fabuleux bien plus que dans le monde réel; il est obligé de remarquer que la tradition de l'art a engendré une série d'inventions poétiques, formant dans la pensée habituelle une sorte de monde fabuleux, indépendant de l'univers réel ; ce monde fabuleux, Baumgarten l'appelle le monde des poëtes (2); mais on ne saurait dire que ce monde ait pour lui un bien grand attrait ; son âme chrétienne trouve peu de plaisir dans l'emploi de la mythologie païenne ; il préfère de beaucoup les fictions de la Henriade de Voltaire (3). Cependant il ne connaît pas de moyen de s'en passer, car nous ne pouvons pas pénétrer sous forme de vérité sensible tous les objets auxquels notre pensée nous conduit, les théories morales doivent être, quand on les veut préciser où les transmettre, éclaircies par des exemples, et les exemples les plus convenables ne sont pas toujours fournis par l'histoire (4). D'autre part la valeur attachée aux efforts esthétiques n'étant relative qu'aux facultés inférieures de l'âme, Baumgarten

---

(1) Ib., 441; not. 876.
(2) Æsthet., 515.
(3) Ib., 597.
(4) Ib., 505; 526.

croit devoir s'excuser d'avoir pris de tels efforts pour objet de ses recherches assidues. Ses excuses à cet égard reviennent à celles de Wolff sur l'introduction de connaissances empiriques dans la philosophie. Le philosophe n'est après tout qu'un homme, qui vit parmi des hommes ; il ne lui est pas permis de laisser passer sous ses yeux, sans s'en soucier, une grande partie des efforts humains, et, si la pratique esthétique ne relève que des facultés inférieures, la science esthétique ne laisse pas de s'élever par la spéculation au-dessus de ces facultés. Il n'est pas inutile d'ailleurs de cultiver les facultés inférieures de l'âme, car nous ne pouvons pas atteindre à des notions distinctes dans tous les ordres d'objets, et le développement des facultés inférieures est la condition sans laquelle nous ne pouvons atteindre aux sphères les plus élevées. La nature ne saute pas brusquement de la nuit à la clarté du jour (1). Ainsi l'*Esthétique* de Baumgarten se propose de préparer et d'amener par une culture délicate de la sensibilité le développement des forces éminentes de l'âme.

Ces vues assignent à l'esthétique la place qu'elle doit occuper parmi les sciences philosophiques. En nous reportant aux idées de Wolff sur l'organisation du système général, nous pourrions nous attendre à voir Baumgarten rattacher à la philosophie pratique sa théorie des arts libéraux (car son esthétique se résout au fond en cette théorie) (2), à titre de déduction et d'exposition de règles techniques ; aussi bien est-il conduit

(1) Ib., 6, sqq.
(2) Ib., 5.

dans son éthique à compter parmi les devoirs envers notre âme l'obligation de ne pas négliger la culture esthétique (1); mais il se contente de jeter en courant cette indication, qui aurait pu marquer une place à l'esthétique dans l'ordre des sciences morales. Au contraire, les idées que Baumgarten s'est faites de la vie esthétique et de la relation des facultés inférieures de l'âme aux facultés supérieures, ne lui permet pas de voir dans cette application de notre activité une partie constituante de notre vie morale. Ayant pour point de départ cette idée, empruntée à la philosophie de Leibnitz, que la sensibilité tire nécessairement ses mobiles de l'entendement, il ne peut voir dans le phénomène sensible du beau qu'un simple moyen d'éducation pour l'entendement et pour la volonté. Il est clair par là que l'esthétique prend parmi les sciences philosophiques la place de préambule. Elle constitue la doctrine de la connaissance sensible du parfait, qui doit nécessairement précéder la connaissance intellectuelle du parfait. La logique, qui traite de la connaissance intellectuelle, ne peut venir par conséquent qu'après l'esthétique. C'est là ce que signifie l'expression de doctrine inférieure de la connaissance, que Baumgarten emploie pour faire comprendre sa manière d'entendre l'esthétique, et le nom même d'esthétique, dont il a introduit l'usage, ne veut pas dire autre chose. L'esthétique est à la logique, comme la doctrine de la sensation du parfait est à la doctrine de

(1) *Eth. phil.* (Hal. 1740), 211. Perspicacia sensitiva est pulchritudo ingenii latius dicti (bel esprit, esprit brillant) neutiquam contemnenda.

la compréhension du parfait. Le goût du beau est la perception ou la connaissance confuse du parfait. Le perfectionnement de ce goût paraît à Beaumgarten le premier pas que nous ne pouvons nous dispenser de faire dans la connaissance du vrai ; il faut nous exercer d'abord à sentir avec justesse afin d'arriver ensuite aux connaissances exactes de l'entendement ; et l'esthétique doit en conséquence précéder la logique. Cette place et ce rôle de l'esthétique dans le système général sont marqués par le nom qui lui est donné d'art d'un analogue de la raison (1).

Il serait superflu de prouver que la tentative de Baumgarten pour assurer cette place à l'esthétique dans le système général est un essai manqué. Les nombreux passages dans lesquels l'*Esthétique* de Baumgarten est obligée d'invoquer la métaphysique montrent qu'il ne peut rester fidèle à l'ordre qu'il s'est prescrit. Mais une question d'une plus grande portée est celle de savoir qu'est-ce qui a pu conduire un esprit aussi pénétrant que le sien à ces idées erronées, et lui attirer les applaudissements de ses contemporains. Ce double fait ne pouvait résulter sans doute que de conjonctures puissantes et compliquées, qu'il est permis de considérer comme un signe du temps.

(1) *Æsth.* 1. Æsthetica (theoria liberalium artium, gnoseologia inferior, ars pulchre cogitandi, ars analogi rationis) est scientia cognitionis sensitivæ. Ib. 13. Æsthetica nostra sicuti logica, soror ejus natu major. Sciagraphia encyclopœdiæ philosophicæ (Hal. 1769), 25. Gnoseologia (logica significatu latiori) est scientia cogitationis... Quia omnis cognitio vel sensitiva est vel intellectualis, erit scientia cognitionis, 1° sensitivæ, 2° intellectualis. Prior est æsthetica.

Le premier point, auquel peuvent être rattachées les vues de Baumgarten sur l'esthétique, est la pente depuis longtemps croissante de la théorie des fondements de la connaissance vers le sensualisme. Wolff prétendait, nous l'avons vu, ramener tout à l'expérience. Une lacune manifeste dans son système était d'avoir négligé la recherche et l'exposition d'une méthode appropriée aux sciences expérimentales; or elle semblait ne pouvoir être mieux comblée que par un art de la connaissance sensible, tel que Baumgarten voulait le donner dans son *Esthétique*. Seulement il aurait fallu que l'exécution répondît au but proposé. On pourra voir s'il en est ainsi, pour peu que l'on compare l'*Esthétique* de Baumgarten avec l'*Organon* de Bacon. Du reste la première est pénétrée d'une autre pensée. Les sensualistes anglais avaient répandu l'opinion qu'il existe en nous un sens délicat, dont l'objet est le beau et le bien, une sympathie, un sentiment de la convenance, et que ce sens pourrait être considéré comme substitut de la raison. Plus on était loin d'oser attribuer à l'entendement une autorité indépendante, et plus on se sentait pressé avec force, dès qu'on ne voulait pas sacrifier les tendances supérieures de l'esprit humain, de chercher le principe de ces tendances dans un analogue de la raison. Telle fut la voie dans laquelle Baumgarten se vit engagé. Nous l'entendons parler d'une faculté sensible de juger, dont l'objet serait de connaître les liaisons et les différences des choses, l'ordre de l'univers, au moins d'une manière confuse; il énumère toute une série d'opérations sensibles, qui seraient analogues à la raison (1). On ne peut pas dire que Baumgarten soit entré dans une analyse exacte de ces diverses opérations ; cependant il se proposait dans son *Esthétique* de les soumettre à l'examen. Nous sentons la perfection des choses dans l'ordre qu'elles présentent ; cette perfection émeut, saisit notre sentiment du beau, et il est nécessaire de cultiver et de former ce sentiment, parce que sa dépravation ou son atrophie seraient un obstacle au développement de notre raison (2). Au contraire la formation du goût est une excellente préparation au développement de notre entendement. On reconnaît ici, que, fidèle au rationalisme, cette explication psychologique du sentiment esthétique fait en définitive consister dans l'entendement l'achèvement de notre esprit, et incline à lui confier la conduite de notre vie. Mais elle ne perd pas de vue pour cela les limites de notre intelligence. Et sous ce dernier rapport l'esthétique nous est montrée d'un autre point de vue ; le sentiment cultivé du beau n'est pas seulement une préparation à l'exercice de l'entendement, il en est

---

(1) *Met.*, 640. Nexum quorumdam confuse, quorumdam distincte percipio. Ergo habeo intellectum nexum rerum percipientem, i. e. rationem, et facultates nexum confusius cognoscentes, quales : 1° inferior facultas identitates rerum cognoscendi, quo ingenium sensitivum, 2° inferior facultas diversitates rerum cognoscendi, quo acumen sensitivum pertinet, 3° memoria sensitiva, 4° facultas fingendi, 5° facultas dijudicandi, quo judicium sensitivum et sensuum, 6° expectatio casuum similium, 7° facultas signatrix sensitiva. Hæ omnes, quatenus in repræsentando rerum nexu rationi similes sunt, constituunt analogon rationis, complexum facultatum animæ nexum confuse repræsentantium.

(2) Ib., 606, sq.; *Æsth.*, 9. Incultum et corruptius analogon rationis officit rationi severiorique soliditati.

aussi un complément. Les idées émises sur ce point par Baumgarten rappellent les reproches et les objections adressés depuis longtemps par les sensualistes aux notions innées. Il remarque que l'entendement tend, il est vrai, à la plus grande perfection des idées, quant à la forme ; mais, pour y atteindre il est obligé d'abstraire, et par conséquent de renoncer à la perfection des idées, quant à la matière. Or, l'esthétique fournit une compensation à ce désavantage, en enrichissant d'une manière abondante les formes nues de la pensée logique. De là Baumgarten déduit les procédés que l'artiste peut suivre pour vivifier par des images sensibles les idées abstraites de la science (1).

Ainsi la culture esthétique est considérée d'un côté comme une préparation, de l'autre comme un complément du savoir scientifique ; s'il se révèle ici de l'incertitude dans les vues de Baumgarten, l'esthétique n'en comporte pas moins, sous chacun de ces deux aspects, une appréciation morale, et l'hésitation de l'auteur entre l'un et l'autre provient, au fond, de ce que Baumgarten ne réussit pas mieux que Wolff à poser à la vie humaine un but dernier. Il faut nécessairement en conclure que la place assignée par Baumgarten à l'esthétique dans le système général ne fait que dissimuler la valeur morale qu'il lui attache en définitive dans sa pensée. Rien ne le fait voir plus clairement que les relations qu'aux yeux de Baumgarten la vie esthétique soutient avec la religion. Assez porté

(1) *Æsth.*, 557-565.

vers une piété qui ne hait pas les visions mystiques, il se prononce contre le rationalisme théologique, qui prétend bannir de la religion et le mystère et tout ce qui dépasse la raison faillible de l'homme; toutefois il n'entend pas recommander la foi aveugle (1). Nous devons examiner, mais nous ne devons pas oublier la limitation de notre entendement. Pour supplément nécessaire, nous avons la connaissance sensible supérieure, l'analogue de la raison. En nous exerçant à goûter le beau, le parfait dans l'univers, nous allumons en nous une ardeur religieuse qui nous porte à l'adoration de l'auteur des choses, nous obtenons une intuition sensible, un goût de Dieu. De là vient que nous sommes conduits à rechercher, par l'entremise des facultés extérieures de l'âme, par le jeu de l'analogue de la raison, les plus vives images pour glorifier la magnificence divine (2). Les prescriptions de son *Esthétique* concordent avec cette direction religieuse; elles repoussent avec force le clinquant, l'esprit, la frivolité, la légèreté françaises, surtout quand il s'agit de sujets religieux (3). Sous ce point de vue, nous

(1) *Æth.*, 52. Rationalismus est error omnia in divinis tollens supra rationem errantis posita. Ergo fuge rationalismum. Neque tamen in divinis neglectum intellectus et rationis usum sub titulo simplicitatis theologicæ spurio appetas.

(2) Ib., 43. Quære vividissimas, quas potes, divinorum repræsentationes. Ad has concinant omnes facultates animæ tuæ inferiores, ut quidquid iis, quidquid analogo rationis est in te virium, hunc in modum fiat anathema divinæ gloriæ. Ib., 44. Experire interne gusta. Ib., 68. Hic autem intuitus (sc. divinorum) vel sensitivus, vel intellectualis. Ib., 71. Fortissime appete delectationem ex divinis perfectionibus... Gaude Deo tuo sensitive, gaude rationaliter.

(3) Par ex. *Æsth.*, 376; 408.

sommes fondés à concevoir dans un sens plus profond l'imitation de la nature, recommandée par Baumgarten. Il voit dans la nature la perfection de Dieu exprimée sous une forme sensible, un reflet de ses splendeurs, et, par conséquent, ce n'est pas la nature elle-même, c'est l'image du divin, réfléchie en elle, qu'il entend proposer comme modèle aux créations de l'artiste.

Malgré ce qu'elle avait de défectueux, l'*Esthétique* de Baumgarten a exercé une influence considérable et profonde; parmi les causes de cette action, il ne faut pas compter seulement les circonstances favorables, qui, grâce au déploiement de la nouvelle littérature allemande, imprimaient une énergie féconde aux tentatives faites pour fonder la théorie de l'art; une autre cause, le rôle qu'elles attribuaient à la vie esthétique, recommandait à l'attention les idées de Baumgarten. Le rationalisme, dont les vues régnaient partout, avait réduit tous les mobiles de notre vue raisonnable aux notions sèches et impuissantes de l'entendement. Les mathématiques données incessamment pour modèles, la considération prédominante des idées générales avaient contribué à faire prévaloir l'opinion que l'entendement ne traite que des abstractions, qu'il est incapable de la connaissance du concret, qu'il ne peut procurer qu'une culture incomplète. De là une conséquence inévitable, c'est que l'empirisme devait obtenir faveur à côté de lui, et l'empirisme avait tourné au sensualisme. L'école de Wolff ne pouvait opposer au sensualisme qu'une faible résistance, puisqu'elle dérivait elle-même toute connaissance, toute culture rationnelle de la sensation. Aussi Baumgarten et ses disciples devaient-ils attacher à la sensation une importance exclusive dans la culture esthétique. Cependant pour que le sentiment esthétique ne pérît pas absorbé dans le sensible, ils introduisirent comme fondement des facultés inférieures de l'âme un analogue de la raison, et dirigèrent ces facultés de manière à fournir un complément aux abstractions impuissantes de l'entendement. Ainsi la vie de la nature renferme sous forme d'instinct une initiation à la vie de la raison. Cette idée a prévalu dans un grand nombre des recherches subséquentes dont les beaux-arts et la religion ont été l'objet. Des sentiments sourds et confus du beau et de la religion devaient, selon ces vues, frayer la voie à la connaissance rationnelle. On pouvait invoquer à cet égard la nécessité imposée à la nature de préparer de longue main, par des routes étrangères à la conscience, les buts de la raison, jusqu'à ce que la conscience éclairée pût les apercevoir et les poursuivre. Mais en voulant embrasser de ce point de vue la vie esthétique et la vie religieuse tout entière, on ne tenait pas compte de la valeur morale de la première, rejetée effectivement tout à fait dans l'ombre par Baumgarten. De là le double rôle qui lui est attribué de préparation à la raison et de supplément de la raison limitée. On ne peut méconnaître encore ici un signe de la suprématie croissante du naturalisme. Certaines branches de la vie morale relèvent dans leur développement d'une sorte d'instinct ; une science morale, l'esthétique, doit se résoudre à être détachée du corps dont elle est un membre, et à être posée, contre toute convenance, comme préambule de la philosophie. Un trait caractéristique de l'époque, un trait qu'il ne faut pas omettre, si l'on veut la bien juger, c'est que les aspirations religieuses de Baumgarten sont forcées de se réfugier sous l'abri des sentiments esthétiques. Si un homme pieux, comme il l'était, croyait avoir besoin d'un tel refuge, c'est une preuve irrécusable que, dans ce progrès continu du naturalisme, les sentiments religieux étaient bien faiblement représentés.

CHAPITRE II

L'ÉCLECTISME EN ANGLETERRE, EN HOLLANDE ET EN FRANCE.

L'école écossaise. Reid. — L'excès de la spéculation conduit au scepticisme et éloigne du sens commun. — Reid entreprend une histoire naturelle de l'esprit. — Discussion contre le système des idées. — Principes constitutifs de notre nature. — Différence de la sensation et de la perception. — Foi aux dépositions des sens. — Nous ne pouvons pas rendre compte des rapports qui unissent l'âme avec le monde extérieur. — Les principes nous sont suggérés par la nature. — Axiomes dans l'ordre des vérités contingentes, et dans celui des vérités nécessaires. — Axiomes de fait. — Résultats de la philosophie du sens commun chez Reid. — Doctrines pratiques. — Défense de la raison.

Burke. — L'opposition du sublime et du beau ramenée à celles de la douleur et du plaisir, de l'instinct de conservation et de l'instinct de sociabilité.

Franz Hemsterhuis. — Transaction éclectique entre le rationalisme et le sensualisme. — Discussion contre le matérialisme. — Prérogative de l'âme. — Il se rattache au sensualisme dans la théorie de la connaissance. — Sens intime. — Sens moral, et connaissances immédiates qui en découlent. — L'âme est faite pour sentir, non pour connaître. — Principes esthétiques, tendance à l'unité, non satisfaite. — Le beau résulte de la revue la plus rapide possible du plus grand nombre d'idées possible. — L'art doit surpasser la nature. — Revue.

Montesquieu. — Importance donnée à la nationalité dans la politique. — Il ne faut pas, en politique, s'attacher à un idéal. — Divers principes des différentes formes de gouvernement. — La constitution anglaise recommandée. — Division des pouvoirs. — Pouvoir législatif, judiciaire, exécutif. — Idée de la liberté politique. — Influence du naturalisme et du sensualisme sur la politique.

Rousseau. — Sensualisme. Il rejette la réflexion. — Sentiment inné du juste et du bien. — Dualisme. Déisme. — Instinct de conservation, et pitié naturelle. — Instinct du sexe; humanité. Nous n'avons pas de forces superflues. — La civilisation est une dégénération. — Il cherche les moyens de concilier les avantages de la civilisation avec ceux de l'état de nature. — Pédagogique. — Il rejette l'éducation publique. — Il faut s'instruire dans le livre de la nature.

— La liberté se conquiert en apprenant à mesurer ses désirs sur ce qu'on peut. — Périodes de l'éducation. — Périodes antérieure et postérieure à la puberté, et périodes de transition. — Prescriptions relatives à l'enfance. — Le temps des études. — Age qui suit la puberté. Entrée dans le monde. — Politique. — Le Contrat social ; idées qu'il contient. — Liberté et égalité. — Difficultés que présente la théorie. — Puissance législative et exécutive. — Souveraineté du peuple. — Sur la démocratie. — Rapports de la théorie à la réalité. Conclusion générale.

La confiance et l'autorité que l'on avait accordées au sens commun, devaient avoir pour conséquence inévitable une vaste propagation de l'éclectisme. Cette doctrine s'était élevée en Allemagne, lorsque l'invention, déployée par les penseurs originaux dans les voies multiples des recherches anciennes, était arrivée à l'épuisement ; il en fut de même en France et en Angleterre. Cependant elle ne dépassa pas en France certaines limites, arrêtée par les derniers développements systématiques du sensualisme et du naturalisme. Les ouvrages du savant jésuite Buffier, qui proclamaient l'autorité du sens commun, obtinrent en Angleterre une plus grande attention qu'en France même. Le marquis d'Argens réussit moins encore par sa philosophie du sens commun. Quelques branches spéciales de la science, placées sur les confins de la philosophie et de l'expérience, sont les seules qui, cultivées dans cet esprit, produisirent en France des fruits plus remarquables. En Angleterre, au contraire, la philosophie du sens commun forma en se développant une masse compacte ; nous la trouvons représentée par le groupe connu sous le nom d'Ecole écossaise.

Notre but ne saurait être d'exposer en détail toutes

les doctrines de cette école, Nous en sommes dispensés par le caractère superficiel de ses recherches, qui, par suite de ce caractère, n'ont pu aboutir à poser leurs principes sous une forme définive et accusée, ni à formuler nettement des résultats. Il nous suffira d'en signaler rapidement la tendance, en étudiant les doctrines essentielles de l'homme, auquel une opinion unanime reconnaît le premier rang et le plus haut crédit dans l'école écossaise.

REID.

Cet homme est Thomas Reid ; il était né en 1710, près d'Aberdeen, où il débuta dans la carrière de l'enseignement ; il passa ensuite à Glascow et y professa, avec beaucoup de succès, jusqu'en 1796. Ses écrits sont le fruit d'un travail persévérant ; les plus importants ne furent publiés que dans sa vieillesse. Il avait déjà cinquante-trois ans lorsqu'il donna son principal ouvrage, la *Recherche sur l'esprit humain ;* des écrits postérieurs, qui sont plus développés, les *Essais sur les facultés intellectuelles et sur les facultés actives de l'homme,* datent de sa vieillesse ; il y avait rassemblé les résultats de ses leçons (1).

Ce qui avait engagé Reid à entreprendre ses recherches philosophiques, c'était surtout la direction

---

(1) Je me sers des éditions suivantes de ses ouvrages : *Recherches sur l'esprit humain, d'après les principes du sens commun.* Edimb. 1765. *Essais sur les facultés intellectuelles de l'homme.* Edimb. 1785. *Essais sur les facultés actives de l'homme.* Edimb. 1788.

sceptique où l'école de Locke était entrée (1). Il apercevait dans cette direction un progrès naturel, qui, commençant à Descartes et à Malebranche, conduisait de Locke à Berkeley, de Berkeley à Hume, et montrait les envahissements successifs du doute. Frappé des funestes conséquences du scepticisme, il entreprit une critique de la théorie sensualiste de la connaissance, où il posa les données que fournit le sens commun, en opposition tranchée avec les principes de Locke. Il est aisé, au surplus, de s'apercevoir qu'en réalité il continuait simplement ici l'œuvre inaugurée par Shaftesbury, et à laquelle ont travaillé, avant et après Reid, plusieurs autres philosophes écossais.

La philosophie moderne, à partir de Descartes, paraît à Reid avoir eu le mérite de tirer la philosophie d'un ordre de spéculations stériles et de la ramener dans la voie droite et féconde de l'expérience et de la réflexion sévère ; il craint seulement qu'elle ne soit rentrée encore une fois dans des spéculations trop profondes. La philosophie de Reid, dans sa modestie, redoute avant tout la tentation de réflexions trop approfondies. Poussée trop loin, la spéculation conduit au scepticisme, elle éloigne du sens commun qui offre des garanties bien plus sûres que toutes les méditations de la science. Le sens commun ne reçoit rien de la philosophie, il n'a pas besoin de son appui ; au contraire, la philosophie n'a de racines vivantes que dans le sens commun ; dès qu'elle s'en sépare, elle

---

(1) *Recherch. sur les fac. intell.*, dédic. p. v.

perd toute vigueur et toute vérité (1). L'observation, l'expérimentation doivent être nos guides en tout genre de philosophie et même de connaissance. Il faut au contraire nous défier des idées de génie, mères des fausses théories (2). Au moyen de l'observation et de l'analyse, Reid veut pénétrer jusqu'à la nature originelle de notre esprit ; il ne veut pas étudier cet esprit dans son esprit, muni, comme il l'est actuellement, de tous les moyens d'une culture avancée, mais aussi défiguré par toutes sortes d'additions parasites ; il veut en étudier les facultés et les lois dans leur forme naturelle et primordiale. Son but est de faire une histoire naturelle de l'esprit ; il faut, pour y réussir, écarter par l'analyse toutes les additions étrangères, dues à l'art et à ses procédés complexes (3).

Cette entreprise revient, quant à l'idée essentielle, à celle que Locke s'était proposée. Seulement Reid trouve qu'on a posé pour base de ces recherches une analyse trop raffinée. On s'est attaché à l'antique hypothèse que nous ne percevons pas de réalités extérieures, mais seulement certaines idées, images

---

(1) Ib., i, 4. Le sens commun ne reçoit rien de la philosophie et n'a pas besoin de son aide... Mais la philosophie n'a pas d'autre racine que les principes du sens commun, c'est le fondement sur lequel elle s'élève, elle en tire sa nourriture ; séparée de cette racine, elle dépérit, sa sève tarit, elle meurt et se corrompt.

(2) Ib., i, p. 2 sqq.; 2, p. 9.

(3) Ib., i, 2, p. 8, sq. Un trésor d'histoire naturelle,... une analyse de l'esprit humain ; et jusqu'à ce que cette analyse soit faite, nous attendrons en vain un système exact de l'esprit, c'est-à-dire une énumération de nos facultés originelles et de nos lois constitutives, et une explication, fondée sur ces lois, des divers phénomènes de notre nature.

ou impressions, qui se trouvent en nous (1). C'est ainsi qu'il caractérise le point de départ des systèmes qui ont procédé du principe cartésien Je pense, donc je suis, et qui, après avoir renoncé au rationalisme, se sont précipités dans le sensualisme et dans le scepticisme. Reid enveloppe toutes ces doctrines sous la dénomination de système des idées (2). Ce système pose en principe que nous ne percevons que des idées qui se trouvent dans notre âme, ou des rapports de ces idées entre elles ; de là, observant la convenance et la disconvenance de ces idées, nous arrivons à former des jugements. Or, il est évident que nous ne pouvons jamais arriver par cette voie qu'à des jugements sur les représentations qui sont en nous, sans jamais obtenir aucune connaissance du monde extérieur. Nous ne saurions pas même, en comparant nos représentations, être assurés par le raisonnement de notre propre personne ; car cette personne est en réalité différente des représentations que nous comparons. Ce système des idées n'aboutit donc qu'au scepticisme, et le scepticisme dément le sens commun. C'est là selon Reid une démonstration suffisante de l'erreur, inhérente au principe du système (3). Le système péripatéticien admettait le même principe ;

---

(1) Ib., dédic., p. VII. L'hypothèse, dont je veux parler, est que rien n'est perçu que ce qui est dans l'esprit qui le perçoit ; que nous ne percevons pas réellement les choses extérieures, mais seulement certaines images et peintures de ces choses, imprimées sur l'esprit, et appelées impressions ou idées.
(2) Ib., I, 7, p. 23.
(3) Ib., déd., p. VIII ; I, 5, sqq.; II, 4.

mais le vice, dont il est entaché, s'y trouvait caché et en quelque sorte corrigé par un autre vice, c'était de regarder les idées de notre âme comme des copies du monde réel, et comme nous donnant une connaissance de l'existence vraie des choses. La philosophie a aperçu ce dernier vice, et elle l'a mis au jour en montrant que des représentations ne pouvaient ressembler ni aux qualités dérivées ni aux qualités primaires des choses; mais en même temps le vice du principe est apparu dans toute sa nudité (1). Ceux qui ne voulaient pas le reconnaître, mais qui cependant étaient frappés de ce que le scepticisme a de révoltant, ont voulu, pour échapper à ce dernier, recourir à un raisonnement consistant à conclure des représentations de notre âme à l'existence du monde extérieur. Mais il est clair que tout raisonnement de cette nature échoue nécessairement, à moins que l'on n'ait établi préalablement la vérité de certains principes qui dépassent la sphère de nos représentations, qui l'étendent jusqu'au monde extérieur et qui en présupposent la réalité. La validité de ces principes est indémontrable ; leur certitude repose uniquement sur la constitution de notre nature, qui nous force à donner notre assentiment. Si de tels principes nous trompaient, le mensonge serait imputable à Dieu, qui a fait notre nature et nous a laissés sans défense contre un pareil mensonge. Nous suivons donc nécessairement ces principes, sans pouvoir examiner d'où ils viennent (2).

(1) Ib., v, 8.
(2) Ib., v, 7. Tout raisonnement procède nécessairement de prin-

Reid combat ensuite la réduction de nos connaissances à des sensations simples. La saine observation dépose contre l'existence de sensations de ce genre, comme fondement premier de notre pensée. De même que la nature ne nous montre pas les éléments des corps séparés les uns des autres, de même nous ne trouvons pas nos sensations ainsi divisées et éparses ; c'est nous seuls qui les séparons par l'analyse (1). Reid distingue la sensation et la perception ; il entend par la première l'impression sensible, en tant qu'elle n'existe que dans la conscience, c'est un phénomène purement subjectif de l'âme ; il entend par la seconde la sensation, liée, comme elle l'est ordinairement, à un jugement sur l'objet, et en tant qu'elle nous atteste l'existence de l'objet senti. Ce témoignage nous est donné sans intermédiaire, comme l'impression sensible que nous ressentons; la nature ou l'instinct force notre croyance au monde extérieur, et la sensation s'accomplit rarement sans entraîner une telle croyance ; cela n'a lieu que dans des cas où la force de la sensation tourne la réflexion moins sur les objets extérieurs que sur ce qui se passe en nous. Lorsque l'impression sensible produit en nous la sensation, nous

---

cipes derniers ; et nous ne pouvons rendre autrement raison de principes premiers qu'en disant que nous sommes soumis, par la constitution de notre nature, à la nécessité de les admettre... Quand et comment suis-je entré en possession de ces premiers principes, base de tous nos raisonnements, c'est ce que je ne sais pas ; car je les avais avant que j'eusse commencé à me souvenir... Si ces principes nous abusent, nous sommes trompés par celui même qui nous a faits; et il n'y a pas de remède. Ib., vi, 20, p. 298.

(1) Ib., ii, 4.

reconnaissons aussitôt celle-ci comme le signe d'une réalité extérieure, signe non pas arbitraire mais naturel, exactement comme nous reconnaissons dans le langage des signes de pensées. Notre nature, l'organisation de notre esprit est telle que notre pensée enveloppe à la fois la sensation et l'objet indivis. Cela constitue l'évidence, que nous obtenons par les sens relativement aux objets extérieurs (1). On remarquera sans peine que ces idées de Reid se rapprochent beaucoup des doctrines de Locke, de Berkeley et même de Hume; la foi aux sens, de Reid, ne se distingue en rien d'essentiel de ce que Locke avait appelé évidence sensible; et Reid est d'accord avec Berkeley, lorsqu'il déclare que nous devons considérer les phénomènes sensibles comme les signes d'une langue naturelle; il est d'accord avec Hume, quand il dit que notre croyance à l'existence des choses repose sur une foi, sur un instinct. Le seul point que Reid cherche à éviter, est celui où il croyait apercevoir l'erreur fonda-

---

(1) Ib., vi, 20. Les signes, par lesquels des objets nous sont présentés dans la perception, tout le langage que la nature parle à l'homme... Il n'y a pas de raisonnement dans la perception... La foi qu'elle enveloppe est l'effet d'un instinct. *Ess. sur les fac. intell.*, i, 1, p. 16. La perception désigne proprement l'évidence, que nous avons des objets extérieurs. Ib., p. 17; 33; ii, 5, p. 105. Si par conséquent nous observons avec attention cet acte de l'esprit, que nous appelons perception d'un objet extérieur des sens, nous y trouverons trois choses : en premier lieu une certaine acception ou notion de l'objet perçu; en second lieu une conviction forte et irrésistible de son existence actuelle, et la croyance à cette existence; et troisièmement, que cette conviction et cette croyance sont immédiates, et ne sont pas l'effet du raisonnement. *Sur les fac. act.*, v, 7. La nature nous a condamnés à croire le témoignage de nos sens, soit que nous puissions rendre raison de cette croyance, ou non.

mentale du système des idées, savoir ce principe que nous avons d'abord des idées, que nous formons ensuite des jugements sur la convenance et la disconvenance des idées pour arriver enfin à une conclusion. La nature, selon lui, nous donne une certitude immédiate de notre existence et de celle des choses sensibles (1).

Au fond, par conséquent, Reid ne se distingue de ses devanciers que parce qu'il renonce à soumettre les raisons de nos croyances à une investigation approfondie. Cette réserve procède en très-grande partie de l'opinion que nous ne saurions rendre aucun compte des rapports de notre âme avec le monde extérieur. Nous pouvons distinguer dans les productions de la perception une série de phénomènes; l'impression faite sur les organes extérieurs des sens, la transmission de l'impression jusqu'au cerveau, la sensation de l'âme en elle-même, la perception ; une partie de ces phénomènes s'accomplissent hors de la scène de la conscience; la nature les produit tous; nous assistons à ce spectacle en simples témoins, sans pouvoir observer tous les instruments mis en jeu pour l'exécuter; la nature nous inspire la sensation, elle nous inspire également la perception (2). Cet appel au mystérieux mécanisme de la nature répond sans doute aux ten-

(1) *Sur les fac. intell.*, I, 7, p. 70, sq.; *Rech. sur l'esp. hum.*, II, 6, p. 41.

(2) *Rech. sur l'esp. hum.*, VI, 21. Dans ce drame la nature est l'acteur, nous sommes les spectateurs. La sensation nous est inspirée, et avec la sensation la perception correspondante, par des moyens inconnus.

dances naturalistes de l'époque; mais la volontaire abstention de toute recherche plus profonde sur les fondements de l'intelligence n'est pas restée non plus sans résultats. Il n'y a pas lieu d'expliquer les actes simples de l'esprit, nous ne les connaissons que par l'expérience; nous ne pouvons pas plus expliquer la nature de la pensée et de la croyance que dire ce que c'est que voir et entendre (1). Parmi ces actes simples de l'esprit, il faut compter les principes du sens commun qui entraînent notre croyance, au moment où ils s'accomplissent en nous. Outre la croyance à notre propre existence et à celle du monde extérieur, Reid énumère un assez grand nombre de principes analogues, comme l'avaient fait avant lui les rationalistes. Nous devons les admettre tous, comme la nature nous les suggère (c'est là l'expression qu'il emploie ordinairement), nous devons les admettre sans en rechercher plus longtemps les rapports ni l'union réciproques; nous sommes forcés de les reconnaître, et cela suffit (2). Lorsque nous posons un principe de cette nature, c'est là un pur fait d'expérience. Cependant pour éviter que nous prenions le change sur ces principes, Reid invoque la foi unanime qu'ils inspirent

(1) Ib., II, 5, p. 38; *Sur les fac. intell.*, I, 1, p. 10, sqq.
(2) *Rech. sur l'esp. hum.*, II, 5, p. 39. L'évidence des sens, l'évidence de la mémoire, et l'évidence des rapports nécessaires des choses, sont trois sortes d'évidence distinctes, originelles, également fondées sur notre constitution; aucune ne dépend des autres, aucune ne peut se résoudre en une autre. Raisonner contre une quelconque de ces sortes d'évidence, est absurde; raisonner pour l'établir ne l'est pas moins. Elles sont des principes premiers, et ces principes ne relèvent pas de la raison, mais du sens commun. Ib., V, 7.

à tous les hommes, et l'assentiment implicite aux mêmes principes que suppose la structure des langues. De plus il signale et fait ressortir en particulier l'harmonie de ces principes avec ceux de la vie pratique (1).

Reid voudrait bien donner un dénombrement exact et complet des principes du sens commun ; ce dénombrement serait aussi nécessaire à toutes les sciences, que l'est pour fonder les mathématiques l'établissement des axiomes mathématiques ; mais il doute qu'il lui soit possible de le tenter avec succès (2). Pour réaliser au moins ce dessein d'une manière approximative, il distingue les vérités contingentes ou de fait et les vérités nécessaires d'une part, et d'autre part les axiomes propres au premier ordre de ces connaissances ou au second. Le premier ordre lui paraît, en raison de sa direction empirique, être le plus important ; c'est celui qui occupe principalement l'intelligence humaine (3). C'est pourquoi, en posant les principes qui président aux vérités nécessaires, il se contente d'en signaler les classes générales, tandis qu'il énumère en détail les axiomes qui président aux vérités contingentes. La classification, relative aux vérités nécessaires, résulte de la division ordinaire des sciences. Reid distingue des axiomes grammaticaux, logiques, mathématiques, esthétiques et métaphysiques. Les derniers sont les seuls sur lesquels il s'étende un peu, parce que Hume en avait révoqué

---

(1) *Sur les fac. intell.*, I; 5, p. 157, sqq.; VI, 4, p. 574; 575, sq.
(2) Ib., VI, 4, p. 575, sq.
(3) Ib., p. 576, sqq.

en doute la vérité. Mais rien ne montre plus clairement le caractère d'inconséquence dont sont marquées ces recherches éclectiques, que le fait suivant : Reid a négligé de faire ressortir, comme il l'aurait fallu, l'identité des principes métaphysiques, en tête desquels il place les lois de substantialité et de causalité, avec ceux dont les vérités de fait présentent simplement une application particulière. Si, d'après le second des principes signalés comme présidant aux vérités de fait, la conscience est ramenée à la personne du moi, et d'après le onzième les actions de l'homme à sa volonté, si le douzième déclare l'apparition des mêmes effets comme inévitable dans les mêmes circonstances, il n'est pas besoin d'une grande pénétration pour apercevoir l'identité de ces axiomes de fait avec les principes métaphysiques, en dépit du peu de rigueur avec lequel ces pensées sont formulées. Quelques-uns des axiomes, posés par Reid comme relatifs aux vérités de fait, ont, il est vrai, une autre portée; ils nous enseignent à conclure du souvenir aux faits passés, de la perception aux objets extérieurs, des signes qui témoignent de la raison dans le monde extérieur à la raison elle-même, et assurent à l'autorité d'autrui une juste influence sur le développement de notre esprit (2). Nous pouvons au surplus nous dispenser d'entrer plus avant dans l'énumération de ces principes; car les adhérents de l'école écossaise eux-mêmes n'ont pas pu attacher une grande valeur aux

(1) Ib., vi, 6.
(2) Ib., vi, 5.

recherches de Reid, relativement aux principes du sens commun, ni aux services qu'elles ont rendus. Il est un mérite plus sérieux qu'on aurait pu lui attribuer, c'est d'avoir posé par la formule générale de ces principes les bases des divers modes de raisonnement. Mais cela ne ferait que montrer d'une manière plus frappante combien Reid est loin d'avoir embrassé d'une manière exacte et suivie les lois de l'intelligence; car, au lieu de diriger ses recherches sur les modes de raisonnement propres aux sciences expérimentales, et de travailler ainsi au perfectionnement d'une logique féconde, il s'en tient aux principes, et il ne demande rien, quant à la logique, au delà des règles d'Aristote, dont il est, selon Reid, impossible de mettre en doute la certitude et la fécondité (1). Il est d'autant plus étonnant qu'il s'arrête à l'ancienne logique, qu'on trouve chez lui le nom de Bacon plus souvent invoqué, et que les sciences expérimentales sont l'objet principal de ses doctrines. C'est ce dont témoignent les règles qu'il pose comme principes de la certitude inductive, et les longs détails dans lesquels il entre pour établir que tout n'est pas susceptible de démonstration mathématique. Mais il ne songe pas à soumettre les lois de l'induction à l'examen, parce qu'il se contente de la vraisemblance sans en avoir du reste approfondi les bases (2).

Les résultats scientifiques généraux que Reid ob-

---

(1) Les axiomes logiques qu'il énonce sont très-peu féconds. Ib., vi, 4, p. 56; 6, p. 605.
(2) Ib., vii, 5.

tient par ses principes du sens commun se rattachent à tous égards aux opinions dominantes de son temps, et laissent les questions que ces opinions soulevaient sans les résoudre, dans l'état où ils les trouvent. Reid adopte le dualisme, qui distingue le monde des corps et le monde des esprits, sans même hésiter un instant à considérer Dieu, le créateur infini, comme un être particulier dans le monde des esprits. Il distingue deux sciences, de même que deux mondes, et cette distinction fournit un puissant appui aux idées anglaises, qui séparent la philosophie du monde corporel et la philosophie de l'esprit ; Reid les sépare également, tout en considérant d'ailleurs, selon les vues du naturalisme, l'esprit comme nature aussi bien que les corps, et tous deux comme des parties de l'univers. Toutefois il aperçoit un large et profond intervalle entre le corps étendu, inerte, et l'esprit pensant, doué d'activité ; il conjecture qu'il pourrait bien exister quelque réalité intermédiaire pour combler l'intervalle ; les plantes, dépourvues de sensation et de raison, mais revêtues de force et d'activité, les phénomènes de la nutrition et de la croissance dans les animaux, et même la gravitation, le magnétisme, l'électricité, la cohésion de la matière, indiquent cette réalité intermédiaire ; mais Reid ferme les yeux à tous ces phénomènes évidents ; malgré leur certitude, nous ne saurions avoir, selon lui, aucune connaissance du médiateur en question ; notre science se borne au spirituel et au corporel (1).

(1) Ib., préf., p. 1, sqq.

En même temps qu'il applique ses recherches à la philosophie de l'esprit, Reid n'omet pas la philosophie pratique. Ici reparaissent les formes obscures et vagues qui appartiennent à ce domaine moyen. Reid ne peut écarter de ses considérations les impulsions mécaniques de l'instinct, principe de conservation de toutes les réalités actives ; il est également obligé de mentionner l'habitude, puis les impulsions animales, qui à leur plus haut période conduisent à la vie de société, et de distinguer de ces mobiles inférieurs de l'activité les buts que la raison conçoit et poursuit aux clartés de la conscience. Nous ne croyons pas nécessaire de le suivre plus avant dans les recherches relatives à la philosophie pratique, parce qu'elles ont exercé moins d'influence que le côté spéculatif de sa doctrine. Seulement nous devions les signaler, parce qu'elles offrent quelques traits caractéristiques. Parmi ces traits il en est un qu'il faut rappeler ; c'est que cette partie de la doctrine montre une fois de plus comment le naturalisme de la philosophie moderne finissait toujours par aboutir au naturalisme pratique. De plus, un éloge que nous ne pouvons lui refuser, c'est de combattre de toute son énergie la tendance de ses compatriotes à ramener la vie morale exclusivement au sentiment et à la sensation. Toute l'économie de ses doctrines pratiques porte témoignage de ses efforts à cet égard ; ces doctrines, en effet, signalent les mobiles rationnels, les motifs réfléchis d'activité en face des impulsions mécaniques et animales, revendiquent pour les premiers la supériorité, et leur attribuent ce qu'il y a dans notre vie de proprement humain. Reid n'oublie pas de répéter que le sens moral est une faculté de juger, et que nous apprécions par la raison ce que nous devons faire ou croire; il insiste sur la vérité immuable de nos jugements relativement au bien, et donne l'essence immuable de Dieu pour fondement à cette vérité, que notre raison connaît indépendamment de la constitution particulière de notre nature (1): en un mot, nous voyons Reid encore une fois décidé à défendre les idées du rationalisme contre l'empire du sensualisme. Mais combien au fond sa défense est faible! Bientôt nous le voyons invoquer en définitive notre organisation morale, dont nous sommes incapables de pénétrer les raisons; les principes que la raison nous impose, doivent, pour être admis, se réduire à la valeur de manifestations instinctives, qui se produisent en nous par une impulsion aveugle, sans réflexion, sans conscience du but (2). Que devient maintenant et où réside le jugement qui doit distinguer la nature raisonnable de la nature animale (3)? Il n'y a donc qu'une faible tentative pour soutenir le rationalisme sous la domination du naturalisme. Tous nos jugements procèdent de l'impulsion de la nature et des sens. Les attaques du scepticisme avaient conduit le sens commun à imaginer simplement

---

(1) *Sur les fac. act.*, v, 7, p. 479; 482; 490, sqq.
(2) Ib. III, 2, p. 103. Par instinct, j'entends une impulsion naturelle à certaines actions, sans aucun but en vue, sans délibération, et très-souvent sans aucune conception de ce que nous faisons.
(3) Ib. v, 7, p. 470. Le jugement est ce qui semble distinguer la nature raisonnable de la nature purement animale.

un éclectisme, qui pût, jusqu'à un certain point, satisfaire aux exigences de la raison.

Nous avons fait observer plus haut que l'école écossaise était entrée dans une voie principalement pratique. Le sceptique Hume ne s'en était pas écarté, et dans le fait les idées de ce philosophe étaient le résultat le plus important qui se fût produit dans cette direction philosophique. Or il avait cherché son appui dans les données empiriques, et les recherches des Ecossais avaient présenté généralement le même caractère. Si Adam Smith, qui du reste ne fut pas étranger aux travaux philosophiques, posa les principes et fraya le chemin de l'économie politique, cependant ses recherches relèvent trop exclusivement de l'expérience pour que l'histoire de la philosophie ait à s'en occuper. Les recherches relatives à l'utile étaient en effet celles que la philosophie du sens commun devait avoir le plus à cœur; en travaillant à fonder les inclinations sociales sur la sympathie et sur l'harmonie, sur le sens moral et sur le goût, elle ne pouvait pas non plus négliger le beau. Hutcheson, Henri Home, Akenside, d'autres encore, avaient cherché à répandre par des considérations critiques et théoriques la lumière sur le beau et le sublime et sur l'impression qu'en reçoit l'esprit humain; Reid ne pouvait donc pas s'abstenir de consacrer dans ses recherches psycologiques quelque attention à la faculté intellectuelle du jugement esthétique. Ses observations sur cet objet ont peu d'originalité; elles répètent des remarques qu'il n'avait pas été difficile de faire, savoir que la nouveauté, la grandeur, la beauté des objets enchaînent notre attention et produisent en nous un plaisir esthétique. L'opposition du grand ou du sublime et du beau avait été le principal objet des recherches esthétiques ; la théorie, qui se proposait de rendre compte de cette différence, reçut encore de nouveaux développements. Ils furent l'œuvre d'un homme d'un talent généralement reconnu, d'Edmond Burke, fameux par le rôle politique qu'il a joué. Ses *Recherches sur l'origine de nos idées du sublime et du beau* sont un ouvrage qui date de sa jeunesse ; il passe cependant, non sans raison, pour un des écrits les plus remarquables, que l'école anglaise de sens commun ait produits. Arrêtons-nous un instant sur les idées qu'il contient (1).

Nous aurions tort, il est vrai, d'en concevoir une trop haute attente. Burke professe un scepticisme tempéré. Il ne prétend pas rechercher jusque dans son dernier fondement la cause efficiente du sublime et du beau ; en effet, bien qu'il ne repousse pas les explications physiologiques de nos passions, il n'en considère pas moins comme inexplicable l'union du corps et de l'esprit ; dès que nous faisons un seul pas au delà des qualités des choses qui nous sont immédiatement perceptibles, nous sortons de notre sphère (2). Par conséquent tout ce qu'il veut montrer, c'est que cer-

---

(1) *Recherche philosophique sur l'origine de nos idées du sublime et du beau.* — Je me sers de l'édition de Londres, 1807. La première est de 1757.

(2) *Rech.*, IV, 1 ; 3 ; 19.

tains mouvements dans le monde corporel apparaissent liés à d'autres mouvements dans notre âme, et qu'ainsi le plaisir, que nous procurent le sublime et le beau, sont conçus par nous en rapport avec d'autres phénomènes de notre vie. Le procédé de Burke est exclusivement psychologique, quant aux points principaux de la théorie. Il se flatte d'arriver par cette voie à un jugement sur le sublime et le beau en harmonie avec les idées communes, attendu que, dans sa ferme conviction, le goût esthétique est, aussi bien que le jugement spéculatif sur le vrai, soumis à des lois uniformes. En effet, outre les sens et l'imagination, certainement régis par des lois, le jugement du semblable et du dissemblable est la seule opération en jeu dans le jugement sur le beau et le sublime; c'est pourquoi Burke repousse l'opinion répandue qui rapporte à un instinct spécial les jugements de goût (1). On remarquera sans doute que ces recherches préparatoires de Burke ne touchent pas au caractère distinctif du goût esthétique, et ne sont pas faites, par conséquent, pour établir solidement l'opinion de Burke sur cette question.

Le point décisif se trouve ailleurs. Burke croit pouvoir ramener tous les phénomènes esthétiques à l'opposition du sublime et du beau, et cette opposition même aux lois générales de la vie. Il écarte donc le principe de la nouvelle école, lequel contribue sans doute à l'excitation de toutes les passions, mais n'opère

(1) Ib., introd.

jamais que superficiellement (1), et il s'applique à considérer les deux plus puissants leviers de l'existence, le plaisir et la douleur. Pour les montrer dans leur opposition absolue, il distingue du plaisir positif la disposition agréable (2), qui provient de la rémittence ou de la cessation de la douleur; il s'efforce ensuite de faire voir que le plaisir et la douleur sont tous deux essentiellement positifs et indépendants l'un de l'autre, bien qu'étant dans leur succession incessante la condition réciproque l'un de l'autre (3). Mais l'opposition qui existe entre eux ne se manifeste d'une manière vraiment frappante que par leur réduction à des motifs radicalement différents; or, Burke ne peut rester ici fidèle à son dessein, de ne pas excéder la sphère des phénomènes. La douleur, et toutes les passions qui s'y rattachent, la terreur, la crainte, résultent des attaques ou des périls, qui menacent notre existence, et c'est par conséquent l'instinct de conservation, qui est en jeu dans ces passions. Le sentiment du plaisir, au contraire, est réduit par Burke à la satisfaction des inclinations sociales. Il remarque qu'il n'y a pas de plaisir plus vif que la satisfaction de l'appétit sexuel, fondement premier de la vie sociale; et que tout plaisir positif provoque une sorte d'union sociale avec ce qui en est l'objet (4). Ainsi, selon lui, le plaisir et la douleur doivent leur

---

(1) Ib. i, 1.
(2) Il la nomme *delight*. Ib. i, 3.
(3) Ib. i, sq.
(4) Ib. i, 6. 8; 18

origine à deux instincts différents, et ces deux instincts sont précisément ceux que le naturalisme régnant considérait d'ordinaire comme les seuls ressorts de la vie humaine. Or, ces instincts sont, d'après Burke, les fondements du sublime et du beau. Il est incontestable que la douleur opère avec beaucoup plus de force que le plaisir, car elle met en jeu le plus énergique des instincts, celui de conservation. De là vient que nous trouvons un caractère de grandeur et de sublimité dans ce qui nous inspire de la terreur ou éveille en nous les représentations de la douleur et finalement de la mort (1). Ces représentations deviennent la source de la disposition agréable, qui procède de l'adoucissement ou de l'éloignement de la douleur, lorsque le terrible ne s'offre à nous que sous certaines limitations ou bien dans un certain éloignement, de manière à nous procurer un sentiment de sécurité (2). Le frissonnement agréable, que le sublime nous cause, est un effet salutaire, attendu que les nerfs délicats, qui semblent être en rapport avec l'imagination et l'entendement, ont besoin, comme tous les autres, d'être tendus et ébranlés. Le beau consiste en un effet

---

(1) Ib. I, 7. Tout ce qui est propre de quelque manière à exciter les idées de peine et de danger, c'est-à-dire tout ce qui à quelque égard est terrible ou roule sur des objets terribles, ou produit sur l'esprit un effet analogue à la terreur, est une source de sublime, en d'autres termes, produit la plus forte émotion que l'esprit soit capable de ressentir.

(2) L.; ib. I, 18. Les passions qui ont trait à la conservation personnelle sont simplement pénibles quand leurs causes nous affectent immédiatement ; elles sont agréables quand nous avons une idée de peine et de danger, sans être actuellement dans une telle situation. Ib. II, 25.

(3) Ib. IV, 6, sq.

absolument opposé. Ce n'est pas ce qui nous frappe de terreur, c'est ce qui nous inspire de l'amour et nous cause des sensations douces que nous appelons beau. Ce qui est petit, faible même, nous invite à lier avec lui une sorte de commerce familier, et tout cela peut être ramené aux inclinations sociales qui rapprochent l'homme de ce qui l'environne (1).

Cette théorie, appuyée d'une multitude d'observations fixes, parvient à dériver avec une grande simplicité des premiers instincts de la nature humaine les motifs du jugement esthétique. Elle ne pouvait manquer de plaire dans une époque si prête à rendre un culte à la nature dans tous les ordres. Elle dépose encore des efforts tentés par le naturalisme pour pénétrer de plus en plus dans les divers domaines de la vie morale. Elle ne saurait toutefois nous offrir aucun signe, qui nous fasse favorablement augurer du succès de ces efforts. Ce que les explications qu'elle donne ont de forcé, ne pouvait échapper longtemps à l'observation; elle invoque de plus des causes inconnues, recours indispensable du naturalisme, lorsqu'il veut fonder les lois morales aussi bien que les lois physiques, et elle relève de ce morcellement des doctrines morales, déjà remarqué par nous plus d'une fois; nous la voyons même étendre encore ce morcellement, en di-

---

(1) Ib. ɪ, 10. Ce que nous appelons beauté est une qualité sociale ; car dès que des femmes et des hommes, ou même des animaux quelconques, nous procurent à les regarder un sentiment de plaisir et de joie,... ils nous inspirent des sentiments de tendresse et d'affection pour leurs personnes; nous aimons à les avoir auprès de nous, et nous entrons volontiers dans une sorte de commerce avec eux. Ib. ɪɪɪ, 12, sqq.

visant les théories esthétiques en jugement sur le sublime et jugement sur le beau, et en les ramenant à des principes divers, sans nous laisser entrevoir aucun moyen de déduire l'association évidente du sublime et du beau d'un principe commun.

HEMSTERHUIS.

Nous avons à mentionner encore une autre tentative faite pour établir les fondements de l'esthétique. Nous la rencontrons chez un homme qui demeure jusqu'à un certain point étranger à la direction philosophique dominante de son temps; c'est le Hollandais Franz Hemsterhuis. La juste estime dont il jouit encore aujourd'hui parmi ses compatriotes, son attitude particulière vis-à-vis de la philosophie contemporaine, ses relations avec quelques philosophes allemands, sont des circonstances qui lui ont donné aux yeux de plusieurs le caractère de précurseur d'une ère nouvelle dans les recherches philosophiques (1). Nous ne pouvons, il est vrai, nous empêcher de compter ses efforts parmi les essais de résistance tentés contre les vues exclusives et les extrémités du naturalisme; on peut aussi apercevoir dans ces essais les germes d'un nouveau développement; mais, à tout prendre, Hemsterhuis se rattache à un éclectisme assez subtil, qui n'est

(1) Voyez la plus récente édition de ses œuvres philosophiques, par Meyboom (Leuward, 1846), III, p. 195. On y trouve les détails les plus circonstanciés sur sa vie; elle est aussi plus complète par les éditions antérieures. Je m'en servirai partout où l'édition de Paris, 1792, que je cite ordinairement, est insuffisante.

pas sans originalité, et qui revient, en ce qu'il a d'essentiel, aux vues de l'école écossaise ou du maître d'Hemsterhuis, Shaftesbury.

Franz Hemsterhuis, né en 1721 à Franeker, fils du célèbre philologue Tiberius Hemsterhuis, avait été nourri dans l'amour de l'antiquité et particulièrement de la philosophie de Platon. Il avait développé par le commerce des anciens une forte tendance naturelle à une culture multiple, universelle, harmonique. Il partageait avec ses contemporains le culte de la méthode mathématique, il y joignait l'étude des sciences naturelles; il voyait dans ces branches de la science un des leviers les plus puissants pour assurer la modération dans la vie morale; mais il reconnaissait en même temps que les mathématiques ne peuvent être cultivées qu'à titre de science spéciale, et qu'eu égard au développement total de l'homme elles n'apportent qu'une culture bornée, incomplète. Il entra dans la carrière des sciences; mais cette tentative échoua; il se consacra dès lors aux fonctions publiques, et il accepta une position honorable, bien que subalterne, dans le département des affaires étrangères. Les embarras et l'abaissement de l'Etat, auquel il avait voué ses services, coïncidant avec la décadence des mœurs, qu'il ressentit très-vivement, lui firent chercher des consolations dans une retraite studieuse et méditative, ainsi que dans le commerce d'un petit cercle d'amis. L'exercice de son talent pour les arts du dessin, les méditations, fruits de ses loisirs, déposées en langue française dans de courts ouvrages, qu'il réservait au cercle restreint de ses amis, occupèrent ses heures ; il travaillait à se défendre, lui et ceux qu'il aimait, contre la contagion de la frivolité française. La société dont il était entouré ne nous est connue d'une manière complète que telle qu'elle était dans sa vieillesse ; il s'y trouvait des femmes belles et spirituelles, animées d'une ferveur presque mystique, comme la princesse Gallitzin, madame Perennot, etc. ; Fr. H. Jacobi en faisait aussi partie. La noble attitude de cette société, son aversion caractéristique pour toutes les vulgarités, son aspiration inépuisable aux satisfactions de la raison, ne l'avaient pas garantie contre une tendance efféminée à fuir les luttes de la vie, contre un rétrécissement de vues qui lui faisait méconnaître le présent et diviniser l'antiquité, contre le jeu presque puéril de vouloir, dans le cercle étroit de ceux qui la composaient, ressusciter une partie de l'antiquité. Les faiblesses communes à toutes les coteries ne restèrent pas non plus étrangères à cette réunion d'amis. C'est ainsi que Franz Hemsterhuis vécut jusqu'en 1790, dans le monde de la fantaisie plus que dans le monde réel, et sans participer aux espérances excitées par les agitations de l'époque qui commençait. Il pouvait assurément, dans les ouvrages qu'il a écrits et qui se composaient de dialogues et de lettres, aspirer à satisfaire son goût délicat, se promettre les applaudissements de ses amis ; mais c'eût été se tromper beaucoup sur leur portée et leur importance que de les croire propres à exercer une influence générale.

L'éloge du sens commun tient une place moins

saillante chez Hemsterhuis que chez les Anglais (1); il se fie moins au jugement de la foule; et toutefois l'esprit esthétique se décèle avec plus de force peut-être encore dans ses idées, parce que sa méthode d'investigation affecte une pente à peu près égale vers le rationalisme et vers le sensualisme.

Le rationalisme, tel qu'il était sorti de l'école cartésienne et s'était propagé dans l'école de Wolff, fournit à Hemsterhuis presque toutes ses idées générales. Il expose ces idées sous des formes nouvelles à plusieurs égards, sans faire avancer du reste les questions capitales. Quant à l'opposition de l'esprit et du corps, il s'attache au dualisme en combattant le matérialisme. Nous n'avons pas besoin de redire les raisons dont il se sert pour établir la distinction de l'âme du corps, parce qu'elles se sont reproduites dans le cours de la philosophie moderne. L'union du corps et de l'âme nous est inexplicable; mais nous n'avons pas le droit de la déclarer impossible, parce que nous ne connaissons pas toutes les propriétés de l'âme et du corps, et que, parmi celles de leurs propriétés qui nous sont inconnues, il pourrait s'en trouver qui servissent à rendre compte de leur réaction réciproque (3). Mais il n'est pas douteux que l'âme ne soit d'un ordre supérieur au corps; car elle est la cause motrice qui commande à la matière inerte. La considération de notre personnalité libre nous ouvre seule une

---

(1) Cependant il s'y réfère quelquefois, par ex. *Sophyle*, p. 267.
(2) *Sur l'homme et ses rapports*, p. 147, sqq. et ailleurs.
(3) *Sophyle*, p. 506, sqq.

voie d'investigation sur les causes. L'âme nous révèle des causes, elle nous révèle le simple et l'éternel, parce qu'elle est elle-même une cause, qu'elle est simple et éternelle. Le corporel ne se connaît que dans le temps et la succession ; il y a au contraire dans l'âme quelque chose qui exclut le temps et la durée, une étincelle de l'éternité. Nous devons nous garder toutefois de pousser trop loin nos recherches sur les causes, comme le font les naturalistes ; nous ne pouvons pas trouver de causes dans le corporel ; la physique ne dépasse pas les phénomènes (1). L'erreur du matérialisme a précisément résulté de ce qu'on a cru pouvoir atteindre la cause dernière sans sortir du corporel ; elle a entraîné comme conséquence l'athéisme, qui ne songe pas que la matière ne renferme pas de principe de mouvement, ni même une cause de sa propre existence ; d'où il suit que tout ce que nous nommons matière n'indique qu'un rapport des objets à nos sens (2).

Cette manière de concevoir la matière dénonce déjà le principe sensualiste de la théorie d'Hemsterhuis sur la connaissance. En s'attachant à la recherche de l'origine des choses et l'examen de leurs différences essentielles, il dérive toute connaissance des sens. Nous ne connaissons que ce dont l'expérience nous informe. Pour qu'un objet nous soit connu, il faut

---

(1) *Sur l'hom.*, p. 150, sq.; *Sur l'athéisme*, p. 282; 291; *Sur la sculpture*, p. 26. Il y a dans notre âme quelque chose qui répugne à tout rapport avec ce que nous appelons succession ou durée.

(2) *Sur l'hom.*, p. 152, sq.; *Sur l'ath.*, en partic., p. 294.

qu'il excite notre sensibilité par un rapport avec nous, par une impression exercée sur nous. Des impressions produisent en nous des idées, signes naturels des objets ; notre entendement s'habitue à les comparer, il s'efforce de les réunir, et plus il est capable de réunir ces signes, de les associer étroitement, plus il est parfait. C'est en quoi l'homme surpasse tous les autres animaux, car il sait se créer par le langage d'autres signes qui sont artificiels ; sa raison n'est autre chose que la faculté de combiner les signes sensibles des objets de la manière la plus complète et de les lier le plus étroitement possible (1). De la perfection de nos organes dépend par conséquent la perfection de nos connaissances. Ce sensualisme se rattache très-étroitement à Condillac, puisque la connaissance de l'impénétrabilité des corps y est dérivée de l'organe du tact (2). Peut-être serons-nous un jour en état de mieux connaître les objets, s'il se développe en nous d'autres organes, restés jusqu'alors à l'état de germes dans notre constitution (3). Sans organes nous ne saurions rien ; par conséquent l'amour platonique est incompréhensible (4) ; seulement il n'est pas un des organes, pris à part, dont l'âme ne pût se passer. Le

(1) *Soph.*, p. 266; 275, sqq.; *Sur l'hom.*, p. 132, sqq.; 136. Ce qui constitue le degré de perfection dans les intelligences, c'est la quantité plus ou moins grande d'idées coexistantes que ces intelligences pourront offrir et soumettre à leur faculté intuitive. Ib., p. 141 le raisonnement n'est autre chose que l'application simple de la faculté intuitive aux idées présentes et coexistantes autant que possible.
(2) *Soph.*, p. 304.
(3) *De l'hom.*, p. 236, et dans plus. autres passages.
(4) *Ariste*, p. 26, édit. Meyboom.

seul, sans lequel elle ne pourrait exister, est le sens intime, par lequel elle se connaît elle-même ; et à ce sens intime se rattache l'entendement qui compare les idées, et qui s'applique par conséquent à ce qui est dans l'âme même, et a également pour objet toutes ses représentations sensibles (1). En admettant ce sens intime, Hemsterhuis s'écarte de Condillac et se rapproche de Locke. Il accorde que des idées sensibles, obtenues par des impressions externes, forment le point d'appui sur lequel repose la croyance de l'âme à sa propre existence, et qu'ainsi elle n'aurait aucune notion d'elle-même, si elle n'avait point d'organes pour apercevoir les objets externes ; mais elle oppose à l'action qu'elle subit sa propre force de réaction, et c'est dans cette réaction qu'elle s'affirme, elle et sa volonté, qu'elle prend conscience de son propre être, au moment où elle se sent autre que les objets placés en dehors d'elle (2). Le sens intime est par conséquent conçu chez Hemsterhuis en relation immédiate avec la vie pratique et la volonté ; Hemsterhuis l'appelle l'organe moral, la conscience, le cœur ; et de cette conception, qui lui est commune avec l'école de Shaftesbury, il résulte que le sens intime engendre toutes les considérations qui constituent la sociabilité dans l'homme et qui en font un membre de l'univers moral (1). Mais de là découlent une suite de consé-

(1) *De l'hom.*, p. 256. L'organe moral, par lequel elle-même est un objet de contemplation, ne saurait la quitter. L'organe de l'intellect, ou la faculté qui contemple et compare, regarde toutes les faces possibles de l'univers et paraît par conséquent également adhérent à l'âme.
(2) Ib. p. 154 ; sq.

quences qui nous ouvrent des perspectives sur l'immortalité, sur notre participation à l'ordre moral, notre communauté avec Dieu. Elles relèvent de l'élément rationaliste de la doctrine et ne présentent rien de nouveau. Hemsterhuis voudrait, à l'exemple de Reid, les faire valoir à titre de suggestions immédiates de notre nature (2). Ainsi que les moralistes anglais, il attache la plus haute importance à l'attraction des éléments homogènes, à la sympathie mutuelle des hommes, à la faculté dont ils sont doués de se mettre, au moyen de cette sympathie, à la place d'autrui.

Une suite de ce sensualisme, qui s'efforce de faire à la sensation sa place dans le jeu des opérations rationnelles, c'est que Hemsterhuis reconnaît la supériorité du sentiment sur la connaissance dans l'homme. Le sentiment de notre dépendance à l'égard de Dieu, de l'admiration, de l'étonnement, est considéré comme source de la religion et nourri comme tel. Les sentiments moraux auraient mérité une analyse attentive, dont ils n'ont pas encore été l'objet; la diversité qu'ils revêtent dans les individus, selon l'originalité du caractère, rend du reste une étude scientifique de ses sentiments très-difficile, sinon impossible; il suffit de constater et de faire admettre le sens moral dans ses diverses manifestations (3). L'âme a un désir insa-

---

(1) Ib. p. 178; sqq.

(2) *Aristée*, p. 98. Ce jugement moral est l'effet immédiat de la nature de nos âmes éternelles, de leur attraction vers leurs semblables, vers le grand, vers le beau, vers la divinité.

(3) *Sur l'ath.*, p. 282, sqq. Je ne pousserai pas plus loin cette

tiable plutôt de voir que de connaître ; elle est faite pour contempler et pour jouir ; elle ne paraît pas faite pour savoir (1). Bien qu'elle reconnaisse en elle-même une cause, les causes les plus profondes ne laissent pas de lui demeurer partout inconnues.

Hemsterhuis a tenté cependant une analyse de nos sentiments moraux dans l'esthétique ; nulle partie de la science n'a excité à un plus haut degré son intérêt. Cet essai montre précisément d'une manière frappante à quel point ses idées sont une combinaison des vues rationalistes et des vues sensualistes ; il nous découvre en même temps comment son sensualisme ne lui permettait pas de promettre, de laisser espérer une satisfaction de nos aspirations scientifiques, et l'a conduit à y chercher un supplément dans les beaux-arts.

Conformément à l'idée qu'il se fait du sens moral, il part du désir inhérent à l'âme humaine. Il admet avec le rationalisme que le désir tend à la plus grande perfection possible, et sa manière de concevoir la perfection n'est pas moins rationaliste. Le parfait consisterait, selon lui, à réunir tout être ; ainsi l'âme tendrait à réunir tout être en elle, à tout pénétrer, à s'affranchir des limites du temps et de l'espace. L'idée de la simplicité divine, qui embrasse toute perfection,

marche naturelle et simple de l'homme vers la connaissance obscure de quelque chose au-dessus de lui, dont il se sent dépendre... Cet organe moral diffère si prodigieusement dans les différents individus, et a été si peu analysé jusqu'ici, qu'il est fort loin encore d'être universellement adopté.

(1) *Sur l'hom.*, p. 256. Elle a un désir insatiable, plutôt pour voir que pour connaître. Elle est faite pour contempler et pour jouir. Elle ne paraît pas faite pour savoir.

est donc posée comme l'idéal de l'âme. Mais en ce monde il n'existe que des individus, séparés l'un de l'autre, dont l'un exclut l'autre, qui ne peuvent se pénétrer. Tout se trouve par conséquent en ce monde dans un état violent, tout existe en contradiction avec soi-même, puisque tout aspire à l'union et ne peut y atteindre. C'est la puissance de Dieu, qui a fait ce partage, et implanté en chaque être ce désir d'union. De là l'abattement qui nous saisit, lorsqu'avec la conscience du désir d'union dont nous sommes remplis, nous apercevons que nous ne pouvons le contenter (1). La preuve de notre impuissance à réaliser en nous cette unité, à laquelle nous aspirons, réside dans notre nature sensible. Le développement de toutes les énergies de notre âme requiert des organes ; cet organisme nous sépare des objets, en nous forçant de pénétrer dans leur essence intime ; il ne nous donne que des idées individuelles, éparses, successives, qui s'excluent l'une l'autre (2). Nous le voyons, la théorie sensualiste d'Hemsterhuis ne lui permet pas de nous accorder l'intelligence de la nature intime ou de l'essence des choses, ni même la faculté de réunir ensemble deux

---

(1) *Sur les désirs*, p. 61, sqq.; 78, sqq. Le tout visible ou sensible se trouve actuellement dans un état forcé, puisque, tendant éternellement à l'union et restant toujours composé d'individus isolés, la nature du tout se trouve éternellement dans une contradiction manifeste avec elle-même. Si donc le tout se trouve dans un état forcé, il faudra en conclure nécessairement qu'il y a un agent qui le fait tendre vers l'union, ou qui par sa force et sa nature l'a divisé en individus. Tout tend naturellement vers l'unité. C'est une force étrangère, qui a décomposé l'unité totale en individus; et cette force est Dieu.

(2) Ib. p. 62.

idées. Les idées se succèdent, mais ne sont jamais conçues dans une même pensée.

Le seul moyen qui nous reste de donner à ce désir de perfection une satisfaction relative, est de concevoir autant d'idées que possible dans la succession la plus rapide et le moindre espace de temps qu'il se peut (1). C'est ce que le beau nous permet de faire et en quoi consiste son essence. Les beaux-arts se proposent de satisfaire notre désir et d'apaiser l'amour, qui porte l'âme à saisir, à s'assimiler autant que possible d'un seul regard l'objet aimé. Les beaux-arts supposent le contraste, la séparation des parties, afin que l'âme ne soit pas privée de la diversité des idées; ils réclament l'harmonie, afin que rien ne trouble la vue et ne l'empêche d'embrasser rapidement toutes les parties. Le beau ne réside donc pas dans la nature des objets, mais dans leurs rapports à l'âme, dans la facilité qu'ils offrent aux organes d'embrasser un tout d'une vue claire et prompte. Hemsterhuis explique ainsi comment il se fait qu'un objet laid perd peu à peu ce qu'il a de repoussant pour nous par l'habitude de le voir; c'est ainsi que nous acquérons la faculté de saisir d'un coup d'œil rapide la diversité des impressions confuses qu'il excite en nous. On peut reconnaître à sa théorie le mérite d'avoir dépassé le principe de l'imitation de la nature. L'art n'a à imiter dans la nature que l'objet qui sert de base première à son entre-

(1) Ib. p. 62. L'âme cherche toujours le plus grand nombre d'idées possible dans le plus petit espace de temps possible. *Sur la sculpt.*, p. 12, sq.

prise; mais aussitôt il s'efforce de surpasser la nature. Car il faudrait une chance bien rare pour que la nature offrît le degré suprême de perfection, auquel nous aspirons nécessairement; cette perfection ne repose pas sur la nature des choses, mais sur la convenance de leurs relations à nos organes (1). L'esthétique de Hemsterhuis propose un idéal que ni la nature, ni même l'art ne peut atteindre, un idéal qui procède d'une étrange opposition entre notre désir et la nature des choses.

Il serait assez juste de dire que ces vues expriment la contradiction des tendances contraires, entre lesquelles Hemsterhuis est partagé par son éclectisme. Il faut bien l'avouer, le sensualisme, dont il subit l'influence, n'est point parvenu à maîtriser son aspiration vers un but supérieur, vers l'idéal. Son idéal est Dieu, l'unité qui embrasse tout; mais sa suprême ressource, c'est de poser simplement cet idéal, de le dresser en face de notre nature incomplète et brisée, et de le faire l'auteur même de la division, qui est notre condition. Dieu est la puissance qui divise et qui réunit. Un écho des idées dualistes, que nous avons rencontrées dans la théosophie, nous arrive encore dans ces propositions; seulement Hemsterhuis ne cherche pas à se consoler de cette division inhérente à notre nature par des rêves mystiques, des fantaisies religieuses, mais par l'amour du beau et de l'art. Chez lui, comme chez Baumgarten, la culture esthétique se présente

---

(1) *Sur la sculpt.*, p. 6, 24, sqq.

à titre de complément des imperfections attachées à la science humaine. Il en résulte que Hemsterhuis voit dans la vie esthétique seulement une autre sorte de connaissance. Comme le rationalisme en avait fait une loi, il veut que nous assemblions, que nous combinions nos idées sans confusion ; mais le sensualisme lui rappelle que nos idées ne sont que des sensations, qui s'excluent l'une l'autre et ne comportent pas par conséquent de réunion ; or il sait que nous ne pouvons compter que sur l'aide des beaux-arts, pour former entre elles des rapprochements aussi riches et aussi étroits que possible. Il faut que ce mode de combinaison de nos idées nous suffise, car la nature ne nous permet pas de connaître pleinement et de pénétrer à fond les objets ; elle ne nous a pas destinés à savoir, mais à contempler et à jouir.

Il nous reste à parcourir encore d'un coup d'œil quelques doctrines éclectiques, qui se sont développées en France relativement à des branches spéciales de la philosophie pratique. Ces doctrines ne peuvent prétendre au titre d'inventions proprement dites de l'esprit philosophique, et être examinées comme telles ; cependant elles ont propagé des idées philosophiques, issues de la philosophie moderne, dans un cercle d'autant plus vaste que l'influence de la littérature française se faisait sentir plus loin et avec plus de force ; leur action s'est de plus perpétuée jusqu'à nos jours, soutenue par les talents brillants des écrivains qui ont embrassé ces doctrines, et qui en ont tiré les conséquences les plus considérables et les plus inattendues.

MONTESQUIEU.

L'*Esprit des lois* de Montesquieu occupe sans contredit le premier rang parmi ces doctrines. Nous n'avons pas à apprécier ici le caractère et la portée de cet ouvrage sous tous les rapports ; seulement, nous ne pouvons nous empêcher de signaler l'influence qu'il a exercée, en tant qu'écrit philosophique, sur les théories politiques. L'ouvrage a des relations étroites avec la personne de l'auteur. Le baron Charles de Montesquieu, né en 1689, près de Bordeaux, au château de la Brède, propriété héréditaire de sa famille, avait été destiné à la carrière de la jurisprudence ; conseiller à vingt-cinq ans, il ne tarda à hériter de la place de président au parlement de Bordeaux. Il opposa, dans ces fonctions, une résistance intrépide à l'arbitraire du gouvernement. Les *Lettres persanes* furent le premier ouvrage qu'il publia, et obtinrent un succès éclatant. Son goût le portait aux travaux sérieux d'érudition ; il savait en dérober, à force d'esprit, l'aridité. Afin de pouvoir suivre son inclination, il renonça à ses fonctions, et après d'assez longs voyages, particulièrement à Venise et en Angleterre, dans lesquels il put voir de près le jeu de formes politiques diverses, il se consacra tout entier à l'œuvre de sa vie, à la composition de l'*Esprit des lois*, ouvrage conçu sur un plan tellement vaste, que l'exécution n'en pouvait être qu'ébauchée. Les *Considérations sur les causes de la grandeur des Romains et de leur décadence,* dont la publication précéda celle de l'*Esprit des lois,* sont un livre qui se rapproche davantage de l'histoire ; il atteste les recherches historiques par lesquelles Montesquieu s'efforçait de fortifier ses doctrines politiques. Ce serait toutefois se tromper gravement que de lui attribuer le dessein d'établir et d'exposer des faits. Ce qu'il emprunte à l'histoire est produit, selon la mode du temps, sans porter la trace de grands efforts de critique ; ces emprunts servent d'exemples ; en témoignant de la vaste lecture de l'auteur, ils donnent à ses idées l'apparence d'une démonstration inductive, mais en réalité ils ne sont faits que pour préciser des vérités pratiques. Lorsque l'*Esprit des lois* parut en 1748, il dut à ces tendances pratiques l'immense succès qui l'accueillit. Il semblait qu'il fût temps encore d'arrêter la monarchie illimitée, vers laquelle on était poussé, par une ancre solide, en la faisant entrer dans des limites légales, et d'éviter une révolution violente. C'est à quoi tendent les conseils de Montesquieu. On doit tenir compte de la nature des choses, du climat et de l'esprit des peuples, respecter les mœurs et la religion, se garder d'appliquer à tout une règle identique, tout diriger au contraire avec douceur et selon les diversités des peuples. Tel est le gouvernement de la Providence, qui se sert de la diversité pour produire l'harmonie, et qui tourne les vicissitudes des choses à l'exécution de ses lois éternelles (1). On ne peut conduire les hommes que

---

(1) *Esprit des lois,* i, 1, p. 5 (Amsterd. 1788). Chaque diversité est uniformité, chaque changement est constance.

dans l'esprit de ce gouvernement de la Providence. L'ouvrage de Montesquieu est incontestablement un grand événement politique, nous voyons subsister encore les traces de son influence ; appuyé de vastes et profondes méditations sur tous les objets de l'histoire politique, il fait éclater un courageux patriotisme, qui apprend à aimer le peuple jusque dans ses défauts, et marque aux envahissements de la politique leurs limites dans le caractère et dans les institutions permanentes de la nation ; il offre un brillant exemple de sagesse et de modération politique, plus digne d'attention que tous les exemples d'une authenticité fort douteuse, que Montesquieu a été glaner dans l'histoire. On a comparé l'*Esprit des lois* à la Politique d'Aristote ; et, en effet, par la richesse des observations, par l'amour et l'interprétation du détail, ces deux ouvrages peuvent rivaliser ; mais la Politique d'Aristote se proposait moins que l'*Esprit des lois* un but pratique ; elle présentait une longue série d'expériences closes au moment où les Etats de la Grèce touchaient à la fin de leur existence. Montesquieu au contraire est en présence d'une époque dont il cherche à diriger les conseils ; Aristote étudie les faits pour en tirer les résultats historiques ; Montesquieu les utilise en vue de résultats à venir, pour enseigner la modération, pour préserver des violences soit du despotisme, soit de la république. L'un et l'autre ont un côté commun, savoir de soutenir dans leurs doctrines un élément philosophique par des exemples tirés de l'histoire. Mais cet élément exclut du reste toute comparaison ; Aristote est un philosophe indépendant ; Montesquieu ne peut prétendre à ce titre, il ne fait qu'appliquer des théorèmes philosophiques reçus et les modifier selon ses vues. Nous n'avons, dans l'histoire de la philosophie, à nous occuper que du côté le plus faible de ses doctrines.

On peut commencer par formuler l'idée capitale de son ouvrage, puisqu'elle est posée sans aucune recherche préparatoire. Le gouvernement le plus conforme à la nature est, dit Montesquieu, celui dont la disposition particulière se rapporte le mieux à la disposition du peuple pour lequel il est établi (1). Idée bien simple, qu'on n'a que trop souvent oubliée, sous l'empire de principes abstraits, de conceptions cosmopolites, de préoccupations de parti. Il est rare, continue Montesquieu, que les lois puissent être les mêmes chez un peuple que chez un autre ; le caractère du peuple se formera d'après les circonstances, le climat, l'étendue du pays, le régime, les habitudes, les traditions, la religion ; et d'après cela il faudra nécessairement que les constitutions des peuples soient différentes, et leurs lois appréciées différemment (2). Par conséquent, il importe avant tout dans la politique de pénétrer l'esprit général du peuple, que ces lois ont pour objet de régir ; car nous ne faisons rien de mieux, que ce que nous faisons librement et en

---

(1) Ib. i, 3, p. 10. Le gouvernement le plus conforme à la nature est celui dont la disposition particulière se rapporte le mieux à la disposition du peuple pour lequel il est établi.

(2) Ib. p. 11.

suivant notre génie naturel (1). Des lois, quelles qu'elles soient, demandent nécessairement des esprits préparés ; la loi n'est pas un pur acte de puissance dans un Etat (1). Montesquieu est donc bien éloigné de proposer un idéal de l'Etat ou d'exiger de l'Etat ce qu'il y a de meilleur. La religion peut, sans doute, viser au meilleur ; elle dispense ses conseils, parce qu'elle tend au parfait, parce qu'elle a pour objet le bien de l'individu, auquel le meilleur, c'est-à-dire la parfaite vertu n'est pas inaccessible ; Montesquieu ne nie pas qu'à cet égard elle ne dépasse de beaucoup la sphère de la politique, et puisse prétendre à une dignité supérieure ; mais l'Etat ne doit pas donner de conseils, il doit prescrire, et il n'adresse pas ses prescriptions à l'individu, il les adresse au peuple entier, lequel ne saurait atteindre la suprême perfection (3).

Chercher le meilleur serait donc pour la politique une tendance funeste ; l'excès de la raison lui nuirait ; les hommes s'accommodent mieux des milieux que du bien extrême ; la vertu elle-même doit pour la politique avoir des bornes (4). Nous ne devons pas prétendre améliorer les mœurs par des lois ; les lois seules sont améliorées par des lois ; c'est par des mœurs, c'est par le bon exemple qu'il faut s'efforcer

(1) Ib. xix, 4; 5. C'est au législateur à suivre l'esprit de la nation ; car nous ne faisons rien de mieux que ce que nous faisons librement, et en suivant notre génie naturel.
(2) Ib. xix, 2, 14. La loi n'est pas un pur acte de puissance.
(3) Ib. xxiv, 7; xxvi, 9.
(4) Ib. xi, 4; 6, p. 298. L'excès de la raison n'est pas toujours désirable... Les hommes s'accommodent presque toujours mieux des milieux que des extrémités.

d'améliorer les mœurs. La puissance politique n'a pas le droit d'excéder ses limites ; il faut qu'elle se conforme, dans les lois qu'elle donne, aux mœurs du peuple et à ses habitudes (1). C'est par ces principes que s'expliquent la grandeur et la décadence des Etats ; il ne faut pas les imputer à des hasards, à des individus, elles dérivent de l'esprit du peuple. Les préjugés de l'autorité ont été d'abord des préjugés du peuple (2). Il faut chercher dans les constitutions politiques un ressort qui soit différent de la forme ou de la nature de l'Etat et qui agisse dans le peuple (3). Ce ressort est, en effet, la chose capitale ; tant qu'il demeure vivant et subsiste dans son intégrité, tout va bien ; dès qu'il se corrompt, la ruine de l'Etat est inévitable (4). On voit combien Montesquieu est éloigné de ceux qui ne voient dans l'Etat qu'une pure machine. En renonçant au cosmopolitisme, il a repoussé également l'opinion suivant laquelle l'Etat se pourrait former par un contrat entre des hommes quelconques. On ne saurait méconnaître qu'en insistant sur la nécessité de donner pour fondement à l'Etat l'esprit du peuple, Montesquieu n'ait semé les germes d'une conception philosophique de l'histoire.

(1) Ib. xix, 6. Qu'on nous laisse tels que nous sommes. Ib. 14. C'est une très-mauvaise politique de changer par les lois ce qui doit être changé par les manières... Il y a des moyens pour empêcher les crimes, ce sont les peines ; il y en a pour faire changer les manières, ce sont les exemples.
(2) Ib. préf. p. 121.
(3) Ib. iii, 1.
(4) Ib. viii, 1. La corruption de chaque gouvernement commence presque toujours par celle des principes.

Mais d'autre part il ne s'est proposé pour objet que l'histoire politique. Assurément il ne perd pas de vue la part d'action que d'autres éléments de la civilisation, la religion entre autres, exercent sur la vie politique (1); tout cela n'est cependant pour lui qu'un accessoire. Sa doctrine est un démembrement des recherches morales, qui s'efforcent de comprendre la vie morale non dans l'ensemble de ses buts, mais par l'analyse de ses éléments. A son insu, Montesquieu dérobe à sa politique tout terrain solide, en s'imposant de ne parler de vertu que dans un sens politique, et non dans un sens moral ou religieux (2). De là des conséquences fâcheuses, qui se font vivement sentir. Il prétend, à la vérité, dériver toutes les lois de la nature des choses, il place très-haut le droit de la nature, il condamne toute loi en contradiction avec ce droit; mais la nature des choses veut la diversité des peuples, et ce qu'il dit des lois de la nature ne dépasse pas au fond les règles abstraites du naturalisme ordinaire (3). Il y a plus : il rencontre différentes lois soit dans l'Etat, soit dans la vie ; il remarque que ces différentes sphères relèvent de lois, qui peuvent se contredire les unes les autres ; mais il ne croit pas nécessaire de chercher la solution de cette contradiction ; ces lois paraissent se contredire et ne se contredisent point (4).

---

(1) Ce point est traité dans le livre xxiv; sur l'influence bienfaisante du christianisme v. particulièrement le ch. iii.
(2) Ib. iii, 5, p. 41, not.
(3) Ib. i, 1 ; 2.
(4) Ib. xxvi, 1 ; 18. Ces lois paraissent se contredire et ne se contredisent point.

Et maintenant, quant aux différents peuples, dont l'esprit différent doit servir de base à des législations différentes, d'où tiennent-ils cet esprit? Ici Montesquieu ne donne que des éclaircissements imparfaits. Il y a nécessairement des peuples différents ; la nécessité de ce fait lui paraît résulter de la grandeur du globe terrestre (1). Les différences du climat contribuent incontestablement, selon lui, pour une grande part à la différence des mœurs et des formes politiques, bien que du reste il ne les considère pas comme l'unique principe de diversité nationale (2). La valeur, toute subordonnée, que la culture spéciale des différents peuples a dans la marche générale de la civilisation humaine, est une chose que ses yeux, fixés exclusivement sur la vie politique, ne pouvaient apercevoir. Selon son opinion, comme les hommes ont eu dans tous les temps les mêmes passions, les occasions qui produisent les grands changements sont différentes, mais les causes sont toujours les mêmes (3).

Si nous entrons dans les détails, si nous observons ses principes de classification, à peine pourrons-nous, du point de vue de la méthode et de la science, moins faire que les appeler médiocres ; ces principes sont subordonnés à des buts pratiques. Montesquieu distingue

---

(1) Ib. i, 3, p. 9.
(2) V. de longs détails là-dessus, liv. xiv. Ib. xix, 14. L'empire du climat est le premier de tous les empires.
(3) *Sur les causes de la grandeur des Romains*, 1, p. 16. (Œuvres, Bâle, 1799.) Comme les hommes ont eu dans tous les temps les mêmes passions, les occasions qui produisent les grands changements sont différentes, mais les causes sont toujours les mêmes.

trois formes de gouvernement : la république, qui se divise en démocratie et aristocratie, la monarchie et le despotisme (1); toutefois il ne peut s'empêcher d'apercevoir que le despotisme n'est qu'une monarchie corrompue (2). Ses préoccupations pratiques peuvent servir d'excuse à cette confusion. Il savait bien que le gouvernement de sa patrie se rapprochait du despotisme, et il voulait signaler les points par lesquels il s'en distinguait encore. Ses vues sur les ressorts propres aux différentes formes de gouvernement sont jetées en passant, et les applaudissements qui leur furent donnés ne pouvaient pas se soutenir; et cependant Montesquieu reconnaissait fort bien que c'était là le fondement sur lequel portait tout le poids de ses recherches. Le principe de la démocratie est, selon lui, la vertu ; celui de l'aristocratie, la modération ; celui de la monarchie, l'honneur; celui du despotisme, la crainte (3). On serait tenté de croire là-dessus qu'il donne la préférence à la démocratie; car, sans faire bien grand cas de tous les mobiles politiques, bien plus, tout en parlant avec une sorte de dédain du faux honneur de la monarchie et de la vertu humaine de la république (4), la vertu politique propre à cette dernière forme, le véritable esprit public, le patriotisme qui est prêt à tous les sacrifices, ne laisse pas d'avoir assez de valeur à ses yeux, pour qu'il y voie le véritable

---

(1) *De l'Esp. des lois*, II, 1 ; 2.
(2) Ib. VIII, 10.
(3) Ib. III, 5, 4, 6, 9.
(4) Ib. XXIV, 6.

esprit de la politique (1). Et dans le fait il incline à préférer la démocratie à l'aristocratie ; la modération de celle-ci doit suppléer l'égalité des citoyens dans la démocratie ; l'aristocratie est d'autant plus parfaite qu'elle est plus démocratie (2). Cependant ses vues positives et pratiques laissent peu de place à la démocratie. Le peuple s'entend tout au plus à choisir ses chefs ; mais il est impropre à l'exécution d'entreprises politiques, et il faut par conséquent qu'il se donne un gouvernement (3) ; en général la république ne convient pas à de grands Etats (4). Sans doute nul principe général n'établit chez Montesquieu qu'il veuille de grands Etats ; cependant à considérer d'une manière pratique les circonstances actuelles, il se croit tenu de s'occuper principalement des grands Etats. De là vient que, malgré le principe du faux honneur, qui sert de fondement à la monarchie, il vante les avantages de cette forme de gouvernement, et demande uniquement qu'elle soit tempérée par des lois (5).

Tel est le but principal de ses conseils. Il recommande la constitution qui seule a eu pour objet direct la liberté politique, tandis que d'autres formes de gouvernement n'ont poursuivi que des buts différents et particuliers (6). Sans doute Montesquieu ne propose

---

(1) Ib. iv, 6.
(2) Ib. ii, 3, p. 26 ; v, 8, p. 90.
(3) Ib. ii, 2, p. 16.
(4) Ib. viii, 16.
(5) Ib. iii, 5 ; v, 10.
(6) Ib. xi, 5. Il y a aussi une nation dans le monde, qui a pour objet direct de sa constitution la liberté politique.

pas précisément d'imiter cette constitution ; cela serait contre son principe de l'originalité de chaque peuple, laquelle est le fondement nécessaire des formes du gouvernement. D'autres Etats tendent à la gloire, et trouvent par là des moyens suffisants, quoique moins directs, d'assurer la liberté politique ; une constitution de ce genre peut porter aussi d'excellents fruits. Cependant toutes les monarchies doivent, comme celle d'Angleterre, aspirer à la liberté politique ; autrement, elles dégénèrent en despotisme (1). De même qu'en pratique Montesquieu a pris la constitution anglaise pour modèle, de même en théorie il adopte pour guide le système politique de Locke. Il prend pour point de départ ce principe que toute puissance incline à excéder ses limites, et c'est pourquoi il veut que toute puissance politique soit circonscrite, et il recommande un gouvernement modéré par des lois et des institutions (2). Il s'ensuit qu'il n'y a pas d'autre moyen d'assurer la liberté politique que de séparer les divers pouvoirs de l'Etat et de les limiter les uns par les autres. Nous nous souvenons que Locke avait distingué la puissance législative, la puissance exécutive et la puissance fédérative. Montesquieu admet pour base la même division, sauf qu'il regarde la puissance fédérative comme une sorte de puissance exécutive, appliquée au droit des gens (3). Mais, comme il lui arrive

---

(1) Ib. xi, 7.
(2) Ib. xi, 4. C'est une expérience éternelle que tout homme qui a du pouvoir est porté à en abuser ; il va jusqu'à ce qu'il trouve des limites.
(3) Ib. xi, 6, p. 279. Il y a dans chaque Etat trois sortes de pouvoirs : la puissance législative, la puissance exécutive des choses qui dépen-

d'ordinaire, sans s'astreindre à une rigoureuse méthode, il substitue à la puissance exécutive, d'où dépend le droit civil, l'idée de puissance judiciaire, et à la puissance exécutive, d'où dépend le droit des gens, l'idée de puissance exécutive en général (1). Dès lors la division reçoit, comme on le voit, un caractère tout juridique, puisque les trois parties, dont se compose le pouvoir politique, répondent aux trois ordres d'application du droit. On a conjecturé, non sans raison, que cette conception exclusivement juridique des relations politiques pouvait lui avoir été inspirée par les habitudes de la jurisprudence, qui avait été sa première carrière. Peut-être cependant provient-elle plus encore de mobiles pratiques. Il voulait que les restes de libertés qu'il trouvait dans sa nation, subsistassent, et que les parlements fussent maintenus en crédit; c'est pourquoi il revendiquait en faveur de la puissance de juger une place politique dans la division des pouvoirs, et s'efforçait de lui assurer un rôle prépondérant. Il ne cesse en effet de se déclarer partout pour la conservation des restes de l'ancienne constitution (2). On voit par là pourquoi il fait de l'honneur le principe de la monarchie ; il faut qu'il y ait dans la monarchie des situations éminentes, afin d'assurer le respect des lois au moyen de la puis-

---

dent du droit des gens, et la puissance exécutive de celles qui dépendent du droit civil.

(1) L. L. On appellera cette dernière la puissance de juger, et l'autre simplement la puissance exécutive de l'État.

(2) Non-seulement il regarde les corporations et la noblesse comme des appuis de la monarchie, mais encore il défend la vénalité des charges. Ib. II, 4; V, 19, p. 125; VIII, 9.

sance judiciaire (1). Mais il voudrait en même temps conquérir à la liberté de nouvelles garanties. Il voudrait réduire la puissance législative entre les mains du peuple. Le peuple doit l'exercer non par lui-même et dans son ensemble, mais par des représentants élus (2). La puissance exécutive seule est réservée au monarque. Cependant les conseils de Montesquieu ne tendent pas à opérer une séparation absolue des pouvoirs; puisqu'ils doivent se limiter et se soutenir réciproquement, il faut bien qu'ils se pénètrent l'un l'autre sur leurs frontières.

L'importance que donne Montesquieu à la diversité des peuples ne l'empêche pas de leur proposer comme un miroir de la liberté cette image de la constitution anglaise (3). Si l'on veut la liberté dans tous les Etats, on sera bien conduit à une certaine uniformité. Mais l'idée de la liberté politique reste très-vague chez Montesquieu. Chacun appelle liberté ce qui répond à ses habitudes et à ses inclinations; mais on ne devrait entendre par liberté que la possibilité de vivre d'une manière conforme aux lois, en s'abstenant de ce qu'elles défendent, en faisant ce qu'elles prescrivent (4). On ne peut s'empêcher de demander si la puissance législative n'aura point de limites. Montesquieu lui accorde un champ si vaste qu'il conseille au législateur de ne pas permettre à des religions étrangères de s'élever dans l'Etat (5).

(1) Ib. III, 7.
(2) Ib. VI, 6, p. 284.
(3) Ib. XI, 3. La liberté y paraîtra comme dans un miroir.
(4) Ib. XI, 2; 5.
(5) Ib. XXV, 10.

Il s'impose d'éviter les questions métaphysiques relatives à la liberté ; il suffit pour la vie politique que nous croyions être libres, parce que dans ce cas nous croyons pouvoir suivre nos inclinations (1). Mais le droit qu'il reconnaît à la puissance législative d'intervenir dans le domaine des croyances religieuses, montre que ce qu'il met à part ce n'est pas seulement la liberté métaphysique, c'est aussi la liberté morale. C'est là le point de vue étroit de l'homme d'Etat ; Montesquieu ne tient pas compte des limites que l'autorité politique rencontre dans d'autres sphères de la vie morale.

Si nous regardons à ses rapports avec la philosophie, nous devons noter cette répugnance à entrer dans les questions qui concernent la liberté métaphysique. Lorsqu'il attribue au climat une action prédominante sur la formation du caractère du peuple, ce n'est pas de sa part une vue isolée. Il le déclare expressément, notre imagination, notre goût, notre sensibilité, la vivacité de nos penchants, tout cela dépend des impressions du dehors, d'un nombre infini de petites sensations ; le climat pourrait être apprécié par le degré de sensibilité, comme il l'est par le degré de latitude (2). Les idées sensualistes ont passé de Locke chez Montesquieu. Les impressions extérieures excitent nos passions, d'où résultent nos actions. Nous avons remarqué plus haut que Montesquieu voyait dans ces

---

(1) Ib. xi, 6, p. 279; xii, 1, 1; 2. La liberté politique consiste dans la sûreté, ou du moins dans l'opinion que l'on a de sa sûreté.

(2) Ib. xiv, 2, p. 52, sq. C'est d'un nombre infini de petites sensations que dépendent l'imagination, le goût, la sensibilité, la vivacité.

passions les causes toujours les mêmes des changements politiques. Les ressorts des différentes formes de gouvernement ne sont également que des passions (1). Nous ne pouvons pas douter que Montesquieu ne fût imprégné du naturalisme de la philosophie moderne, comme il était acquis au sensualisme. Du moins les vertus humaines, les seules dont sa politique s'occupe, sont considérées par lui comme de simples effets d'un bon naturel (2). Il compare le mouvement politique au mouvement circulaire des globes, qui résulte d'une abstraction et d'une répulsion ; dans l'Etat comme dans la nature, la réaction est toujours en rapport avec l'action (3). Aussi Montesquieu ne peut-il arriver qu'à un seul résultat, savoir que les hommes restent toujours les mêmes et que l'histoire n'offre dans son cours circulaire qu'une éternelle succession alternative de grandeur et de décadence des Etats. Hume, nous l'avons vu, s'était élevé, malgré les hommages d'admiration rendus par lui à Montesquieu, malgré les principes du sensualisme et du matérialisme qui étaient les siens, à une vue plus étendue de l'histoire de la civilisation ; il était arrivé par des recherches plus profondes sur la puissance de l'habitude à un résultat moins désolant. Nous devons apprécier à sa valeur le service rendu par Montesquieu, lorsque son puissant esprit a soutenu la diversité des peuples et en a fait le fondement de l'Etat ; mais

---

(1) Ib. III, 1.
(2) *Défense de l'Esprit des lois*, p. 270. Les vertus purement humaines sont en nous l'effet de ce qu'on appelle un bon naturel.
(3) *L'Esp. des lois*, III, 7 ; v, 1.

cela ne nous fera pas oublier que sa conception politique de l'histoire lui fermait celle des tendances de l'humanité.

ROUSSEAU.

Les droits de celle-ci ont trouvé du reste un éloquent défenseur. Jean-Jacques Rousseau s'est chargé de plaider sa cause. Bien qu'il vît dans Montesquieu un investigateur profond, s'il en fut, de la vie politique, bien qu'il l'admirât comme tel, il se trouve cependant constamment en lutte avec lui ; c'est que Montesquieu n'avait considéré que les lois positives, tandis que Rousseau voit dans ces mêmes lois une violation criante des droits de l'humanité (1).

Nous avons signalé ailleurs l'action générale de Rousseau. Ce n'est pas ici le lieu de raconter sa vie, de peindre son caractère, car l'enchaînement particulier de ses idées témoigne bien plus d'une imagination enflammée et maladive, que d'un esprit philosophique developpant ses doctrines avec calme. Il se défend d'être philosophe, de prétendre posséder un système (2). Cependant ses vues procèdent dans leur ensemble de la philosophie contemporaine, elles ressemblent à ces instruments sensibles, nécessaires à la physique pour mesurer des forces cachées. Comme d'ailleurs les emportements de son âme passionnée ôtent toute mesure à son langage, nous ne pouvons pas donner à chacune de ses propositions, prise à part, une grande valeur. Il aimait le paradoxe. Mais là

(1) *Émile*, v, p. 112 (éd. stéréot.).
(2) Ib. ii, p. 160.

marche générale de ses idées représentait à nu, sans ménagement, sous les formes d'une rhétorique ardente, les faiblesses de l'opinion établie, elle éveillait aussi le pressentiment d'un meilleur avenir. Dépourvu au suprême degré de caractère pratique, ses idées passaient, au jugement froid de ses contemporains, pour de pures chimères; il ne pouvait lui-même donner à ses plans d'autre nom que celui de rêveries; mais ces rêveries dévoilaient les contradictions dont se trouvaient entachées les opinions régnantes, dans leur assemblage éclectique, et la philosophie du sens commun; elles inspiraient le désir d'une paix que Rousseau ne pouvait trouver que dans la solitude, tandis que les questions soulevées par lui ne pouvaient être résolues que dans la société humaine. Il ouvrait des aperçus, mais incomplets et vagues; les plus importants de ses écrits, le *Contrat social*, l'*Emile*, sont des fragments d'édifices inachevés, dont il dut se résoudre à abandonner l'impossible exécution. Il n'était pas révolutionnaire; mais il prédisait la révolution, il en avait pressenti les approches (1). Les idées qu'il soulevait, étaient les signes précurseurs d'événements qui n'allaient pas tarder à s'accomplir.

Cet homme, d'un esprit si peu pratique, s'est pourtant presque exclusivement occupé des parties de la philosophie qui entrent le plus avant dans les détails de la pratique, savoir la politique et la pédagogique. Son *Contrat social*, qui date de 1761, et son *Emile*,

---

(1) Ib. III, p. 66. Nous approchons de l'état de crise et du siècle des révolutions.

qui appartient à l'année suivante, durent exercer sur les contemporains et sur les générations suivantes une action profonde. Ces deux ouvrages se tiennent, mais par un lien assez lâche ; ils annoncent une manière générale d'envisager l'histoire, et même de concevoir tout le système de nos connaissances. Il est nécessaire de connaître les points de vue généraux de Rousseau, pour comprendre les entreprises tentées par lui dans les différentes branches de la morale.

Attaché au sens commun, il a accepté les opinions de son temps ; il procède ici en éclectique. C'est Locke qui a exercé sur lui la plus grande influence. Nous nous élevons, selon Rousseau, par degrés des sensations aux idées, qui nous font connaître les rapports des choses; nous ne sommes pourtant pas purement passifs dans la comparaison de ces idées, nous avons en nous la faculté de juger (1). Toutefois la réflexion ne joue, dans cette théorie de la connaissance, qu'un rôle subordonné ; à l'exemple de Condillac, Rousseau ne voit en elle qu'un produit tardif de l'activité, la source de la philosophie et de ce que nous appelons raison ; et plein, comme il l'est, de défiance contre toutes les additions de l'esprit humain à la nature, qui excèdent les plus simples besoins, il voudrait écarter complétement cette réflexion, ou du moins la réduire et l'ajourner autant que possible. Elle replie l'homme sur lui-même, elle le sépare de ses semblables ; elle est la source de l'égoïsme, et met en péril les plus nobles

(1) Ib. iii, p. 86 ; iv, p. 222 ; 226.

sentiments de l'âme (1). Rousseau n'en attache que plus d'importance aux sentiments propres à l'homme, qui nous élèvent au-dessus du corporel, nous font triompher des passions, servent de base à la vie morale. Presque infidèle au sensualisme, et se rapprochant bien plus de l'école de Shaftesbury, il admet un sentiment inné du juste et de l'injuste, du bien et du mal, conscience, instinct ou lumière intérieure, qui nous éclaire sur nos devoirs. Bien que toutes les idées viennent du dehors, nous les apprécions néanmoins par un acte interne de l'âme, et cet acte n'est pas un jugement, mais un sentiment. Ce sentiment moral immédiat rend la philosophie et la morale superflues. Nous sentons ce qui est bien, ce qui est mal, et cela suffit (2). Nous aurions tort de prendre trop au sérieux les reproches adressés de ce point de vue à la raison, à la réflexion, à la philosophie. En effet la raison n'est pas moins investie du rôle de juge de l'opinion et du sentiment intérieur, et la science de lui-même qu'elle

---

(1) *Disc. sur l'origine et les fondements de l'inégalité parmi les hommes*, p. 63 (Œuv. compl. 1790). Si la nature nous a destinés à être sains, j'ose presque assurer que l'état de réflexion est un état contre nature, et que l'homme qui médite est un animal dépravé. Ib. p. 100. C'est la raison qui engendre l'amour-propre, et c'est la réflexion qui le fortifie; c'est elle qui replie l'homme sur lui-même... C'est la philosophie qui l'isole.

(2) *Em.* I, p. 69; IV, p. 149; 220; 242; 258, sq. La conscience est la voix de l'âme, les passions sont la voix du corps... Trop souvent la raison nous trompe, mais la conscience ne nous trompe jamais; elle est le vrai guide de l'homme; elle est à l'âme ce que l'instinct est au corps; qui la suit obéit à la nature. Ib. p. 266, sqq. Les actes de la conscience ne sont pas des jugements, mais des sentiments; quoique toutes nos idées nous viennent du dehors, les sentiments qui les apprécient sont au dedans de nous.

procure à l'homme est vantée comme la plus utile des sciences, comme une connaissance précieuse dont nous éloignent malheureusement les progrès tant glorifiés de toutes les autres (1). Nous ne saurions nous mettre de trop bonne heure à la poursuite de cette science ; elle est le dernier but auquel le sage aspire. Nous sommes tournés d'abord vers la connaissance de la nature et du corps ; l'idée de l'esprit ne se développe en nous que bien plus tard (2).

Nous apercevons ici que Rousseau a lui-même hérité de la philosophie moderne toutes les oppositions métaphysiques. Dans les opinions auxquelles il s'arrête, il reconnaît pour son premier guide Samuel Clarke (3). Il se porte défenseur du dualisme ordinaire, qui distingue comme deux substances diverses le corps et l'esprit. Le corps est inerte ; de là Rousseau conclut l'existence d'une volonté, qui est cause motrice ; c'est principalement le libre arbitre, prérogative de l'homme et son titre de supériorité sur les animaux, qui démontre la spiritualité de l'âme. Rousseau ne saurait admettre, avec Locke, que la matière pût penser ; il ne voit pas comment l'esprit peut être uni au corps ; mais cette liaison est un fait. La régularité, qui préside aux mouvements de la nature, le conduit à admettre un Dieu, qui est esprit et raison ; quant aux questions de savoir quels rapports il soutient avec la matière, s'il l'a créée ou seulement organisée, Rousseau ne s'en occupe pas.

(1) Ib. v, p. 158; *Disc. sur l'or.*, préf. p. 52.
(2) *Em.* III, p. 50; 96, IV, p. 194; 197.
(3) Ib. IV, p. 221.

La curiosité de l'homme ne doit pas se laisser tenter par ces problèmes, parce qu'ils sont étrangers à notre destination pratique (1). La théodicée offre les seules questions qui intéressent son cœur. La foi proclame que tout ce que Dieu a fait est bien, que la liberté humaine seule a tout perverti (2). Dieu est bon, juste et miséricordieux ; il ne peut pas infliger de peines éternelles ; mais il doit récompenser le bien, punir le mal, et c'est assez pour que notre espérance d'une autre vie soit fondée (3). Ainsi Rousseau défend le déisme, le christianisme même, en s'en tenant à l'Evangile simple de l'amour des hommes, à la religion du cœur et de la nature, dégagée de ce que la superstition y a ajouté, et sans oublier jamais la loi de la morale et de la tolérance. Le christianisme lui paraît en somme avoir plus fait pour l'humanité que les sciences, dont on est si fier (4).

Rousseau ne se propose rien moins que de réparer le mal produit par la liberté humaine, et dans cette vue il en recherche l'origine et le progrès. Un certain plan de l'histoire de l'humanité, peu distinct, il est vrai, dans ses linéaments principaux, flotte devant ses yeux. Toutes nos actions procèdent de deux principes, l'instinct de conservation et la pitié. Le premier est la source de l'amour-propre ; la seconde est le fon-

---

(1) Ib. 257, sqq., 237; 242, 246, 271, sqq. *Disc. sur l'or.*, p. 69, sq.

(2) *Em.*, i, Tout est bien sortant des mains de l'auteur des choses, tout dégénère entre les mains de l'homme. Ib. iv, p. 249.

(3) Ib. p. 251 ; 254.

(4) Ib. iv, p. 4 ; 28, sqq.; 34 ; 42, not.

dement de toutes les vertus sociales, qui contiennent l'amour-propre dans de justes limites. Rousseau nous croit affranchis par là de l'égoïsme ; mais c'est ce que n'admet pas sa maxime : « Fais ton bien avec le moindre mal d'autrui qu'il est possible » (1). D'autre part ce n'est qu'en apparence que Rousseau dérive toutes nos vertus sociales exclusivement d'un principe négatif; de ce déplaisir que nous ressentons par sympathie en voyant souffrir les autres. Il invoque encore, pour nous rattacher à l'humanité, un autre principe très-positif. L'instinct sexuel est le fondement de la seule société naturelle, de la famille, de la petite patrie, par laquelle nous tenons à la grande. En effet l'instinct sexuel ne tarde pas à étendre ses effets sur des cercles plus vastes. La nature prépare tout avec sagesse ; elle éveille, antérieurement à l'amour d'un sexe pour l'autre, le plaisir des rapports d'amitié, le penchant à vivre en communauté avec nos semblables. On se sent destiné à l'humanité, avant même d'avoir lié son sort à celui d'une compagne (2). Ainsi nous tenons, en qualité de membres, au corps entier de l'humanité, et nous nous instruisons de notre premier devoir, celui d'être humain (3). La nature a implanté en nous tous les penchants qui peuvent préparer le bonheur individuel et le bonheur général. Mais elle nous a fait en même temps un présent

(1) Ib. iv, p. 260 ; 266. *Disc. sur l'or.*, p. 59, 99 ; 101, sq. Fais ton bien avec le moindre mal d'autrui qu'il est possible.
(2) *Contr. soc.*, i, 2 ; *Em.*, iv, p. 105 ; 118, v, p. 145.
(3) *Em.*, ii, p. 92. Hommes, soyez humains, c'est votre premier devoir.

dangereux, la liberté, qui résulte de ce que nous possédons un superflu de forces ; ce superflu est la condition de la faculté dont nous sommes doués de nous perfectionner presque sans limites, soit comme individus, soit comme espèce, mais il est devenu la cause de notre misère, parce que nous n'avons pas pu nous contenter du nécessaire (1). Où en sommes-nous arrivés ? Les hommes vivaient dans l'état de nature, sans vertu et sans vice, uniquement occupés de se conserver ; puis il s'est formé des liens de familles, mais des liens qui n'étaient pas encore fort étroits ; cet âge a été la jeunesse de l'humanité. Chaque pas en avant a porté, il est vrai, des individus à une perfection supérieure, mais a fait rétrograder le tout. Dans notre état présent de société civilisée chaque individu, ou peu s'en faut, est un ennemi né de chaque autre, la somme du bien est extrêmement petite en proportion de la masse du mal. L'inégalité naturelle des hommes n'est presque rien ; dans la société humaine l'inégalité, qui est contre la loi naturelle, est arrivée à un degré monstrueux. Elle est la conséquence des rapports plus étroits formés entre les hommes, de l'exagération de leurs besoins, de l'institution de la propriété du sol ; l'agriculture et le négoce, le blé et le fer ont produit la guerre des pauvres contre les riches ; il a fallu chercher des remèdes contre ce mal ; les lois ont procuré aux riches de

---

(1) Ib. II, p. 97. Tous les animaux ont exactement les facultés nécessaires pour se conserver. L'homme seul en a de superflues. N'est-il pas bien étrange que ce superflu soit l'instrument de sa misère ? *Disc. sur l'or.*, p. 71.

nouveaux moyens d'empire, elles ont ajouté à la détresse des pauvres; la loi naturelle a été expulsée par la loi positive. Il n'y avait, il est vrai, dans l'état de nature, ni vertu ni vice; mais il y a aujourd'hui plus de vice que de vertu. Un mal universel nous opprime; pas d'homme qui en soit exempt, plus d'indépendance, chacun obligé de compter sur l'appui d'autrui. L'industrie et le commerce ont augmenté les besoins des hommes et affaibli l'individu. L'injustice, le désordre règnent partout; la pitié n'a plus pour asile que quelques grandes âmes cosmopolites (1). Voilà les malheureux progrès, les progrès tant vantés de l'humanité; voilà l'ouvrage de l'homme, sans lequel tout serait bien. La raison ne fait pas de véritable progrès, car tout ce qu'on gagne d'un côté, on le perd de l'autre. Les modernes ne sont pas plus avancés que les anciens (2).

A lire ces affirmations, on serait tenté de croire que Rousseau avait abjuré toute espérance de progrès pour la raison. Il n'en est pas ainsi. Les idées sur l'éducation et sur le gouvernement témoignent de ses efforts pour remédier au désordre auquel la société humaine est en proie. Il espère que les bienfaits de la civilisation et de la culture sociale ne sont pas inconciliables avec les avantages de l'état de nature; il croit que, façonné par l'Etat, l'homme peut se sous-

(1) *Disc. sur l'or.*, p. 65; 93; 110; 130, sqq.; 146, sqq.; 170.
(2) *Em.*, iv, p. 241; 249. Otez nos funestes progrès, ôtez nos erreurs et nos vices, ôtez l'ouvrage de l'homme, et tout est bien. Ib. ix, p. 107. Il n'y a point de vrai progrès de raison dans l'espèce humaine, parce que tout ce qu'on gagne d'un côté on le perd de l'autre.

traire à l'instinct et s'élever à la vertu, sans être livré aux vices de la civilisation (1). Il serait désirable seulement que les plans, dans lesquels il se complaît, n'eussent pas le caractère de rêves romanesques.

Son livre sur l'éducation a revêtu la forme d'une sorte de roman, où sont entassées les invraisemblances. Il contient cependant d'excellents principes, qui ne sont pas demeurés tout à fait stériles. Rousseau s'appuie souvent sur Locke; tout en le combattant il cherche à donner à ses vues une portée plus générale, à ses déductions plus de rigueur et de suite. Ce qu'il entreprend, ce n'est pas l'éducation d'un gentilhomme, c'est celle d'un homme. Mais ses prescriptions offrent le contraste le plus décidé avec les usages établis et les conditions indispensables de la vie actuelle, et ce qu'il dit de meilleur est gâté par la haine passionnée qui lui ferme les yeux sur les solides avantages obtenus par la société humaine. Il demande, après Locke, une éducation naturelle; de plus les instituteurs naturels, le père, la mère, ne doivent pas s'affranchir du devoir, qui leur est imposé, d'instruire leurs enfants (2). Il rejette, de même que Locke, l'éducation et les écoles publiques; il voudrait, s'il était possible, tenir son élève loin de tout commerce avec les hommes corrompus, jusqu'à

---

(1) Ib. II, p. 105. On réunirait dans la république tous les avantages de l'état naturel à ceux de l'état civil; on joindrait à la liberté qui maintient l'homme exempt de vices la moralité qui l'élève à la vertu. *Contr. soc.*, I, 8.

(2) *Em.*, I, p. 6; 51.

ce que le jugement du jeune homme ait atteint sa maturité. Il faut beaucoup d'art pour préserver l'homme de la complète déformation, qui le menace dans la société (1). Le précepteur doit savoir aussi, par d'habiles procédés, maintenir son élève dans la ferme persuasion qu'il est son propre maître et ne dépend point de celui qui l'instruit (2). De savants artifices, de pieuses fraudes sont recommandés fréquemment au précepteur, et, en somme, ce système d'éducation, tout artificiel dans son ensemble, repose sur une sorte de mensonge, puisqu'on veut y dérober au disciple les relations qui le lient à la société, dont il fait partie par sa naissance. Ainsi pour préparer et assurer l'indépendance, dont Rousseau fait, ainsi que Locke, le but de l'éducation, il voudrait affranchir son élève de tout empire de l'habitude, de l'autorité et du préjugé. Rousseau a pour point de départ cette idée, que la jeunesse ne saurait se sauver par la connaissance de l'homme (4). La plupart de ses prescriptions tendent à préserver, aussi longtemps que possible, le jeune homme de la contagion du vice et des préjugés. Ce qu'on doit offrir aux enfants, ce ne sont pas des mots, ce sont des idées, des vérités de fait sensibles, il faut qu'ils doivent toute connaissance à une expérience personnelle (5), comme s'ils étaient

---

(1) Ib. iv, p. 52.
(2) Ib. ii, p. 181.
(3) Ib. ii, p. 62; 106; iv, p. 203.
(4) Ib. iii, p. 49, sqq.
(5) Ib. i, p. 86; ii, 120.

plus capables de comprendre les signes de la nature, que les signes sous lesquels l'homme transmet ses pensées. Il va de soi que Rousseau s'élève avec plus de force encore contre l'éducation livresque ; il faut étudier le livre de la nature, car les livres des hommes mentent(1). Nous ne devons apprendre que très-tard l'histoire et la religion ; nous présenter avant le temps des choses inintelligibles, c'est nous les imposer comme des préjugés (2). Rousseau éviterait, s'il était possible, de faire communiquer l'élève et le précepteur au moyen de mots. Il nomme sa méthode d'éducation, méthode d'abstention ; son élève doit être, selon lui, l'élève de la seule nature. Il faut laisser faire la nature, de peur d'en altérer l'ouvrage (3). Prescriptions bien sages pour préparer l'homme à la multiplicité d'occupations qui l'attendent. Mais quelle est donc la liberté, en vue de laquelle cette éducation est conduite? Cette liberté ne peut guère être assurée par les enseignements donnés à l'élève pour s'orienter dans la société humaine. Le but de l'éducation coïncide, selon Rousseau, avec celui de l'existence. De même que Geulincx, Rousseau ne trouve de vraie liberté qu'à ne rien vouloir que ce qu'on peut ; alors en effet nous ne ferons pas autre chose que ce qui nous plaît. De là découlent toutes les règles de l'éducation. Mais ce n'est pas en commandant à toutes les passions par la raison qu'on arrive à ce résultat ; car on ne triomphe

---

(1) *Disc. sur l'or.*, p. 52.
(2) *Em.*, iv, p. 154 ; 190, sq.
(3) Ib. ii, p. 155 ; 176 ; 179. Mon élève ou plutôt celui de la nature.

d'une passion que par une passion (1). Les passions qui ne servent pas à la satisfaction des désirs naturels, qui ont leur racine dans des écarts d'imagination, dans les besoins factices créés par la société, sont les seules que nous devions soumettre au frein dans la mesure de nos forces, afin de ne rien vouloir au delà de notre puissance (2). Nous sommes tous esclaves de la nécessité, de la nature et de nos besoins; mais nous devons acquérir cette force d'esprit, qui s'élève au-dessus de la nécessité en s'y soumettant et en maintenant ainsi la liberté interne. Les circonstances les plus défavorables mêmes ne peuvent pas nous la ravir (3). Ce renoncement stoïque est le résultat que Rousseau voudrait tirer de l'éducation. La puissance de la nature ne porte pas atteinte à la liberté interne; la seule chose à craindre, c'est la dégénération qui résulte des institutions sociales, c'est la contagion des vices qu'elle a engendrés. S'il était un moyen de donner à la loi générale de la société une force qui égalât l'inflexibilité de la loi naturelle, nous n'aurions plus à redouter pour notre liberté aucun péril (4).

On le voit, cette théorie de l'éducation promet peu; elle n'attend rien du développement de la raison dans

---

(1) Ib. iv, p. 75. On n'a de prise sur les passions que par les passions.

(2) Ib. ii, p. 94, sqq., p. 102, sq. L'homme vraiment libre ne veut que ce qu'il peut, et fait ce qui lui plaît. Voilà ma maxime fondamentale. Il ne s'agit que de l'appliquer à l'enfance, et toutes les règles de l'éducation vont en découler.

(3) *Em. et Sophie*, p. 213, sq.

(4) *Em.*, ii, p. 105.

la société humaine ; si elle tend à réparer par l'éducation les maux de la société humaine; elle n'y tend du moins que par des moyens très-particuliers. Heureusement il n'est pas assez conséquent pour que ses principes généraux pervertissent toutes les prescriptions qu'il en tire. Il a mis une attention toute spéciale à bien distinguer les diverses périodes de l'éducation, en insistant, avec des détails fort précis, sur la nécessité d'attendre toujours la maturité naturelle et de ne rien précipiter (1). Ses prescriptions à cet égard sont encore exagérées ; il lui arrive de s'exprimer comme s'il fallait oublier complétement l'avenir pour ne vivre que dans le présent. De plus il sépare trop les périodes de l'éducation l'une de l'autre, en considérant l'enfant à peu près comme un pur produit de la nature et en retardant trop en lui l'éveil de la raison (2). La manière dont il limite ces périodes n'est ni moins défectueuse, ni moins incertaine ; et en effet il regarde comme très-importante, la période où le langage se développe (3); mais par crainte des mots vides il la néglige, et, en accordant une importance excessive à la première éducation, à celle même qui peut précéder la naissance (4), il la fausse par des principes déterministes. Cependant il revient à de justes idées, en rappelant que l'éducation a pour but

---

(1) Ib. ii, p. 91 ; v, p. 28.
(2) Ib. ii, p. 114; 154.
(3) Ib. ii, in.
(4) Ib. i, p. 6, not. La première éducation est celle qui importe le plus. Ib. i, p. 27; 63; 66.

unique de nous enseigner les devoirs de l'homme, et que ces devoirs ne peuvent être enseignés dans un âge trop tendre, parce que cet enseignement présuppose le développement de l'instinct du sexe ; de là vient que l'éducation qui suit la puberté est regardée comme la plus importante (1). On comprend maintenant pourquoi Rousseau ne s'occupe avec un soin particulier que de deux époques de l'éducation, celle qui précède la puberté et celle qui la suit, et pourquoi en outre il accorde une importance capitale aux époques de transition, à celles qui séparent l'enfance de la puberté, la puberté de l'entrée dans la société civile.

Dans l'éducation de la première enfance domine principalement la méthode d'abstention, nous devons confier les enfants à leurs instincts naturels, ne leur rien enseigner qu'ils ne puissent apprendre d'eux-mêmes ; il faut qu'ils inventent spontanément. Là se rencontre, entre autres prescriptions excellentes, celles d'user de l'exercice plus que de l'enseignement abstrait, d'inspirer le goût d'apprendre avant d'instruire (2). Mais, d'autre part, Rousseau considère dans l'enfant l'animal plus que l'homme ; il va jusqu'à conseiller d'exciter le tempérament, de retenir la raison, et d'éviter par là toute lutte entre l'un et l'autre ; il prétend ainsi développer l'amour-propre afin d'en faire plus tard le fondement solide de l'amour des autres (3). Nous devons commencer par le corps et non

(1) Ib. iv, p. 100; 145.
(2) Ib. i, p. 16; ii, p. 89; 175; iii, p. 8.
(3) Ib. iv, p. 45. Le tempérament précède toujours la raison. C'est

par l'esprit; ailleurs, néanmoins, Rousseau remarque fort bien que le corps ne peut être exercé sans l'esprit (1). En laissant l'enfant à ses instincts naturels, on doit se garder de l'amollir; loin de là, apprendre à souffrir doit être un des premiers résultats de l'éducation. Mais il faut que l'enfant soit lui-même la cause de presque toutes ses souffrances; il ne faut pas qu'aucune de ses souffrances lui vienne de ses rapports avec la société (2). Rousseau fait des observations très-bonnes sur l'usage des sens, sur l'intuition, qu'on peut acquérir par leur moyen, de certaines vérités géométriques (3). Telle est sa méthode : perdre du temps pour en gagner. Cependant il a trouvé dans cette période de loisirs enfantins l'occasion d'éveiller le plaisir de lire, d'écrire, et d'exercer l'élève dans ces deux sortes de connaissances. Il prépare par des procédés assez artificiels l'adolescent à des travaux plus difficiles. Vers l'âge de douze ou treize ans commence une époque, où les forces accrues dépassent ce que réclame la satisfaction des besoins naturels. Il faut que cet excès de forces soit employé à faire provision de connaissances, et à exercer les facultés naturelles ou acquises. Alors l'élève doit acquérir des connaissances utiles; la nature est l'objet de son étude; l'étude pénible et stérile des mots, des lan-

---

à retenir l'une et à exciter l'autre que nous avons jusqu'ici donné tous nos soins, afin que l'homme fût toujours un le plus qu'il était possible. Ib. iv, p. 149.

(1) Ib. iv, p. 194.
(2) Ib. ii, p. 88.
(3) Ib. ii, p. 208, sqq.; 237.

gues, lui est épargnée. L'affaire principale est de lui inspirer la passion des connaissances utiles, et l'esprit de méthode; tout le reste doit se présenter de lui-même, préparé, bien entendu, par les ingénieux artifices de l'instituteur(1). Il faut que l'élève apprenne ainsi quelque profession manuelle ; car tout citoyen oisif est un coquin ; nous devons à la société le tribut de notre travail ; nous ne savons jamais d'ailleurs, si nous ne serons pas obligés quelque jour de recourir à cette ressource (2). Mais il faut que tout cela soit achevé à quinze ans, à l'époque où se déclare la puberté. Il n'y a pas de temps à perdre (3).

Avec un nouveau besoin se manifeste un nouveau danger. Les mouvements de l'instinct du sexe en font redouter les conséquences funestes; conséquences qu'il n'entraîne pas, il est vrai, dans l'état de nature, mais dont il est le plus souvent accompagné dans la société (4). Les soins, l'attention du précepteur ne doivent pas s'endormir un seul instant. Rousseau signale encore ici, comme au commencement de la première période, un intervalle, où tout doit être laissé au cours de la nature, et où le précepteur doit rester, au moins en apparence, inactif. Son unique soin est de préserver aussi longtemps que possible l'innocence de l'élève (5), et d'amener des expériences propres à

---

(1) Ib. III, p. 2, sqq.; 16.
(2) Ib. III, p. 68.
(3) Ib. IV, p. 74.
(4) *Disc. sur l'or.*, p. 103, sq.
(5) *Em.*, IV, p. 111; 140.

occuper et à former les inclinations, maintenant éveillées, qui l'attirent vers la société de ses semblables. Enfin, il offre pour égide à son élève un idéal de la femme. Ici, Rousseau se livre à une comparaison des deux sexes, et donne les règles qui doivent présider à l'éducation des filles (1). Ce qu'il dit est, du reste, une esquisse rapide et incomplète. Armé de cet idéal, Emile entre enfin dans le monde ; le précepteur va lui faire connaître, et par théorie et par expérience, les relations qui constituent la société ; la société, c'est le monde parisien. Cette période d'étude est plus courte encore que la première. Emile a vingt ans, quand il est introduit dans le monde; en un an il s'en est fait une idée complète (2); il le fuit avec dégoût. Toutefois l'éducation n'est pas encore achevée ; le moment de choisir une épouse est venu ; et lorsque le précepteur l'a conduit à faire un choix, il faut qu'Émile voyage, afin de pouvoir fixer librement dans l'étendue du monde le séjour où il élira domicile. Il fait alors, et pour la première fois, connaissance avec les constitutions des divers Etats, il les trouve toutes également mauvaises. L'amour de la patrie l'enchaîne en définitive au pays où il est né. Rousseau ne nous laisse pas ignorer la destinée ultérieure de son élève, si bien instruit, mais il ne nous la fait connaître qu'incomplétement, parce que son récit s'arrête au milieu. Ce qu'il raconte est du reste assez triste. Il a voulu former un homme, sans tenir compte du pays, des mœurs

---

(1) Ib. v, p. 155.
(2) Ib. iv, p. 74.

régnantes, des circonstances qui l'attendent; est-il étonnant que cet homme fasse naufrage, et ne trouve de salut que dans son abnégation stoïque? Du reste, tout en proposant une réformation radicale de l'éducation, Rousseau se déclare convaincu que le bien, qu'on pourrait introduire au milieu du mal existant, serait voué d'avance à périr sans résultat (1). Son plan d'éducation est purement chimérique, parce qu'il place le précepteur comme le disciple en dehors des conditions réelles de l'humanité.

Je ne saurais imaginer entre la pédagogique de Rousseau et sa politique d'autre transition que l'idée émise à titre d'objection par Helvétius, c'est que la réformation ne doit pas débuter par l'individu, mais par l'ensemble. Rousseau se flatte d'avoir découvert un moyen de raffermir les sociétés ébranlées. Son plan paraît extrêmement simple. Il procède de la doctrine du contrat quelques difficultés toutes particulières que Rousseau rencontre à concevoir un contrat comme engagement moral ; car, dans son opinion, la volonté ne peut pas se donner de chaînes pour l'avenir (2). Nous nous rappelons ici les doutes soulevés également par Hume contre la doctrine du contrat. Ces doutes atteignent à fond la politique de Rousseau. L'intérêt seul peut vous faire consentir à un contrat. Il s'ensuit que tout contrat qui n'est pas fondé sur un avantage réciproque, est impossible, que le contrat de servitude n'est point

(1) Ib. préf. p. 3.
(2) *Contr. soc.*, ii, 1. Il est absurde que la volonté se donne des chaînes pour l'avenir. Ib. iii, 11. La loi d'hier n'oblige pas aujourd'hui.

valide, et que le contrat politique ne saurait imposer de loi que le peuple ne puisse enfreindre à tout moment pour son avantage (1). Il n'y a donc qu'une nécessité permanente de chercher notre avantage dans la société humaine, qui maintienne en vigueur le contrat politique. C'est pourquoi Rousseau oppose d'une manière absolue les liens naturels de la famille aux liens contractuels (2). Ces derniers supposent chez tout contractant l'idée claire que la société civile sert à son avantage. Bien donc que le contrat, par lequel l'Etat est constitué, ne soit pas nécessairement énoncé d'une manière explicite, il n'en subsiste pas moins par une convention tacite, puisqu'il a son fondement dans la nature des choses. Il se résume dans la formule que voici : chacun de nous met en commun sa personne et toute sa puissance sous la suprême direction de la volonté générale, et nous recevons en corps chaque membre comme partie indivisible du tout (3). Chacun se trouve par là, et par là seulement, assuré de sa propriété, quoique celle-ci demeure soumise à la volonté générale ; chacun est forcé par la volonté générale, mais forcé en tant seulement que partie du souverain, d'être libre (4). L'égalité entre les hommes n'est pas détruite par là, elle est au contraire ré-

---

(1) Ib. i, 4; 7. Il est contre la nature du corps politique que le souverain s'impose une loi qu'il ne puisse enfreindre.
(2) Ib. i, 2.
(3) Ib. i, 6. Chacun de nous met en commun sa personne et toute sa puissance sous la suprême direction de la volonté générale ; et nous recevons en corps chaque membre comme partie indivisible du tout.
(4) Ib. i, 7; 8; 9; ii, 4.

tablie. Le but de l'Etat n'est précisément que la liberté et l'égalité des citoyens, car tous comptent à ce titre également, et s'ils sont sujets de l'Etat, ils sont d'autre part membres du souverain, du peuple, et souscrivent librement au contrat (1). Le contrat n'a pour objet que de réunir les hommes politiquement; cependant il implique l'engagement de se soumettre. Quiconque ne veut pas consentir le contrat peut émigrer. Ce contrat primitif est le seul aussi qui demande l'unanimité. Lorsque l'Etat est formé, la pluralité des voix dans la législation est une autorité suffisante. La minorité n'est pas lésée par là dans sa liberté ; seulement elle s'est trompée dans son opinion sur la volonté du tout; mieux instruite à présent, elle suit ce qui est aussi sa volonté, puisque cette volonté n'a pour objet que de donner force de loi à la volonté collective (2).

On sent qu'ici commencent les difficultés du contrat social. Nous ne demandons pas comment Rousseau, admettant qu'une partie de l'Etat peut se détacher du tout, tandis que cette partie se lie au tout par un contrat comme en constituant une fraction, peut justifier cet acte. Mais ce que nous ne pouvons nous persuader, c'est que la liberté des citoyens subsiste dans son intégrité, lorsqu'ils sont forcés d'abjurer leurs croyances, même leurs croyances religieuses, pour suivre l'opinion de la majorité. On ne peut évidemment donner comme dédommagement la liberté

(1) Ib. I, 6; 9; II, 11.
(2) Ib. III, 16; IV, 2.

laissée au peuple de se dissoudre à chaque instant (1). La distinction, imaginée entre la volonté de tous et la volonté générale, est assurément trop subtile ; la première, la volonté de la majorité, peut se tromper, la seconde au contraire est infaillible (2). Si nous sommes nécessairement forcés de nous soumettre à celle-là, ne sommes-nous pas forcés d'agir contre nos convictions les plus profondes ? Dire que, malgré cela, nous restons libres, parce que nous avons acquis une autre opinion de la volonté collective, c'est se payer d'une idée illusoire et vide ; car la volonté à laquelle il nous faut obéir, n'est pas la volonté collective, ce n'est que celle de la majorité. Mais, en outre, Rousseau veut que, pour connaître la volonté collective, il faille des lois qui président aux assemblées régulières du peuple; et il ne nous dit pas comment de telles lois peuvent lier l'avenir (3). Il revendique également pour l'État le droit de punir le criminel, de le punir jusqu'à le frapper de mort, parce que le criminel peut être considéré comme rebelle, comme traître à la patrie, comme ennemi public (4). Or ce droit forme la plus éloquente contradiction avec la prétention que chacun demeure libre, tout en se soumettant à la volonté collective.

Mais ces difficultés sont peu de chose comparées à celles qui résultent du conflit entre la puissance législative et la puissance exécutive. Rousseau croit apla-

(1) Ib. III, 18.
(2) Ib. II, 3.
(3) Ib. III, 13; IV, 8.
(4) Ib. II, 5.

nir ce conflit en soumettant absolument la seconde à la première. La puissance législative réside, selon lui, dans le peuple ; mais l'exécution réclame des organes particuliers. Le rapport de ces deux puissances l'une à l'autre est le même que le rapport de la volonté à l'action, de l'âme au corps. Le gouvernement ne sert que d'intermédiaire entre le souverain et les sujets ; il est un serviteur, et rien de plus, il n'a qu'à obéir, son mandat peut lui être à chaque instant retiré ; et le contrat social est rompu, dès que quelque autre puissance que la volonté collective s'arroge la souveraineté (1). Il s'ensuit que la souveraineté est intransmissible et indivisible, indestructible et toujours juste, puisqu'il n'y a pas de volonté supérieure, et qu'elle ne peut jamais vouloir que le bien collectif (2). Mais le peuple souverain ne peut décréter autre chose que des lois. Car toute exécution de la loi concerne une partie individuelle du peuple, et le peuple dans son ensemble ne peut rien décider quant à une partie, parce qu'alors le peuple se diviserait en deux parties, l'une auteur, l'autre sujet de la décision, et qu'ainsi la volonté collective n'existerait plus. Toutes les décisions collectives n'ont donc trait qu'à la collection, et sont par conséquent des lois générales (3). Ainsi le peuple peut décréter qu'il y aura une puissance exécutive, mais il ne peut pas l'instituer, parce qu'il aurait par cet acte à prononcer sur des personnes. Rousseau ne sort de cet embarras

(1) Ib. ii, 6; iii, 1; 10; 18.
(2) Ib. ii, 1; 2; 6; iv, 1.
(3) Ib. ii, 6.

que par une conversion soudaine, par laquelle ce peuple se transforme en démocratie, et se charge lui-même de la puissance exécutive (1), quoique cela soit contre sa nature. Rousseau n'est pas certes partisan sans réserve de la démocratie; selon lui, la constitution démocratique conviendrait à des dieux, mais elle ne convient pas à des hommes ; de grands Etats en particulier ne la comportent pas. Il entreprend aussi d'établir un rapport moyen entre la grandeur de l'Etat et le nombre des membres du gouvernement ; il est forcé cependant d'avoir égard dans ce calcul à la variété des circonstances, il invoque et maintient le principe de Montesquieu, qu'il est impossible de déterminer à priori la meilleure constitution (2). Mais les mesures qu'il regarde comme nécessaires à la conservation de la liberté se résolvent finalement en démocratie pure. Pour que le souverain ne perde pas sa puissance, il faut que tout le peuple se rassemble ; cela a été possible : pourquoi cela ne le serait-il plus ? Néanmoins Rousseau ne peut pas s'empêcher d'avouer qu'il est à peu près impossible que cela ait jamais réellement existé à la rigueur ; il va même jusqu'à ne pas regarder l'esclavage comme une institution qu'il faille repousser, afin de maintenir dans une certaine mesure la possibilité de ces assemblées continuelles (3). Sous peine de se dé-

(1) Ib. III, 17. Une conversion subite de la souveraineté en démocratie; en sorte que sans aucun changement sensible, et seulement par une nouvelle relation de tous à tous, les citoyens devenus magistrats, passent des actes généraux aux actes particuliers, et de la loi à l'exécution.
(2) Ib. III, 3; 4; 9.
(3) Ib. III, 12, sq.; 15.

pouiller de son autorité le souverain n'admet pas même de représentation ; des représentants du peuple ne peuvent pas donner de lois obligatoires ; c'en est fait de la liberté, dès qu'on recourt à ce procédé (1). Le peuple donc se rassemble nécessairement pour donner des lois, c'est là d'abord le seul objet de ses assemblées; mais il y a plus : dès qu'il est rassemblé, toute autre autorité que la sienne est suspendue ; toute assemblée doit répondre à ces questions qui lui sont soumises expressément : la forme du gouvernement, les personnes qui le composent sont-elles maintenues (2). Ainsi l'assemblée législative finit toujours par se transformer inévitablement au gouvernement démocratique.

A considérer le but que Rousseau déclare d'abord être le sien, on serait tenté de croire qu'il veut proposer une constitution, telle que les circonstances actuelles la comportent parmi les hommes (3) ; mais il n'en est pas ainsi. La liberté, il le déclare, n'est pas possible partout ; elle ne se concilie pas avec toute espèce de climat, bien moins encore avec des mœurs corrompues. Dans sa pensée, la Corse serait peut-être le seul pays de l'Europe, où il fût possible d'établir de bonnes lois (4). La constitution légale, dont il trace le plan, constitution propre à assurer la liberté, parce qu'elle égale en nécessité la loi naturelle, est un idéal

(1) Ib. III, 15. A l'instant qu'un peuple se donne des représentants il n'est plus libre, il n'est plus.
(2) Ib. III, 14; 18.
(3) Ib. in.
(4) Ib. II, 10; III, 8.

auquel il n'a donné quelques traits empruntés à la réalité, qu'afin de le faire paraître moins irréalisable. Il tranche encore assez fortement avec la réalité, pour en être la condamnation. Rousseau estime qu'il n'y a qu'un très-petit nombre de peuples qui aient des lois (1). Il aurait pu dire, d'après l'idée qu'il se faisait d'une loi valide et rationnelle, que jamais aucun peuple n'avait eu de lois. Il n'a pas laissé néanmoins de méditer sur les moyens de réaliser son idéal. Ce moyen serait une fédération de petites républiques. Il se proposait d'exécuter ce plan en détail, mais il s'est aperçu qu'une telle œuvre dépassait ses forces (2). Cet idéal doit être l'expression des espérances qu'il fondait sur le développement ultérieur de l'histoire de l'humanité. Il croit encore à un progrès humain ; mais ses vues sur ce progrès sont fort limitées. Ce qui dépose de la façon la plus évidente en faveur des progrès de l'humanité, l'accroissement de la civilisation, des sciences, des arts, lui paraît une vraie dégénération ; il ne voit dans le développement de la religion positive qu'une superstition, dans les lois positives que la négation de toute loi, dans les constitutions établies qu'une désorganisation barbare. Attendrait-on de telles conclusions d'un homme, convaincu après tout que l'ordre de la nature ne peut jamais manquer de triompher des absurdes institutions de l'homme (3) ? Il y a deux hommes en Rousseau. Nul n'a appelé plus haut que lui, n'a in-

---

(1) Ib, III, 15.
(2) Ib., avert. 15, p. 180 c. not.
(3) Ib, III, 8.

voqué avec plus de fond la nature ; nul n'a vanté en termes plus énergiques la toute-puissance de la nature ; et cependant la société humaine lui paraît une révolte contre la nature. Les coutumes humaines ne lui semblent rien moins que naturelles; il en vient à nous conseiller très-sérieusement de prendre le contrepied de l'usage ; nous ferons ainsi toujours bien (1). On le voit, le sens commun est chez Rousseau en lutte avec lui-même.

A quels écarts était-on arrivé ? On avait commencé à douter de tous les résultats de la civilisation jusqu'aux temps modernes. On s'était flatté de fonder une philosophie affranchie de toute autorité, non-seulement de celle du christianisme, mais de celle même de la science ancienne. On ne voyait dans le crédit dont avaient joui les anciens qu'un préjugé ; il fallait, pensait-on, le dépouiller d'abord pour les soumettre à l'examen. On ne voulait suivre que la raison ; que dis-je la raison? Celle-ci même était devenue suspecte; on ne reconnaissait pour guide que la nature. Les anciens avaient été remplacés par de nouvelles autorités, qui semblaient s'être avancées particulièrement dans la connaissance de la nature. Mais à quoi sert cette connaissance, si des mœurs corrompues nous précipitent à notre perte? A coup sûr, pour peu qu'on cherche autour de soi les résultats définitifs obtenus par la philosophie moderne, on ne découvrira qu'un

---

(1) Ib. II, p. 124. Prenez le contrepied de l'usage et vous ferez toujours bien.

vide immense, soit dans les systèmes sensualistes et naturalistes, soit dans l'éclectisme flottant, que le siècle philosophique a engendré. Tout paraissait se dissoudre, s'abîmer dans un doute, qui allait envahissant de plus en plus les esprits.

Les doutes se manifestent d'ordinaire vers la fin d'une période ; ils dénoncent un certain mécontentement de ce qui existe, une aspiration vers un état meilleur, vaguement pressenti. La philosophie a produit, depuis le siècle dernier, de nouvelles et nombreuses tentatives ; la philosophie allemande en particulier a prononcé un arrêt sévère sur la philosophie du xviiie siècle. Mais ce qui l'a remplacée ne nous inspire pas la confiance de croire les recherches closes, les résultats définitifs. Nous redoutons l'instabilité des opinions humaines, qu'une extrémité rejette habituellement dans l'extrémité opposée. Certes il serait beau que l'histoire elle-même nous mît à la main le fil propre à nous diriger dans l'appréciation des travaux que nous offre l'époque la plus récente.

Mais les voies de la philosophie moderne se croisent d'une manière trop complexe. Elle n'a presque cessé de s'agiter dans de perpétuelles oppositions ; arrivée à son apogée, elle ne s'est représenté le monde que comme une harmonie d'efforts opposés, d'éléments en lutte ; et, ne pouvant se contenter de cette conception, elle n'est parvenue à établir violemment une sorte d'unité scientifique qu'en acceptant l'empire de la nécessité naturelle. Et toutefois, si nous embrassons d'une seule vue le cours entier des recherches modernes, nous ne pouvons guère douter que dès le début elles ne tendissent à ce résultat. Seulement il est nécessaire d'ajouter que ce résultat même n'a pu satisfaire la pensée, et les idées éclectiques, qui s'étaient élevées à côté de lui, témoignent qu'il était loin d'embrasser tout ce que les investigations antérieures avaient acquis de découvertes.

Si nous partons de l'époque où les idées motrices de la philosophie moderne ont reçu une forme arrêtée, nous voyons Bacon et Hobbes s'efforçant de tout ramener à l'expérience, plus encore, aux jugements des sens. Ils ne tenaient compte que des dépositions du sens extérieur. Leurs doctrines seraient un naturalisme parfait, si elles n'avaient dû faire une place, peu importe avec quel degré de sincérité, aux connaissances surnaturelles de la théologie. Mais la philosophie ne devait admettre comme valable que la connaissance naturelle. Les voies naturelles d'investigation, inaugurées et recommandées par Hobbes et par Bacon, ont fini par prévaloir sans réserve dans la philosophie. De toutes parts on demandait une logique naturelle, un droit et une constitution politique naturels, une religion et une morale naturelles, une éducation naturelle, et même des arts naturels. On croyait atteindre ainsi le suprême degré de simplicité. Pouvait-on espérer qu'à côté de ces tendances naturalistes la connaissance surnaturelle conservât quelque crédit? Les libres penseurs n'avaient pas tardé à l'écarter complétement. Le Système de la nature nous paraît la conclusion légitime de tous ces efforts.

Mais la route où Bacon et Hobbes s'étaient engagés n'allait pas assez loin. Ils n'avaient ni pu ni voulu ébranler l'autorité des mathématiques et de la méthode qui leur est propre ; avec cette science et cette méthode, les principes universels s'étaient conservés en crédit ; les recherches dirigées sur la nature réclamaient l'appui des mathématiques ; on espérait que l'application de la méthode mathématique conduirait la philosophie elle-même à des résultats assurés. Sur ces idées s'éleva l'école cartésienne, dont l'influence se fait sentir avec tant de force jusque sur Leibnitz, dans ses expositions dogmatiques, compliquées, mélangées d'hypothèses ; sous les formes les plus multiples, et par les oppositions mêmes qui éclataient dans son sein, cette école a donné à l'esprit de recherche les impulsions les plus fécondes. Cependant dès son début elle laissait voir qu'elle se défendait contre la puissance d'un adversaire supérieur. Elle soutenait le rationalisme contre le sensualisme, et s'appuyait pour cela sur un fait, sur le principe cartésien Je pense, donc je suis. On invoquait, pour soutenir toutes les idées innées, des faits analogues, certains de la certitude d'une intuition intérieure. On a songé parfois à déterminer le nombre de ces intuitions, mais jamais on ne l'a sérieusement entrepris. L'aperception même de l'infini fut attribuée à l'esprit, et dut servir à justifier les théories sur Dieu. Mais on ne réussissait qu'à grande peine à distinguer l'infini de l'indéterminé. Ainsi une série indéfinie d'expériences internes, qu'on ne pouvait réduire en système, voilà ce qui devait être le fondement de la connaissance. Mais le résultat principal auquel conduisait cet appel à l'intuition intime, c'était la distinction de l'esprit et du corps, laquelle a été depuis le principe et le ressort des investigations philosophiques.

C'est un principe métaphysique qui domine toutes ces recherches, à savoir que les attributs de la substance en déterminent l'essence. L'opinion vulgaire est qu'il faut distinguer deux sortes de substances, parce que nous sommes informés par l'expérience de deux ordres de phénomènes, la pensée et l'étendue, l'un attribut de l'esprit, l'autre attribut du corps. Cette opinion devait appeler forcément l'attention sur l'union des deux substances. Descartes avait admis l'action immédiate et réciproque des deux substances; mais cette action ne pouvait tarder à inspirer des scrupules. De là, comme conséquences naturelles, l'occasionalisme et la doctrine de l'harmonie préétablie. Ces doctrines, simples hypothèses, ne pouvaient satisfaire l'esprit. Qu'on se rattachât soit au matérialisme, soit à l'idéalisme, on s'était habitué à considérer comme un problème insoluble la question de l'union du corps et de l'esprit.

La distinction tranchée de l'âme et du corps avait à coup sûr imprimé un mouvement fécond à la psychologie et à la physique; mais il n'échappera pas non plus que les principes métaphysiques, mis en jeu pour l'opérer, reposaient sur de faibles appuis. La philosophie moderne elle-même a manifesté cette faiblesse assez clairement. On reconnaissait dans la substance autre chose que ces attributs, savoir des modifications; mais le concept de cause, par lequel on aurait pu rendre compte de ces modifications, avait été graduellement écarté, et absorbé dans le concept de substance. Finalement Spinoza avait pu définir sans scrupule la substance divine comme cause d'elle-même. Mais lorsque le même philosophe prit à la rigueur la notion de substance, il arriva qu'il ne pouvait exister qu'une seule substance vraie et vraiment indépendante, et que toutes ses modifications se résolvaient en pures apparences. Ce résultat jetait le plus violent démenti à l'expérience et au nominalisme en vigueur, qui n'admettait rien en dehors de la multitude des substances individuelles. Leibnitz trouva un rempart contre une telle conclusion dans sa monadologie; selon lui, chaque substance particulière possédait un être, une vie indépendante, sans s'absorber dans la monade des monades; l'idée de Dieu ne se présentait qu'au second rang pour résoudre les difficultés soulevées par les recherches relatives à l'univers; car ces difficultés s'étaient bien vite révélées. Les monades avaient perdu toute relation causale. Or, s'il était impossible de rétablir réellement cette relation entre elles, on pouvait du moins leur donner un enchaînement dans les idées divines. Ainsi s'était formée la doctrine de l'harmonie préétablie, où se découvrent les fondements métaphysiques des doutes tant de fois renouvelés sur la causalité. On l'admit, sans qu'elle prétendit d'ailleurs avoir d'autre valeur que celle d'une hypothèse. Mais la solution prenait un aspect bien plus fâcheux encore, lorsqu'on appliquait à la substance de l'homme l'opposition du corps et de l'esprit. Il ne restait plus qu'à considérer l'homme comme une substance double. On ne saurait se montrer sévère pour ceux qui, dans la pensée de maintenir l'unité menacée de la personne humaine, préférèrent à cette dualité la conception de l'homme soit comme esprit pur, soit comme corps seulement.

Les recherches métaphysiques tiennent étroitement aux recherches logiques. C'est ce qu'on remarque particulièrement dans la lutte de l'idéalisme avec le matérialisme. La logique était, comme la métaphysique, étudiée sous l'empire de préférences exclusives. Bacon avait vanté l'induction comme l'unique méthode de découverte. Gassendi avait démontré ce que cette prédilection avait d'excessif et d'étroit; la méthode mathématique montrait assez la puissance du raisonnement qui va du général au particulier. Les recommandations de Bacon restèrent sans action bien profonde sur le développement subséquent de la théorie de la méthode. Et cependant nous avons signalé ailleurs comme un des côtés faibles du rationalisme sa tendance à tout ramener à des faits et à l'expérience. La doctrine de Locke trouva le terrain préparé. Confiance exclusive aux sens externes et au sens intime, rejet absolu des idées innées à titre de préjugés, tels sont les résultats qu'elle énonça avec un tel succès, que bientôt elle réunit tous les esprits sous son drapeau. Elle assura la suprématie du sensualisme. Cette doctrine offrait bien un point où rattacher l'activité de la pensée, puisqu'elle laissait quelque jeu à la volonté dans la comparaison des idées ; mais, bien qu'il faille reconnaître là un point essentiel qui aurait pu conduire à un traité d'alliance entre le rationalisme et le sensualisme, d'un côté ni Locke ni ses successeurs n'avaient soumis à l'examen les lois de la libre activité de la pensée, de l'autre ils ne s'occupaient que de la liaison des idées ou sensations, et leur analyse s'arrêta aux sensations mêmes, sans observer que la force du rationalisme résidait principalement dans la confusion signalée par lui comme inhérente à toute sensation, et dans la nécessité qu'il proclamait d'en analyser les éléments.

De la docrine de Locke nous voyons naître la lutte de l'idéalisme et du matérialisme, le premier invoquant la connaissance immédiate du sens intime, qui nous ouvre le monde spirituel ; le second, les informations évidentes de l'expérience extérieure, et tous deux animés de la même pensée, savoir d'échapper au dualisme de deux mondes séparés. De ces deux doctrines l'idéalisme était la première qui se fût établie dans le cours du mouvement scientifique, et elle s'était produite appuyée de tous les arguments dont pouvait disposer le génie inventif de Leibnitz ; il était à prévoir néanmoins que le matérialisme ne tarderait pas à se faire une place prépondérante. Parmi ses appuis l'idéalisme comptait des idées rationalistes, contre lesquelles le sens commun était dès lors en défiance. Comment, livré tout entier à sa lutte active contre la matière, le sens commun se serait-il laissé convaincre que la matière était un pur phénomène? Nous l'avons déjà remarqué, c'étaient surtout des naturalistes qui brillaient dans la philosophie. Les investigations, dirigées sur la nature extérieure, ne pouvaient que favoriser la pente matérialiste, tant qu'on se croyait réduit à l'alternative du matérialisme ou de l'idéalisme. De là vient que nous voyons les disciples de Leibnitz retourner au dualisme, tandis que les doctrines idéalistes de Berkeley ne profitaient qu'au scepticisme. Bientôt le système de la nature allait pouvoir célébrer son triomphe.

Les doctrines sensualistes, qui s'étaient rattachées à Locke, revendiquent avec raison le mérite d'avoir mis au jour ce qu'avaient de défectueux et le rationalisme et sa métaphysique, qui prenaient pour point de départ des idées innées ou une perception intellectuelle de principes généraux. Mais ces doctrines, en revenant dans leur analyse aux sensations originelles, se fermaient toute voie capable de conduire aux fondements des phénomènes. Un ensemble de vues sceptiques, plus ou moins clairement exprimées, tel était le résultat inévitable. Il fallait renoncer non-seulement à la connaissance de la causalité, mais à celle même de la substance. Nous ne pouvons connaître tout au plus que les propriétés secondes des corps ou plutôt leurs rapports entre eux, en un mot de purs phénomènes. Ceux qui ne voyaient dans l'universel qu'un être de raison étaient nécessairement amenés à renoncer à la connaissance des lois générales. Ainsi n'entendons-nous de toutes parts que des plaintes sur la limitation de nos connaissances. Pourvu qu'on aperçoive quelque vraisemblance, c'est assez. Force est de se réfugier dans des hypothèses, bien que dans la recherche de la vérité on ne puisse avoir foi qu'à des faits. Ce contraste est bien frappant dans le système de la nature, qui enrichit ses atomes de propriétés occultes, d'amour et de haine, de forces mystérieuses d'attraction et de répulsion, de sensation et de vie, et qui, en dépit de son horreur pour l'universel, adore comme une divinité la nécessité universelle de la loi naturelle. Mais en est-il autrement chez les dualistes, chez Wolff, chez Condillac? Nous ne pouvons pas atteindre les propriétés premières des choses, des corps en particulier; mais les propriétés secondes, dont nos sensations nous informent, nous font connaître en définitive que les choses se distinguent essentiellement en corps et en esprits. On ne peut aboutir à cette conclusion sans hypothèse.

On s'aperçoit sans peine que les intelligences se meuvent dans un cercle d'idées, où, se tenant à l'expérience, elles se soucient très-peu des principes, d'après lesquels se forme l'expérience. La méthode des sciences naturelles était arrivée à prédominer sur la philosophie. Et pourtant cette méthode ne pouvait renier les principes spéculatifs, qui lui avaient donné l'impulsion. Elle marchait dans ses investigations les yeux fixés sur deux termes extrêmes, l'infiniment grand et l'infiniment petit. La science a grandi par la recherche persévérante des plus petits éléments dans tous les phénomènes, toujours encline à trouver dans l'infinie divisibilité de la matière l'élément simple par excellence, dont se composent les grands phénomènes ; elle a recherché non-seulement les substances simples, mais aussi les éléments imperceptibles de ses efforts, desquels résultent l'attraction et la répulsion. Elle a grandi par la découverte du plus grand dans le plus petit, puisque tout est régi nécessairement en vue du tout, tient au tout par les lois de l'analogie, et que la nature ne saurait admettre ni intercalation arbitraire, ni exception à ses règles. Tout est maintenu en harmonie par la loi universelle et sans limite de la nature : voilà le postulat spéculatif, dont on a cherché la vérification jusque dans l'édifice de notre système solaire. Mais les recherches des sciences naturelles ont néanmoins pour champ l'intervalle qui sépare ces deux termes extrêmes. Ces sciences sont forcées de convenir qu'elles ne peuvent à la rigueur atteindre ni le plus petit ni le plus grand. Aux jours de leurs espérances les plus audacieuses, elles s'étaient dit que la science nie le droit d'admettre ni causes inconnues, ni propriétés occultes. Lorsqu'elles ont aperçu les limites de l'expérience scientifique possible, nous voyons reparaître les forces moléculaires inconnues dans leur nature, les monades, douées de propriétés impénétrables, le mystérieux abîme de la nécessité, qui enveloppe et ordonne tout. Dès lors, les philosophes, attachés à l'étude de la nature, s'accoutument à penser qu'on n'a pas le droit de dépasser présomptueusement les bornes de l'expérience ; il faut se contenter d'observer les phénomènes, de constater les propriétés accessibles des choses, ces propriétés dussent-elles n'être qu'apparentes, ces choses n'être pas de vraies choses; de là doit résulter une science utile, sinon une science de la vérité.

Dès que l'on considéra les fondements derniers des choses comme un objet de problèmes insolubles, il ne restait plus que le demi-jour d'une vraisemblance, flottant incertaine et sans base solide entre des assertions contradictoires sur les choses. On ne pouvait après tout faire abstraction complète des fondements derniers; on ne les recherchait plus, mais ils restaient matière d'opinion. Or, était-ce bien s'en faire une idée juste, que de voir les plus petits éléments dans les atomes, dont la divisibilité infinie de la matière démentait la réalité? Ou bien suffisait-il de regarder l'univers comme une grande machine et de le concevoir sans limites? Les problèmes que Collier avait soulevés demeuraient sans solution. Leibnitz avait pensé que les éléments des phénomènes devaient nécessairement être cherchés dans les plus petits mouvements de l'activité; cette idée n'avait laissé que de faibles traces. On prétendait faire abstraction des buts dans l'investignation de la nature, et l'on s'appliquait cependant à constituer une science utile, comme s'il pouvait y avoir une utilité, exister des moyens, sans aucun but.

Un fait très-remarquable, dans cette prodominance croissante du naturalisme, c'est sa tendance de plus en plus marquée, à mesure qu'il se développe, vers la philosophie pratique. Les maîtres de la philosophie moderne, Bacon, Descartes, Leibnitz, s'étaient fort peu occupés de l'éthique. On ne peut pas accorder une bien haute importance à la morale égoïste de Hobbes. Spinoza, dans son *Ethique*, avait trouvé une incurable contradiction entre la pratique et la théorie, et s'était voué sans réserve à la spéculation. Geulincx et Malebranche n'appartiennent au mouvement général de la philosophie que par leur occasionnalisme. Locke ne s'était occupé que de quelques branches spéciales de la vie morale. Sans doute on n'avait pas pu méconnaître l'importance philosophique des questions pratiques; mais on les laissait presque toujours à l'écart. Toutefois, en accréditant la philosophie du sens commun, Locke avait imprimé aux recherches pratiques un mouvement progressif. Nous avons vu les problèmes de l'éthique, bien que déguisés parfois sous un titre étranger, occuper l'activité de Shaftesbury et du groupe entier des philosophes écossais, de Hume entre autres, des sensualistes français, et parmi ceux-ci des plus fervents adorateurs de la nature, Helvétius et d'Holbach, enfin de la plupart des éclectiques. Ces recherches, faites sous l'empire d'un naturalisme absolu, étaient entachées d'un double vice. L'impulsion de la nature n'admet que l'égoïsme, c'est ce que reconnaissaient ouvertement les philosophes les moins scrupuleux. Quiconque ne pouvait s'arrêter à ce résultat recourait avec Shaftesbury aux inclinations sociales, au sens moral du bien et du beau, et nous entendons tous ceux auxquels les conceptions idéales en la raison n'étaient pas devenues complétement étrangères célébrer sous des noms divers le sentiment intérieur, l'instinct de la conscience, le cœur, les impressions de plaisir spirituel, afin de maintenir intacts les droits du sensualisme et les ressorts naturels. Il n'était pas aisé de se dissimuler le danger dans lequel on était tombé de ravaler l'homme au rang d'un être passif, d'un instrument aux mains de la nature, et c'est ce que déclaraient sans détour ceux qui attendaient plus de la passion que de la raison. C'était là un premier vice. Un autre consistait dans le morcellement successif des recherches morales. Le moyen de ne point perdre de vue l'harmonie des buts de la raison, lorsqu'on ne cherchait de toutes parts que des prescriptions utiles ? Politique, droit naturel, esthétique, théologie naturelle, pédagogie, toutes ces doctrines ont voulu se constituer l'une après l'autre comme parties spéciales de la philosophie. On pourrait citer en preuve du contraire la morale générale de Wolff ; mais on méconnaîtra difficilement que cette forme pâlie d'une théorie des devoirs intéressée a bien moins d'importance que les essais, très-supérieurs en valeur, tout incomplets qu'ils soient eux-mêmes, tentés successivement pour développer les branches spéciales de la philosophie pratique.

C'est à peine cependant si ces branches de la philosophie pratique étaient encore reconnues comme telles; elles étaient bien moins comprises dans leur liaison réciproque. D'où venait cela ? Evidemment de ce que, sous l'empire du naturalisme, les idées des fins idéales de la raison s'effaçaient et tombaient dans l'oubli. Avec quelle rapidité les doctrines idéalistes de Collier, de

Berkeley, de Leibnitz n'avaient-elles pas été mises à l'écart? Reid, dans sa revue générale des progrès de la philosophie moderne, n'en fait pas mention, ou peu s'en faut. Ajoutons aussi que cet idéalisme n'avait pas non plus puisé sa force dans les idées morales de la raison. Se pouvait-il donc que les impulsions naturelles, dans lesquelles on s'efforçait de puiser les mobiles moraux, tinssent lieu, à quelque degré, de l'idéal de la raison? L'instinct de conservation, la tendance au plaisir sensible, l'instinct du sexe, les penchants à la sociabilité avaient-ils cette puissance? Quoique Pascal n'eût pas complétement raison d'affirmer que la raison se distingue de la nature par la continuité de ses progrès, cependant nous ne pouvons reconnaître dans ces tendances naturelles aucun principe du progrès. On était forcé d'avouer que jamais elles ne vont après tout qu'à la jouissance, fût-ce d'ailleurs celle du plaisir spirituel, mais qu'elles n'aspirent pas, comme l'idéal de la raison à un but éloigné. De là viennent ces jugements que nous entendons de tous côtés, déclarant que les hommes sont toujours les mêmes ; que leurs rapports changent, mais non leurs passions ; que la nature produit une incessante vicissitude de floraison et de déclin ; qu'elle veille à la conservation des espèces, à l'ordre universel, et qu'elle se meut d'un cours circulaire. C'est là certes une conception du développement moral du monde, circonscrite dans un horizon bien étroit.

Une époque qui se vantait si haut du progrès des lumières, qui se préparait à consommer de si grandes innovations, ne pouvait abjurer les espérances de progrès et de civilisation. Nous avons vu Hume tenter d'expliquer le progrès par un principe naturel. L'habitude, soit intellectuelle, soit active, transmettant aux générations suivantes les conquêtes du passé, lui faisait espérer un progrès indéfini. Mais il est certain que ce principe ne pouvait se soutenir dans un temps où l'autorité du christianisme et de l'antiquité était battue en brèche, où chaque coutume encourait le soupçon de servir d'appui au préjugé. Aussi les sensualistes français avaient-ils déclaré la guerre à l'habitude. On prétendait ne reconnaître pour guide que la pure et primitive naure. On sait avec quelle ardeur Rousseau a soutenue cette thèse. Mais il est vrai qu'en même même temps il attaquait tous les résultats de la science moderne. A quoi nous servent nos progrès dans la connaissance de la nature, si nos mœurs se corrompent, si nous n'arrivons pas à la véritable liberté ? Alors Rousseau imagine son état idéal, afin d'assurer une sphère d'activité aux hommes qu'ils a élevés pour la liberté. C'était l'aurore d'une ère nouvelle. Montesquieu et Hume se flattaient encore d'y arriver par les chemins pratiqués ; Rousseau l'annonçait aussi, mais il annonçait en même temps la révolution qui allait l'ouvrir. Évidemment les maximes traditionnelles de l'égoïsme, des impulsions naturelles, étaient désormais insuffisantes. Les naturalistes eux-mêmes demandaient une doctrine supérieure, comme nous le voyons par leur lutte contre le despotisme, leurs efforts pour éveiller l'esprit public. Helvétius et d'Holbach fournissent à cet égard les témoignages les plus éclatants.

Ainsi nous voyons la philosophie du xviiiᵉ siècle, s'efforçant de se dépasser elle-même, préparer à son insu des développements nouveaux et à peine pressentis. Les travaux de la philosophie moderne n'ont pas été stériles. Elle a travaillé à ramener les idées de l'homme à l'expérience, à la réalité, soit de la nature, soit de la vie. Se trouvant en face d'un ensemble de vues qui creusaient entre le domaine surnaturel et celui de la vie présente un profond abîme, elle a eu raison de ne pás admettre cette radicale séparation de l'état présent de l'homme et de l'avenir qu'il attend. Elle a revendiqué contre l'autorité la pleine liberté d'examen. Elle a opposé aux abstractions vaines la nécessité de s'attacher à la connaissance des phénomènes, reconnus comme signes de la vérité. Elle a mieux aimé s'avouer la limitation de notre expérience possible que se repaître de paroles vides de sens. Elle s'est préoccupée de l'utile, parce que l'utile est ce qui est le plus près de nous. Elle a conseillé sans cesse de ne pas perdre de vue les conditions premières de notre existence. Etudier la matière qui est l'objet de nos travaux, la matière de nos pensées, de nos sensations, la matière qui est hors de nous, le corporel, voilà à quoi elle ne cesse d'exhorter Elle a travaillé avec persévérance à connaître cette matière. Elle avait les yeux attachés sur le fondement premier de l'existence, sur son fonds originel. Mais, quant à l'élaboration que ce fonds doit subir en vue des progrès de la vie, quant aux formes que l'énergie de la raison doit imprimer à ces matériaux grossiers pour approcher de ses buts, cette philosophie n'a émis là-dessus que des vues incomplètes autant qu'éparses.

Le développement de la science humaine a montré une fois de plus que l'esprit a toujours commencé par diriger ses recherches sur la matière, avant d'arriver à la connaissance de la puissance qui, marquant de son empreinte les éléments bruts, les assujettit aux buts rationnels, et en fait des objets saisissables à l'entendement.

FIN.

TABLE DES MATIÈRES

Préface.. I

LIVRE QUATRIÈME

L'Idéalisme et le scepticisme en Angleterre. 5

CHAPITRE PREMIER

I. — ARTHUR COLLIER.

Éléments de son développement philosophique. — Les phénomènes sont certains. — Doutes élevés sur l'existence des corps hors de nous. — Le monde sensible ou matériel n'est pas indépendant de nous, ni extérieur à nous, il n'existe que dans l'esprit. — La connaissance est passive en nous. Dieu produit en nous l'ordre des idées. — Contre les qualités sensibles des choses extérieures. — Contre les qualités primordiales de la matière. — Contradictions entre l'infinité et la limitation, la divisibilité infinie et la divisibilité finie de l'univers. — Contradictions dans le concept du mouvement. — La création de l'univers est en contradiction avec sa matérialité. — Prééminence de l'âme. La substance est l'universel par rapport aux accidents particuliers. — L'idée de la substance est toute relative, dans les degrés moyens du général. Dieu est la substance universelle de toutes choses. — Vues théologiques 9

II. — GEORGES BERKELEY.

Ses convictions. — Attaques contre les libres penseurs. — Contre les prétentions outrées de la physique et des mathématiques. — Il se rattache aux platoniciens et aux théosophes. — Mais il embrasse aussi la doctrine de Locke sur la connaissance. — Le général n'est qu'une question de langage. — Lutte contre le concept de la substance sensible hors de notre âme. — Les choses sensibles ne sont que des phénomènes dans notre âme. — Les qualités primordiales conviennent aussi peu aux choses que les qualités dérivées. — Contre la substance de la matière corporelle. — Le concept du corps ne peut pas servir à l'explication des phénomènes. — Le concept de la matière. Valeur de la mécanique. — Les sens ne connaissent pas de cause. Contre le matérialisme. — Substance, esprit et connaissance de l'entendement d'une part, accident, corps et connaissance sensible de l'autre sont des choses qui se correspondent l'une à l'autre. — L'être et le devenir. — Nous ne pouvons découvrir de principe actif que dans l'esprit. — L'âme ou l'esprit ne peut être connu que par la raison. Contre le sensualisme. — Nous ne connaissons l'esprit que par réflexion ou par raisonnement analogique. — Difficulté et obscurité de la conception du spirituel. — Ce qu'il faut nier, ce n'est pas le monde extérieur, c'est seulement la matérialité de la substance. — L'existence de Dieu établie comme fait. — Les phénomènes sont des signes qui composent une langue. — Danger que court Berkeley de tout résoudre dans l'universel. — L'essence de Dieu, parfaite et spirituelle. — Connaissance imparfaite de l'esprit. Prééminence de la volonté sur l'entendement. — Incertitudes relatives à la liberté de la volonté et au rapport du monde à Dieu. — Une médiation nous est nécessaire entre Dieu et nous. — Doctrine théosophique de Berkeley. — Revue 27

CHAPITRE II

DAVID HUME.

Etat des recherches philosophiques en Angleterre. — Mandeville. Bolingbroke. Hartley. — Hutcheson. — Vie de Hume. — Caractère de ses travaux. — Tendance pratique de sa philosophie. — Anneaux auxquels se rattache historiquement sa doctrine. — Comparaison de la philosophie spéculative avec la philosophie pratique. — La dernière nous prémunit contre le scepticisme auquel aboutit la première. — Doutes spéculatifs, principes de sa doctrine. Contre la simultanéité de plusieurs idées. — Contre le général et les théories logiques du raisonnement. — La théorie sensualiste est un préjugé chez Hume. — La naissance des pensées nous est inexplicable. — La mémoire et l'imagination produisent des liaisons et des distinctions entre les idées. — Association des idées. — Toute idée vraie doit nécessairement être rapportée à une impression sensible. — Valeur du général. — L'habitude. — L'association d'idées dans le général. — Contradictions dans les idées générales des mathématiques. — La notion de substance. — Contre la substance matérielle. — Doutes sur l'identité du moi. — Doutes sur l'immatérialité et l'immortalité de l'âme. — L'habitude introduit la notion de la substance. — La causalité. — Nous n'apercevons pas de lien nécessaire entre les phénomènes. — Nous ne croyons à l'existence de ce lien que par habitude. — Croyance à la causalité. Harmonie préétablie entre le monde extérieur et la pensée. — C'est l'instinct qui nous fait croire au monde extérieur.—La foi est une sensation vive.—Faiblesses de la raison. —Combat de la nature et de la raison. La raison est purement passive.—Elle est l'esclave des passions.—Philosophie pratique de Hume.—Le plaisir et le malaise sont les seuls mobiles d'activité.—Le goût et l'intérêt.—La tendance à ce qui est d'intérêt général élève au-dessus de l'égoïsme.—Sympathie.—Influence de la raison sur l'activité.—Hume affranchi par son scepticisme des préjugés du naturalisme.—Vaste et profonde influence de la sympathie et de l'habitude.—La justice, vertu artificielle.—Contre la théorie du contrat.—La coutume, fondement du droit positif.—Progrès de la légalité dans le progrès de l'histoire.—Principes de décadence.—Revue................................. 85

LIVRE CINQUIEME

Le sensualisme et le naturalisme en France.

CHAPITRE PREMIER

CONDILLAC.

Voltaire.—J.-J. Rousseau.—Les Encyclopédistes.—Vie de Condillac. —Sa position à l'égard de la théologie et à l'égard de la morale.—Sensualisme.—Il est opposé à la méthode mathématique et à la recherche physique des causes.—L'analyse des faits est la vraie méthode.—Il rejette la réflexion comme source de connaissance.—Toutes nos facultés sont acquises.—Incertitudes de sa pensée sur le principe de la méthode.—Nous ne sentons que les modifications de notre moi. Le corps et l'esprit sont deux choses différentes.—Occasionalisme et explication matérielle des sensations.—Transformations successives des sensations dans notre faculté de penser.—Dans la doctrine des idées innées, l'illusion provient de la masse acquise de nos connaissances.—Spontanéité de la pensée.—Direction pratique.—Le plaisir et le déplaisir, principes déterminants de la faculté de penser.—Nous ne connaissons que nos sensations.—Nous admettons la cause, la force, la substance, nécessairement sans les connaître.—Connaissance du moi.—Connaissance du monde extérieur.—Nous ne connaissons pas leur essence.—Différence de l'âme et du corps.—L'étendue et la sensation, propriétés secondes du corps et de l'âme.—Dieu.—Immortalité de l'âme. Nous n'avons besoin de connaître, pour la pratique de la vie, que des rapports.—Toute connaissance a pour fin unique notre bien-être.—La supériorité de l'homme tient à la multiplicité de ses besoins.—Harmonie et loi divines.—Nous devons nous élever au-dessus de l'habitude à la réflexion et à la raison. Revue.. 169

CHAPITRE II

HELVÉTIUS.

Sa vie. — Ses écrits. — Sensualisme. Nous sommes l'ouvrage du hasard. — Vues sceptiques. — L'amour-propre et l'intérêt, unique principe de la morale. — L'utilité détermine tous nos jugements.— Il n'y a pas de jugement d'une valeur universelle. — L'amour-propre nous porte à travailler à l'utilité générale. — Humanité et cosmopolitisme. — Identité de l'intérêt privé avec l'intérêt public. — Vertus du préjugé. La passion, principe de toute action. — Paresse de la raison. — La haine de l'ennui et les grandes passions. — L'homme est ce que le font les circonstances et le hasard. — Révolution des rapports sociaux. — Revue. 235

CHAPITRE III

D'HOLBACH.

Bonnet. — De la Mettrie. — Le *Système de la nature*. — Vie de d'Holbach. — Caractère de ses écrits. — Leur tendance morale. — Rapport de d'Holbach aux philosophes antérieurs. — Confiance dans la science de la nature. — Sensualisme. — Limitation de nos connaissances. — La nature peut être connue. — Mouvement, enchaînement des causes, matière. — Pluralité des substances ; leur action réside dans leur essence ; causes inconnues. — Molécules douées de propriétés différentes. — Attraction et répulsion. — Force motrice de la matière. — Amour-propre, gravitation sur soi. — La nature, envisagée comme tout, se meut nécessairement. — Des forces inconnues animent l'univers. — Le monde sans commencement ni fin. — Tout se produit avec nécessité. — Point de buts dans la nature. — L'homme est une machine, comme la nature tout entière. Discussion contre la liberté humaine. — Contre la duplicité de l'être humain. — L'âme est l'organisation du corps, et elle meurt avec lui. — Contre le déisme. — Dieu est la force motrice dans la nature. — La nature considérée tantôt comme unité, tantôt comme pluralité. — Direction pratique. Résultats de la science utiles au perfectionnement de l'homme. — L'amour de soi est l'unique loi naturelle. — La félicité de l'homme prise dans un sens très-étendu. — Le bien commun. — Devoirs et vertu. — Ordre social établi parmi les hommes. — Revue. 263

LIVRE SIXIÈME

État final de la philosophie au dix-huitième siècle et signes précurseurs de l'avenir.

CHAPITRE PREMIER

CHRISTIAN WOLFF ET SON ÉCOLE.

L'éclectisme du bon sens. Vie de Wolff. — Services qu'il a rendus. — Sa soumission à Leibnitz et à l'opinion commune. — Exposition mathématique. — Elle s'appuie cependant sur l'expérience. — Prépondérance de l'esprit empirique dans son rationalisme. — Tendance au sensualisme. — Manque de cohérence dans son système. — Division du système. — L'expérience et la psychologie y prédominent. — Dualisme, transformation de la doctrine des monades. — Le monde en tant que machine et le monde des esprits. — Théologie. — Physique. — Philosophie pratique. — Revue 319

Baumgarten. — Esthétique. — La beauté consiste dans la perfection sensible. — Les facultés inférieures de l'âme veulent être aussi cultivées. — Place de l'esthétique parmi les sciences philosophiques. — Le goût du beau est pour l'entendement un exercice préparatoire et un complément. — Attitude de Baumgarten à l'égard de l'éthique et de la religion. — Revue. 357

CHAPITRE II

L'ÉCLECTISME EN ANGLETERRE, EN HOLLANDE ET EN FRANCE.

L'école écossaise. Reid. — L'excès de la spéculation conduit au scepticisme et éloigne du sens commun. — Reid entreprend une histoire naturelle de l'esprit. — Discussion contre le système des idées. — Principes constitutifs de notre nature. — Différence de la sensation et de la perception. — Foi aux dépositions des sens. — Nous ne pouvons pas rendre compte des rapports qui unissent l'âme avec le monde extérieur. — Les principes nous sont suggérés par la nature. — Axiomes dans l'ordre des vérités contingentes, et dans celui des vérités nécessaires. — Axiomes de fait. — Résultats de la philosophie du sens commun chez Reid. — Doctrines pratiques. — Défense de la raison 372

Burke. — L'opposition du sublime et du beau ramenée à celles de la douleur et du plaisir, de l'instinct de conservation et de l'instinct de sociabilité. 389

Franz Hemsterhuis. — Transaction éclectique entre le rationalisme et le sensualisme. — Discussion contre le matérialisme. — Prérogative de l'âme. — Il se rattache au sensualisme dans la théorie de la connaissance. — Sens intime. — Sens moral, et connaissances immédiates qui en découlent. — L'âme est faite pour sentir, non pour connaître. — Principes esthétiques, tendance à l'unité, non satisfaite. — Le beau résulte de la revue la plus rapide possible du plus grand nombre d'idées possible. — L'art doit surpasser la nature. — Revue 395

Montesquieu. — Importance donnée à la nationalité dans la politique. — Il ne faut pas, en politique, s'attacher à un idéal. — Divers principes des différentes formes de gouvernement. — La constitution anglaise recommandée. — Division des pouvoirs. — Pouvoir législatif, judiciaire, exécutif. — Idée de la liberté politique. — Influence du naturalisme et du sensualisme sur la politique 408

Rousseau. — Sensualisme. Il rejette la réflexion. — Sentiment inné du juste et du bien. — Dualisme. Déisme. — Instinct de conservation, et pitié naturelle. — Instinct du sexe; humanité. Nous n'avons pas de forces superflues. — La civilisation est une dégénération. — Il cherche les moyens de concilier les avantages de la civilisation avec ceux de l'état de nature. — Pédagogique. — Il rejette l'éducation publique. — Il faut s'instruire dans le livre de la nature. — La liberté se conquiert en apprenant à mesurer ses désirs sur ce qu'on peut. — Périodes de l'éducation. — Périodes antérieure et postérieure à la puberté, et périodes de transition. — Prescriptions relatives à l'enfance. — Le temps des études. — Age qui suit la puberté. Entrée dans le monde. — Politique. — Le Contrat social; idées qu'il contient. — Liberté et égalité. — Difficultés que présente la théorie. — Puissance législative et exécutive. — Souveraineté du peuple. — Sur la démocratie. — Rapports de la théorie à la réalité. Conclusion générale 423

FIN DU TOME TROISIÈME ET DERNIER.

www.ingramcontent.com/pod-product-compliance
Lightning Source LLC
Chambersburg PA
CBHW072107220426
43664CB00013B/2029